上海交大·全球人文学术前沿丛书

王 宁/总主编　祁志祥/执行主编

中国哲学前沿问题

杜保瑞　著

商务印书馆

商务印书馆（上海）有限公司 出品
The Commercial Press (Shanghai) Co. Ltd.

　　杜保瑞，台湾大学哲学博士，指导教授为方东美弟子张永儁教授。曾任华梵大学哲学系副教授，台湾大学哲学系教授。目前为上海交通大学特聘教授，并担任人文学院国学教育研究中心主任，同时兼任上海抱朴讲堂主讲教授，以及《吉林师范大学学报》"海峡两岸国学论坛"专栏主编。著有《庄周梦蝶》《反者道之动》《功夫理论与境界哲学》《基本哲学问题》《北宋儒学》《南宋儒学》《中国哲学方法论》《牟宗三儒学平议》《话说周易》《中国生命哲学真理观》《中国哲学的会通与运用》《不争：老子十八讲》等。

总序

经过各位作者和编辑人员的努力和仔细打磨，这套"上海交大·全球人文学术前沿丛书"第二辑很快就要问世了，我作为这套丛书的总策划和上海交通大学人文学院前任院长，应出版社要求特写下这些文字，权且充作本丛书的总序。

读者也许已经注意到这套丛书题目中的两个关键词：上海交大、全球人文。这正好涉及这套丛书的两个方面：学术机构的支撑和学术理论的建构。这实际上也正是我在下面将要加以阐释的。我想还是从第二个方面谈起。

"全球人文"（global humanities）是近几年来我在国内外学界提出和建构并且频繁使用的一个理论概念，它也涉及两个关键词："全球（化）"和"人文（学科）"。众所周知，全球化的概念进入中国可以追溯到20世纪90年代，我作为中国语境下这一课题的主要研究者之一对于全球化与中国文化和人文学科的关系也做了极大的推进。全球化这个概念开始时主要用于经济和金融领域，很少有人将其延伸到文化和人文学科。我至今还记得，1998年8月18—20日，时任北京语言大学比较文学研究所所长的我，联合了美国杜克大学、澳大利亚墨朵大学以及中国社会科学院共同在北京举行了"全球化与人文科学的未来"国际研讨会，那应该是在中国举行的首次从人文学科的角度探讨全球化问题的一次国际盛会。出席会议并做主旨发言的中外学者除了我本人外，还有时任美国杜克大学历史系教授、全球化研究的主要学者之一德里克，欧洲科学院院士、国际比较文学协会名誉主席佛克马，中国科学院哲学社会科学学部委员、北京大学教授季羡林，中国社会科学院外国文学研究所所长吴元迈，等等。会议的各位发言人对于全球化用于描述经济上出现的一体化现象并无非议，而对于其用于文化和人文学科则产生了较大的争议，甚至有人认为提出文化全球化这个命题在某种程度上就是为文化的西方化或美国化而推波助澜。但我依然在发言中认为，我们完全可以将文化全球化视作一个公共的平台，既然西方文化可以借此平台进入中国，我们也完全可以借此将中国文化推介到全世界。那时我刚开始在头脑中萌生全球人文这个构想，并没有形成一个理论概念。在后来的二十多年里，全球化问题的研究在国内外方兴未艾，这方面的著述日益增多。我也有幸参加了由英美学者罗伯逊和肖尔特主编的劳特里奇《全球化百科全书》的编辑工作，恰好我的任务就是负责人文学科的词条组织和审稿，从而我对全球化与人文学科的密切关系有了新的认识。特别是近十多年来中国文化以及中国的人文学术加速了国际化的进程，我便在一些国际场合率先提出"全球人文"这一理论构想。当然，我在全球化的语境下提出"全球人文"的概念，主要是基于以下几方面的考虑。

　　首先，在全球化的进程日益加快的今天，人文学科已经不同程度地受到了影响和波及。在文学界，世界文学这个话题重新焕发出新的活力，并成为21世纪比较文学学者的一个前沿理论话题。在语言学界，针对全球化对全球英语之形成所产生的影响，我本人提出的复数的"全球汉语"（global Chineses）之概念也已初步成形，而且我还指出，在全球化的时代，世界语言体系将得到重新建构，汉语将成为仅次于英语的世界第二大语言。在哲学界，一些有着探讨普世问题并试图建立新的研究范式的抱负的哲学家也效法文学研究者，提出了"世界哲学"（world philosophy）这个话题，并力主中国哲学应在建立这一学科的过程中发挥奠基性作用。而在一向被认为是最为传统的史学界，则早有学者在世界体系分析和全球通史的编撰等领域内做出了卓越的贡献。因此，我认为，我们今天提出"全球人文"这个概念是非常及时的，而且文史哲等人文学科的学者们也确实就这个话题有话可说，并能在这个层面上进行卓有成效的对话。面对近年来美国的特朗普和拜登两届政府高举起反全球化和逆全球化的大旗，我认为中国应该理直气壮地承担起新一波全球化的领军角色。在这方面，中国的人文学者也应该大有作为。

其次，既然"全球人文"这个概念的提出具有一定的合法性，那么人们不禁要问：它的研究对象是什么？难道它是世界各国文史哲等学科简单的相加吗？我认为并非如此简单。就好比世界文学绝非各民族文学的简单相加那样，它必定有一个评价和选取的标准。全球人文也是如此。它所要探讨的主要是一些具有普遍意义的话题，诸如全球文化（global culture）、全球现代性（global modernity）、超民族主义（transnationalism）、世界主义（cosmopolitanism）、全球生态文明（global eco-civilization）、世界图像（world picture）、世界语言体系（world language system）、世界哲学、世界宗教（world religion）、世界艺术（world art）等。总之，从全球的视野来探讨一些具有普世意义的理论课题应该就是全球人文的主旨；也即作为中国的人文学者，我们不仅要对中国的问题发言，同时也应对全世界、全人类普遍存在并备受关注的问题发出自己的声音。这就是我们中国人文学者的抱负和使命。可以说，本丛书的策划和编辑就是基于这一目的。

当然，任何一个理论概念的提出和建构都需要有几十部专著和上百篇论文来支撑，并且需要有组织地编辑出版这些著作。因而这个历史的重任就落到了上海交通大学人文学院各位教授的肩上。当然，对于上海交通大学在自然科学和工程技术领域的领军角色和影响力，国内外学界早已有了公认的评价。而对于其人文学科的成就和广泛影响则知道的人不多。我在这里不妨做一简略的介绍。实际上，上海交通大学历来注重人文教育。早在1908年，学校便开设国文科，时任校长唐文治先生亲自主讲国文课，其独创的吟诵诗文之唐调已成为宝贵的文化遗产。在这所蜚声海内外的学府，先后有辜鸿铭、蔡元培、张元济、傅雷、李叔同、黄炎培、邵力子等人文学术大师在此任教或求学。这里也走出了江泽民、陆定一、丁关根等中国共产党的领导人或高级干部。因此我们说这所大学具有深厚的人文底蕴并不算夸张。

新中国成立后，上海交通大学曾一度成为一所以理工科为主的高校，在改革开放的年代里，学校意识到了重建人文学科的重要性和必要性。经过多次调整与改革，学校于1985年新建社会科学及工程系和文学艺术系，在此基础上于1997年成立了人文社会科学学院。2003年，以文、史、哲、艺为主干学科的人文学院宣告成立，上海交通大学基础文科由此进入新的发展时期，并在近十多年里取得了跨越式的发展。其后，又有两次调整使得人文学院的学科布局和学术实力更加完整：2015年5月12日，人文学院与国际教育学院合并为新的人文学院，开启了学院发展的新篇章；2019年，学校决定将有着国际化特色的高端智库人文艺术研究院并入人文学院，从而更加增添了学院的国际化人文色彩。

21世纪伊始，学校发力建设世界一流大学，在弘扬"人文与理工并重""文理工相辅相成"优良学统的同时，强化人文学科建设，落实国家"人才兴国""文化强国"和"建设创新型国家"的战略目标。经过近二十年的建设，人文学院现已具备了从大学本科到博士研究生的完整的培养体系，并设有中国语言文学一级学科博士后流动站。学院肩负历史重任，成为学校"双一流"学科建设的重点。

人文学院以传承中华文化为核心，围绕"造就人才、大处着笔"的理念，将国家意志融入科研教学。人为本、学为根，延揽一流师资，培养一流人才，以学术促教学；和为魂、绩为体，营造和谐，团队协作，重成绩，重贡献；制度兴院，创新强院，规范有序，严格纪律，激励创新，对接世界。人文学院将从世界竞争、国家发展、时代要求、学校争创一流的大背景、大格局中不断求发展，努力成为人文学术和文化的传承创新者，一流人文素质教育和国际学生教育的先行者，学科基础厚实、学术人才聚集、人文氛围浓郁的学术重镇，建设"特色鲜明、品质高端、贡献显著、国际知名"的人文学院。

人文学院下设中文系、历史系、哲学系、汉语国际教育中心、艺术教育中心，国家大学生文化素质教育基地挂靠学院。世界反法西斯战争研究中心、中华创世神话研究基地作为省部级学术平台，人文艺术研究院、战争审判与世界和平研究院、神话学研究院、欧洲文化高等研究院、上海交通大学—鲁汶大学"欧洲文化研究中心"和东京审判研究中心等作为校级学术平台，也挂靠人文学院管理。学科布局涵盖中国语言文学、中国历史、哲学、艺术等四个一级学科。可以说，今天的人文学科已经萃集了一大批享誉国内外的院士、长江学者、文科资深教授和讲席/特聘教授。为了集中体现我院教授的代表性科研成果，我们组织编辑了这套全球人文学术前沿丛书，其目的就是要做到以全球的视野和比较的方法研究中国的问题，反过来又从中国的人文现象出发对全球性的学术前沿课题做出中国人文学者的贡献。我想这就是我们编辑这套丛书的初衷。至于我们的目标是否得以实现，还有待于国内外同行专家学者的评判。

本丛书第一辑出版五位学者的文集。分别是王宁教授的《全球人文视野下的中外文论研究》、杨庆存教授的《中国古代散文探奥》、陈嘉明教授的《哲学、现代性与知识论》、张中良教授的《中国现代文学的历史还原和视域拓展》和祁志祥教授的《中国美学的史论建构及思想史转向》。

本丛书第二辑出版四位学者的文集。关增建教授的《规圆矩方，权重衡平：中国科学史论纲》以严谨翔实的文献材料，就中国古代的宇宙观与时空观、天文与社会、物理现象探索、科学史研究的辨析求真、计量历史管窥等方面展开探索，呈现了中国古代科学史发展递嬗的大致脉络。杜保瑞教授的《中国哲学前沿问题》以哲学学科的视野展开思考，厘清了传统中国哲学的基本哲学问题，提出以系统性、检证性、适用性、选择性四个进路阐释并讨论传统中国哲学的理论。许建平教授的《中国文学史研究的去蔽寻道》一书视角几经转换，由社会视角转向人性、心灵视角，由行为叙述转向意欲分析，继而转向经济文化视角，将货币哲学引入文学史中。余治平教授的《董仲舒春秋大一统申义：儒家亲亲尊尊的原则要求与谱系诠释》秉承董仲舒今文经学之风范，在公羊家"元年春，王正月""三世异辞"的叙事结构中，强化以历史认知的维度；阐发"存二王之后"以"通三统"的古代政治文明优秀传统，使"大一统"的内涵充实饱满。

通过这些学术著作，读者可以了解这四位学者的学术历程、标志性成果、基本主张及主要贡献。当然，我们也真诚地欢迎学界同仁批评指正。是为序。

王　宁

2024 年 4 月于上海

目录

自序：我的学术历程　1

绪论　9

第一章　中国哲学的系统性问题

第一节　中国哲学的基本哲学问题意识反省　21

一、前言　21

二、当代中国哲学理论研究的工作目标　23

三、基本哲学问题意识的问题定位　25

四、基本哲学问题意识的哲学判断　26

五、基本哲学问题意识的体系性需求　27

六、中国哲学的基本哲学问题意识之寻找　28

七、结论　44

第二节　中国哲学的基本哲学问题与概念范畴　45

一、前言　45

二、概念范畴研究法的问题意识及其优缺点　46

三、基本哲学问题研究法的相关方法论问题　51

四、概念范畴与基本哲学问题的视域交融　61

五、结论　64

第三节　文本诠释进路之中国哲学方法论　65

一、前言　65

二、当代中国哲学研究的问题意识与研究环境　66

三、中国哲学的真理观与方法论问题　71

四、传统中国哲学的生命力与创造力　74

五、中国哲学的文本诠释与方法论问题　77

六、结论　80

第四节　以四方架构为中心的中国哲学史方法论　81

一、前言　81

二、中国国学与中国哲学研究的分流与汇合　83

三、文本诠释进路的中国哲学史方法论　85

四、实践哲学的解释架构　88

五、基本哲学问题与概念范畴　94

六、当代中国哲学解释架构的分类判教与文本诠释功能　97

七、文本诠释与学术交流　101

八、文本诠释与知识论课题　102

九、文本诠释与伦理学课题　104

十、结论　105

第二章　中国哲学的检证性问题

第一节　中国哲学的知识论问题意识之定位　113

一、前言　113

二、西方知识论问题意识的基本特质　114

三、西方形上学中心与知识论中心的两种知识论哲学类型　116

四、中国哲学的知识论问题意识的类型　123

五、中国知识论与西方知识论之比较与互动　125

六、从中国哲学的特质说中国知识论的创新与贡献的面向　131

七、结论　132

第二节　中国哲学的检证原理　134

一、前言　134

二、二十世纪研究成果的知识论定位　135

三、实践检证的问题意识说明　138

四、创造实践理论者的证成问题　141

五、学习者的否证问题　146

六、学习者的本体宇宙论之证成　147

七、学习者此在世界观下的本体工夫之检证　150

八、对学习者在有他在世界观下的工夫实践之检证　153

九、结论　154

第三节　中国哲学的检证理论　155

一、前言　155

二、中国哲学的实践特质　156

三、中国哲学的发生逻辑　157

四、中国哲学的认识论课题　157

五、中国哲学的检证课题中的人的因素　157

六、中国哲学的检证课题中的世界观因素　158

七、对创教者理论的检证　158

八、研究者的检证逻辑　159

九、实践者的检证逻辑　160

十、检证者的检证逻辑　161

十一、检证活动中的人物角色关系　162

十二、实践哲学的检证理论　162

十三、结论　164

第三章　中国哲学的三教辩证与融会贯通

第一节　论儒释道哲学中的自由与命定论　167

一、前言　167

二、自由与命定论问题意识释义　170

三、儒家以使命化解命运的立场　173

四、道家融合命定与自由的智慧　183

五、佛教轮回受命与造命的理论　191

六、三教比较及如何选择与应用　197

七、结论　198

第二节　论道家道教对儒家的调适与上遂　199

一、前言　199

二、先秦孔孟哲学的理论特点与现实疏漏　199

三、儒者刚强的形象在角色扮演上的争议　200

四、道家给儒家的第一课：向庄子学习看破体制的虚妄性　204

五、道家给儒家的第二课：向老子学习给而不取的为官之道　212

六、道教给儒家的第三课：敬畏神明　219

七、结论　222

第三节　论老子的圣贤智巧对庄子和孔孟的超越　223

一、前言　223

二、学派理论的认识方式与互相攻击下的误区　225

三、整合诸子思想的理论努力：从参照中知己知彼　225

四、架构诸子哲学的视野：六爻的架构　226

五、孔子哲学的特质和边界　227

六、孟子哲学的特质和边界　229

七、儒家面对问题的解决之道　230

八、庄子哲学的特质与对儒家的功用　231

九、老子哲学的特质与对儒家的功用　234

十、老子对庄子及儒家的超越　238

十一、法家哲学的特质与对儒家的功用　242

十二、佛教思想对儒道法的超越　246

十三、结论　249

第四节　论中国儒释道哲学之间的关系　251

一、前言　251

二、分析三教关系的架构　253

三、原始佛教要旨　256

四、大乘佛教要旨　257

五、现代人间佛教要旨　260

六、讨论道教之学的思路　260

七、庄子哲学要旨　261

八、老子哲学要旨　262

九、儒家哲学要旨　263

十、论三教辩争的不可能　264

十一、当代中国哲学家的辩争儒佛　265

十二、面对三教的选择与应用　270

十三、结论　271

第四章　中国哲学的儒法辩证与会通

第一节　论法家的基本原理及其与儒道的辩证与汲取　275

一、前言　275

二、《韩非子》各篇章要旨及其与法术势的关系　276

三、《韩非子》中的重势思想　307

四、《韩非子》中的重法思想　308

五、《韩非子》中的重术思想　309

六、韩非对老子的吸收与转化　310

七、韩非与儒家的辩争与解消　311

八、结论　312

第二节　论儒家与法家的会通　314

一、前言　314

二、儒家特质　315

三、法家特质　317

四、儒家的不足　319

五、法家的不足　321

六、儒以法互补　322

七、法以儒互补　323

八、《人物志》的儒法并重　324

九、道家对儒法的补充　　325

十、结论　　326

第三节　论儒家为会通中国哲学的最大公约数　　327

一、前言　　327

二、从儒学的理解与运用谈儒学在方法论上的新突破　　328

三、儒家与墨家冲突之消弭　　329

四、儒家与道家庄子冲突之消弭　　330

五、儒家与道家老子之互补与融合　　331

六、儒家与法家冲突之消弭　　332

七、儒家与佛教冲突之消弭　　333

八、儒家是中华文明各学派的最大公约数　　335

九、儒家在今日世界的角色功能　　338

十、结论　　339

结语　　341

一、系统性之中国哲学"四方架构"　　341

二、检证性之四个角色进路　　360

三、适用性之《周易》六爻阶层架构　　373

四、选择性之世间出世间法抉择　　385

杜保瑞著作一览　　397

自序

我的学术历程

　　我的人生，就是一个讲授中国哲学经典的人生。而我的中国哲学研究，一直是以建立一套良好的研究方法为目标。我的生活与工作，就是面对整套中国哲学史所有著作的不断讲课写作的历程。我在来上海交大以前，可以说是以写论文来写日记的人生；来交大以后，可以说进入天天讲课的阶段，是以讲课写日记的人生。在这样的既讲课又写作的过程中，我对于中国哲学的研究，从哲学系专业领域出发，在大量经典授课的经验中，我建立了好几套认识中国哲学的理论模型，从而可以提供给青年学子一套又一套的良好的研究方法，以及最新的哲学研究素材。我自己还在努力，更希望给所有国学爱好者，提供以哲学为进路的最新研究工具。

　　我于一九七九年进入台湾大学，就读政治学系，读了三年，参加转学考试降转到台大哲学系大二，又读了三年毕业，再考上台大哲学硕士班，继而考上博士班，于一九九四年拿到博士学位。我从政治系转到哲学系最大的想法就是要从政治改革转向文化建设，此后一心以研究并弘扬中国哲学为人生目标。硕博士班期间，受到西方哲学的刺激，就一直在中西哲学比较、中国哲学特质、中国哲学合法性等问题上打转。当时认为的最重要的问题，就是让中国哲学能够被讲得像个哲学，像西方哲学那样地严谨。于是，在撰写博士论文期间，首先针对中国哲学所研究的问题，提出了材料、主张、问题三种向度。最重要的是要掌握住问题意识的向度，才能系统性地全面理解以及诠释。这是因为，过去一直有心性论、理气论、道论、情论这样的题目在谈中国哲学，这是就材料地说；又有性善论性恶论、一元论二元论这样的题目在谈中国哲学，这是就主张地说。但是能够让中国哲学的理论被清楚且明白地认识的，就一定是要把它所处理的问题说清楚。此时，太多的术语都不断地被使用在讨论中国哲学的理论问题之中，我认为必须要找到清楚明白的基本哲学问题，从而删掉太多重复、不明、含混的术语。最后，我找到"宇宙论、本体论、工夫论、境界论"四大基本哲学问题，作为解释中国哲学的理论架构，从此以后就固定使用这套架构作为学术论文写作的框架，以处理各家各派的经典诠释。这期间，也对中国哲学的特质问题用心探究，从而转向当代中国哲学家的理论研究，以便汲取中国哲学理论内涵以及特质的养分。这时期因为存在主义的盛行，存有论这个词汇被使用得到处都是，最后，我则是以概念思辨的存有论，有别于价值意识的本体论，成为上述四方架构之外再加一项的特殊哲学基本问题以定位之。主要就是中国哲学的体系还是应该是四方架构，但是它需要有言说的材料，这就是在存有论的问题中来处理。

  我的中国哲学研究历程，是从硕士论文《刘蕺山的功夫理论与形上思想》，以及博士论文《论王船山易学与气论并重的形上学进路》开启的。第一部书对于我研究能力成长的意义在于能够独立研究儒学经典，建立框架，陈述细节，呈现清晰的理论风貌。第二部书对于我能力进步的重点，首先在于对于中国哲学研究方法做了一次奠基式的创作，其次在于把《周易》哲学史上下了解了一遍，打下了日后讲解《周易》经文的基础。之后，因出版社邀请，撰写了《庄子》内七篇注解之专书《庄周梦蝶》。这又是一次我的经典文本诠释之旅：深入经典，对比各家解释，掌握核心哲学问题，找到庄子思维的特殊模式，做出文本解读的意见。过程中，清晰地建构出了我对庄子哲学形态的明确理解模式，日后多次讲解庄子，以及对比各家，始终对于庄子明确的个人主义、自由主义、出世哲学的模型清清楚楚。做完庄子就想做老子，于是又完成了《反者道之动》的老子注解专书，重点是在第一部分做了研究方法的进一步讨论，提出了"实存性体"与"抽象性征"的两个进路讨论老子的"道论"。老子道论，一直是中西哲学比较的关键课题，而中国哲学的哲学化工程，首要就在于处理中国哲学的形上学理论。但是中西哲学的特质不同，中国哲学的形上学应如何定位？就在我处理老子道论的时候，也是借由经典解读的经验，深入原典之后，发现就是有两套思路在交错着的：一是对道概念的角色功能之定位，一是对人生事务的处理智慧。前者是"无形"为主，后者是"无为"为主。于是我提出"抽象性征"的说法总结对老子道论的形上学讨论，以及"实存性体"的说法总结对老子道论的本体论及工夫论方面的讨论。工夫论必是本体工夫，于是又进入了本体论的讨论，这一区别，最终让我建立了"价值意识的本体论"，与"具体时空的宇宙论""主体实践的工夫论""理想人格的境界论"合构而成四方架构。另外就是"概念思辨的存有论"，这有点像后勤司令部，提供范畴性概念的使用定义，兼及单纯地对于概念使用的种种讨论课题。这就发展出后来我处理本体工夫的几种表述形式的讨论，包括价值意识概念、抽象功能概念、具体活动项目、操作型定义、范畴性概念几类。执着于陆王才是心学的说法，就是对于本体工夫只能认得有使用到心概念的命题的哲学体系才是心学。其实心学就是本体工夫论，表述形式多元，有了存有论的思路，就易于厘清，于是陆王心学也就没有必要对立于程朱理学了，因为后者的本体工夫论也是丰富得不得了，因为本体工夫的表述形式是多样态的。

我在华梵大学任教以后，开始参与各种学术会议，以及期刊论文的投稿，这期间对于禅宗哲学与基本大乘佛经开始接触、研究；也因为担任中国哲学史之类课程的缘故，哲学史上各家各派的理论问题不断冲击思考，儒释道的各种理论，以及中西哲学比较的各种想法，刺激我建立了方法论的初步认识系统。当时就集结了十余篇论文编辑成《功夫理论与境界哲学》专书，不久又再度集结了另一专书，名为《基本哲学问题》。这两本书所收录的文章代表我初入学界之时所做的经典解读的成果，同时也是我方法论养成的第一阶段，那就是更纯熟地运用四方架构来处理经典文本意旨的诠释工作，过程中也就把我的方法论体系更细节地完成了。这个过程中主要是在面对程朱陆王以及南顿北渐的争议之解消，同时也是在面对当代新儒家建构理论模型之高王贬朱、高儒贬道佛以及高中贬西的作风。这些做法虽然都是我读书期间所学习的理论，但是在我教书了以后，面对经典逐字逐句讲解之时，每一部书的每一句话都有了它自己的合理性脉络，于是对于过往高下优劣的评述意见，便一套一套地舍弃了，这同时也就建立了我自己的方法论研究观点。

这个过程也是伴随在我的中国哲学史课程教学历程中的，因为对于各家理论都需要有我自己的解读观点，这样才能把课程讲好，于是就借由参加一次次的研讨会，针对一家一家的哲学体系，定位他们的哲学理论背后的问题意识，以及哲学主张的要点。从先秦到宋明，包括老子、庄子、孟子、《中庸》、《易传》、董仲舒、河上公、扬雄、王弼、郭象，都一一撰写了论文；后来又集中在北宋五子的著作中，并集结出版了《北宋儒学》专书；再就集中于南宋儒学家朱熹、象山、叶适等，出版了《南宋儒学》专书。特别在讨论儒学理论的过程中，也同时处理了当代中国哲学家的著作，针对梁漱溟、熊十力、冯友兰、方东美、唐君毅、牟宗三、劳思光都撰写了几乎是地毯式研究的多篇学术论文发表；其间也集结出版《牟宗三儒学平议》《牟宗三道佛平议》之专书，其他几位也可以集结专书，只是目前尚未着手。我个人对这些哲学家的理论理解，也就逐渐不同于当代中国哲学家们的诠释观点了。关键就是，我总是站在理解哲学家理论的立场上借由解释架构去呈现他们所说观点的道理所在，而不是要讲谁优谁劣。于是我总是见出他们各自所说的思维脉络，以及理论的合理性，而不是要对于他们彼此之间的较劲争辩去判断是非，因为各家讲的都是有用的，都是对的，只是各自不同，不是对错的问题。这是比较接近唐君毅先生的做法的，但唐先生又特别想要融贯各家，疏通彼此，其结果唐先生等于是建立了他自己的整套哲学，我则无意如此。最终，我将周敦颐定位为从本体论、宇宙论说圣人境界的境界哲学，张载则是建立了完整的四方架构的宇宙论、本体论、工夫论、境界论的儒学体系，程颢是专讲圣人境界展现的境界工夫，程颐则是继承孟子性善论，建构包含理气说的性善论以及下学上达的工夫论，邵雍则是一种历史哲学进路的儒学史观。而朱熹确实是集大成，不论周濂溪的《太极图说》、张载《正蒙》之气论与心性情之人性论、《二程遗书》之观点、邵雍易学，都收进他的综合体系之内，讲形上学有理气论，讲工夫论有工夫次第说，至于本体工夫论，也是皇皇大著，领先于陆王。所以，我绝不接受陆王心学对朱熹工夫论的任何批评意见，也就不接受牟先生对朱熹的硬式批评意见，直接说就是他们所说都是不在朱熹的问题意识上的无谓批评，也没有好好读完朱熹的所有作品。另外，我对先秦两汉魏晋的研究，重点在确立哲学家的问题与观点，可惜目前尚无余力集结成书，还需要再多做研究才能落实。

　　哲学史上各家理论的研究，以及当代中国哲学家的理论研究，都使我逐步建立了自己的哲学研究观点。我在获博士学位之后服兵役两年，以及在华梵大学任教十年，之后返回母校任职，正式完成《中国哲学方法论》专书的出版。这时候处理的问题是围绕中国哲学特质的形上学体系建构，我把它拉开成了有工夫论特质的四方架构，谓之基本哲学问题研究法。在此之后，知识论问题跑进了我的思考，就是如何去说中国哲学各家学派的理论就是真理。首先四方架构讲的是系统一致的理论建构，但这只是完成在逻辑推理的文字建构上的证成。中国哲学是人生哲学、生命哲学、实践哲学，它是要用在人们现实生活之中的理论，因此理论的证成必须谈到经验的问题，于是我开始思考检证的问题。中国哲学各家所说当然都是真理，并且都有经验的证明，这是西洋哲学知识论的一大要求重点，不能跳过。于是我提出了针对哲学理论的活动的四种不同身份人物的实践检证，那就是创教者、研究者、实践者、检证者四类，我分别讨论他们各自与理论的实践经验关系为何的问题。也因为在这个问题意识的脉络下，我发现了中国哲学的语录体作品的重要价值，它们恰恰是具体实践活动的记录，是作为实践者与检证者的活动场景。过去，这些作品很难能登上哲学讨论的舞台，哲学讨论总是以理论式的文本为对象，就算是有问答的形式，被关切的也是问答中的知识回答的部分，而不是生命处理的指点语部分，因为它们的理论意义难以被陈述。但是，在我的工夫理论和境界哲学的问题意识以及研究方法中，这些文本就成了最具鲜明活力的理论性语言了，同时也为检证性问题的讨论提供了阅读讨论的直接素材，等于我为中国哲学界打开了哲学作品阅读的视野。检证性问题的讨论过程是逐步升进的，特别是在创教者的经验落实部分。我发现，就世间法的儒道墨法各家哲学而言，过往的历史就是各家哲学理论的经验基地，只不过是各取所需，关键是观察面向层次有所不同，也就是问题有所不同，而不是对经验的认识有所不同，而是各家所取的经验素材有所不同，于是各家自证，检证性问题就谈妥了。至于出世间法的道佛两家，所有的命题都是有经验实证的基础的，只是经验特殊，超越了平常人的感官知觉能力，所以必须重做工夫，才能证实。但是方法都已经被提出来了，这就提供了检证的管道。此处还有否证性的问题需要讨论，简言之，失败的工夫不能否证实践哲学的理论，成功的工夫则可以检证实践哲学的理论。检证性问题落实之后，各家就在经验上可以被确知为真理了。

之后的问题便是说清楚各家的经验差异所导致的理论差异，厘清差异，同时也就解消了争辩。这就是我从《中国生命哲学真理观研究》到《中国哲学的会通与运用》的主要关切问题。《中国生命哲学真理观研究》直接面对知识论课题，提出系统性、检证性、适用性、选择性四大问题以为中国知识论课题的进路，相关讨论主要落实在系统性的再发挥，以及检证性的正式提出以及深度讨论。至于适用性与选择性两大问题，其实更多地是在《中国哲学的会通与运用》一书中处理。可以说《中国哲学方法论》《中国生命哲学真理观研究》《中国哲学的会通与运用》就是我关于中国哲学研究方法的三大著作，外加与陈荣华教授合著的《哲学概论》一书。目前，我因为若干学术会议以及学术演讲的参加与进行，针对研究方法的问题又有了不少的新成果，主要面对的是中国哲学作品类型的分类与研究方法的讨论，以及更深入地从知识论进路谈中国哲学的相关问题，应该在未来一年之内会有更新的著作集结出版。实际上我差不多已经完成集结却尚未出版的专书也还有不少，包括"先秦儒学""周易哲学""两汉魏晋哲学""禅宗哲学""冯友兰哲学""方东美哲学""唐君毅哲学""劳思光哲学"等。另外，我近年来积极进行国学经典课程的讲授，主题包含儒释道各家的经典，亦有上课录音档文字稿正在集结之中。借由经典逐句讲授，我的研究方法也有了更多细节的发展。

适用性谈各家各自的问题意识确定以及发言角色定位，这是我借由《周易》六爻的架构做出的比附式的解析：墨家是百姓在初爻，儒家是知识分子在二爻，庄子是自由业者在三爻，老子是高阶领导在四爻，法家是君王在五爻，佛教处理死亡问题在上爻。这样对比性的定位之下，各家理论的合理性可以更见其旨了。

选择性谈个人当下的处境及抉择，这就需要通学世间法各家智慧，才能有唯变所适、周流六虚之智，这里就真正进入中国哲学为我所用的范畴了。中国哲学都是功能性的理论，就是理论体系是为着解决特定人生问题而建立起来的。学派之间的争议都以为是策略主张的不同，其实是彼此的问题意识情境的不同。所以学习中国哲学，必须要有明确的情境意识，也就是在对于各家主张的诠释中，首先要把它们的情境说清楚。情境是多元不一、不断变化的，各家都有自己认真对待的情境，理解情境，尊重主张，学习智慧，适为运用，以这样的态度，解消冲突，这正是我近期最重要的讲课模式，就是不论在哪一部经典的讲授中都同时进行多学派的融会贯通，不做冲突争辩，而是和谐诸家。

在许许多多次的文本解读以及哲学家意见的梳理之后，我发现庄子讲的"枢始得其环中"是真的有道理的，必须如此才能真懂经典。多少人都只是为了辩论而辩论，不是真的在做真理的探索，而是在打辩论比赛，极尽自我定义的本事，建立自己的论述标准，然后就攻击他说。哲学史上各家的内部之争，不同学派之间的争辩，以及当代新儒家的理论建构，莫不是如此。在我使用种种理论模型予以解读之后，发现各家的冲突都可以免去，毕竟都是实践哲学，都是曾经被应用过的智慧，如何非要有你对我错的争辩呢？最后，我就明白了，我们要做的哲学研究工作，就是消化传统国学经典，正确理解，准确诠释，深入经典，为我所用，而不是拿来助长傲慢，硬是要高我低你，独领群雄，睥睨天下的。我们要做的是，把中国哲学各家经典的意旨理解、诠释得清清楚楚的，然后去讲学，去结成共同实践的伙伴。当然，这是要有深厚的哲学功底的。这也就是我所提出的种种方法论解释架构以及真理观的诸种问题之研究目标，就是要好好解读经典，吸收优点，落实生活，而不是争辩不已。

今天，我们研究中国哲学的目的，就是在深度认识优良传统文化，最终正确理解，准确诠释，深入经典，为我所用。我们对于中国文化是有着高度的自信与骄傲感的，但是中国文化的内涵是多元丰富的，今天的中国人，已经没有必要再深陷在三教辩争、中西比较的泥淖中，因为我们要负起的是促进世界大同、提升人类文明的新时代重任，这就不是儒释道的哪家哪派能够独立面对的新局，而应是团结中国哲学各家各派，汲取各家优点，随时变换使用。我的研究方法已经明确地说明，实践哲学的理论是谁也无法否定谁家的理论的，因为问题不同，世界观不同，价值观不同，要解决的课题互相不同，只有全部学会而能进入应用，才是真正学好了中国哲学。而一个学好了中国哲学各家经典的现代文化人，必然是通天地，知人性，能为干才，也是通才的现代中国人。这一条道路，我尚在努力前进，也愿意追随所有爱好中国哲学经典的任何朋友一起努力。

杜保瑞

2024年5月于上海

绪论

当代中国哲学研究的核心课题，是既要解决传统中国哲学经典的文本诠释问题，又需要面对当代西方哲学的挑战。挑战的要点，就在于是否能建立清晰的理论体系，以及是否能自证其真。当然，所谓的挑战，还是中国学者自己对自己的挑战，是学习了西方哲学的中国哲学工作者，以西方哲学的工作方式，面对中国哲学的学习与研究的时候，对中国哲学理论进行的理解与诠释的自我反思。中国哲学可不可以像西方哲学那样被表达得如此地有系统性、理论性、清晰性？中国哲学可不可以在接受西方哲学知识论的检证之后依然能够自证其说、倡言为真？以上两项问题，便是本书出版之缘由。这正是笔者自青年时期学习哲学以来所一直面对的问题。经过三十年的努力历程，其间经过了中国哲学史上上下下反复不断的教学课程，以及各断代史哲学家理论的研究与写作，还有针对当代中国哲学家的中国哲学诠释体系成果的方法论反思，笔者逐渐建立了研究中国哲学的系统性观点，最终提出了面对中国哲学理解与诠释的讨论架构，亦即提出了中国哲学真理观的四大问题意识的进路以解决上述问题，那就是以系统性、检证性、适用性、选择性四大问题之研究为进路，阐释并讨论中国哲学的理论。这正是本书所欲呈现的理论内涵。这一套思维，还是从哲学这个学科的视野而展开的。

如何正确认识西方哲学是今日中国哲学研究的关键。很长一段时间以来，华人世界的中国哲学学者，对于中国哲学的研究方法，非常关切。关键就是，哲学毕竟是西方的基础学科，当它被介绍到东方来以后，东方的学者，对于自己传统中的各种思想，总是要把它们拿来和西方哲学做一对比。比较是最初的目的，后来竞争、较劲成了重要任务。中国的学者，自然是主张自己争赢了，但这都是二十世纪的事情了。以今日之需求而言，输赢根本不重要，搞清楚彼此，正确地理解西方哲学，深刻地认识东方哲学，进而好好弘扬东方的思想，这才是最重要的。其中，清楚地认识自己便是百余年来中国哲学学者的使命，而这个认识，是要从哲学的进路来认识的。

但什么是哲学呢？以西方为例，西方哲学史上各家各派的哲学，主张都不相同，唯一相同的，就是建构理论、回答问题。而所谓的问题，都是终极性的问题：宇宙的终极实在？人类认识能力的极限？前者是形上学问题，后者是知识论问题。而所有的理论，都说得头头是道、条条有理，只是，各人有各人的问题，各家有各家的概念定义，于是各派有各派的主张。最后，始终是自圆其说，各人完成了自己的理论建构，解决了自己所有的问题。若要论辩，比较时难以互相对比，较劲时谁也说服不了谁，总之成就了一套又一套的问题与回答的思辨系统。关键就是下定义、问问题、讲道理、提主张，整个过程的重点就在内部系统一致地自圆其说，因此这个主张，从来不是说出来就算了，背后都是千言万语的推证过程，这就是西方哲学的特质，也就是哲学进路的特质。

今天，要讲好中国哲学，就是要把它有别于西方哲学的特质呈现出来。这是因为，传统的中国思想，以儒释道为核心，多是结论式的人生智慧，即便讲理，仍是以实用为主，明白了意旨就好，会用就可以了，并不会在语言表述上以及说理辩难上反复推敲；反之，甚至还会说语言终究不能表意的话，如"予欲无言""天何言哉""行不言之教""圣默然"等等。这是因为，中国哲学的各学派面对的问题是人生的问题、生活智慧的问题，去实践才是最后的目的，做到了就是完成了，语言表意不是目的。

西方哲学则不然，追求的是思想里的真理。探问真理的意义，此举则非靠语言表述不可。西方哲学必须依赖反复的思辨、不断的问难，只要理性上想得到的问题，都必须在理论系统中获得解决。于是西方哲学很少以简单的结论、智慧的语录、人生的格言等方式来表达，因为他们并不重视心领神会，而是要借由理论的建构来解决问题。于是各个学派为追求证明自己的理论为真而战，但是，慧思尚有限，问题却无穷，各个学派的成就只是能够回答自己提出的哲学问题而已，从而有了他们自己的理论系统的完成。然而，正是这样的特质，成就了西方哲学如此的精彩。

中国哲学有别于西方哲学的重点是在实践的特质上。中国哲学以解决人生的问题为主，面对的是生活的困惑，提出解决之道便完成了思想的任务。中国哲学的理论以解决人生问题为主，于是它的问题便十分具体而且明白。中国哲学的智慧就是把问题解决，它的理论言说的目的仅止于此，于是，相对地，在论辩问难的表意上就不如西方哲学精细。如果东方不跟西方交流，中国哲学的表达方式就还是会像原本儒家、道家、佛教的语言形式般地继续进行下去。而且三教之间也是会辩论不已，但辩论永远都是不对焦，然而三家还是各说各话，因为真正的重点在于自己的态度，而非思想世界的极致严密。

思想的世界无穷，现实的生活具体，所以西方哲学在语言的绵密严谨、推理的细腻精致上总是优于中国哲学。然而，中国哲学又总是在解决人生问题的真知灼见、面对具体问题的灵活处置上，高于西方哲学。可以说，中哲、西哲本来就不相同，只是当中国思想使用了哲学这个词汇，进入了当代普世性的哲学学术的殿堂之后，传统中国思想被严谨表意以及反复辩难就成了必需的要求，以符合哲学理论的功能特质。

当然，中国思想需不需要被哲学化地表意以及被不断深入地辩难，这是可以追问的。笔者以为，需不需要是价值问题，而价值则是要在一个明确的标准上才能论是非，价值定位了，是非即可论辩。但是，价值是选择的问题，价值也是生活上的需求的问题。当中国哲学的格言式、意志性的论述被今人质疑它的真理性的时候，哲学化的工程就很有需要了。你问问题，我回答，就算你一直问，只要我是真有一套真理系统，我就也能一直回答，你怎么想得出问题，我就怎么给得出答案。因此，传统中国人生智能的哲学化工程，就是在被西方哲学质疑下而不得不建立的。

可以不回答吗？可以，这是个人自己的选择。但我们已经设立了哲学系，达百余年之久，我们也要求我们自己做中西哲学的学术交流，既然要彼此交流，那就不只是向西方学习，当然也必须传达我们自己的哲学思想。一旦我们传达了，就有可能被质疑，一旦我们被质疑了，那就必须去做出回应，就这样，现代中国哲学就在这个质疑与回应中论证地、思辨地建立起来了。

当今的中国思想研究，除了走哲学研究之路以外，还有传统国学这条道路。如果选择不走哲学思辨之路，而继续以人生智慧的启迪与实践，作为传统中国思想的学习方式，这样可不可以呢？当然可以。因为你所面对的是对于国人的教育，只要你真能理解，更能身体力行，就能形成典范，产生影响力，而获得他人的认同与效法，于是你的语言表达方式就还是传统儒释道本来的方式即可，只是把它变成白话文了而已，这就是国学之路。

走国学之路还是走哲学之路可以是学者自己的选择。笔者自觉地走哲学之路，这也是因为笔者是哲学本科出身，在台湾大学取得哲学学士、硕士、博士的学位，头脑中装满了西方哲学的形上学、知识论的问题。但笔者研究中国哲学却是向来的志愿，就读哲学系就是为了研究中国文化与发扬中国传统思想。哲学的训练养成了不断追问的习惯，不仅要理解，以至能够运用，更要追问它的真理性的问题，那么怎么问？怎么答？这就是走哲学之路者必须面对的任务。

本书之作，就是要以哲学之路来讲中国传统思想之学。哲学之路，首先要在理解了中国哲学的意旨内涵之后，学习西方哲学的问题意识与思考方式，对自己做无止境的自问自答。这些问答，就是为了要证说它的真理性。儒家的智慧、道家的智慧、佛教的智慧，如何是有道理的？如何确定为真？如何应用？本书之作，就是在追问这些问题。然而，这一切的追问，不可以是凭空设想的，不可以只是形式的推敲，而必须是深入国学经典的理解，理解而能顺成其义，而不是形式上找推理的毛病，也不是现实上找失败的否证，这就需要国学的进路了。

因此，笔者的中国哲学研究，是必须有国学的功底才能做好的中国哲学研究，这就跟单单只是具有西方哲学学术训练的学者所提问及回答的中国哲学论述之文有所区别了。可以说，就是要稳固地站在国学素养的基础上，再来做哲学思辨的真理观探究，才能真正深入其内，而为中国哲学的发展做出贡献。

走哲学之路要面对的问题与挑战就是真理观的问题。重点就是中国哲学的特质与西方哲学不同，中国哲学都是在谈人生的真谛：首先是意义性的发现，其次是价值性的确立，再次是个人的理想追求，其中各个学派以成就其人文之教为目的，而个人则是以成圣成贤为目标。那么，意义如何合理？个人如何实践？如何确定实践为真？从哲学的进路谈中国哲学，主要就是在面对这样的问题。这是因为，中国哲学的理论，发生于理想的建立，完成于理论的建构。理论如何可以称为建构完成？建构完成之后如何讨论它的正确性？就它的实践需求而言，实践如何对准理想？实践如何验证其成效？这些都是在追问中国哲学真理观时要探究的问题。

谈中国哲学的真理观，是在揭露与西方哲学对照下的中国哲学研究视野，是在阐述儒释道等中国哲学主轴学派的理论意旨，是以中国哲学为实践哲学特质下的研究。这不是一家一派的专题研究，也不是以西方哲学问题意识临照中国哲学材料的研究，而是以中国哲学底蕴智慧为内涵的抽象思辨的研究，是关乎中国哲学各家理论之所以成立以及确证的研究，是要使中国哲学成为抽象理性探究的对象并汲取丰硕果实的研究，是非常属于西方知识论问题意识进路的研究，是中国哲学于二十一世纪再出发、再创造的最前沿问题的研究，是要让中国哲学的各家意旨清晰，让各家智慧准确，为世人所悟及所用的研究，是以中国哲学问题意识与思考模式为本位的哲学研究。

谈中国哲学的真理观该问哪些问题呢？笔者提出，有四大问题宜于深入追问：系统性、检证性、适用性、选择性。

（一）系统性

系统性谈的是真理观中的理论模型的建构。中国传统思想博大精深，儒释道三家的理论著作浩瀚如海，同一学派内部的经典著作亦多如牛毛，究竟各学派内部是否能有自圆其说的一致性体系？如果不成体系，就不成哲学的理论，只是一些意见的言表。面对这个问题，就是要去建立各学派的理论体系。而这个工作的任务就是要去了解中国哲学的特质，并且发掘中国哲学理论主张背后的哲学问题，从问题出发，研究概念使用的定义，针对格言式的主张，建立思维脉络，或者是补充原有的推论架构，这样一步一步地建立起理论体系。此外，要照顾不同著作间的问题差异，将问题与问题做出区隔，并形成联系的关系，使一个学派的各家著作能在不同问题的不同主张之间形成整体一致的理论体系，从而解消学派内部无谓的争执与表面的冲突。

西方哲学一家是一派，不同学派之间的攻防常是预设不同、问题不同，谈不上争辩交锋，虽然，它们也是争辩不已。中国哲学，一个学派是有许多学者共同维护及创作的，学派内部理论众多，不同的理论之间常有冲突。此时，西方哲学严密的理论训练以及语义约定之长，就能够协助解决中国哲学同一学派中间的理论冲突。关键就是区分问题，最后形成几个核心的基本哲学问题。问题相同，才有意见的对立，中国哲学同一学派中间的理论对立，常常不是根本问题的不同，所以只要能够澄清问题，那些表面上的冲突就被解消了。至于不同学派之间，笔者主张，就像西方哲学一样，一家一家各自是一派，问题不同，没什么好辩论的，各人把话说明白了就好。理性的世界无边，哲学的问题无穷，各人解决各人的哲学问题，就能成一家之言。

中国哲学各学派彼此之间是一套一套独立的理论系统。各家之间问题层面不同，面对的世界观不同，无从辩论，因为基本预设不相同，就像西方哲学各家的绝对预设都不相同一样。都是形上学，但所问的依然不同，所说的自然不同。都是知识论，但所问的还是不同，所说的也是不同。但是，形上学与知识论是基本哲学问题，大家都在问这个基本问题，当然细节的设想和定位还是不同。劳思光先生说各家有各家的基源问题，在笔者的研究中，基源问题和基本问题是不同的，基本问题是整个中国哲学各家各派都必须面对的，它们是相通的。只是，在共同的基本问题的设想下，各家思考的层面还是各自不同。就像西方哲学的形上学，这是基本问题，但柏拉图、亚里士多德、士林哲学等各家的形上学问题都不同。这就是细节的设想有所不同，这就是劳思光先生所讲的基源问题的差异。知识论也是基本哲学问题，但有理性主义、经验主义的差异，也有康德及当代分析哲学的差异。

这个结构换到中国哲学来看时，中国哲学的基本哲学问题是什么呢？前面所说的系统性问题，就是借由基本哲学问题的面对及回应，而形成各个学派内部的理论体系。西方哲学各个学派的基本问题，或是形上学，或是知识论，主要就这两个。至于伦理学，笔者以为，伦理学属应用哲学，它背后的问题意识，或是形上学进路或是知识论进路，但基本问题就是形上学一套，或是知识论一套，所以西方哲学就是形上学、知识论两大基本哲学问题。至于中国哲学，在长远的学派发展史上，最终各家都回答了几个共同的基本哲学问题，并在这几个基本问题的细节设想下，建立了理论主张，形成了一致性的理论体系。这几个基本哲学问题，依据笔者的研究，包括"宇宙论、本体论、工夫论、境界论"。也就是说，西方哲学中的学派，要不就是形上学进路的哲学理论，要不就是知识论进路的哲学理论；而中国哲学因其实践的特质，要把一派的理论完整地讲述，必须有这四项基本哲学问题的发问与回答，才能坚固其说，形成体系，完成各家的系统性理论建构。这四项基本哲学问题本来就存在，只是未予显题化，今天，正是借由西方哲学严密理论的要求，透过国学经典的深入研究，而由笔者逐步挖掘确立出来的。以上是系统性问题，细节的说明将在后文进行。

（二）检证性

第二个问题，检证性，谈的是真理观中的理论确定。一个教派的理论自有创教者，创教者是如何创造一个学派的？中国哲学是人生智慧的哲学，人生智慧是如何发掘出来的？这套智能与创造者本身的关系是什么？搞清楚这些问题，以此确立中国哲学理论的发生，以及它的属性，接下来就可以讨论如何确证这套理论的真理性，那就是寻求创教者创造心灵的合理性。此处之谈合理性是谈价值意识的合理性，中国哲学是谈人生的智慧之道，智慧是对价值的选择，但也需合理性。价值确立又经过实践而有实现之后，就会有整套理论的托出，这就是教主的创造。一个学派建立之后就是要传教，接受教派知识与信仰的信徒就要去实践，如何确立他的理解与实践的过程是亦步亦趋符合教旨的，这就是检证的问题，此中有太多的议题值得讨论。

笔者对于这个问题的研究，认为实践哲学特质的中国哲学，要检证它的真理观，是要针对以人为主体的实践活动，去进行检证问题的讨论的。这就包括创造学派体系的创教者、研究学派理论的研究者、实践学派宗旨的实践者、检证学习成效的检证者。

（三）适用性

适用性是说明各学派适用于解决什么样的人生问题。系统性建立各学派内部自成一家之言的理论体系，检证性确立了各家理论皆为真的理论地位，那么，面对各家之间的争辩交锋，如何解消其事？关键就是，实践哲学缘起于价值的选择，完成于宇宙论、本体论、工夫论与境界论的理论建构，各家自有不同的基源问题，有不同的世界观，有不同的理论适用的层面，甚至有不同的族群作为这套理论的发言者及实践者。适用性问题就是站在解消各家冲突的目的上，找出各家适用领域的差别，将中国哲学各家学派定位出它们的理论适用范围、适用问题、适用情境、适用阶层、适用族群，在此基础上，准确地定位在人生问题的层面上，以便了解各家智慧的真理观。这一部分问题解决后，中国哲学各个学派将无须再进行任何的辩论，剩下需要讨论的问题只是在什么情境下需要运用什么哲学思想的问题而已。当用则用，用不到的未来也会有用。

（四）选择性

选择性谈个人在当下的处境上如何选择哲学智慧以面对人生的问题。中国哲学就是人生哲学、生命哲学、实践哲学、应用哲学，但它是有道理的，道理呈现在各家的理论系统中。虽然各家都宣称为绝对的真理，但毕竟还是有适用性的不同特质。各家都有理想完美人格的典范，但世人的问题无穷，生命的困境不断。各个学派虽然可以主观地解决它们自己的问题，但是人生其他各方面的客观事实也不容忽视。作为中国人生哲学的学习者，如何有效地汲取各家的智慧以解决生活中的问题？这就需要有对情境的敏锐与对国学智慧的深透。在知识上通晓各家的智慧，并不等于在现实上能够灵活运用它们。如何在现实情境下准确其事？如何在困境艰难中找到出路？这就需要有运用及选择的智慧了。选择性的问题就在情境的了解，利用智慧，找到出口，这就是对中国哲学最有智慧的学习，学习实用的智慧以作为实践的理想之用途。

笔者认为，墨、儒、老、法，各家皆是世间法的哲学，通通要学、要会，庄学与佛学是出世间法，择一即可。墨家与道教既有他在世界观又有入世的积极情怀，墨家、道教、庄子与佛教的世界观都是有他在世界①的世界观，择一即可，但是墨家、道教的入世的情怀则可以与世间法的各个学派共享。能够这样理解之后，那么，中国哲学各家各派的精华都可以学好，个人生命中的任何困境都有出路，如此一来，岂不是最有智慧的国学智者？而以上适用性及选择性的问题，笔者将以《周易》六爻的阶层逻辑为展示之结构而说明之。

以上，就是从真理观的进路，也可以说是知识论的进路，述说研究中国哲学应该面对的四大问题，并且就是笔者过去三四十年研究中国哲学的努力成果。这样的成果，是在众多的专业学术论文之基础上奠立起来的。本书之作，即是由笔者过去在中国哲学研究方法领域上的学术论文汇编而成，编辑的架构，即是以真理观的四大问题为架构。第一是系统性问题，笔者选录了四篇相关学术论文，是为第一章。第二是检证性问题，笔者选录了三篇直接讨论这个问题的学术论文，是为第二章。接下来两章讨论三教辩证与会通以及儒法辩证与会通。第三是讨论儒释道三教的会通，也就是适用性和选择性问题在儒释道三教中的辩证与会通，共收录四篇论文，是为第三章。第四是将法家加入儒释道三教的会通之讨论，最终结论于儒家是中国各家哲学的最大公约数之立场，亦即中国文化都必须先有儒学的基础，然后才有各家真正发扬光大的擅场之局，是为第四章。以下展开。

---

① 此处之他在世界指的是宗教哲学里面的鬼神世界，为人类感官所不见，却被宗教界信以为真。

第一章 中国哲学的系统性问题

本章分为四节。第一节"中国哲学的基本哲学问题意识反省",旨在清楚讨论四方架构各个基本哲学问题的理论意旨。第二节"中国哲学的基本哲学问题与概念范畴",目标在对比两套研究方法——"回到中国哲学传统概念范畴的研究方法"和"四方架构的基本哲学问题研究方法"的异同。第三节"文本诠释进路之中国哲学方法论",说明四方架构是诠释传统经典文本的工具,当然自身也是一套哲学理论,但根本上是为了诠释中国哲学而建构的。第四节"以四方架构为中心的中国哲学史方法论",强烈申说此一架构不是为了创造新说,而是为了诠释旧说,但它绝对是一套正确理解、准确诠释的架构,就此而言,它本身也是一套哲学理论的创作。

第一节 中国哲学的基本哲学问题意识反省[*]

一、前言

本节将以中国哲学的"基本哲学问题"为研究对象,为当代中国哲学诠释体系的建构,建立更进一步的方法论视野。本节之进行,首先预设中国哲学是探究人生问题的哲学,借由价值观点的提出,为人生问题确定方向。价值必须有理论根据,理论的建构即是中国哲学的哲学活动,中国哲学的哲学活动中的理论建构在传统上表现在几个基本哲学问题的建构中,包括宇宙论、本体论、工夫论、境界论等等。这几个基本哲学问题之间的关系性问题,一直以来并未为当代中国哲学界所共同确认,本节之作,即欲将之明确揭出,并进行若干讨论,使其成为分析中国哲学理论作品的理解及诠释的架构。

中国哲学领域中所探索的价值问题,在中华传统文化的价值系统下分属于儒释道三大价值系统中,更严格地说,是表现在儒家、道家、道教、佛教四个价值系统内。当然,如果要再做更细的分类,那还是可以的,但就不是

---

[*] 本节曾发表于《辅仁大学哲学论集》第33期,2000年6月;《哲学与文化月刊》第316期,2000年9月。

此处所论之重点了。各大宗教学派体系都有价值系统，有了价值系统就可以谈理想人格，即是说出君子、圣人、神仙、菩萨、佛等理想人格作为人生追求的目标，理想人格理论的提出即是中国哲学的最终目标。①中国哲学各家学派的理想人格理论彼此不同，关键是在形上学、世界观的体系差异上，而中国哲学的形上学、世界观的体系研究，则正是中国哲学方法论的讨论对象，它本身即涉及更基础的基本哲学问题。

在今天要做中国哲学的研究，可以从学派研究的角度来探讨，也可以从研究方法及工作方式的角度来探讨，但是最根本的研究角度还是从方法论的进路做探讨。②在方法论的探究中，要追问的是：中国哲学问了什么样的问题？提了什么样的主张？使用了什么样的推论过程？是不是有一套普遍性较高的共同的思考架构可以用之以言说各家的哲学？要如何判定各家哲学是否已经合理地论证了它自身的命题？要探究这些中国哲学的方法论问题，则必须深入中国哲学的基本哲学问题研究，才能使学院的学术研究与文化的真实情况获得有机的结合，也才能有研究成果的创造性发展。本节之研究则将集中地从中国哲学方法论的诠释架构上构思，对于中国哲学的基本哲学问题作为一套分析的架构，表现在"工夫理论与境界哲学"如何与"本体论及宇宙论"有机结合上，进行观念阐述。

对于中国哲学的研究，笔者已于《中国哲学方法论》③专书第一章中提出"以工夫理论与境界哲学为中心"的思考。然而，中国哲学之哲学化工程固然能起于"工夫理论与境界哲学"的建构，但是，其所以能形成哲学理论体系，则是完成于"本体论哲学及宇宙论哲学"的建构。因此，笔者亦多次于学术

---

① 关于理想人格的理论问题，笔者曾以《中国传统价值观中的理想人格理论》为题，发表于两岸青年学者论坛——人文与中华文化学术研讨会，台北，中华青年交流协会主办，1998年12月。另参见杜保瑞：《基本哲学问题》第十二章，北京：华文出版社，2000年。
② 笔者曾以《现代中国哲学在台湾的创造与发展》为题，发表于第七届海峡两岸关系学术研讨会，初步检讨了台湾及大陆地区对于中国哲学研究的现况，结论则提出应以中国哲学的基本哲学问题探究为方法论研究的重点；后发表于《哲学杂志》第25期，1998年8月。
③ 杜保瑞：《中国哲学方法论》，台北：台湾商务印书馆，2013年。

论文中提出以"以工夫理论与境界哲学为中心的基本哲学问题分析法"为方法论架构，内含"宇宙论、本体论、工夫论、境界论"的四方架构，作为中国哲学文本解读的基本哲学问题。本节之作，即将以此一架构为对象，进行若干方法论反省的工作，企图将此一方法论架构的使用更予明晰化。

二、当代中国哲学理论研究的工作目标

当代中国哲学理论研究的工作，应针对传统中国哲学的文字性理论作品找出适当的理解及诠释的架构，从而使其价值命题得以系统化地被理解及诠释。笔者之所以要提出如此明确的工作目标，是因为当代中国哲学的理论工作者们，对于中国哲学的理论研究方式仍有着多方的分歧。传统国学进路的研究者，着力于弘扬特定学派的思想，就会针对学派价值观点做义理阐释。传统义理内涵的解读固然是当代中国哲学研究的重点，但在西方哲学强势论证形态的挑战之下，建立中国哲学价值命题的诠释系统才是当前更重要的工作，并且在建立诠释系统的过程中也才有传统义理内涵被更清晰地理解的可能。这就是国学进路与哲学进路的差异。以下即针对此一哲学进路的目标进行说明。

哲学是一种追求智慧的活动，智慧则是对准宇宙人生真相的探求，探求的结果则以真理的姿态言说，从而奉行此一真理于生活世界中。而哲学作品则是为着这样的真理言说进行理论的说明，从而以理论建构的形式来表达。针对理论的建构则又发展出关于理论建构的方法的反省，然而，关于理论建构的方法反省又常与真相的探求并为一事。

就当代中国哲学研究而言，反省传统哲学思想的真义之成立，以及诠释传统思想的义理之工作，将成为同一件事，这就是对于中国哲学诠释体系如何建构的方法论问题。它一方面必须究明中国传统哲学所已究明之宇宙人生之真相，另一方面必须为此一真相之成立建立证明其真的言说系统。言说系统的采纳决定于真相的情态。中国哲学是一种论说宇宙人生真相的思想，真相是宇宙的情态，人生的目标是追求使自己符合于这个宇宙真相的情态。借

由主体的实践，而追求人生的目标，从而成就理想完美的人格，本身是极为理性的实践活动。面对这样多层次意涵的理性活动之哲学作品的理解与诠释，首先必须对于一切作品的言说进路以及问题意识进行厘清，这一个厘清的理论工程最终将落实在建立一套可被共同使用的且具普遍解释性的诠释系统上，亦即找出由中国哲学的基本哲学问题所形成的诠释体系上。

当代中国哲学研究的创造与发展，与其说问题的关键在于理解传统中国哲学的价值主张，毋宁说问题的关键更在于厘清价值主张背后的问题意识及思维脉络，唯有问题意识及思维脉络之清晰，才有价值主张之成立与否的探究可能。这也就是基本哲学问题的重要性所在。可探究性是理论是否有哲学性的重要判准，而回溯价值哲学的基本哲学问题意识则是可探究性的落实点。中国哲学各家传统理论之理解与诠释的根本目的，仍在证说其为宇宙人生之真相，并作为世人所依据以言行的目标。这个证说其为真相的理论工程，必须提出证说的方式，从而可以被后学者检验并重新探究，进而付诸实践。这就是要说清楚所有价值命题的问题意识、思维脉络及观点主张的论说系统，以及讨论如何在实践上检证这套系统的办法。这就是目前在学院从事中国哲学研究的工作者群应有的努力方向。

就传统哲学的研究工作而言，传统哲学是表达在文字作品中的，文字展现义理内涵，展现的形式中蕴含了体系化的架构，唯有经过系统化推演架构的解析，才算是真正地诠释了传统义理。因此研究者在学院内的理论活动中，必须认清文字表现的活动形式是哲学理论表现的标准形式，此一形式中必然要有系统化的架构，从而经由一个标准形式的系统性架构来发表各种理解观点下的各个学派的理论。

认清学院的哲学活动必须透过文字来表现，就认清了建构理论是哲学活动的定然形式，在这个定然形式中奋力务求的是理解的深化与表达的清晰，而理解的深化与表达的清晰最终即表现在各个诠释体系的建构中。诠释体系的建构又显现为基本哲学问题意识的掌握及最终哲学判断的观点。

从当代最重要的中国哲学理论工作者的思想性文字作品的诠释观点中可

以看到他们各自的诠释体系，从他们各自的诠释体系中可以看出他们的基本哲学问题意识，从他们的基本哲学问题意识出发则进入了当代中国哲学方法论思考的领域，从当代中国哲学方法论的思考中我们势必又要直接回到传统哲学原典所展现的理论观点，各家各派的理论观点又让我们意识到其观点背后的基本哲学问题架构。就在此处，可以看出当代中国哲学家独到的理解判断之特色与诠释体系之差别，在这些特色与差别之处，正是讨论当代中国哲学理解与诠释工作的关键下手处。那就是要对中国哲学的基本哲学问题做检讨，经由原典解读的体系铺陈以及当代诠释的术语整理，找出这个决定中国哲学的理解与诠释工作的关键问题。在对这个哲学关键问题的追问中，势必要重新发展一套所有中国哲学理论工作者可以清晰使用的基本哲学问题分析架构。当然，这个基本哲学问题分析架构的建立与使用，本身又是一个复杂的哲学问题。

三、基本哲学问题意识的问题定位

"基本哲学问题"指的是一切哲学活动最终探求的根本问题，并且以基本哲学问题的形式显现为一套普遍共通的哲学问题体系。在所有的哲学作品中，任何的名相使用、命题主张及理论建构，最终都可以找出发生在各个专家专题与学派理论的根本问题。对这个根本问题继续探究下去，最后就会触及基本哲学问题，它们是所有专家学派的理论体系的普遍共通的问题，它们是抽象度最高的共同问题，它们本身仅仅是一个问题意识，一个议题，一个题目，一个问题，而并不挟带任何主观的判断观点。

当然，基本哲学问题本身也是一个哲学问题，它作为一个哲学问题，是站在当代研究的"方法论"课题下而成为的哲学问题，这正是本节在探究的问题。"方法论"是为诠释传统哲学典籍而使用的理论，可以说传统理论所关切的哲学问题是第一序的哲学问题，而方法论所关切的哲学问题是第二序的哲学问题。就第一序的哲学问题所要追问的观点而言，第二序的方法论意义的基本哲学问题是不表现任何观点的，它将仅作为第一序的哲学观点借以表达的路径，它只是一个题目，在这个题目下，传统典籍中的所有理论观点各自表述。它的功能就是，在诠释传统典籍理论观点的工作需求下，要求先提出普遍共通的基本哲学问题意识，使一切理解与诠释的工作得以方便且准确地进行。

四、基本哲学问题意识的哲学判断

基本哲学问题作为一切传统典籍理论观点的阐述路径，它本身当然也是一个哲学问题，那就是方法论的问题，它是中国哲学的基本哲学问题这个哲学问题的判断对象。基本哲学问题的功能在于它是所有传统哲学理论观点的问题意识的最后依据，经由它则可以进行理论的理解与诠释，因此，对于传统哲学的问题意识的理解是对基本哲学问题的理解的关键问题。也就在此处，显现了所有当代哲学工作者的个别差异，因为表现在当代中国哲学家各个诠释体系的理论形态中，正显现了当代哲学工作者对传统中国哲学的根本理解。

这个根本理解就是对于中国哲学各大学派的终极主张究竟是关于什么问题在主张的理论观点，究竟中国哲学各学派理论是经过了什么样的思考与实践而提出的什么样的特殊理解下的真知灼见。

这个根本判断的困难性，在于对中国哲学义理特质的掌握，这个义理特质的掌握又决定于个别哲学工作者个人的人格特质与哲学立场。这当然是和中国哲学基本上都是人生哲学的形态有关，个别哲学研究者当然是站在自己相信并接受的价值观念的基础上来进行中国哲学终极义理真相的理论判断，于是进行这个判断的终极根据正是研究者自己的深度信念。然而哲学的活动终究必须是理论性的，是理论性的也就是一种理性的客观，理性的客观就必须有理论的架构来证说这个客观的真理。虽然理论的起点来自主观的信念，但是理论的完成却必须是基于普遍命题的严整建构。这个普遍命题的严整建构当然又是一个中国哲学诠释体系的建立的问题，这就是一个针对整体中国哲学普遍命题之建构的哲学判断。这个诠释体系的寻找就决定于作为普遍命题证说根据的基本哲学问题的诠释架构。

五、基本哲学问题意识的体系性需求

基本哲学问题意识的显现必须是体系性地显现的，因为我们要建立的是一套诠释的架构，借由一套诠释的架构以收摄所有中国哲学的问题，因此必须追索出一个有体系性的诠释架构。

这个符合于基本哲学问题意识的诠释架构，必须在所有的哲学问题中发展出互为诠解的推演关系，建立起问题与问题之间的关系推演网络，从而作为各家理论的理解与诠释的定位空间。这个体系一致性的需求是一个理论上的需求，也可以说是一个中国哲学的体系建构的理论需求，这个体系的面向在中国哲学理论关怀中就显现为"宇宙、本体、工夫、境界"四个面向，而这就正是本节要阐述的目标。要经由这几个面向的共构才能形成完整的理论体系，它正是中国哲学的哲学建构应该顾及的总面向。在各个学派的哲学史发展中，它们对这几个基本哲学问题的探索是不断地发生、发现、发展的，不断地透过这几个面向的基本哲学问题的理论建构而共同维护并捍卫与巩固该学派的哲学立场。

这个体系性架构对于分析中国哲学史上的个别理论对象是极有意义的，但是它通常并不以整体的面貌表现在哲学史上的所有个别理论作品中。哲学史上的理论性作品是以哲学家自己的生命历程与思维脉络而建构的理论，故而将有着在这个基本哲学问题意识的总体架构上的或偏或全的展现之差异。哲学家各以他自身所关切的基本哲学问题为理论建构的进路而发表论点，各自在"宇宙、本体、工夫、境界"中的某些基本哲学问题或某些次级问题上来思考问题并提出观点，因此展现出理论内涵的多元差异，又因其彼此之间乃各擅胜场，是故其同异高下之间即难以判断。此时，唯有借由一套清楚的诠释架构方能进行这种判断。当然这一套诠释架构必须是适合中国哲学所有共同问题的分析架构，由其抽象层面的广泛笼罩，而得以将中国哲学史上各家各派的哲学观点适予分疏定位，进而提供整体理解中国哲学的方法论基础。

例如，在王阳明哲学的讨论中，如果我们聚焦于工夫理论的建构，则阳明学清晰可解。又如传统儒学在孔、孟、《庸》、《易》的发展中，也必须做出理论重点的分疏定位，因而理解到它们各自展现为《论语》中的境界论哲学、《孟子》中的工夫论哲学、《中庸》中的本体论哲学及《易传》中的宇宙论哲学的不同重点。在同一个学派的立场内，后来的系统皆是预设了前面的成果，只是它们各自把重点放在自己所关切的问题中而已。①

六、中国哲学的基本哲学问题意识之寻找

当代中国哲学家都明确指出，中国哲学面对的是宇宙人生的终极真相以及人生的意义的哲学问题②，强调中国哲学的活动最终在找出人生努力的方向，以及运用修养的方法达到人生的最高境界。关于终极真相的哲学问题即是一个形上学的哲学问题。形上学语义分歧，我们且以整体存在界的总原理说之。此义亦浑沦，再细说之，即有在宇宙论脉络下的知识建构以及本体论脉络下的观念建构之两路。而关于人生的努力的问题即有工夫论哲学的建构以及境界论哲学的说明。这就建立了一个"宇宙、本体、工夫、境界"四方架构的中国哲学的基本哲学问题的解释架构，这也是中国哲学的基本哲学问题的分析架构。

就中国哲学的传统哲学作品的理论研究而言，这是一套关于中国哲学的题目之学，而不是答案之学。在这个意义下，它是中国哲学的方法论哲学。

（一）本体论与宇宙论的基本哲学问题意识

首先，本体论与宇宙论这一对基本哲学问题的概念意涵是取它在中国哲学里的一般使用意义，即本体论乃一终极意义与价值意识之学，宇宙论乃一时间、空间、材质之学。然而，受到西方哲学影响，西方形上学的特殊问题，在当代中国哲学界的讨论中，多半也以本体论这个词汇来称说之，因此本体论这个传统中国哲学的词汇也就具备了西方形上学问题意识的概念使用意涵。

---

① 参见杜保瑞：《〈易传〉中的基本哲学问题》，《周易研究》1999年第4期。
② 参见方东美：《中国人生哲学》，台北：黎明文化事业股份有限公司，1979年；唐君毅：《中国文化之精神价值》，台北：正中书局，1981年；牟宗三：《中国哲学的特质》，台北：学生书局，1963年。

在传统中国,"本体"是就着整体存在界在于主体的整体性关照下的意义摄取之观念内涵。但在当代的使用中,"本体论哲学"却有两种面向,第一种面向又分为两种问题:第一,本体论哲学思考着作为整体存在界的存在原理的"道体"本身的各种情状,我们给它一个名称叫作道体的"抽象性征"。这一个意义的本体论哲学思考着作为总原理的道体自身的各种情状,当道体只是一个原理时,它是道体的原理义的"抽象性征"。第二,当道体也具备了宇宙论的存在始源的身份意义时,它是道体的"存在特征"。这个特征其实仍然是抽象的,因为在这个意义上的始源义的道体都仍然不具备具体存在的形象,因此只能在抽象的意义上讨论这个存在始源的特征。这是本体论哲学在道体对象上的第一种思路,在这个思路下展开了关于"抽象性征"和"存在特征"之学的多种观点的铺陈。这就使得道体之学有了"总原理"和"宇宙始源"两种意涵。为了研究的方便,在哲学问题的分类上,将其称为"存有论"哲学会更恰当,因为它更符合西方哲学进路下的对实体之学的讨论模式,如柏拉图、亚里士多德之所为,在东方,则如老子言道之讨论面向之一。

本体论哲学的第二种思路是思考着经由人智而确断的道体的终极意义,我们给它一个名词叫作道体的"实存性体",以有别于道体的"抽象性征"和"存在特征"。这一个意义下的道体问题是思考着主体所确断的价值意识的问题,是就着整体存在界的存在意义以及价值关怀而进行的发言。就方法论的反省而言,它当然是主体自身的主观赋予,但就理论建构的目的而言,它是提供工夫论哲学的价值追寻的理论根据,因此它将在现实人生上引起直接的实践影响。将之称为"实存"之意即因此而来,言其实存于人存有者的实践之中。"道体"就整体存在界而言其终极意义,就此而言,三教不同。"性体"就个别人存有者而言其生命意义与价值目标,在这个思路下的"性体"之学,也是儒释道三学的不可融通之关键处,即其价值关怀的各自有别之处。这个价值上的确断是三学心灵的根本立场,它一定是一套独断的判断。当然,在长远的哲学史发展中,各家都会为它进行理论的铺陈以证明此一价值要求的必然性。只是,这样的理论建构是否就可以证明它就是真的了呢?

这就需要方法论的检验了，至于是怎样的方法论才可以作为检验的判准，这还是方法论本身的问题，但它就需要上升到中国哲学真理观的问题中去讨论了，这是真理观中的检证问题。

例如，牟宗三先生的"道德的形上学"的方法论建构，就是在一套方法论判准下，论断了儒家的德性本位的形上学是形上理论的终极形态。我们如果使用牟先生的方法论，就会得到和他一样的结论，我们如果不同意他的结论，就必须另外建立方法论以为判准。笔者所建立的"基本哲学问题分析架构"就是牟先生系统之外的另一套方法论。不过，这一套方法论建立的目的，并不在透过它以便获知儒释道中的哪一家的价值意识是哲学推理下的终极真理，而是在透过它可以清晰见出各家学派的推理进程，从而重构各家的理论体系，进而提供给知识界正确理解各种形态的价值体系，并将之交由知识分子自做价值选择。此处，笔者要强调，选择的依据仍是回归个人的信念与实践的愿望，因为儒释道各家的工夫论哲学是实践哲学，实践者的主观意愿才是成功的动力，所以，成圣、成仙、成佛只能依其意愿。至于选择之后则要对此价值以理论的形式说明它的绝对必然性，这就是方法论解释体系的功能，特别是针对价值意识的"实存性体"义的本体论哲学的成立而言，尤其需要。

以下转入宇宙论哲学的基本哲学问题意识的意涵。

就宇宙论而言，宇宙论的知识建构，在于建立一个经验现象义的世界观知识系统，主要处理物质性的问题，它包括了对于经验现象世界的宇宙始源、宇宙发生历程、根本存在元素、整体存在界的世界观结构图式，以及对于他在世界的知识建构，并且在此中建立存有者类别，亦即除了人类存有者、动物存有者之外的他在世界存有者之学，同时还有讨论经验世界的人存有者的人体宇宙学进路的精、气、神、形之结构实况的解说体系。

中国哲学中的宇宙论知识系统在中国哲学的价值推理中是特别地重要的。如果我们仅在儒家哲学系统内论究价值，那么宇宙论的知识系统并不重要，因为儒学的世界观主要是眼见所及的家国天下。至于《易传》中所论的鬼神参与之事在宋儒中即未被强调，而董仲舒的论于"天者百神之大君"的神学天说法①亦不被宋儒重视。时至今日，劳思光先生亦谨守孔孟的心性论中心诠释儒学，儒学以道德意识的工夫修养为其全义。而牟宗三先生论于儒家的形上学时，亦不取有他在世界的形上天之义，其"道德的形上学"乃论说此一世界之实有及德性本位之本体论哲学。即便宋儒也谈阴阳五行的气化世界观，但其作用的原理仍是德性本位的本体论价值观，而非宇宙论的客观规律性知识。当我们说"宇宙论的知识系统在儒学的价值命题中是不太重要的理论"之意义，重点就是，儒学并不依赖他在世界的知识以申说价值。但是，在中国哲学中的道教哲学及佛教哲学的知识世界，宇宙论的知识却是与本体论的价值意识问题同等重要的基本哲学问题。除非我们把道教的修炼工夫与佛教的轮回世界观排除出中国哲学的领域，否则我们就必须对这些知识意义的宇宙论命题有所交代，而这就确立了宇宙论哲学作为中国哲学的基本哲学问题的理论地位。

我们说宇宙论是一种知识性的哲学，而本体论是一种观念性的哲学的意思是，宇宙论哲学是要清楚交代现象世界的生灭变化的知识以及人体结构的知识，借由这些知识的陈述，从而提供人存有者追求理想境界的身体观知识根据，因此它的知识性是一个经验的现实，它就在经验上说明身体能力变化的知识细节。因而，在宇宙论知识基础上所展开的工夫实践活动，也就会有明确的历程阶次，这就是身体修炼哲学的工夫次第问题。至于本体论哲学所论说的意义、目的、关系、规律、原理等含带着主观价值判断或抽象意义厘清的理论主张者，确实是经由人智的赋予才有的观念。观念是携带着态度的看法，态度形成特定的思维模式。观念总在思维主体的主观态度中运作，知识却具有普遍化的客观性。依据本体论命题理论而得的观念，需要有主体实践的配合才会有成为现实的可能，是由实践主体拿出相应的价值态度出来做事与生活，是在主体的主观态度中才会成为现实。然而，宇宙论的知识，是

---

① 参见杜保瑞：《董仲舒宇宙论进路的儒学建构》，国际孔子学术研讨会，台北，鹅湖杂志社主办，1999年9月；杜保瑞：《董仲舒的政治哲学与宇宙论进路的儒学建构》，《哲学与文化月刊》第352期，2003年9月。

对已经普遍而真实地存在了的现象的描述而已。依据宇宙论而来的人体修炼知识，它具有对所有人都有效的知识客观性。要在自身身体上操作宇宙论的知识，必须有明确的进行步骤，要有正确的次第，才会有确实的成效。至于是否要实践本体论的价值观念，以作为个人的修养工夫，则取决于主体心智的意愿。以上这个分辨，是对工夫论哲学的理论根据的分辨。工夫论哲学在儒释道中有着许多差异，其理论根据即在本体论与宇宙论中，不同体系的工夫的差异，可以在其自身所依据的本体论与宇宙论的差异中见出，此义于讨论工夫论时会再细说。

（二）工夫论与境界论的基本哲学问题意识

工夫理论与境界哲学在中国哲学的理论建构中其实是作为理论建构的最终目标。中国哲学的儒释道三学，既然是以解明人生真相以提供理想人格景象为目的，当然就要将"实践活动"及"理想人格"说清楚。"实践活动"即做工夫，儒家的格致诚正修齐治平、慎独、致良知等是，道家的无为、心斋、坐忘、逍遥等是，道教的炼精化气、炼气化神等是，佛教的八正道及六度等是。"理想人格"即境界，孔孟的圣人、老子的圣人、庄子的真人、道教的神仙、佛教的菩萨与佛等即是各个体系中最终要追求的理想的人格，也就是最高境界。工夫与境界既然是中国哲学理论建构的真正目的，那么工夫理论与境界哲学当然要在中国哲学的理论体系中有一个明确的理论地位，这就是为什么我们要提出中国哲学的基本哲学问题应该将"宇宙、本体、工夫、境界"的四方架构连成一气。连成一气即是将此四方架构的推演关系形成一套理论体系，以其中任何一个基本哲学问题为进路，都可以推演至其他三个基本哲学问题，从而形成这个学派的一整套完整的理论体系，并且作为研究各家哲学的解释架构。

工夫是主体的活动，境界是存有者的存在状态，一种工夫达到一种境界，一种境界是一组本体论与宇宙论共构的知识间架在人身上的落实。最高境界是最理想的人格形态，它当然要由形上学的终极原理来说明，亦即交由本体论与宇宙论的知识间架来说明，但是，唯有先两分清楚本体论与宇宙论的知识间架，才能将中国哲学的工夫理论与境界哲学说清楚。因为，不只境界的说明要区分从本体论说与从宇宙论说，工夫的说明也是要区分从本体论说与从宇宙论说的脉络差异。

说工夫论时还可以从实践活动的阶段性差异而区分为工夫入手、工夫次第、境界工夫。这三类理论的区分，将对于解消同一学派内的工夫论争议十分有效，具体案例请参考拙著《南宋儒学》[①]。

（三）本体论的"实存性体"与"抽象性征"和工夫境界哲学的互动关系

四方架构的联动关系，就是基本哲学问题的研究进路的关键基础。首先，就本体论的进路来说明其与工夫境界哲学的互动关系。做工夫，就是追求最高人格理想，理想就是由这个本体价值来定义的。但是，目前本体论这个概念一般来说有两个不同面向的使用意义，因此这个说明的脉络要先分本体论的"实存性体"与"抽象性征"两路。"实存性体"说的是实践主体的实存活动所追求的终极价值，它以本体论的价值意识作为心理蕲向的目标。本体论的观念通常定位于"道体"概念，而道体的"实存性体"意涵则是实践主体的工夫蕲向，是主体直透道体的一贯原理，到达时，就说为"天人合一"，因此"实存性体"面向的道体也是最高境界者的实证内涵。"抽象性征"是说道体自身的特质，主体实践达至天人合一时，理论上说，我们也可以拿这个道体的"抽象性征"来言说实践达至最高境界时的存有者情状。后者即是前者的人性位格化，两者共享一套陈述语言。

以上的分析是从传统哲学理论作品的解读中见出的。中国哲学理论建构的一般格式即是此型，即以道体的"实存性体"义作为实践者的工夫入手。例如，《中庸》讲道体是"诚者，天之道"，讲工夫即为"诚之者，人之道"，"诚"是本体论的终极价值，故而是"道体"的"实存性体"，因此是"主体"的工夫蕲向。而实践者的最终境界的内涵即是道体的"抽象性征"义的人性位格化，如老子讲道体是"迎之不见其首，随之不见其后"，则讲境界时即是"古之善为道者，微妙玄通深不可识"。"迎之不见其首，随之不见其

[①] 杜保瑞:《南宋儒学》，台北：台湾商务印书馆，2010年。

后"即讲道体的"抽象性征","微妙玄通深不可识"即讲圣人的境界。道体既然不可捉摸,圣人亦不可捉摸,故"善为道者"即"深不可识"。此即本体论的两路思维①与工夫境界哲学的互动关系。

"实存性体"来自哲学家的智慧直觉,独立地判断整体存在界的终极意义,由天地万物的终极意义而转出实践主体的价值意识,或是道德,或是无为,或是自然无目的,或是逍遥无待,或是苦,或是空。这个终极意义确定之后,即作为工夫活动的蕲向,工夫理论于是成立。蕲向只是一个入手,有入手就有进展,有进展就有成就,于是工夫理论就有工夫入手、工夫次第、境界工夫三个向度的说明间架。在工夫进展中的次第状态的理论意义,需要借由宇宙论的知识间架来说明。由于不同的学派有不同的世界观关怀,这就涉及此在世界和他在世界的差异:关怀此在世界的学派就借由家国天下的幅度来说明次第的等级,关怀他在世界的学派就借由世界的层级高下来说明这个等级。于是,由宇宙论配合本体论而展现的一个有阶次的成长历程,便能说明工夫次第之学。至于境界之说明,也必须是在一套宇宙论知识间架的基础上展开的,同样需要有此在世界的家国天下等级之别,或是他在世界的天地等级之别的说明。说明的内涵将摄入对道体形态解析的"抽象性征"中,主体的终极境界等同于道体的"抽象性征",这就是理想人格的存有者境界,因为主体的最高境界即是对道体的体证的状态,故而言说道体的陈述语言即是言说境界的陈述语言。

道体作为任一哲学体系的最高概念范畴,它的"抽象性征"义是不作为工夫的入手的,而是人存有者的最高境界的同义描写语,因此它是工夫的结果。拳守于工夫的结果,即是拳守于境界,如果仍以之为工夫,则是境界工夫。这通常就是最高智慧者的作为,是顿悟者的工夫,是他证悟的境界,因而直接将境界的展现说为工夫操作的模型。

---

① 本体论的两路思维是就一般学界的使用而并说的,目前学界要么使用"本体论"说这两种问题,要么使用"存有论"说这两种问题。"本体"是中国古词,宜说为价值意识的道体。"存有"是翻译自西方哲学的现代词汇,宜说为道体的各种"抽象性征"或"存在特征"。道体的"实存性体"对应价值意识的"本体论"。道体的"抽象性征"对应概念思辨的"存有论"。

（四）宇宙论与工夫境界哲学的互动关系

本体论提供工夫入手的价值蕲向以及终极最高境界的主体心境，而宇宙论则说明实践主体的存在性结构，也说明人存有者在工夫实践中存在情状之变化历程。如宋儒张载要同时讲"天地之性"与"气质之性"，当他讲"变化气质"时，这就是在以道德意识的"实存性体"作为本体工夫的同时，又要借由人存有者的宇宙论知识，来说明这个工夫进程在存在结构上的知识意义。

谈工夫的进程即是在宇宙论的知识脉络中讲境界的提升，例如佛教哲学的禅定工夫与禅定境界，就是借着宇宙论世界观的改变之配合，而说主体实践力的提升的。初禅、二禅、三禅、四禅的升进历程，既是说主体的工夫次第，也是说主体的境界高下，又同时是客观世界的等级变异，这就是四禅八定与三界等级的互动关联。而最终，在佛教哲学系统里，佛性即成佛者之体性，是佛教本体论哲学之终极意旨。其中，成佛者之境界与终极道体为一，佛性既是宇宙的本体，亦是道体之性征，又是主体之最高境界，主体的境界就是宇宙的终极真相，成佛者的境界与天地万物的道体合一。这种理论模式之所以能够出现，是因为佛教哲学的宇宙论知识之故，它能提供人存有者在多生历程中的生命提升之目标。佛教的生命观是，既可在轮回中堕落，亦可在轮回中提升，在轮回中不断提升的结果，则是生命进入最高级的境界之中，即成佛者境界。这是佛教哲学中的宇宙论知识所提供的理论模式，在成佛者境界中，佛身遍在全体法界中，所以，主体与道体融合为一，于是，主体使自己成为道体，主体以"实存性体"为工夫的蕲向，结果在工夫次第的发展历程中成为道体自身，于是对道体的"抽象性征"的描写语言，变成了对主体最高境界的描述语言。佛教哲学的成佛者境界之意涵即在它特殊的宇宙论形态中。那是一个有着多重世界及轮回生命的世界观，也因此而发展了佛教修行哲学的特殊形态，如六度者。[1]

---

[1] 关于佛教哲学的工夫理论的建构，笔者有较完整的讨论，参见杜保瑞：《肇论中的般若思维》，第十一届国际佛教教育文化研讨会，台北，华梵大学主办，1999年7月；杜保瑞：《大乘起信论的工夫理论与境界哲学》，第四次儒佛会通学术研讨会，台北，华梵大学哲学系主办，2000年5月。

这种知识形态即是其宗教性的理论部分，但哲学研究不论其是否是宗教性知识，而只论其作为哲学知识的理论建构是否完整且一致。至于对其成立与否之讨论，则需纳入基本哲学问题的知识间架中。此时，这个架构可就其是否具推演的一致性而说为完成，但不能就其是否被实践而成真而说为被证成，就其证成，要在知识论的检证问题中谈，本书后文为之。

相较之下，儒家则显现了明显的人间性。儒家的君子总有理想与现实的两难的慨叹，牟宗三先生在《圆善论》中的关于命限的讨论即此[①]，关键即在儒家只论于本体论的意义性问题，而不论于宇宙论的知识性问题，于是价值的追求只能满足在主观的内在心态中，却不能必然有效地完成在客观的外在现实中。儒学史上的例外者即《易传》之学，《易传》透过象数的运作是可以掌握外在现实世界的，但是这条思路在宋儒及当代新儒家中并没有被好好继承。这是一个借由宇宙论知识体系的明确掌握从而有效实践本体论的价值关怀的思路，即是使实践者与道体密契的活动更为完整。换言之，实践者要达到道体的境界是需要宇宙论知识的配合的，否则缺乏有效达到道体境界的助力。又，儒家道体的"抽象性征"与成圣境界分为两层，这是宇宙论的知识间架对人存有者的存在地位的知识约定问题，此处有一绝对的经验义的鸿沟在，并非实践即可提升而合一，若还是要谈合一，就要交由儒学系统中的宇宙论知识对实践者的存在能力的重新界定才可。这确是儒家哲学值得开发的理论方向。但是，在王阳明及牟宗三的系统中，他们都不注重宇宙论知识的开发，却仍是直接将主体的境界说成了近乎道体的圆满。然而，缺乏宇宙论知识以为接轨的王阳明及牟宗三系统，在方法论上是不能成功的。笔者并非指境界与宇宙不能合一，而是指在儒家学派目前的形上学建构中，尚做不到这一点，强欲合一以辩证道佛的结果，就是暴露了自己的宇宙论知识十分贫乏而已。

对道体做"抽象性征"的思辨直接可以是境界的语言，它不是工夫入手

[①] 笔者以为这一部分的陈述是牟宗三哲学理论建构中最无法自圆其说的部分，参见杜保瑞：《试论牟宗三中国哲学诠释体系的儒佛会通》，第三次儒佛会通学术研讨会，台北，华梵大学哲学系主办，1998年12月。另参见《人文论坛》第75期，2000年3月。

的进路，而是工夫成就结果的描述。工夫的结果即以境界说之，工夫的入手却必须是在主体不成熟、不理想、不完美的状态下进行的，入手处并非主体的最高级状态。工夫的入手是以性体的内容蕲向为进路，至于对工夫成就的增长的讨论，则必须有一个宇宙论的根据，在宇宙论的知识的根据下言说工夫在进展中主体的状态变化，这就说的是工夫次第的问题。最高境界的状态自身可以是道体的性征，此时却与工夫的进程无涉，故而禅宗不论阶次，而直接以境界的展现说之。此一基本哲学问题的解析进路亦即是禅学史上顿渐之争的厘清关键，实际上是顿教论境界、渐教论工夫而已。

工夫只在道体的"实存性体"上能有入手处，因此"实存性体"是一种带着主体性的观念活动的概念，在实践主体借由"实存性体"作为工夫入手时，经由在宇宙论脉络下所言说的进展历程，而逐步上升达至最高境界，即与本体论的道体的"抽象性征"意涵有一合一之境界。此时在宇宙论脉络下的知识说明，是对工夫主体的身心状态之改变过程的描写，描写其改变历程中的各阶次上升之存在变化的意义。而"抽象性征"则自始至终都是思辨的产物，合于这个性征的主体境界就直接以这个思辨性征作为其状态意涵，于是对主体的境界的实存描写便是对道体的情状的抽象思辨。由于每一个抽象的性征都是在一个时空系统的架构下提出的概念，这是道体意旨的必然预设，也是主体的追求目标，因此唯有借由宇宙论脉络的知识结构，才能将在入手处的主体的工夫活动与在终极处的主体的境界情状予以联系，这个联系包括了本体论的"实存性体"与"抽象性征"之建构。以"实存性体"谈入手，以"抽象性征"谈境界，中间借由宇宙论将之联结。

（五）律则的宇宙论脉络与本体论脉络

哲学是建构普遍原理之学，普遍原理中有一种形态即律则，律则是规范着现实事务发展变化的规律。在哲学体系中有关律则问题的呈现上，有些律则以经验现象作为分析的对象，这些律则即是一种宇宙论问题意识下的律则；而有些律则是主体心灵对事务运行的主观判断，这种形态的律则是一种本体论进路的思维。前者如阴阳五行在气象、历法及身体结构上的知识建立，或佛教十二因缘观对生命发展历程之言说，它本身是经验的描述，它的功能不在改变经验，而是对经验变化的法则做知识的说明，可能发生的问题就是描述系统的精确度。在恰当使用的情况下，它可以成为其他经验知识的普遍原理之依据，它同时也会是工夫操作的知识依据，即依据客观的变化律则，以说明主体实践的进步历程。以上是宇宙论进路的律则。本体论进路的律则可以老子的"有无相生""反者道之动"之实存律则为代表[①]，基本上是思维主体自己的主观断语，因为换一种断语的可能性也是存在的。这种断语就是一个观察的视野，决定于观察者自家心境的视野，对于这种律则的运用可以成就一种创造性的作为，即经由主体自身依据所定的律则而去进行实践的活动，这将会造成生活世界的改变。这就是本体论思维模式下的律则，它有着改变世界的可能性，只其改变程度的大小之别而已，它就是实存性体中的以律则为体之本体论哲学的形态。

以上的区分，是为了对各家哲学理论知识系统中常常出现的律则原理的认识之厘清而做。厘清律则的宇宙论脉络与本体论脉络，将能更深入地了解中国哲学的实践理论。宇宙论脉络的律则为客观知识的依据，但是本体论脉络的律则则是一种主观的判断，它在实现上的误判是可能的，因为它本来就是主观的意愿。这个意愿是要去创造及改变这个世界的，而不单是历史现象的分析。但意愿有穷尽之时，而意志也有软弱之时，甚至环境更有变化之时，那么律则的效果就不能达到了。阳明心学讲的就是意志贯彻之学，只要不忘初心，目标一定达成。至于宇宙论脉络的律则知识，则与主体的实践无关，它自己自然而动，如一年的四季变化，一生的生老病死，轮回的十二因缘。只要我们顺着它的规律而行动，效果一定出现，没有错误的可能，只有偶然的意外，但必然最终回归正常。然而，作为实践哲学的中国哲学，不仅要依据本体论的律则以改变世界，如儒家的修齐治平，也要依据宇宙论的律则而改变自我，如道教的炼气化神，逆炼成仙，如佛教的超越轮回，成就果

[①] 对这些命题更深入的讨论，请参见杜保瑞：《反者道之动》，台北：鸿泰出版社，1995年；北京：华文出版社，1997年。

位。那么，依据宇宙论进路的律则而改变自我的实践活动，它在现实上的错误也是可能的，这主要是来自经验细节的不足，导致它的实践不能完成，因此对它的要求就是要更精确地发展它的知识性细节。然而，只要是实践活动，主体的意志就不能缺席，基于宇宙论的人体宇宙学知识进行的主体修炼工夫，还需有主体价值意识的强化，这就与本体论进路的心理修养工夫同步脉动了。但是经由本体论脉络的律则之实践活动却是要以强化这种主观实践的理论效力来落实，对这种理论效力的强化即是其在现实上创造结果的动力来源，而这，就是从观念的相信到知识的信仰了，所以中国哲学的儒释道三教都有坚实的信念，甚至是信仰。从以上本来应该是客观的律则的本体论与宇宙论两路的厘清与区分中，可以见出：本体论的律则是以主观心态的形式，产生创造与改变世界的结果，一旦结果发生了，它的主观也就变成客观的了。至于宇宙论的知识性命题，就从来都是辅助性的角色，述说着世界与个人的生命变化的历程，而这个变化的发生，则基于对本体论的观念或价值标的的确断且追求。

也就是说，中国哲学中，没有缺乏本体论的宇宙论，没有不发展本体论的宇宙论，本体论都依据宇宙论，宇宙论都推演出本体论。借由宇宙论的客观知识或规律而来的主体实践活动，是因为发展出本体论的价值目标而进行的。客观的部分是主体的变化历程，主观的部分是主体的实践意志。经验世界的儒学要改变的是家国天下，他在世界的道佛要改变的是自我身心，如果还要改变宇宙世界，这就已经不是人存有者的行为，而是鬼神之作为了。

（六）"实存性体"的创生作用义之理论检讨

本体论讲价值，价值成为人存有者的理想，理想是要去追求的，追求了就改变了自己或改变了世界。人改变这个世界的社会现象，至于自然现象，那只有鬼神可以改变，或具有鬼神的能力才能改变，道家、道教或佛教哲学中有此理论，儒家则无。本体论进路的律则也可以约定为实存律则，实存律则具备着改变世界的可能性，这是由于实存律则是主体实践的原理依据，其目的即为追求一个与本体合一的生命境界，这也正是本体论的道体的"实存性体"的一般功能。这也是当代儒学家牟宗三先生所言的儒家的道体的创生性能,只是牟先生认为道佛两家之道体不具备这样的创生性能,故而仅是成就了一个境界形态的形上学,亦即仅是对于整体存在界有对待而保住而已,而并不创造之。①笔者以为,"实存性体"即是人存有者之价值信念的主观判断,判断之继而成为实践的信念而实践之,实践之而实现之,当其实现之时,即为一创造。此一创造乃同时涵具本体论义与宇宙论义,乃即牟先生所谓之"本体宇宙论"者②,即在主体的修养活动中贯通道体,而外化于整个存在界,而产生外在世界的各种变化。

牟先生以为道佛不具创生性,是因为牟先生乃以儒家的道德意识为宇宙创生之唯一可能,此为牟先生对于经验现象世界之为实有的儒学心灵下的哲学独断,关键即在对于世界存在的看法,以及对道佛意旨的理解。牟先生所思考的道家哲学是王弼学进路的老子学。王弼谈道体的"抽象性征",是一个存在义上的无形无名,又谈道体的"实存性体",是一个无为的胸怀,故而其转出工夫作用时即是一个无为义的作用的无,牟先生以为此二义皆不论创生。牟先生所谈的佛是一个般若空慧的佛性,虽有后期的天台学建立的无明法性同体相即之义,故而得有圆教之即三千世界而成佛之功而保住存在之法,但终究不是存在的创生而只为保住。③故而在牟先生的解释系统中,道佛两家皆无创生之义。然而,笔者认为,中国哲学的创生义应是通儒道佛之本体论之"实存性体"而皆有之。本体论的观念之建构,理论上都来自宇宙论的推断,宇宙论必交代宇宙发生论,也就是创生的问题了。

王弼老学论于道体的"抽象性征",却未论于宇宙论的创生原理④,故而

---

① 参见杜保瑞:《试论牟宗三中国哲学诠释体系的儒佛会通》,第三次儒佛会通学术研讨会,台北,华梵大学哲学系主办,1998年12月。
② "本体宇宙论"的概念,参见牟宗三:《四因说演讲录》第三讲,上海:上海古籍出版社,1998年。
③ 参见牟宗三:《圆善论》,长春:吉林出版集团有限责任公司,2010年。
④ 参见杜保瑞:《王弼哲学的方法论探究》,第十四届国际易学大会,台北,易经学会主办,1998年12月。

在王弼老学中确无创生之论说，然而针对存在界的创生问题，在整个道家哲学史上的宇宙观中却俯拾即是，《淮南子》即为显例。王弼老学虽未论之，却不得谓道家系统无之。牟先生有论于本体论，却无视于宇宙论，故有此一道家没有创生性之说。实则道家对于世界存在的论述，有道体之本体论义之原理与宇宙论义之始源二义，其宇宙论义之始源义中即有一宇宙乃由无形而至有形的创生历程，只其道体非以一道德意志而为创生者，是为一自然无目的之发生历程者。无目的是对所生万物之无目的，并非造物者不创生。既已由无至有，即为创造，否则何谓创造？至于是否保证此一创造，这不是一个宇宙论的基本哲学问题意识，而是一个本体论的基本哲学问题意识。依据道家自然观之无目的性言说，世界有即有之，不论保证。保证是目的性问题意识下的课题，目的因中断，存在即不保，但道家自然观本就不以目的造化天地，天地事实上已经被造化，既已造化，则只有律则合道之事可论。天地已存，修养者在天地范围之内进行社会活动的顺其律则而行之事便是要点。保证问题还有一路，即此一创造得否为永恒。儒家认为世界是有目的的并且是永恒的。但是关于宇宙存在的永恒与否的问题，这本身就是宇宙论的问题，而不是本体论上规定它就可以永恒。依据现代科学的知识，宇宙缘起于一个大爆炸，且会因为能趋疲而毁灭。依据佛教的世界观，宇宙是无尽的世界的组合，每一个世界都在成住坏空的历程中，一个一个的世界分别在此起彼灭中。这本身是宇宙论的客观知识的问题，不是主观的本体论的价值意识可以规定、规范的事情，所以论于被创生的宇宙是否保证永恒，这只是一家一派的独断立场，不能是评议别家别派的客观标准。

佛教世界观中的世界之所以发生并存在，依据大乘佛学《华严经》的理论，是在佛性存有者的"实存性体"的实践作用中，因佛性存有者的放光而有了一个一个的世界。世界在佛性存有者的境界展现中出现，实践之即开显之，即创造之，即对世界有一创生的作用，因而有一个个的国土世间。佛教宇宙观也因此必须是一个开展的系统。世界不止一个，国土众多，存有者转进各界，各个世界在生灭流转中，每个世界在开展中保持一个宇宙发生的历程间架，此即成住坏空之历劫之说。至于个别人存有者，亦有其生命的创造以及在轮回的转进中的客观知识间架，此即缘起于佛性之说，以及缘起法中的十二因缘之说。由是观之，佛教的创造的作用是一个身心一体、主客一齐、内外一致的模式，人身小宇宙与世界大宇宙同其创生的无限历程。① 它既是依本体论的原理而为之创造，也是宇宙论的律则在进行的创造。可以说，在佛教唯识学思路和如来藏学说下的宇宙论，早已交代了创造的问题，因此，绝不能说佛教无创生的立场。

牟宗三先生所谓的创生，是一个面对当前经验现象世界的生发创造的课题，并非一个无限的历程，而是对一个有限世界的经验存在的创造议题的界定：圣人以修齐治平参赞化育，于此一一存永存的宇宙之中，就眼见所即而为之独断。宇宙本身是牟先生的德性本体之所对，且一存永存，就此而论其创生、永恒及存在之保证。在牟先生的知识系统中，对于佛教宇宙论中的世界存在之成住坏空之事，以及大千世界之说，并无知识立场的处理，也就是直接漠视之。如此而论于道佛并无创生之说，岂非鸵鸟心态？而儒家圣人的创造范域则是在天下之内，这个创造是使世界成为一个道德世界的创造，范围就在经验世界的家国天下之内，此义即笔者所谓之本体论的"实存性体"义之道体将有对世界的创造之功能。只是，依据此在世界观的儒学而言，牟先生先在地预设此一经验现实世界之存在是一创生永存的立场，而天道的道德意志正是使此一世界在存在后又继续存在的动力，故而既创造之又保证之，故而说只有儒家具有此创生的立场。因为此一道德意志甚至在圣人的实践中继承并发挥着，故而证明儒家天道对世界存在既能创生又能保证永存。笔者欲为反对之处，是牟先生不从客观知识的宇宙论入手谈各个学派的哲学问题，只以本体论的进路谈问题，且只依一家的立场，这就不是学术研究的态度，而只能是意识形态的固执己见了。

谈创造，有世界之所以被创造的宇宙论问题，也有社会之所以被改变以

---

① 陈咏明：《佛教的大千世界》，台北：文津出版社，1995年。

及个人之所以能提升境界的工夫创造之议题。就后者言，儒家最能直接言于社会的创造即自我的提升，然而，道家、佛教亦含此义，否则即不必为实践哲学。道家老子的创造，是借着无为的工夫，使社会成为一个有成就的社会，"功成事遂""夫唯道善贷且成"；道家庄子的创造则是借由逍遥无待的工夫获得境界的超升而"寥天一"；道教神仙学则借由性命工夫而使人存有者进至神仙之境：虽未改变世界大宇宙，但确然改变了人存有者的生命小宇宙，以及人存有者所生活的广大社会，这也是依据"实存性体"实践之后的自我创造之作用。佛教大乘佛学皆以般若工夫提升人存有者境界，又净化国土而为佛土，使人我天地同时开显，而入于法界缘起的大宇宙历程中，既使主体成佛，亦使众生成佛，这当然是创造。

由此观之，"实存性体"的本体论观念正是人存有者开显自己的目标方向，一旦进行主体实践的工夫进程，实践之即创造之，儒释道皆然。只是三教有别，因此说其创造的历程时，要借由宇宙论的知识，才能清楚落实。牟先生言道佛没有创造之说，是对于经验现象世界的现实性过于坚持所致，其所论之创造义只是对于经验现象世界的实存永存有所言说的理论建构。此义却非道佛之世界观所需。依佛教世界观言，世界是一无穷的心识变现的结构，且有成住坏空的历程，人存有者的经验世界本就不是永恒不灭的世界，世界在一个缘起的历程中成住坏空着。主体在一个轮回的历程中净化或浊化自己，而学佛修行的实践主体则在一个工夫的历程中提升自己也提升他人。主体的自我提升的同时，亦创造了新的美好的客观世界。

秦汉之际道家宇宙发生论的建构，关注的是世界从无至有的发生历程。世界是一已经存在的事实，从理论上论证其存在的道德目的性并非其本体论立场所需追问之问题。牟先生所言之儒家的道德意识中心的世界创造说，是以道体的道德意志为世界之所以存在的背后动力因，而儒者在现实世界的创造，则仍然是社会活动义的创造，是使社会活动符合于道德意志创生义的创造，使现实世界成一礼乐世界的社会创造。道家视世界为自然存在，既已存在，即不论背后动力因，老子之道体在圣人之修养作为中亦是社会活动义之创造，庄子逍遥无待精神是成就自我生命自由无待的非社会性创造,即仅为提升他自己的生命境界的创造。道教神仙学是成就自我生命长生不死的自然义之创造,其背后有他在世界观,但此一他在世界亦仍为一已经存在的世界,故而人存有者之活动亦不负创造他在世界之存在之责。至于他在世界之被创造问题,道教系统繁多,体系不明,未能有明确的言说,并非其理论之重点问题。对于主体生命活动的创造,以及客观世界的创造问题,唯有佛教世界观中的道体的活动,是贯串道体与主体为一者,世界即主体的活动之所造。这些都是中国传统哲学思维中的世界存在与个人工夫修养的创生问题的义理格式。

以上对于"实存性体"的创生义的检讨,是就着以整个中国哲学为对象的哲学体系做一整体的检讨。这个检讨的过程是基于四方架构的基本哲学问题研究法而完成的,这个分析架构对于当代中国哲学的诠释工作还有极大的理论开发空间。以上对牟宗三先生的当代中国哲学诠释观点的检讨仅是此一基本哲学问题研究法的使用案例,站在当代中国哲学研究的义理开发的进程上,笔者深信此一基本哲学问题研究法的使用是最为适当且最有创造力的。

七、结论

本节乃对中国哲学方法论的解释架构之讨论,这个基本哲学问题的分析架构仍有许多可再开发的理论空间。笔者的工作方式即是借由这个架构来分析传统哲学的理论作品,由传统哲学作品本身的理论模式再发展这个分析架构的方法论原理。在传统哲学理论的研究过程中,笔者并没有把自己限定为哪一家哪一派的专门研究者,而是在方法论的分析架构上讨论各个学派的理论命题之成立可能及其限制,在这个工作进程中,逐步解明儒释道三学义理形态的差异,亦将个别哲学体系的理论要点梳理清楚。在这种工作方式下,当然是随着分析对象的增加而能有更多的方法论架构的解释效力的收获。方法论架构必须是一个活的言说系统,必须在更多的哲学作品中进行分析,必须具备更多的分析经验,才能更进一步地充实它自己的分析效力。当代中国哲学工作者群中,提出中国哲学研究方法的观点者众,但是,以其研究方法形成有效的分析案例的情况者少①，关键即在方法论必须与对象实战接触，愈有接触，则方法论自身即愈具备解释效力，亦愈有机会修正及发展它自己。

本节之作并未锁定任何一家的传统哲学作品进行理论分析，而是仅就分析架构进行方法论讨论，更多的实战经验将在其他著作中进行。

第二节　中国哲学的基本哲学问题与概念范畴*

一、前言

当代中国哲学的研究，在各学派各系统的分门研究上，已有相当的成果，各哲学学派及专家体系的专业学者纷纷形成，可以说各学派及各专家皆已形成了专业学者群，对各领域研究的地毯式覆盖，也已有了相当可观的成果。

但是，关于中国哲学研究方法与方法论的议题，却很难说有明确的成果。这个议题的重要意义是：作为当代中国哲学研究对象的传统中国思想，如何在经过西方哲学洗礼后的当代学术氛围中，以清晰的哲学问题意识与解释架构予以表达。面对这个问题，除了要有对传统中国思想深刻且准确的理解之外，还需要对于以哲学理论体系的方式来诠释及表达中国思想有正确的认识。在过去的一百年来，中国学者对于以哲学体系的方式讲述传统中国思想的工作，尽了极大的努力，也经历了许多不同的尝试，至于是否能系统化以及系统化的程度，则各家是有不同的做法的。这个系统应如何定位？究竟是定位在西方哲学传统所探讨的基本哲学问题上，还是另求他途？抑或就将系统定位在中国哲学的概念范畴上，以符合中国哲学的实际？这是要深入讨论的。

一种做法是，直接以西方基本哲学问题或某一家的西方哲学体系作为谈论中国哲学的解释系统。它的优点就是能够快速地进行哲学理论的体系性建

---

① 这些少数的使用者则都成了当代中国哲学大家，如牟宗三、劳思光、冯友兰、唐君毅、方东美、张岱年、张立文、任继愈等人，他们都是既有方法论架构又有哲学史诠释成果者。

* 本节曾发表于《文史哲》2009年第4期。

构,但是,这种做法的缺点也很多,本节将予以说明。另一种做法是,以中国哲学的概念范畴作为中国哲学的解释体系。[①]它确实有诠释上的优点,能够更具亲和力地讨论中国哲学,但也有缺点,这也是本节要分析的。第三种做法是结合基本哲学问题与概念范畴的方法,认为概念范畴是必要但不够充分的研究方法,应该以概念范畴为所使用的材料,以基本哲学问题作为讨论中国哲学的解释架构。至于这个基本哲学问题的架构,则不能是直接平移自西方哲学的系统,而是应有一套专属于中国哲学的基本哲学问题的系统。

笔者所采取的工作态度即是第三种,本节之作,即是对于第三种工作态度的合理性申述。本节之作,将首先讨论概念范畴研究法,反省其作为研究中国哲学的方法的优缺点,其次定义及讨论基本哲学问题研究法的相关方法论问题。

二、概念范畴研究法的问题意识及其优缺点

所谓概念范畴研究法,以传统中国哲学词汇为对象,以对其的研究作为对整个哲学体系研究的中心,认为特定的概念范畴代表了特定的哲学问题,甚至是明确的哲学立场,整个哲学系统的建构目的就是对于几个核心概念的论述及定位。结果一则是以特定概念范畴的研究为研究中国哲学某家某派或各家各派甚至是整个中国哲学的核心问题本身[②],二则是以不同的概念范畴代表整部中国哲学史内的不同学派或同一学派内的不同分支系统[③],前者是以概

[①] 这种做法过去张立文先生及汤一介先生多有提倡,张先生的成果尤其丰硕。参见张立文主编的《道》(北京:中国人民大学出版社,1989年)、《气》(北京:中国人民大学出版社,1990年)、《理》(北京:中国人民大学出版社,1991年)、《心》(北京:中国人民大学出版社,1993年)、《性》(北京:中国人民大学出版社,1996年)。

[②] 此处指的是张立文先生的做法。

[③] 此处指的是宋明儒学研究中的将不同哲学家的体系定位为理学派、心学派、性学派及气学派的做法。例如王立新:《胡宏》,台北:东大图书公司,1996年;向世陵:《善恶之上——胡宏·性学·理学》,北京:中国广播电视出版社,2000年。以上二书皆是以胡宏为性学派的创作,而有别于宋明儒学中的其他理学、心学、气学的立场。

念范畴为基本哲学问题的研究做法，后者是以概念范畴为哲学基本立场的研究做法。

概念范畴研究法之所以会普遍地发展成为研究中国哲学的方法，是因为以西方基本哲学问题研究中国哲学文本时，常常有问题错置、理解歧异与解释失真的种种缺失，因此企图另辟路径；又因为中国哲学问题的表述及解答都是聚焦于几个核心概念，因而导出概念范畴研究法企图切中本质。首先是借由中国传统思想中的概念范畴以为中国哲学的问题意识而取代西方哲学传统的基本哲学问题，其次是将特定概念范畴的强调及运用视为各家系统内的不同哲学立场，因此它们一方面被视为哲学问题本身，另一方面被视为哲学主张本身。

（一）作为问题的概念范畴研究

将概念当作问题来研究的方法，就演变为将"理、气、心、性、道、物、天、人"等几个最核心的中国哲学概念范畴当作中国哲学的基本哲学问题来研究。这样的研究方法，展现了具有中国特色的哲学问题的内部实况，它作为促进传统中国各学派系统的内部知识细节之呈现的研究方法而言，有重大贡献。关键即在它甩开了极不相应的西方哲学的基本哲学问题的研究视野，而直接以中国哲学的核心概念为研究对象。这就像是在西方哲学研究中直接将个别哲学系统中的"实体、上帝、心灵、物质"等概念拿出来研究，而不是从形上学或知识论的问题意识来进入个别的哲学系统。从基本问题或从核心概念来研究哲学体系的不同方法，在西方哲学而言，或许产生不了太大的差异，且必定是交互使用以为分析的工具的，因为西方哲学的基本哲学问题意识是本质上不缺席的。但是，以概念范畴或以基本哲学问题作为分析解读哲学体系的工具，在中国哲学的当代研究中就会有极大的效果上的差别，关键即在基本哲学问题的相应与否。重点就是，以西方哲学的基本问题讨论中国哲学理论体系时，会有不相应的现象，这也正是导致在西方哲学以基本哲学问题为研究进路的做法，到了研究中国哲学时，就必须转向为以传统中国哲学的概念范畴为分析工具的原因。

然而，细究概念范畴研究法在当代中国哲学研究所获致之成果，固然有它的功能与贡献，但也有它的限制与缺点存在，那就是问题意识的不明确以及体系性建立的不足。

1. 问题意识不明确

就问题意识的不明确而言，任何哲学理论的表达当然都是透过文字的，而任何的文字都负担了表意的功能。作为重要概念范畴讨论的中国词汇，主要有两类。它可以是作为存有类项的概念范畴，如"理、气、心、性、天、道、才、情"，也可以是发挥抽象功能的概念范畴，如"动静、有无、一多、阴阳、体用"，但它们都仍然是为表意而成为单字或复合词的。当然它们也可以被视为提出问题的概念，但是单一概念所发挥的问题意识的功能的重点并不在概念而还是在问题本身，是问题借由这个概念来述说，而不是这个概念本身就是承载问题意识的。本身就是在问问题的概念，那就是像"如何、怎么、是否"等概念，但显然这些并不是我们所正在讨论的中国哲学的概念范畴。就一个概念在一个系统中负担的功能与扮演的角色而言，它首先是被使用来讨论问题以及提出主张的工具，只是当它作为特定问题的讨论材料时它才附带性地获得了作为问题的角色功能。然而，概念作为词汇本身是一回事，概念被赋予的问题意识却是另一回事。问题意识是会被改变的，因此就会出现同一个概念范畴却被使用在诸多不同的问题意识中以作为表意的材料的现象，这也正是同一核心概念在不同哲学史时期的不同哲学系统中有使用意义的转变的原因。然而，转变的都是问题，把问题说清楚了，理论就清楚了，至于是什么概念作为表意的材料，这其实不是影响理论的关键事情。也就是说，概念本身作为哲学问题的角色功能只是附带性的，因此也就是不易锁定的，企图将哲学问题放在概念范畴中讨论，它是不易说清楚问题的，而这也就连带地影响了体系性建立的理论效力。

2. 体系性建构力不足

就体系性的建立而言，对传统中国思想进行当代性研究的特点，就在于建构系统性的理论架构以形成学派的哲学理论。系统性地表述理论，正是当代中国哲学研究的特点。但是，系统是发生在问题与问题之间的理论上的关联，理论是个别哲学体系的主张，主张是回应问题而提出的，问题清楚了，主张才能被真正地了解，从而形成不同问题间的理论的关系，而结构为一套套的哲学体系。例如孟子的性善论是结合了在人性论、修养论及本体论中的各项命题而成为的性善理论，而人性论、修养论及本体论之间的关系是清楚易说的。如果不把孟子的性善论放在人性论、修养论及本体论中说，那就是要放在"心、性、道"等概念范畴中说，而这就不易形成系统性的结构。这就是以概念范畴作为哲学问题以说哲学理论时的体系性建构力不足的意思，原因即在"心、性、道、理、气"等概念之间的问题意识的区别是不明确的。虽然学界亦企图建立这些概念范畴间的逻辑结构，但是逻辑结构的背后还是问题而不是概念，因此直接以问题建立系统结构还是比以概念建立系统结构要来得清楚。更何况中国哲学还有儒释道三大传统在，而事实上概念在三大传统之间是不易有统一的使用意义的，除非我们潜意识里是以其中某家的立场在建立体系，而这就又导致了不能平等对待三教的缺失。

当然，这又导向了另一个问题，那就是：当代中国哲学研究是否已将传统思想的哲学问题说清楚了？说清楚问题就是要说清楚问题意识，说清楚问题意识之后才知道各种理论主张的意思。如果不以概念范畴作为问题，那么诸多直接表述问题的词汇是否就能有清楚的意旨，例如本体论、本根论、宇宙论、世界观、人性论、人体宇宙学、修养论、修炼论、修行论、工夫论、工夫次第论、境界工夫论、境界论、伦理学、政治学、价值论、道德论、心性论、形上学、存有论、认识论等等？显然这些关于问题的词汇是需要经过一番调整的，知道各种问题的意思之后就能将各种哲学问题进行整理、汇编、统合而形成少数几个基本哲学问题，并由基本哲学问题来收摄或剔除其他所有发生在中国哲学讨论中的各种哲学问题，从而形成由基本哲学问题所组成的中国哲学解释架构。在这里，中国哲学研究才真正进入了哲学研究的当代化及全球化的国际视野中，因为它的问题意识及系统性建立都达到了清晰的要求。至于哪些问题才是中国哲学的基本哲学问题，以及这些基本哲学问题如何组成有系统性的解释架构，这是后文要谈的主题。

（二）作为主张的概念范畴研究

就概念范畴作为哲学主张而言，亦即在当代研究中将特定概念在某一哲学系统中的角色视为这个系统的哲学立场。例如在宋明儒学研究中的理学派、心学派、性学派、气学派的讨论模式，这是不同于在易学研究中将易学传统分类为象数派、图书派、数学派、义理派等的模式，易学中的这种分类法毕竟还是依研究方法及哲学立场来做的区分。[①]这也不同于佛教哲学研究中将佛学分类为般若系统、唯识系统及佛性论系统的区分模式，般若与唯识都是佛教哲学的主张，因此确实扮演了哲学立场的角色，它的问题只在这些不同的立场本身是否有对立冲突。这是佛教哲学本身的问题，笔者不主张它们有立场的对立，认为它们就是几种不同的基本哲学问题的佛教立场的主张，因此就哲学立场而言，它们甚且是立场相同的。以为它们有立场的不同的研究者，就是不能深入这些命题背后的问题意识的不同，看出它们是不同问题、不同主张而共构佛教哲学的理论体系。因此，厘清哲学问题永远是哲学研究的第一要务，而不宜停留在表面上的文字同异而纠缠在概念范畴的研究中。

将各家哲学系统主要讨论的概念视为该系统对于哲学问题的主张，这样的研究方法比起将概念范畴视为哲学问题的讨论方式有更不易落实的困境。关键即在概念本身主要是作为讨论问题的材料，而不是哲学问题的主张，因此以概念范畴作为哲学立场的研究方法，对于分辨哲学主张而言是十分不足的。并且，任一系统都不会是只使用某一概念，因此论断特定系统是属于以哪一个概念范畴为中心的哲学立场又是缺乏明确的标准的，例如被说为理学派的朱熹一样大谈心性概念，心学派的象山更谈"理"概念。再者，任何概念在各个系统中都可以在不同问题的讨论中被使用，因此强势地以特定概念范畴为特定哲学体系的哲学立场的做法，即不易分清它是针对什么问题而提出的什么主张，因此一旦拿来做系统别异，则极易沦于文字表面上的或同或异的独断。

---

① 参见朱伯崑:《易学哲学史》，台北：蓝灯出版社，1991年。

总之，不论以概念范畴为哲学问题还是哲学立场，都是导因于基本哲学问题研究法的不成熟，问题就在于以西方传统的基本哲学问题来讨论中国哲学体系是不相应的。但是我们是否能在中国哲学研究中找出适合于中国哲学的基本哲学问题呢？这个问题作为一种问题时它本身就是当代中国哲学研究的大哉问，这个问题作为一种任务时它就是当代中国哲学研究的目标。

三、基本哲学问题研究法的相关方法论问题

在传统西方哲学史的认知里，形上学、知识论、伦理学是其中的三大基本哲学问题。所谓基本哲学问题，就是个别哲学体系所讨论的问题莫不是属于这几个哲学问题之中的一类。通常的情况是，个别哲学体系所谈的哲学问题就是形上学、知识论或伦理学问题中的某一个问题，当然也有同时谈其中某两个问题的，甚或三个问题都谈到了的。总之，这三大基本哲学问题并非时常同时出现在同一家哲学体系中。依照哲学史的发展来说，启蒙运动时期之后才主要是知识论问题上场的时代，在此之前则所谈的主要是形上学的问题。至于伦理学问题则就是一直出现的，但也可以说它是伴随着形上学思路或知识论思路在进行的。就此而言，基本哲学问题在西方传统与在中国传统中尚有一角色功能的特殊性之差异在，那就是作为分类项目还是作为解释架构的差异。

（一）基本哲学问题的分类项目与解释架构的角色功能之差异

就西方哲学传统而言，无论个别哲学体系对基本哲学问题的或一或二或三怎么谈，它都仍然是各个哲学体系自己的思路脉络在贯通的。因此一般来说，研究某一家传统西方哲学理论体系时，就是在研究它的哲学体系本身而后才将之划归为形上学、知识论或伦理学的，而不是以形上学、知识论、伦理学共构为一套基本哲学问题的解释架构而研究这个哲学体系的这三方面的问题。这个意思是说，西方哲学史上的个别哲学体系，是以它自己所创造的哲学问题意识为它的哲学理论发生的要件，在经过研究后分类为属于某个基本哲学问题的。因此，在它的系统中分属于不同的基本哲学问题的理论之间的关系，其实都还是属于同一种基本哲学问题意识的思辨的延伸，亦即在形

上学系统中的知识论是被包含在为形上学服务的认识方法的理论，本身属于形上学。在知识论理论内部的形上学观点也仍然是知识论进路的形上观点的讨论，不是一套独立自存的形上学，也不是与知识论有什么推理的关系，而是本身就还是知识论内部的东西。所以基本哲学问题在西方哲学传统中只是哲学体系的问题意识分类的项目，而不是解释体系不同的项目。

所谓解释体系，是用来分析个别哲学理论的系统性架构，它将个别哲学理论所涉及的哲学问题设定为必然属于这一套解释架构中的某些部分。作为一套好的解释体系，当然是要尽可能地关涉到个别哲学理论所涉及的哲学问题，更重要的是，架构中的不同哲学问题之间是有着互相推演关系的。我们说西方哲学传统中的基本哲学问题对于个别哲学理论系统的研究意义主要在于作为问题意识的分类项目，但是，在中国哲学传统的哲学研究中，基本哲学问题所扮演的角色却必须更多的是作为解释架构的项目，而不只是问题意识的分类项目而已，关键就在这个推演的关系上。

这是因为，就学派分类来说，我们可以说，整个西方哲学史并不存在中国哲学史的有三大主流学派的现象，而是一家一家地自成一个学派。各家当然会有贯串在漫长的哲学史的继承者及推崇者，但是后来的哲学家之所以成为哲学家，就在于他的哲学理论又是自成一派的，亦即它总是推翻了前人的问题与结论而重新定义问题与重新提出解答的新体系。然而，中国哲学史上的哲学家，至少在两汉以后，则就几乎都是属于儒释道三家之中的某一家。这也就导致在漫长的两千年来的发展中，各个分属同一学派中的哲学家，莫不是在为捍卫特定的哲学立场而创造新问题、提出新解答，从而完成理论建构的。因此，许多的理论都是属于同一个学派的理论，如此一来，这许多的理论之间就势必要有某种关系，将这样的关系予以模型化地架构起来，就形成了解释体系。中国哲学史因为是在漫长的时代中继承、创造地发展起来的，因此寻找个别学派的各家理论之间的解释体系，就成为理解各家哲学体系的关键任务，也唯有解释体系的形成，才有中国哲学的系统性的建立。当然，研究这种系统性架构的问题意识，确实是来源于西方哲学的启迪。严密的推理，绵延的思辨，正是西方之所长，而为当代中国哲学研究者所应效法的。

传统中国儒释道三学的思想，在当代研究的意义上，之所以能够成为哲学理论的关键，就在于它们的理论被系统性地架构了起来。这个系统性就在于解释架构之中，而解释架构中的个别项目就是中国哲学的基本哲学问题。个别西方哲学体系既然不以形上学、知识论、伦理学为一套解释架构，则它们的哲学理论的系统性是个别地发生在形上学、知识论、伦理学的个别理论的内部的；而个别中国哲学理论体系既然是以整个学派的理论为更大的腹地，则它们的系统性便可以是发生在类似于形上学、知识论、伦理学这样的基本哲学问题所形成的解释架构之内的。①

（二）以西方基本哲学问题作为中国哲学研究的限制与转化

要谈中国哲学的基本哲学问题，还是要从在西方哲学传统的基本哲学问题之使用经验上做反省开始，以下分别从形上学、知识论、伦理学问题来讨论中国哲学的基本哲学问题。就形上学问题而言，二十世纪的当代中国哲学家们所创作的中国哲学理论中，从形上学进路解说并建构传统中国哲学理论的做法是最常见也最有创获的一路，几乎谈中国哲学的理论系统没有哪一家不是把形上学视为中国哲学各学派哲学的核心问题。这却跟西方哲学传统中从启蒙运动之后便更为重视知识论进路的哲学问题，以至当代哲学的讨论几乎要否定传统形上学作为基本哲学问题的理论地位的工作态度大相径庭。

1. 形上学

中哲史上的各家都有形上学理论，但是却有它自身形上学问题的特殊性在，因此在当代中国哲学的讨论中，便跟中国哲学儒释道三家的实践哲学的问题混杂在一起，或者以为这就是中国哲学的形上学的殊胜之处而高于西方形上学，或者挑出与西方形上学讨论极为类似的理论部分来强调而忽略了其他更核心的具有中国哲学特色的理论。从熊十力到牟宗三及其以后的当代新

---

① 但是依据本节最终立场，我们要提出依据思辨哲学及实践哲学的区分而有针对中国实践哲学特质的另一套基本哲学问题的解释架构。

儒家哲学理论，将具有中国哲学特色的与实践活动相关的理论嫁接入中国哲学的形上学讨论中，以致认定中国哲学的形上学具有实践及实证的特色而优于西方形上学，却遭学界批评为混乱了西方形上学的问题意识。张汝伦先生即批评道："现代中国谈形而上学的人，大都不但对西方metaphysics的深刻内容不求甚解，对它自身的批判发展更是一无所知。……不仅无法使西方哲学思想真正成为中国哲学的'他山之石'，反而使我们在对中国本土哲学的理解和对西方哲学的理解两个方面都受到损害，更不用说在会通中西的基础上发展中国哲学了。"① 而在"贞元六书"中提出"新理学"系统的冯友兰先生，是将类似西方哲学的思辨讨论的新理学思维提出来而建构一套新的中国哲学的形上学系统，却遭受学界批评为只见到西方哲学的思路却看不到中国哲学的特质。陈荣捷先生即批评冯友兰："冯氏最大的革新当然是他将理学的观念转变为逻辑的概念。他这样做就根本改变了理学。理学在实质上本是内在的哲学，现在却换成了超越的哲学。……丢掉理学的内在哲学，他也就损坏理学的实践性和入世性。这是与中国哲学坚持的趋向直接反对的……"②

问题的关键就在于，形上学在西方有它自身的问题意识，它并不是没有歧异，更不是定于一尊。硬要以中国哲学具有实践特质的思路镶入形上学概念意旨，这是不易取得当代中西方哲学各界的认同的；而不以具有传统中国哲学的实践哲学特质的理论来谈中国哲学的形上学，又不能让当代中国哲学界满意。于是这便逼使我们必须在中国哲学自身的问题意识特点中找到既能沟通中西又能区分中西的形上学表达方式。笔者的倡议是：以宇宙论与谈价值意识的本体论为中国哲学的形上学的两大核心形态，以工夫论与境界论共构为实践哲学的基本哲学问题，四方架构彼此互相推演形成中国哲学的实践哲学的解释体系；而另外再开出思辨哲学形态的存有论作为宇宙论与本体论

---

① 参见张汝伦：《邯郸学步，失其故步——也谈中国哲学研究中的"反向格义"问题》，《南京大学学报（哲学·人文科学·社会科学版）》2007年第4期。

② 参见陈荣捷：《冯友兰的新理学》，单纯、旷昕主编：《解读冯友兰·海外回声卷》，深圳：海天出版社，1998年，页186—187。

之外的另一套形上学，但是存有论的讨论与宇宙论、本体论、工夫论、境界论的四方架构的推演关系，就要另外议定了。①

2. 知识论

就知识论的讨论而言，西方哲学史上正式的知识论课题始自启蒙运动后的理性主义与经验主义学派。我们当然也可以说在古希腊哲学时期就有认识问题的讨论，但尚不能说当时已将所有哲学命题的成立诉诸认识能力的可能性基础上，这是启蒙运动以后才有的思考方式工作模型，因此知识论课题可以说是与形上学课题相当不同的问题意识与哲学理论。在认识的可能性基础上建立普遍命题的思考方式，这在中国哲学的讨论中确实是极不充分的。先秦名家、墨家有为于诡辩之术、逻辑思考、语义分析之学，但也尚不是启蒙运动以后的知识论问题，并且在随后的哲学史发展中讨论中断；直至佛教哲学的传入才再有新传统，却再度与实践活动紧密关联。亦即，以西方哲学传统意义的知识论课题为对象以讨论哲学问题的中国哲学传统思想材料是有的，那就是名家、墨家以及佛学中的若干理论，但是以知识论课题为对象来研究儒释道三大主流学派，这样的讨论传统是不存在的。儒家的格物致知之学与佛教的心性之学与其说是认识活动的讨论，毋宁说仍然是修养理论的讨论，因而是属于实践哲学的类型而与它的形上学理论结合在一起，密不可分的。

因此，笔者认为，知识论课题在中国儒释道三教哲学的讨论应该是一个全新的当代新课题，而不能只就传统材料寻找它们已经谈过的意见，因为这些意见与整个学派的理论成立问题不甚相关。至于这个新课题，就是要就着儒释道三学的既有实践哲学特质又有形上学普遍命题的事实去研议它们的知识成立的问题，亦即从它们的实践哲学的命题中去讨论如何实证的问题，以及从它们的理论系统的解释架构去说明它们的知识系统性的问题，并因着它们的实践性格去研究不同教派的实用性问题以及学习者如何在三教中选择其一的问题。因此，仅就理解与诠释而言，在传统中国儒释道三教哲学思想中

---

① 参见杜保瑞、陈荣华：《哲学概论》，台北：五南图书出版股份有限公司，2008年。

找寻知识论命题与理论的做法是非关三教理论成立的问题的,所以,针对中国哲学的特质进行知识论的研究绝对是一个崭新的领域,这是将会有辉煌的成果的。但是,知识论问题是一套独立的新问题,就三教传统的理解与诠释所建构的解释体系的基本哲学问题而言,知识论问题将不在这个架构之内,而另为一独立的新问题。这就如同笔者将中国哲学的形上学问题分成的三型中的存有论问题一样,是一个全然思辨哲学形态的西方式问题,它的命题意旨亦不必与实践哲学的四方架构有内在的推演关系。

3. 伦理学

就伦理学的讨论而言,可以说中国儒释道三学的理论都是西方伦理学意义下的个别伦理学派。因此,以形上学、知识论、伦理学的基本哲学问题项目来说中国哲学儒释道三教时,可以说三教都是伦理学。但是因为三教之学又具有中国哲学的特色,因此有更多的问题溢出传统或当代西方伦理学议题,当然,也有传统或当代西方伦理学已充分讨论的议题而并不在中国三教哲学中被处理的。中国三教伦理学课题中最有特色的当然是它们的修养理论,亦即人格养成理论,也就是工夫论哲学。但是三教的理想人格的目标各不相同,因此完整的中国伦理学讨论还是必须配合实践哲学的特质,结合形上学的普遍命题,而为一整个体系的讨论。

当前中国哲学研究的主要任务,首在理解与诠释,这个工作有了大量的成果与足够的共识之后,才能有效地针对哲学问题做创新讨论。针对形上学、知识论、伦理学或其他重要哲学问题的讨论而由中国哲学的思想基础出发的工作,当然是可以合法地进行的。但是,基于以哲学这个学科做中国哲学这些思想材料的研究的任务仍然只是这一百多年来的新课题而言[1],当中国哲学

---

[1] 中国哲学的当代研究的困境正是在于,这个学科在中国仍然是个新事件,而过分丰富的中国思想材料则既是中国哲学的当代研究的资产,也是负担。做好研究方法及方法论的澄清工作之后,它们便是资产,否则就是负担。参见刘笑敢先生言:"所谓'中国哲学'从孔子算起,似乎有两千多年的足以骄人的历史,但是,作为现代学科,它的历史不到百年,是很年轻且自幼多经磨难的学科。"刘笑敢:《诠释与定向:中国哲学研究方法之探究》,北京:商务印书馆,2009年,页24。

的哲学研究还纠缠在理解、诠释、创新的种种研究态度问题时,建构一套适合充满实践哲学性格的中国哲学的解释架构以做正确理解、准确诠释的工作,实为目前的首要任务。因此,我们要追求的就是形成解释架构的中国哲学的基本哲学问题。它并不在形上学、知识论、伦理学的三大基本哲学问题的模式之中,而应该是另有其他的架构。

(三)中国哲学的基本哲学问题的学派性格与实践性格

谈到中国哲学的基本哲学问题以及解释架构问题,必须先定位好它的理论形态的两大特点。其一为前已述及的学派性格,即各家哲学理论都是属于儒释道三教中的某一学派下的创造、发展,因此个别哲学理论彼此之间的关联性是必需的要件,否则就不是属于同一学派的体系。可惜的是,在同一学派内却时常发生不同体系之间的批判、辩争事件,因此一套好的解释架构必须是能厘清学派内部争议的重要工具,借由问题意识的厘清而解消表面上的差异与冲突。其二为它的实践哲学的性格,亦即它的理论建构是为着实践的目的而提出的思想体系。因此,当以学派为单位而就着许许多多不同的哲学理论以建构理论系统时,实践哲学的基本哲学问题便成了系统中的必要而不可或缺的理论单元,因此一套好的中国哲学解释系统必须包含实践哲学的要素。[①]这就是为什么当我们以西方哲学传统的形上学、知识论、伦理学的基本哲学问题项目来讨论中国哲学问题时,因为这个架构不能有效处理实践的问题,因此会有种种扞格不入的现象,以致令人不得不另辟路径的原因。前述的概念范畴研究法就是这个新的路径之一,然而,这个路径固然有它真能深入各家系统说明知识细节的绝对优势,但是却不能同时兼顾建构中国三教思

[①] 笔者以实践哲学定位中国哲学的特质,这是相对于西方哲学的思辨哲学的性格特质的说法,而这也正是劳思光先生屡屡强调的重点,其言:"我愿意诚恳地表明,我确信中国哲学的基本旨趣,不在于思辨,而在于实践。说得更明确些,中国哲学是以'自我境界'为主题的引导性的哲学。"劳思光:《关于"中国哲学研究"的几点意见》,刘笑敢主编:《中国哲学与文化(第一辑):反向格义与全球哲学》,桂林:广西师范大学出版社,2007年,页7。也因此,劳先生的中国哲学史巨著便是以心性论为论述旨趣,以批评中国哲学史中的形上学及宇宙论思路。

想的系统性哲学理论的要求；而企图仍然以基本哲学问题来做中国哲学研究时，就碰到了究竟哪些哲学问题才是中国哲学的基本哲学问题，以及是否能够发挥好解释架构功能的问题。

（四）中国哲学的实践哲学的基本哲学问题解释架构

为着建立解释架构而定义的以儒释道三教的实践哲学为主的中国哲学的基本哲学问题，依笔者之倡议，则应该是"宇宙论、本体论、工夫论、境界论"四项。宇宙论是论说世界观的知识系统；本体论是论断价值的系统；工夫论是就着宇宙论的知识进行身体修炼工夫，或就着本体论的价值意识进行心理修养工夫，或同时进行身心两路的修行工夫的系统；境界论是依据宇宙论、本体论与工夫论而说的理想、完美人格的理论系统。这是四项基本哲学问题，也是一套解释架构，形成内部一致的严密推演系统，适合处理儒释道三教这类具有实践性格的哲学体系[①]，当然也适合处理中国三教哲学以外的其他实践哲学类型的学派之理论。

（五）以思辨哲学的基本哲学问题做中国哲学研究的意义

在西方哲学传统下的形上学、知识论、伦理学，这是一套思辨哲学形态的基本哲学问题项目。这种类型的理论工作方式在中国哲学的传统中亦非全然缺乏，只是并非主轴的工作模式。虽然一样可以找到中国哲学的素材来做这些基本哲学问题的讨论，但是在这些问题讨论中所得到的见解，与实践哲学的四方架构内的意旨将无深刻的关系。关键就是问题意识太为单调，一方面挂一漏万，另一方面不能形成内部推演的关系，两造之间就是针对同样的材料进行不同的哲学问题的研究之关系。为免此一缺点，又为了不失这种思辨架构的讨论进路，我们应该要找出适合于中国哲学理论形态的全新思辨架构，消化吸收形上学、知识论、伦理学的问题意识，而重建中国哲学的思辨讨论，于是就有了笔者的工作成果。以下，先分开讨论这两种思辨哲学进路的中国哲学研究。其一为发掘传统中国哲学素材中本来就类似于这种思辨进

---

① 此义笔者已在其他著作中申述极多，便不在此处展开。参见杜保瑞、陈荣华：《哲学概论》。

路的理论以为讨论对象,并且可以相当切题地进行中西相同问题的理论交流;其二为依据传统素材的实际内涵以为材料来进行思辨哲学的创新讨论,并且,就在这种形态的研究中,以具有丰富内涵的中国哲学为材料,正是最具有创造力的当代中国哲学之所以现身的条件。

1. 以中国哲学的类似素材进行思辨哲学研究的传统形态

形上学问题的第一种形态的讨论是过去已经进行过许多尝试的项目,例如老子哲学与古希腊哲学及斯宾诺莎哲学的比较,朱熹哲学与柏拉图及亚里士多德哲学的比较,这是确实有具体成果的研究[1],但是,无论是老子的道论还是朱熹的理气论都不只是停止在思辨哲学问题意识的讨论中,许多实践哲学的思路与问题就没有办法在这种方法中被充分呈现。这也就是为何需要前述的以实践哲学的解释架构为进路的基本哲学问题四方架构来谈中国哲学的原因,也就是说,从中西交流的层面,我们可以研究思辨哲学形态的中国形上学讨论的既有成果,但是从深入理解的层面来说,我们就要进入相应于中国哲学本身的解释架构来研究具有实践哲学性格的中国哲学中的形上学。

就知识论问题的第一种研究而言,墨家及名家的议题就极为相应于西方知识论的相关课题,过去相关学界在这方面的研究成果已十分可观。[2]但是有若干研究其实是将具有实践哲学性格的中国哲学素材当作知识论课题在阐述[3],这就一方面就中国哲学的理解而言是不准确的,另一方面就知识论的研究而言较不能有积极的贡献。

2. 将中国哲学的实践特质置入思辨哲学研究的创新形态

第一种研究方法的问题意识基本上是西方哲学的思辨形态,因此无法掌握中国哲学的实践哲学性格,而一旦企图掌握中国哲学的实践哲学性格,就势必要有新的问题意识与概念使用。

---

[1] 最明显的例子便是冯友兰先生借程朱理气论谈"新理学"的一路。
[2] 参见曾春海等:《中国哲学概论》第二篇"中国认识论"、第三篇"中国逻辑",台北:五南图书出版股份有限公司,2005年。
[3] 方立天先生著作《佛教哲学》一书,即将佛教的禅观、中观、顿悟等工夫论观念置于知识论章节下讨论。方立天:《佛教哲学》,北京:中国人民大学出版社,2012年。

就形上学而言，当代中国哲学学者纷纷提出具有中国哲学特色的形上学理论，提出具有超越甚至颠覆西方形上学问题意识的论点，例如可以实证的中国形上学、动态的形上学、无执的存有论[①]等等。然而，这种做法争议很多，主要就是混淆了中西不同的哲学问题，是企图以改变形上学的概念定义来统一中西哲学的做法。笔者在本节中的倡议，即是一方面以第一种形态的形上学研究来讨论中国哲学的思辨形态的形上学理论，另一方面以实践哲学的四方架构来理解与诠释中国哲学的相关形上学问题；亦即两分形上学问题为思辨哲学的讨论传统与实践哲学的讨论传统，且不企图议论高下，更不妄冀结合。第一种形态有它可贵的成效，不必舍弃，但不能以为即是中国哲学的全部。第二种形态，它是最重要的当代中国哲学的创作，但必须放弃结合第一种形态的形上学议题，而以实践哲学性格的中国哲学的形上学问题做全新的讨论。笔者以为，冯友兰先生的"贞元六书"中的"新理学"建构，在纯粹谈"理""气""道体""大全"四概念时[②]，正是形上学的第一种研究的成功范例，但是当他在《新原人》及《新原道》中谈"四境界说"及"中国哲学的精神发展"等理论时，就是以第一种研究进路为基础跳到第二种研究中来，而并没有舍弃第一种形态的问题，以至于将具有实践哲学特质的"四境界说"及"中国哲学的精神发展"与思辨哲学特质的"新理学"四概念复杂地纠缠在一起，因而不能算是成功的当代中国哲学的形上学研究的范例。

就知识论的第二种形态研究而言，这种讨论可以说是尚未展开，硬要找一些素材来进行这种研究反而既不相应于西方哲学，也无法做中西交流，而

[①] 可以实证的形上学是熊十力的观点，参见《与友论新唯识论》："今人言综合各科学之原理，以求得哲学上普遍之根本原理。此其说非无似处，而实不通哲学。哲学是智慧的学问，仅在知识上用功，可悟一贯之理。……盖哲学之究极诣，在识一本。……所以于科学外，必有建本立极之形而上学，才是哲学之极诣。""谈哲学，如不能融思辨以入体认，则其于宇宙人生，亦不得融成一片。"《新论》根本精神，在由思辨，趣入体认。即从智入，而极于仁守。"动态的形上学及无执的存有论则是牟宗三先生的话语。

[②] 冯友兰"贞元六书"中有《新理学》《新事论》《新世训》《新原人》《新原道》《新知言》六书，总体为提出新理学的理论系统，内部还有涉及三教辩证而高举儒学的"四境界说"及"中国哲学的精神发展"两套理论在其中。

且对中国哲学的理解与诠释并无帮助。应有的做法是在前述基本哲学问题的四方架构下，将儒释道各家的素材借此架构以展现出来，然后就着这样的成果进行具有实践哲学性格的中国哲学特殊理论形态的知识论问题反思。这就包括了解释体系的系统性问题、哲学系统的实证性问题、三大学派经验的有效适用性问题、个人生命实践的选择性问题等。①

四、概念范畴与基本哲学问题的视域交融

当前，研究中国哲学一个有意义的工作是在于从比较的层面上以西方哲学问题意识下的形上学、知识论、伦理学进行相关的中哲素材的讨论，但是更有意义的研究是在于站在创造的层面上以中国哲学的实践哲学性格的特质建立解释体系，就着相应于中国哲学的实践哲学思考模式及术语使用的基本哲学问题进行各家哲学体系的理解与诠释工作，使得中国哲学的义理内涵因着问题意识的准确与系统性建构的成熟而能获致易于取得理解、共识的研究成果。站在这个基础上，还可以再回到西方思辨哲学意义下的基本哲学问题项目进行纯粹哲学问题的创新讨论。此即上文的讨论重点。而就着准确理解的工作，还应该结合传统中国哲学的概念范畴研究法的长处，但是，从概念范畴切入中国哲学研究应该注意几个研究方法上的问题，以便与基本哲学问题研究法有充分的交流。

（一）概念范畴在语句脉络上的属性要做出区分

在一个哲学论述语句中的概念的语义属性是要深究的，它有许多不同的类型，扮演不同功能性的角色，既有材料，也有问题，也有主张。例如，孟子的人性论借由恻隐、羞恶、辞让、是非四端之心，主张仁义礼智我固有之的性善论。其中人性论是问题，四端之心及仁义礼智之性是材料，性善论是主张。"性"概念已经同时出现在问题、材料、主张的语义使用之中，这就是通过概念范畴研究时首先应该要处理的问题。就问题而言，"性"概念也不

---

① 参见杜保瑞、陈荣华：《哲学概论》第二十一章"实践哲学的解释架构"、第二十二章"客观性与适用性问题"、第二十三章"检证性与选择性问题"。这些问题将在本书第二章中充分讨论。

只是会出现在人性论的问题之中，在其他哲学体系中，它也会出现在宇宙论、本体论、工夫论、境界论之中。就主张而言，在不同的哲学体系里，"性"概念也不只会作为性善论的主张而已，荀子就主张性恶说。因此以概念锁定问题与主张的做法将出现理论分析的可能混淆，因此，将概念范畴仅仅作为材料的功能来分析讨论才是最不会有问题的做法，而欲定位问题时则以基本哲学问题的模式提出，如实践哲学的宇宙论、本体论、工夫论、境界论，或思辨哲学的形上学、知识论、伦理学，而不是讲理学、心学、性学、气学的哲学问题。在哲学讨论中，将要提出主张时，则以命题的形式来提出，如荀子主张人性为恶，《大乘起信论》主张一心开二门，庄子主张逍遥的价值本体，而不是心宗、性宗、气宗、理宗等等。问题定位不清楚，文本分析就不能清楚，要将问题与问题之间的结构关系弄清楚，才能形成具有分析讨论功能的以基本哲学问题为架构的理论体系，从而将哲学主张以命题的形式表述清楚。在谈哲学问题与哲学主张时，并不适合以概念范畴的方式进行，否则会有哲学理论的混淆。概念范畴就是被使用以分析讨论问题的材料，这样定位传统中国思想中的概念范畴，则概念范畴的知识表意功能才能清晰呈现，因而有助于中国哲学当代研究的系统化及清晰化的需求。

（二）概念范畴在指涉意义上的类型要做出区分

概念范畴在指涉意义上的角色功能是有多种类型的，将之区分后，可以见出概念范畴在文本脉络中扮演的角色，因而有助于文本理解。参照基本哲学问题意识来区分时，主要可分为存有范畴、价值意识及抽象功能三种类型的概念。首先，存有范畴的概念是其中最重要也最多种类的一类，因此又可再区分为：谈人性位格存有者的心、性、命、才、情、欲、意、念，君子、贤人、圣人、至人、真人、神人、仙人，鬼神、精、气、神、形、魂、魄，眼、耳、鼻、舌、身、意，末那识、阿赖耶识，居士、菩萨、佛、天人、阿修罗、地狱、恶鬼、畜生……；谈整体存在界的天地、道器、理气、太极阴阳、法界、世界……；谈最高概念范畴的天道、上帝、造化、真如、法性、实相、佛性、如来藏、阿赖耶……。其次，谈价值意识的仁、义、礼、智、诚、善、无为、逍遥、虚、般若、空、苦……。最后，谈抽象功能的有无、体用、动静、本末、一多、阴阳……。而以上的区分还可就基本哲学问题的宇宙论、本体论、工夫论、境界论再度为之，这样就可以明确见出同一概念范畴可以在不同的哲学问题中担任重要核心材料的角色，因此才能准确地掌握属于哪种问题的当下概念使用意义，从而有助于文本的分析及理解。

（三）概念范畴在不同哲学学派间的使用差异要做出区分

概念范畴在学派之间的使用也是有差别的，并应将之做出区分，区分之后可以见出学派间的共同问题与不同问题在概念的可共享性和不可共享性上的差别。一般而言，谈整体存在界及存有者类别的宇宙论相关的概念在不同学派间是不能共享的，例如道教与佛教的宇宙论概念就难有共享的可能，因为事多涉及他在世界，且没有共同的超越性经验，故而只能各用各的，例如佛教的三界观，就不能用在道教的系统里。而儒家与道家的宇宙论概念却多有共享的现象[1]，例如阴阳五行之说，这是因为它们都是直接就着经验现象世界而说的宇宙论。价值意识的概念在三教之间也不宜共享，就算共享了意旨也仍不相同，例如"无为"概念在三教中都被拿来使用，但意旨重点各不相同，并非都用了"无为"一词就有共同价值。至于抽象功能的概念，在三教中都被充分地使用来谈各种问题，但是它们的意旨却是最不能一概而言的，即便在同一个体系中甚至都会有不同的使用意义，因此最难建立通用的定义。抽象功能的概念完全必须就着各家各系统甚至各文本分开讨论才会有确定的意旨。

（四）概念范畴在不同基本哲学问题上的使用要做出区分

每一个概念通常有主要被使用来讨论的哲学问题，但是不少概念被使用来讨论的问题却是十分丰富的，尤其是抽象功能及存有范畴的概念。重点是，概念都是在文本的脉络中出现而被使用的，就其文本脉络的问题意识而讨论

---

[1] 一般而言，三教指儒释道三教，但是就宇宙论而言，道家一派仍应区分在经验现象世界谈智慧的道家与具有他在世界观的道教两型。

它的问题以及主张才是哲学研究的态度,而不是本来是作为材料的概念能独立于文本脉络之外而有它自身的性质。就着材料理解问题、研究主张,这就是最能使概念范畴研究被系统化地进行的做法。例如"道"概念,它就同时可以被使用在宇宙论、本体论、工夫论、境界论的各种基本哲学问题上,因此研究老子的道论,并不需要去争议它是什么样的性质,而是要分析在不同的哲学问题中老子使用"道"概念所提出的意见为何。[①]这就是说,概念本身既不是问题也不是主张,而是被使用以讨论问题、发表主张的材料。只是因为它既在问题的脉络中也在主张的脉络中出现,因此总是被以问题的角色或以主张的角色来定位,这样就会永远说不清楚问题,也会说不清楚主张。问题是个别哲学文本正在谈什么哲学问题,使用什么概念,提出什么主张,只有在这样的系统性研究下结合概念范畴与基本哲学问题研究法,才是能有效地处理传统中国哲学思想的当代研究。

五、结论

在过去,概念范畴研究法为了导正传统西方哲学研究方法的缺点而畅行一时,取得了对个别中国哲学理论体系的知识细节的大量研究成果。这个工作还可以继续进行下去,但是,哲学研究毕竟是普世的学术,它必须有在国际学术圈沟通的功能,更必须有系统性的理论特质的展现[②],若是一直谨守在传统中国哲学概念范畴的研究进程中,则这两个崇高的目标就较难以遂行。基本哲学问题研究法就是使得中国哲学现代化及国际化的出路,但是必

[①] 参见刘笑敢教授借由老子研究所发掘的研究方法上的众多难题。刘笑敢:《"反向格义"与中国哲学研究的困境——以老子之道的诠释为例》,刘笑敢主编:《中国哲学与文化(第一辑):反向格义与全球哲学》。笔者以为,基本哲学问题研究法就是能解消这些问题的恰当方法。参见杜保瑞:《当代老学道论研究的基本哲学问题解析》,《华中师范大学学报(人文社会科学版)》2006年第6期。

[②] 参见劳思光先生言:"就理论工作本身讲,理论的精确性或严格性本身是一个共同标准,从事中国哲学研究的学人应该明白这种基本条件的普通意义,不可用题材的特殊性为借口而走入一种自我封闭的状态,只以常识性的思考自足自限。"劳思光:《关于"中国哲学研究"的几点意见》,刘笑敢主编:《中国哲学与文化(第一辑):反向格义与全球哲学》,页7。

须重新定义问题。西方思辨哲学传统的形上学、知识论、伦理学研究，是基本哲学问题的项目，是以思辨的方式追求真理的基本哲学问题。三大基本哲学问题有它自身的问题意识及各种理论系统的更迭发展，中国哲学的材料有着若干类似的形态可以参与讨论，但不是中国哲学问题意识的主要形态，实践哲学才是中国哲学的宗旨。以实践哲学为根本形态而建立宇宙论、本体论、工夫论、境界论的四方架构，来讨论各家哲学体系，则能获得正确理解、准确诠释的中国哲学研究成果，特别是再加上过去概念范畴研究法的成果，则获得一套清晰可沟通且有系统的传统中国哲学研究成果是绝对可能的。以此为基础，当代研究者一样可以再度返回思辨哲学的工作方式中，就着实践哲学的清晰成果进行以这些材料的内涵为对象的思辨研究，这样就又能够在创新的意义上参与普世的哲学研究工作，并且必将有耳目一新的贡献。

第三节　文本诠释进路之中国哲学方法论*

一、前言

本节要谈的是关于中国哲学方法论的问题。要谈这个问题，是因为笔者长年来即关注并研究这个问题[①]，且提出了自己对这个问题的观点，亦即笔者

---

* 本节曾以《追求真理观的文本诠释进路之中国哲学方法论》为题，发表于《鹅湖月刊》第440期，2012年2月。

① 笔者于博士论文《论王船山易学与气论并重的形上学进路》（台湾大学哲学研究所博士论文，1993年6月）中即已开始讨论中国哲学方法论的问题，博论中提出过去一般做中国哲学研究者，对中国哲学的研究进路，有从主张、从材料、从问题三类：主张即一元论、性善论、性恶论、声无哀乐论等；材料即道器论、理气论、心性论、情论等；问题即宇宙论、本体论、天道论、人道论、价值论、人生论等。进路太多，适成混乱，因此一方面应将这些研究进路统整分类，另一方面最重要的就是要以问题为进路，讨论问题与问题之间的关联性，从而找出基本哲学问题，以作为儒释道三教可以共同使用的解释架构。从此，笔者展开了以基本哲学问题为解释架构的中国哲学方法论之研究。

自己提出了一套关于中国哲学研究方法的理论。[①]然而，面对今日多元分歧的中国哲学研究环境，笔者不能不对其进行自我反省，因为笔者意识到，笔者所开发、创作、使用的研究方法，只面向一特定的中国哲学研究视野，而本节之作，即是要说明这个研究视野，亦即这一套方法论所面对的哲学问题，说明它所面对的问题以及它在使用时所能发挥的研究功能。

笔者所提出的中国哲学方法论是一套解释中国哲学文本的理论，特别是针对具有实践哲学特质的儒释道三教的哲学论，而这一套方法论的解释架构更是着重于三教真理观的解析，因此本节即是要讨论这一套"追求真理观的文本诠释进路之中国哲学方法论"。讨论的重点在于区别它与其他各种中国哲学研究方法的角色功能之差异，以及厘清它自身的理论研究之功能。讨论中则将涉及当代中国哲学研究环境的反思，与中国哲学特色的定位，以及它在今日的理论与实践面的创造力之分析。

二、当代中国哲学研究的问题意识与研究环境

谈中国哲学方法论的问题，首先要定义概念，亦即，何谓方法论。在定义概念之前，首先需要定位问题，亦即，为何要研究这个问题。我们先谈，为何要研究这个问题。这是因为，在今日的学术环境下，研究中国哲学，有着太多不同的进路了。之所以会有太多的研究进路，最简单的原因，就是研究中国哲学的人，变得更多了，因而研究的方法，也就更为多元了。更多的人带来的更多的方法，确实使得中国哲学的研究更为丰富多元。但是，面对充满了歧异的中国哲学研究，身为学术界的一员，应该如何定位自己的研究，以及如何对待别人的研究，这就是本节要讨论的问题。

---

① 笔者所提出的中国哲学方法论，就系统的说明而言，已表达于与陈荣华教授合著之《哲学概论》一书中了。至于就实战演练，亦即运用此一理论以讨论中国哲学文本而言，则笔者近年所著之《北宋儒学》(杜保瑞：《北宋儒学》，台北：台湾商务印书馆，2005年) 及《南宋儒学》专书即是显例。简言之，它是一套以"宇宙论、本体论、工夫论、境界论"为系统的解释架构，目的在对中国儒释道三家文本进行文本诠释，笔者称其为"基本哲学问题研究法"，或简称为"四方架构"。此旨已讨论于本章第一、二节。

就笔者而言，笔者始终在做中国哲学研究，并且主要是针对传统中国哲学儒释道三家的哲学文本进行理解与诠释，面对这个工作，需要有一套研究方法，而关于研究方法的探究，形成了一套中国哲学方法论的理论。这一套方法论理论，只是针对笔者的问题意识而建构的方法，因此虽然有它的特殊功能，但并无方法论的绝对性与排他性。意思是，笔者仍然尊重各种不同研究进路的问题意识与研究方法，认为它们都是研究中国哲学的方法。但是笔者仍要清楚地定位，笔者所提出的"四方架构的中国哲学解释体系"，它所面对的问题，以及可以解决的问题为何，以便为这一套研究方法的功能做好定位。

笔者所认为的其他的研究进路与研究方法，有的是源自不同的学科背景，有的是源自不同的哲学问题意识。前者如文、史、哲各自是不同的学科；后者如分析哲学的方法、语言哲学的方法、认识论的方法、形上学的方法、伦理学的方法、人生哲学的方法等等。笔者认为，不论研究者提出了什么研究方法，都不需要宣称别人的方法不对、不好或不恰当，但是研究者一定要说明自己的方法的成立理据，亦即它是在问什么问题，企图解决什么问题，以及与他人的研究方法的差异之处。

这些发生在今日学术界的中国哲学研究，有来自中文系或国学院的中国学者的研究，有来自历史学界的东西方学者的研究，有来自西方汉学界的西方学者的研究，有来自西方哲学背景的东西方学者的研究，更有来自消化了西方哲学后的中国哲学界的学者的研究。这就交错形成种种不同学科背景以及不同问题意识的各种研究方法。这就是笔者所谓的更多的人与更多的研究方法。

以上的区别，应该大致上已经穷尽了今日的中国哲学研究阵营，至于他们所用以研究的方法，暂时无法在此细节地详述。重点是，如果研究者不能定位自己的研究环境，不能了解别人的工作方式，而徒然在研究方法上互相质疑，甚至攻击，这都是不必要的，既无谓，又浪费力气。关键只在，说清楚自己的工作立场、问题意识及所提出的方法的适用范围，这样就是最能有学术贡献的做法了。既能站稳自己的脚步，又能了解别人的工作意义，学术界便不必停留在只争辩方法而未能深入研究的地步。

就笔者自己的研究而言,主要是属于在哲学系消化西方哲学之后所做的中国哲学研究的形态。而笔者认为,二十世纪的几位当代中国哲学家,如熊十力、冯友兰、方东美、唐君毅、牟宗三、劳思光等人,就是属于这一个类型的中国哲学家。他们的共同特点,大都是提出比较中西且辩证三教的中国哲学研究方法。[①]而笔者所提出的中国哲学方法论解释架构,就是针对这些哲学家所用以比较中西、辩证三教的解释架构进行研究,从而提炼出的一套改良系统。这一套方法论理论,有什么特质,以及可以解决什么问题,这是本节以下要讨论的问题。

以比较中西及辩证三教的方法论建构为视野,首先必须厘清的是,这是一套发生在中国的哲学学科里的理论创造,是西方文明进入中国之后,以哲学这门学科为领域的中国哲学研究。这一个路线的中国哲学研究意欲将中国传统思想以哲学理论建构的方式呈现,呈现之后比较中西,以及辩证三教。它通常具备的模型是:首先,重新界定中国哲学的特质;其次,建立讨论中国基本哲学问题的专有术语;再次,以基本哲学问题的诠释架构解读文本以辩证三教。这些基本哲学问题在各家的研究、创作中是各自不一的,它包括冯友兰的主观、客观的唯心论或唯物论,劳思光的心性论、宇宙论及形上学,方东美的价值中心的超本体论,牟宗三的道德的形上学、实有或境界形态的形上学、动态或静态的存有论,熊十力的本体论、宇宙论,等等。

这些二十世纪的哲学家所指出的中国哲学特质,依此而建立的中国基本哲学问题,以及由此而诠释的中西比较及三教辩证意见,他们所用以坚持这些立场的工具,就成就了当代中国哲学家们一套一套的方法论解释架构。这些解释架构,实际上才是当代中国哲学的真正的理论创造。亦即,二十世纪的中国哲学创造,就是指向这些解释架构,而解释架构就是诠释中国哲学文

[①] 刘笑敢教授所提的"反向格义"的概念,可以说指的就是这些哲学家的作品,因为他们都是能运用西方哲学概念以讨论中国哲学问题的当代大家。参见刘笑敢主编:《中国哲学与文化(第一辑):反向格义与全球哲学》。

本的方法论，建立方法论就是二十世纪中国哲学的真正创造意义。更深入一层地讲，方法论就是在知识论的问题意识下，对中国哲学的形上学或实践哲学系统，说出它们的成立意义的一套理论。亦即，不论他们讲的是什么形态的中国哲学的形上学或实践哲学的理论，他们其实就是讲出了一套中国哲学的"知识论"理论，是这一套方法论意义的"知识论"使他们能理论性地提出比较中西及辩证三教的意见。

然而，由于时代背景的影响，他们在面对中国危机的环境中，都有着救亡图存的心理，亦即在中国的政治不如西方、经济不如西方、军事不如西方的背景下，他们要透过自己的哲学建构，使得中国哲学优于西方哲学。因此在二十世纪的中国哲学家的研究成果中，事实上所呈现的，通常是东方优于西方，甚至儒学优于道佛，后者唯方东美及如印顺法师之佛学家为例外。[①]因此，这些解释架构的系统，简言之，气象广大，但充满偏见。偏见的意义有二：其一为必欲取胜西方，以及必欲辩证三教；其二为各家的系统要点亦是各自分歧的，亦即是有各自的偏见的。也正是因此，二十世纪的中国哲学家的解释系统需要被再度改良，笔者所提出的四方架构之解释体系正是为了此一目的而作。不过，他们的系统虽然有偏颇之处，却实质地推进了中国哲学的现代化，代表了当代中国哲学最重要的创造力。而这一个阵营的学术成就，也是在一个历程中逐步发展起来的。

就当代中国哲学研究而言，可以简单分为四个阶段：清末民初是一个阶段；民国以后至抗战以前是一个阶段；一九四九年以后迄大陆改革开放以前的海峡两岸暨香港又是一个阶段；二十世纪八九十年代迄今又是一个阶段。最后这一个阶段的时序是从二十世纪跨越至二十一世纪，它的特色如下：不

[①] 印顺法师为佛学讲话而不主张儒学优于道佛自是当然，但方东美先生究竟是新儒家，还是新道家，还是新佛家就有争议了。笔者的立场是，方东美主要是中国哲学优于西方哲学的立场，但他却有佛教信仰的事实，以至他在儒释道三家的比较中，佛教优位的倾向更多。参见杜保瑞：《方东美对中国大乘佛学亦宗教亦哲学的基本立场》，《师大学报（语言与文学类）》第56卷第2期，2011年9月。

论是东方还是西方的学术界，也不论是华人还是其他东方学者或是西方学者，基本上都有相当的学术素养，以至于皆能以专家的背景，谈论一家或一派的中国哲学，但是其所用以研究中国哲学的问题意识及学科背景却更为分歧、多元与不统一，人人皆可立论，并从而成一家之言。在这个阶段要谈中国哲学方法论，更是充满了歧异。

什么是哲学？中国学术思想是否适合以哲学的方法研究之、面对之？就第一个阶段而言，这些问题刚刚出现，并且谈不上有明确的共识。第二个及第三个阶段的区分背景主要是立足于中国现代史的大事件，即海峡两岸暨香港分别研究的局面之形成，依此而影响了学术团体的组成。至于在中国哲学研究的进程上，这两个阶段都有一个共同的、最有代表性的特质，就是有一批杰出的中国哲学学者，直接以哲学家的姿态，提出强势的解释架构，讨论整个儒释道三家，而建立中国哲学史观。这个时代的做法，到了第四个阶段，可以说已经完成并已落幕。第四个阶段的研究，一方面接续第二、第三阶段的成果，持续延伸；另一方面有两种做法以更具差异性的张力在推进，此即是更为保守的国学研究进路，与更为新颖的哲学研究进路。前者指的是近年来中国大陆纷纷设立了国学研究单位，主张回归传统的国学研究；后者指的是更多的西方学者或专业是西方哲学背景的华人学者，纷纷以当代西方哲学的理论为进路，来讨论中国哲学的材料。这个差异的张力可以说从第一个阶段就出现了，在第二、第三阶段中，几个大哲学家的系统，实际上都是同时处理这两种进路的中国哲学研究而成功的，亦即一方面是国学的特质与意涵的呈现，另一方面是哲学的理论化建构的呈现。至于这第四个阶段的中国哲学研究，需要讨论的方法论议题，便是如何调解传统的义理诠释进路，与哲学的理论化呈现进路的冲突问题。

面对这个问题，笔者的意见是，在学科分立及问题意识多元的学术环境背景中，大家各自说清楚自己的研究方法即可，重点在于各自的研究努力与创作成果，而不必求其方法上的统一，更不应否定他人的方法。关键只在，研究者是否说清楚了自己的研究方法、问题意识以及理论成果。因此，国学的路可以走，西方哲学的问题意识也可以用来研究中国哲学，重点是，各自的研究成果要优异地呈现。

现实地说，统宗会元的研究方法是不会出现的；策略地说，接纳更多研究者的加入，鼓励更多研究方法的实施，只会更快速地将中国哲学这个学术领域建设成国际显学，这岂不是所有研究中国哲学的东西方学者都应该支持的立场？

以上说明当代中国哲学研究的问题意识与研究环境，以下就中国哲学的真理观与创造力做讨论。首先谈中国哲学的真理观与方法论的关系，这主要是因为儒释道三家皆以人生哲学的真理观系统的强势姿态出现，它们的立场都是绝对性的，但学术的研究却需进行比较，因此以哲学进路进行研究与比较时会碰到哪些方法论上的问题，以下说之。

三、中国哲学的真理观与方法论问题

中国哲学是人生哲学，人生哲学就是要应用于真实生活的，而中国哲学又都是以真理系统的姿态出现的，因此都认为自家是跨古今中外皆为有效的真理观系统。因此，今天谈中国哲学，仍应将其视为在今天的时空环境中可以拿出来应用的人生智慧。因此一方面它的知识内涵必须被了解，以提供现实生活的准确使用的依据；另一方面它的真理观的意义更须被究明，以参与及创造哲学讨论的新视野。

依三教分系来说，知识的内涵可以在各家系统中各自申说而有所了解，但真理观的意义却必须经过三教辩证才能有所确断。因为三教真理观不同，且现实上互相排斥，因此如何面对三教辩证的互斥问题，正是如何申说三教皆是真理的关键问题。笔者的立场是，三教有各自的世界观与价值意识以及所要面对、解决的不同问题，因此不需视其为截然对立的系统。虽然各家皆以绝对真理的姿态呈现，但基于认识能力的不相等、世界观的不相同，以及适用解决的问题领域亦不一致的现实背景，三教应该在理论上分开认识，而在现实生活上依个人所需个别运用即可。基于这样的态度，则呈现三教各家真理观的方法论系统，即是使其被正确理解、准确诠释与恰当运用的必要工具。

要研究以人生问题之解决为目的的中国儒释道三教哲学，正确理解传统中国哲学的人生智慧，是第一要务。因为，传统儒释道三家皆是首先提出生活智慧的哲学系统。原始儒家在孔子的《论语》中就直接是人生智慧的展现，《论语》的智慧是可以直接运用的，不论是当时的孔门中人，还是今日的一般人。《老子》与《庄子》的文本中，有许多条目、段落也是可以直接在日常生活中使用的，只是抽象度颇高，以至于一般人未必能正确理解。原始佛教的经典更有许多话语直接谈如何生活的智慧，例如"四圣谛"中的"八正道"，以及后人重编的《四十二章经》里的语句。因此，指导现实人生的智慧话语，是儒释道三教必定具有的知识环节，而三教哲学史的发展，则是为了强化这些智慧观念成为真理系统，因此有了理论的不断建构，而理论的建构就是哲学这个学科的研究主题，因此儒释道三教的理论建构便进入了哲学讨论的领域。

作为人生智慧的中国儒释道三教哲学，在形成系统性学派理论之后，便出现了大量的理论体系，一家一家地发展更新，理论愈深，抽象愈高。很多后来的理论性知识不是一般人可以了解的，若是直接学习它们，恐怕不易成为人们日常实践的依据，例如佛教的法界观、儒家的理气论，它们都早已不是具体的操作智慧，而是高度抽象的形上学理论。但笔者并不认为这是它们的缺点，而认为这是理论发展朝向精确系统的必要结果。这些抽象度极高的理论，在正确理解、准确诠释下，一样可以接通创教初期的日常生活智慧话语，同时又能展现它自身所彰显的理论功能。但是，当代的中国哲学研究，却常常在基本哲学问题的解释架构之坚持下，主张某种问题才是最高级的理论[1]，或谈到实践的问题才是最完美的成果[2]；笔者并不赞成这样的处理方式，而是主张所有为捍卫原初智慧所提出的理论，皆各自有其角色与功能，共构而成就学派理论发

---

[1] 例如劳思光先生主张心性论才是最高级的理论，而优于形上学与宇宙论。参见劳思光：《新编中国哲学史》，桂林：广西师范大学出版社，2005年。
[2] 例如牟宗三先生认为陆王的形上学是动态的存有论，因此优于程朱的静态的存有论。参见牟宗三：《心体与性体》，台北：正中书局，2006年。

展的需要。因此,不能说抽象度最高的理论才是最高级的理论①,同样的立场,也不能说实践力最强的理论才是最圆满的理论②,一切都只是角色扮演的问题,所有的理论都共同构成这个学派所需的系统环节。而要准确地诠释各套理论的角色功能,那就需要一套基于中国哲学基本哲学问题而建构起来的解释架构。这里,正是我们所谈的中国哲学方法论的意涵,亦即是提出一套解释架构,将儒释道三教的众多理论,置入这个架构的系统中,使各个理论有其角色功能的彰显,又能看出它们彼此之间的首尾相连、内外沟通的关系。这个工作,就是文本诠释进路的中国哲学方法论的任务。

要坚持寻找儒释道三学内部各种理论体系之间的首尾内外关系,主要是基于三教内部各套理论皆是同一个学派理论体系的分支,因此学派内部不同理论彼此之间必须是有着有机统一、相互融通的关系在。虽然在哲学史上,同一学派的内部时常出现不同理论系统间的争议,总以为别人的系统背离了学派宗旨③,但依据笔者的研究心得,不同系统间所思考的问题通常是不同的,因此所提出的主张的差异只是表面差异。若能深究各系统的背后问题,从它们的问题意识着手研究,则不同主张间的差异性在问题厘清之后就消失了,甚至表面上不同的主张放在更基本的哲学问题的立场上看时,就是一致的,因而表面上不同的主张,在各自的问题脉络中澄清之后,不同的主张之间仍是融贯一致的系统。当然,这需要中国哲学方法论的解释架构之辅助。唯其有解释架构之精良,方才有表面冲突的系统获得融贯诠释的可能。而融贯的理由就在借由解释架构将其问题意识做出区别之后,发现根本是在谈不同的问题,因此必然会有不同的思考脉络,以及概念使用的定义;厘清之后,各理论系统的主张,就会

---

① 例如冯友兰先生在"贞元六书"中对于孔孟儒学,到名家哲学,到道家哲学,到汉代宇宙论哲学,到魏晋玄学,到禅宗哲学,到宋明道学,认为后者对于前者即是一家一家地或以其极高明或以其道中庸的原则而高于前者,其中极高明的原则就是抽象思辨的进路,而他的新理学就是最抽象最普遍的新统。
② 例如牟宗三先生以陆王哲学能为逆觉体证之实践,而程朱只能为助缘的非本质工夫之说法,即是因此说陆王优于程朱。参见牟宗三:《心体与性体》。
③ 例如,在儒家,有朱陆之争,有王门后学之争。在佛教,有八宗之争,有天台山家山外之争。

在更大的解释架构的网络中，借由问题意识的说明，而使其取得与其他所有理论的主张得以交流互通的关系。

从哲学研究的进路谈中国哲学，就是主要在谈它的真理观。谈真理观的意思，是就着儒释道三学自身所认定的是宇宙人生的终极真理而言的。既然是真理，就必须自己说明自己的理由，而理由就在理论中，因此谈中国哲学的真理观必须是谈它的理论，亦即是谈它的观念而以理论建构的进路谈的。这就是哲学领域的学术研究，对中国哲学现代化的任务所在。当然，从文献考据的进路，或从历史影响的角度都是在谈中国哲学。不过，既然哲学研究最重要的特质就是讲理论，因此哲学学者在研究中国哲学之时，更应该着重于把握研究各学派理论的哲学观念本身，而不是文献考据或历史影响。文献考据可以辅助理论知识的被认识，但它既不能证成理论的意涵，亦不能否证理论的效力，所以它具有辅助研究的功能，却不能是理论研究的本身。历史影响可以看到理论在现实中的样貌，说明它的形成背景及运用或误用的实况，但仍不等于说明了理论的意涵，因此它有外在观察的辅助功能，但仍然不等于是理论的内在思路的线索。理论研究是针对理论的内在思路线索的研究，也就是哲学的研究，也就是哲学观念之所以形成的理论系统的研究。

以上从中国哲学的特质，谈真理观与方法论的关系，接下来将针对中国哲学的特质，谈它在现今时代的生命力与创造力的问题。因为它是人生哲学，故而若已无生命力，即显示它的真理性已经失效，而即便它有生命力，若亦无创造力，则生命将枯萎，因此现实作用的生命力与理论世界的创造力必是可以相辅相成的。其中，创造力的问题就是方法论的问题。

四、传统中国哲学的生命力与创造力

传统儒释道三教的真理观是普世性的，是普世性的就是亘古今、贯中外的。因此我们可以去谈传统儒释道三教的理论与现实在今日的面貌，其中有两个角度：其一为在生活世界中的生命力，其二为在理论世界中的创造力。

谈中国哲学在生活世界中的生命力，指的是儒释道三家在当代中国人的

生活现实中的继承与发展。就此而言，道佛两教是确实有存在、继承与发展的，中国大陆固然表面上一度中断，但后来又恢复了，而海外的港台等地及新加坡、马来西亚的华人世界，却始终是绵延不断的。这两家在教派活动中的现实就说明了它们是实际存在着的传统学派，实际地有生命力的传统教派。至于儒家，它的社会价值观是更实际地被使用于华人社群的日常生活中。若不以儒学理论家的活动来定位儒家的生命，而是以儒学实践者的活动来定位，则儒家的现实生命在所有政府与民间的体制结构中，借由在体制结构中的价值理念与个人角色扮演，是更有其实际存在的实质意义。问题只是，做得几分像而已。而这个问题则是三教皆在面对的共同课题，但是实际实践的几分相似却不是理论本身的真相的问题。各家各派都得追问它们自己的现实面貌是否仍遵守着传统的本质，要回答这个问题，就得回到真理观的认识中，至于对真理观的理解与诠释，则必须是在理论的世界中追问的。然而，理论不再创造就死亡了，指的是现实上没有能力对传统理论做正确理解与准确诠释，如此则是否有实践的正确性当然不得而知了。因此理论必须有与时俱进的创造。面对任一历史当下的此刻之新问题、新语言与新环境，说出使用传统哲学的新方法，以及肯定传统哲学的新理论，这就是理论的创造。一定要在历史的流行中持续创造理论，如此才能持续实践真理，也才有该教派的生命力。

今天谈中国哲学在理论世界中的创造力，是谈儒释道三家在当代研究所提出的新观点。儒家在当代新儒家的"道德的形上学"观念的提出中有创新，佛教在太虚大师、印顺法师的佛教三系说中推出的真常佛性一系的意见上有创新，这两种创新的意义其实都是方法论的意义。就真常系说而言，是提出了佛教理论形态分类的新观点，也可以说是一种佛教内部的判教观。就当代新儒家的"道德的形上学"而言，是提出了一套说明儒家理论的哲学意涵的观点，也同时作为儒家内部系统的衡定与拣择之判准。但这两套方法论的角色功能仍有些不同：佛教真常系的提出的方法论意义只在佛教系统内有其意旨的呈现；但当代新儒家的"道德的形上学"的观念，却直接表明了三教辩证的立场①，因此它也同时是一套三教通用的方法论解释架构。②

就此而言，有哲学史创作的劳思光先生的"心性论中心"的解释架构与冯友兰先生"唯心、唯物论"的解释架构，便一出场就已经是以解说三教为目的的中国哲学各家各派皆可共同使用的解释架构，因此可以说两位先生的解释架构就是当代中国哲学的创新系统。重点是，不论是个别谈论儒释道一家一家的创新系统，还是总体地谈论中国哲学三家的创新系统，它们都是方法论意义下的创新，是以说清楚中国哲学为目的的解释架构建立意义下的创新。那么，中国哲学还可不可能像过往一样只在三家各自的内部之中有其理论的创新，亦即是不顾三教辩证，也不管中西比较，而径为诠释，即以为是创新呢？笔者以为，在任何时空背景而言，理论的创新从来不可能被限制，问题只是，不能正确地对某一传统学派的本质有所了解的话，那么所谓的创造便不能被承认为仍是这个学派的创造。至于作者要说自己的创造是属于哪个学派，那当然是作者自己的话语权力，只是可能不被学界或教界承认而已。

那么，有没有教界承认而学界却不承认的现象，或是学界承认而教界却不承认的现象？笔者以为，不能掌握本质，亦即原始的操作智慧，亦即作为人生哲学本位的三家理论，而空有理论的分析与讨论，就是学界会承认，但教界却不会接受的。而不能面对现今的学术世界，对三教辩证无知，也对中西比较不了解的创造，则是教内承认，但学界不推崇的现象。因此，要谈各家各派的内部理论创造，还是需要先对各家各派的理论意涵有清楚准确的理解，这是首先为取得教内的承认所必需的；并且这个理解是有着三教辩证以及中西比较的知识背景为基础的，这是为取得学界的承认所必需的。因为这是事实上今日的中国儒释道三学所实际面对的理论环境，若无这样的基础，仍以为有所谓的创造，则或许能有教内的掌声，但肯定会有学界的争议。当

---

① 笔者指的是牟宗三先生借由"道德的形上学"系统中的"实有形态的形上学与境界形态的形上学"说三教之别，也借由"纵贯纵讲与纵贯横讲"的说法比较三教。
② 然而，笔者要指出，当代新儒家这套系统对于道佛在理解与诠释上是失效的，关键就是不能奠基在一套也适用于讨论道佛理论的解释架构系统上。因此，一套在理解与诠释上对三教都有效的解释架构的提炼，是绝对有其需要的。

然，有学界的承认却无教内的掌声，则虽不能因此便说它与现实脱节，但绝对是对传统中国哲学的深厚美意的一大缺憾。此时，虽说所有的研究中国哲学的方法都应该被尊重，但毕竟有些方法只有纯理论性，亦即它并不是基于对传统学派价值的捍卫的需求而进行的理论研究，因此根本上与人生实践的目的脱钩了，那几乎就是如牟宗三先生所谓的"别子为宗"之理论。不过，笔者的立场是反对牟宗三先生对程朱的批评的，关键还是对程朱文本准确理解的问题。但是当代众多的中国哲学研究成果中，有没有这种现象呢？有没有与中国哲学的实践特质无关的中国哲学研究呢？当然是有的。只是对这个问题不必去费力研究，因为既已无关，又何须费力呢？

五、中国哲学的文本诠释与方法论问题

以上，一些与中国哲学方法论研究有关的周边问题已适为澄清，接下来，笔者就要针对四方架构的方法论与其他当代中国哲学家的方法论进行比较，而提出"文本诠释"与"分类判教"的两种中国哲学方法论形态之不同。

传统中国哲学的理论作品是第一序的，研究这些文本的理论是第二序的，笔者所提的方法论解释架构就是这第二序的理论，第二序的方法论理论以解读第一序的文本为目的而创造。它是使得儒释道的文本得以被清楚理解的工具。它当然必须是依据中国哲学理论本身所以运行的思维脉络而架构起来的系统，因此不能是任一套西方哲学的简单套用。在理解的意义上它自身是传统理论的思维模式，在诠释的意义上它却能协助传统文本被当代学人更清楚地认识。更有进者，它能有效澄清传统理论之间的争辩问题，或者解消问题，或者仲裁意见。总之，它完全是为了让传统文本被正确理解、准确诠释而设置的工具性理论，因此也可以说是为了将传统哲学文本系统化的架构，系统化之而呈现理论面貌而进入哲学学术阵营之中。

依据这个目的来检视二十世纪当代中国哲学大家们的方法论架构，却大多数是用来做"分类判教"之用的，而不是用来做细密的"文本诠释"之用的。以劳思光先生为例，劳思光先生的"心性论、形上学、宇宙论"的架构是用以分析整个"孔、孟、《庸》、《易》、董、周、张、程、朱、陆、王"的分类架构，一家属于这一类就不属于那一类。因此，劳先生的系统不是针对一套一套哲学理论的分析解读架构，而是针对各家哲学理论的分类判教系统，因此在进入各家解读之时，常常牺牲各家在被分类之后亦同时具备的其他类型的理论内涵。例如，被劳先生分类定位为宇宙论的张载哲学，却也有心性论的命题理论，这点让劳先生必须设法自圆其说。[①]这就显示，各种哲学问题都是中国哲学学派的内部之所需，每一套哲学理论都可能有各种哲学问题中的某几类，只是角色上是作为主要创作的领域还是发挥继承、转述的功能而已。又例如冯友兰先生的"唯心、唯物论"的架构，是他在《中国哲学史新编》中最常使用的架构，但是他在解读哲学体系时，却时常必须另立"为学方法、修养方法、政治哲学、境界论哲学"等来讨论体系。这就显示，"唯心、唯物论"架构先不论其是否为中国哲学理论的恰当分类系统，至少它不能尽诠中国哲学理论中的各种重要的哲学问题。以"唯心、唯物论"的架构讨论之后，这一套理论对象本身还遗留了许多重要的理论不在此一心物架构之内，可见心物架构不论分类功能如何，至少不是适当且充分的解释架构。牟宗三先生的"境界形态与实有形态的形上学""纵贯纵讲与纵贯横讲的形上学"亦是用来分类儒释道三教的整个学派的系统[②]，而不是主要当作具体文本的解读工具，而"道德的形上学"一词就只有儒家得担当之，道佛皆非此，显见作为"分类判教"之功能大于"文本诠释"之功能。唐君毅先生的《中国哲学原论》中之《原性》《原道》《原教》的架构[③]，只是他用以切入中国哲学史讨论的问题意识分类，之后针对各家具体文本的解析，都是另外的术语。而在这个层面上，唐先生并没有提出共同的解释架构，他差不多都是以原本的哲学理论本身的术语与哲学意旨的话语，来申述其所介绍之哲学之理论的内涵。而方东美先生的"本体论、超本体论、宇宙论、价值论、知识论、人生论"等名词，都是用来讨论中国哲学特质

---

① 参见劳思光：《新编中国哲学史》。
② 参见牟宗三：《中国哲学十九讲》，台北：学生书局，1983年；牟宗三：《四因说演讲录》。
③ 参见唐君毅：《中国哲学原论》，北京：中国社会科学出版社，2005年。

之用语，本来就没有形成一套架构的系统，亦不直接用在文本诠释中。反倒是他在讨论老子哲学时的"体、相、用、征"之系统，颇有文本诠释之功效。

由此可见，当代中国哲学研究中，竟没有一套系统，能以系统模型的角色功能，充当中国哲学文本的解读工具，而都是提出中国哲学各家理论的"分类判教"的工具，评点高下者多，究明细节者寡。经过上面的说明，笔者所提出的解释架构，确乎是用作具体文本的文义说明的解释架构。解释架构的各个次元方面彼此间形成实践哲学的基本问题，任一文本非属此面即属彼面，只要是直接跟学派真理观有关系的命题，皆能收入系统中，以定位其问题意识及意旨主张。如此才真能地毯式细节地面对文本、理解文本与诠释文本。

实际上说，中国哲学的文本并不容易理解，没有传统心灵的学者，通常是望文生义，但触处即错。以西方哲学的理论来套用中国哲学的文本时，问题意识相近似的命题可以解读至一定的程度，但不相类的文本就可能视若无睹，而不能知其要义何在。例如，中国道教的文本之真理观意旨就很少有当代哲学界的学者能面对、解读的。中国佛教八宗的专门著作，也很少有佛学界或哲学界的学者，能以哲学命题的话语，清晰地陈述之。多以为儒家的文本易解，但即便是程朱、陆王的争议之研究，所见多为委曲传统、适应自家创造系统式的解读，至今分歧争执不知更多少倍于程朱、陆王之时。所以，传统中国哲学的文本并不好解，它不是一个可以轻易透视的简单的对象。因此，笔者要强调："文本诠释"才是二十一世纪中国哲学研究最重要的基础。二十世纪的中国哲学研究走过了一百年的岁月，中国哲学是站起来了，但是中国哲学的深奥意旨仍是一片荒地，未及善加耕耘。时序进入二十一世纪，是可以静下心来，不为争先、不为恐后，持平地做文本意旨的细节研究之时了。此时，一套有效的"文本诠释"工具是恰乎其需的。

"文本诠释"的工具当然本身是一套方法论理论，当代中国哲学研究中提出方法论理论的所在多有，除了前文所述之几位当代大家之外，如傅伟勋、成中英等教授皆有重要的方法论理论，但差别在于，有没有实战演练的经验，亦即有没有以自己所提的方法论理论实际上去运用于中国哲学文本解读的工作之中。若进行了实战演练，则方法论理论自身会不断创新，在实战中汲取新的思维形式，而能加入方法论理论之中。因此方法论理论不是一套隔离的独立系统，它是实质上可以用来诠释文本的理解工具。以此为观察的基点，劳思光先生与冯友兰先生是真正写出中国哲学史的当代大家，但是他们的方法论工具却没有因着哲学史的创造而功力大进。关键就在于，他们并不是使用方法论去解读文本，而是用以区别整套理论的类型，在外部观察上定位了类型之后，细节的文义解读就另外进行了，因此该架构就一直停留在原先设定时的状态中。

然而，笔者所使用的"四方架构"，因为实际上直接进行了文本诠释，便能在实战演练中，不断翻新"宇宙论、本体论、工夫论、境界论"的次级问题，以及不断发展"形上学、知识论、伦理学"的思辨哲学的基本哲学问题与此"实践哲学的四方架构"的互动关系。依据笔者的实战经验，这套工具一方面针对传统文本做文义解读是有效的，另一方面面对当代哲学家对传统哲学的诠释意见之分析批判更是有效的。

事实上，"文本诠释"是一切中国哲学研究的基础。不论所在意的问题为何，不论所使用的研究方法为何，一旦启动中国哲学的文本材料，若不能对于材料本身的哲理意涵有正确的理解，那么从中发展出来的任何的理论诠释，都有只是空中楼阁的缺点，这就是笔者前文所说的，能有学界的承认却无教内的掌声。

刘笑敢教授所提的反向格义的意见，并不是要废除反向格义，这也是事实上不可能的，但从反向格义的提醒中，亦可见到确实是要同时要求系统的清晰与对文本的熟悉。而笔者所提的系统，即是追求清晰解读文本的系统，至于对文本的熟悉，那还是理解的问题，这就要靠个人的勤下功夫了。

六、结论

本节定位笔者所提的"实践哲学的四方架构"作为中国哲学方法论的一套理论，它的角色功能为何，以及它与其他方法论理论的差别何在？笔者指出，它是针对儒释道三教的真理观所提出的解释架构，它是要作为解读具体文本的工具，它将一一面对文本做细节解读，不仅使所有文本的哲学意涵呈现，并能呈现文本之间的理论关系，而成立所谓的系统性地演绎中国哲学理论的哲学工作。而且，这一套架构并不是反向格义意义下的西方哲学理论的套用，而是中国哲学理论本身的思维脉络，但是以系统性的架构予以呈现。因此，"系统性"与"有效解读"正是标志着它作为当代中国哲学方法论的最重要功能。定义好这套工具的哲学功能之后，面对当前多元的中国哲学研究方法，当然就是全面开放、各自表述了。

第四节　以四方架构为中心的中国哲学史方法论[*]

一、前言

笔者思考中国哲学方法论的问题起源甚早，源于大学修习哲学课程的时候，约二十世纪八十年代初。当时在台湾大学哲学系的氛围中，西方哲学是哲学的典范，中国哲学则多半处于摸索、试验与被批评的状态中，批评的意见主要就是中国没有哲学、中国哲学没有论证。然而，笔者是为了研究中国哲学才来到哲学系的，是为了要提振中国哲学以复兴中华民族而来念哲学的，所以对于这些批评便甚是介意。而解决这个问题的关键，便是建立起中国哲学方法论。

四十多年过去了，笔者在这个问题上有了不少的个人心得与研究成果，那就是建立"宇宙论、本体论、工夫论、境界论"的四方架构为中国哲学的解释体系[①]，并以此做了大量的哲学史上的专家哲学的研究。笔者一度以为，研究中国哲学，必定要走这一条路。然而，学术的环境又再度改变，面对中

---

[*] 本节依武汉大学中国哲学史教研计划而作，后以《中国哲学史方法论——以四方架构为中心》（"The Methodology of Chinese Philosophy—Exemplified by the Four Square Framework"）为题，发表于《亚非文集》（*Asian and African Studies*）第16卷第1期，2012年3月，页1—25。

[①] 参见杜保瑞、陈荣华：《哲学概论》。书中第二十一章"实践哲学的解释架构"即是四方架构的具体说明。

国哲学方法论的问题，又需要有新的处理态度。变化的关键就是：过去是中国衰弱、东方式微，所以中国哲学不受重视，因此在哲学含金量上被批评，要做的努力，就是建立中国哲学的哲学性地位；现在则是中国崛起、东风热潮，因此研究的人口众多，导致方法不一，甚至对立，因而有何为中国哲学的研究之争端。

正是面对这样的环境的变化，过去，笔者认为自己是真正在做中国哲学研究的，因此要提出一套研究中国哲学的方法论理论，以领导这个学术领域；现在，笔者则是要开放"中国哲学研究"这个领域，将自己的研究定位在"中国哲学研究"范畴下的"中国哲学史研究"，因而开放"中国哲学研究"可以有的各种路径，简单地说是尊重其他各种研究进路，也可以说是更明确地定位自己的研究范畴。所以笔者要将自己所提出的方法论重新定位为"中国哲学史"的方法论，更精确地说，是"中国哲学经典的文本诠释进路的解释架构"。这是因为，笔者过去的努力所建构的中国哲学方法论，其实是针对中国哲学儒释道三家的哲学文本进行文本解读以彰显意旨的工具，意谓建立了一套适合中国哲学理论意涵的解释架构；而不是以中国哲学的问题借由新的或西方的方法重新定位的做法，例如，从论证的形式或语言的分析去讨论中国哲学的文本；也不是以中国哲学的材料（材料即概念、命题或理论）借由新的或西方的研究方法重新讨论的做法，例如，放在特定的哲学问题如德性伦理学的架构下做讨论。后两种进路正是以当代西方哲学为主流的东西方学者的工作方式，并且，正在全球范围内宏大地崛起。因此，"中国哲学研究"这个概念的研究领域是范围最大的，但"中国哲学史研究"的领域便只是其中的一个环节，它只是针对传统文本进行意旨解读。虽然，笔者认为这才是最重要的基础，但这毕竟只是笔者及若干华人为主的学者的核心关切。

这也就是说，全球各地的各种研究中国哲学的研究方法与问题意识都属于中国哲学研究的范畴。华人也好，西人也好，西化华人也好，华化西人也好，大家都无须争议哪种研究才是中国哲学研究，只要你讨论的是中国传统文本的材料，或者你认为你讨论的是中国传统思想里的哲学问题，那都算是中国哲学研究。笔者认为，一种研究算不算是中国哲学的，就由研究者自己定位即可，只不过，研究者必须明确说明自己的问题意识与研究方法，以及所讨论的材料对象，这样就可以了。而彼此之间无须争议哪种方法、问题与材料才是真正的中国哲学研究。因为，哲学这个问题，本身就是难以被定义的。参照西方哲学的史实，从古至今就是一家一家地否定他家的哲学合法性，但谁也无法垄断哲学问题与哲学主张。从学习者的角色来看，西方哲学史正是方法不一、问题相异、主张对立的一家一家理论建构史。唯一共同的就是都是在讲理论的而已。因此，笔者便不认为今天的中国哲学研究，还需要去争议何为"中国哲学方法论"。只要研究者有方法的及材料的自觉，他便可以自己定义问题、建立方法、进行研究、表达观点，它们都是中国哲学研究这个共同领域下的一种进路。因此也可以说，有许许多多种类的"中国哲学方法论"，因为，根本上，这些方法都是普世的哲学方法。[1]反而，特别针对"中国哲学史"的文本诠释，才是可以有哪种解释架构较为合适的讨论甚至争议的。

二、中国国学与中国哲学研究的分流与汇合

笔者以上所说，是今天的中国哲学在国际研究上的实际现象，不过，这却引起了传统的中国哲学研究阵营的注意，中国大陆许多国学院阵地里的学者便企图面对这种现象，因而倡导国学形式的中国传统思想研究。[2]然而，国

---

[1] 就"中国哲学方法论"这个主题的过去的成果而言，专书方面，有张岱年的《中国哲学史方法论发凡》（北京：中华书局，1983年）、冯耀明的《中国哲学的方法论问题》（台北：允晨文化实业股份有限公司，1989年）、刘笑敢的《诠释与定向：中国哲学研究方法之探究》，这些书中，都是全面地讨论这个问题。至于在会议的举办方面，针对中国哲学合法性及方法论问题的会议，则不可胜数。此外，在中国哲学史相关的著作中开发了方法论及运用了方法论的作者，则有当代中国哲学家冯友兰、方东美、唐君毅、牟宗三、劳思光等人。他们是笔者所要研究的这个主题的更重要的对象，因为，他们不只有方法论，甚且还有运用方法论以做哲学史诠释的具体成果，可以说有其实战演练的绩效，因此更应该对他们的成果进行检讨。

[2] 近年来，中国大学高等学府纷纷成立国学院学术单位，以推动中国国学研究。目前为止，已经设有国学专门研究机构之高等院校包括北京大学、清华大学、人民大学、武汉大学、南京大学、山东大学、杭州师范大学、南昌大学、厦门大学、深圳大学等等。主政皆为一时学界硕彦，前景相当可期。

学一如中国哲学的分歧现象一般，经史子集四种类型的文本、文史哲三种进路的研究方法、儒释道回藏各种特殊学派的并立、东方学者与西方汉学家的参与其中，这就使得国学研究也终将面对把自己开放的命运，"国学"将会变成和"中国哲学"同样无法做限制性定义的一个名词。那么，重视传统文本的准确解读的华人学者，无论他自认为是国学学者还是中国哲学学者，应该如何面对这一个局面呢？

笔者认为，国学界学者也应该和中国哲学界学者一样，开放国学研究的方法意识，容许各家各自定义，只要研究者能把研究做好就可以了。重点是，传统中国哲学作品的理论精神与智慧真谛是否被了解。面对这个问题，国学界或中国哲学界则可以努力施展才华，提出方法以面对之。此时，当有方法论的比较与竞争的展开，而此时的任务，就正是文本解读进路的国学或中国哲学研究。国学界学者认为西方学者或西化华人学者的研究不恰当，不就是因为认为他们对中国传统哲学思想的理解是充满了隔阂的吗？因此，要求正确理解、准确诠释中国哲学文本正应该是国学界学者所走的必经之路，否则他们对别人的研究的批评便没有自家的学术基础了。

哲学界在过去对中国哲学的研究，撇开过度受到西方哲学影响的形式不谈，有意在经历西方哲学洗礼后又希图回归传统文化的研究上的，至少有"建立哲学体系"以解读中国哲学文本，以及"回归传统概念范畴"以解读中国哲学文本的两种研究进路。前者是以"基本哲学问题"所建构的解释架构来诠释中国哲学的理论问题，后者是以传统的"概念范畴"作为理解及诠释中国哲学文本的研究进路。前者以写作中国哲学史的冯友兰[1]、方东美[2]、罗光[3]、劳思光[4]

---

[1] 参见冯友兰：《中国哲学史新编》，台北：蓝灯出版社，1991年。此处指的是他的唯心、唯物论的解释架构。
[2] 参见方东美：《原始儒家道家哲学》《中国大乘佛学》《华严宗哲学》《新儒家哲学十八讲》，台北：黎明文化事业股份有限公司。此处指的是他的形上学、本体论、超本体论、价值中心的宇宙论等概念系统。
[3] 参见罗光：《中国哲学思想史》，台北：学生书局，1996年。
[4] 参见劳思光：《新编中国哲学史》。此处指的是他的心性论、形上学、宇宙论的解释架构。

等为代表,而唐君毅①、牟宗三②亦属此一形态。后者以汤一介、张立文③等受到马克思主义影响后又企图摆脱此一影响的大陆学者为代表。笔者以为,即便是国学界的学者,依然必须是在这两种类型中找到自己的研究方法,否则,便会流于个人特色而不能有普遍流传的方法意识以为后学效法。当然,笔者此处所指的中国哲学及国学的对象,是以传统文化中的主流学派儒释道三家的学说为主,甚至加入藏回研究亦然。但是,若有国学学者要面对的对象是中华文化的文学、艺术、历史、文化,则自然不需要依循笔者所说的上述两种进路,但只要是研究对象设定在儒释道三家的思想理论,若不依据哲学架构或概念范畴,便都没有成立严格意义的理论的可能。

又,假使国学学者主张国学是生活中的产物,因此应重视实践,这自然是绝对正确的态度,但是实践是个人及社会群体的事业,并且它是一种实践的事业而非理论的建构。而此处我们在"中国哲学方法论"及"中国哲学史方法论"的脉络中所谈的,却是对传统学派的哲学理论的正确认识的问题,这种正确认识的研究成果是要提供东西方学者都能够客观理解且共同学习的依据。可以说,中国哲学的学术研究就是"先知后行"中的"先知"的阶段,知后即是要行,但知的部分要严格地讲究,清楚地表述,从而才可以广泛地推行。因此,"中国哲学史方法论"的实施绝不隔离于实践之外,甚至,它有更重要的意义,即是使实践具知识确定性的条件。

三、文本诠释进路的中国哲学史方法论

以上澄清了"中国哲学史方法论"与"中国哲学方法论"的不同意涵,并说明了笔者所选取的进路,即"中国哲学史方法论"。接下来应该对这个

---

① 参见唐君毅:《中国哲学原论》。此处指的是他的人道论与天道论的概念使用。
② 参见牟宗三:《中国哲学十九讲》;牟宗三:《四因说演讲录》。此处指的是他的道德的形上学、圆教、实有形上学、境界形上学等系统。
③ 参见张立文的《中国哲学范畴发展史》(天道篇、人道篇),以及张立文主编的《道》《气》《理》《心》《性》。

进路进行其内涵的铺陈。首先，说到哲学史研究，还应该有哲学史上的"个别哲学体系"与"体系彼此之间的关系"这两种问题的区别。前者是个别哲学家的理论体系之认识，后者是整个学派前后期体系的理论发展关系甚至是不同学派间的理论竞争关系。当然，同一学派中间也是会有理论竞争关系的。在文本诠释进路的中国哲学史研究中，这两种问题都是要面对并解决的。因为，"个别哲学体系"当然要到文本中去认识；而由同一学派的不同体系以及不同学派的理论体系之间的争辩意见，所形成的哲学史理论发展及辩论的意义，也还是要在文本诠释中解决。只要是传统哲学体系本身发表的意见，便应交由文本诠释来处理；如果是当代学者自己对传统哲学体系之间的理论关系的意见，亦应依据传统哲学本身的文本以为发言的依据。因此，关键之处都是文本诠释。

　　也可以这样说：传统哲学体系发表了哲学主张，这是第一种文本，也是哲学史的基础；这个体系发表了对同一学派其他体系或是不同学派理论体系的意见，这是第二种文本。第二种文本更有哲学史脉络的意义，因为它表达了过去的哲学家本身对其他哲学理论的意见，但是第一种文本才是哲学史之所以能够出现的根本地基。因此，哲学史研究所面对的就是这两种文本，所依据的也只能是这两种文本，亦即都是哲学家自己发言的文字，因此当代的研究就是针对这些文字进行文本解读，提出诠释意见。至于加入社会影响以论断思想形成原因或针对该思想对社会的作用的讨论，这就较多地是历史思想领域的研究了。这也是合法的研究，但若能以思想史研究称之，以与哲学史研究所代表的研究方法及学术领域做出分别，则将是有利于学术分工，也有利于专业学术的研究发展的做法。历史学进路的思想史研究方法此处便不多谈，这是超出笔者的专业的另一领域，以下回到哲学史研究中来谈。

　　当代学者依据传统哲学体系的哲学主张而发表文本诠释的意见，这是第一种当代诠释的作品；针对第二种传统文本而发表的文本诠释意见，这是第二种当代诠释的作品；以上述两种诠释成果为依据，发表针对同一学派不同体系之间的理论关系或是不同学派之间的理论关系的意见的是第三种当代诠释的作品。这种诠释意见则是当代学者的自行创造，但是它依然要针对第一种及第二种文本做出诠释，以此为基础，才能有他的自行创造的意见；而创造的另一项依据，则是他自己的解释架构。至于第一种及第二种当代诠释意见，就更是只能依据第一种及第二种文本而来。

所以，笔者可以很明确地强调，不可能有脱离正确理解、准确诠释的文本诠释而可以谈哲学史研究的。因此说中国哲学史研究，首先就需要有一套积极有效的文本诠释工具。可以这样说，二十世纪成为哲学家的当代中国哲学学者，都是在这个问题上有重要创作的学者，亦即，要定位他们的学术成就，就是说出他们在中国哲学史研究上所提出的文本诠释的方法论架构，而他们作为哲学家的意义，也正是作为中国哲学史的方法论创造者的哲学家的意义。当然，这个意义还有各家的差异在，后文述之。

总之，对于"中国哲学史方法论"的功能而言，它主要是作用于哲学史上的哲学理论的理解与诠释。以此为基础，它更可以处理哲学史上各学派之间与同一学派不同系统之间的争辩的解读，但所能处理的问题，还是理论的意旨以及争辩的成立与否的理论问题。至于理论与现实世界的任何历史、政治、文化上的关系，则并非此一架构要讨论者，此时自是需要其他的研究工具才能创作及奏效。

至于前文所讲的中国哲学研究，同样地，若是不能有正确理解、准确诠释的文本研究成果而要来谈中国哲学研究，这也是会让人诟病的。但问题是，发生在全球范围内的中国哲学研究的新族群，他们心目中的中国哲学研究，千差万别，且须配合各自的历史文化思想背景，因此所理解的角度及研究的目的，都不同于华人学者群中的国学界或中国哲学界。华人学者群积极在意的，是对传统文化的正确理解、准确诠释，从而有创造性的时代影响力，并且是针对中华民族而言的。但国际汉学界，以及世界各地的华文热与中国学研究的族群，基础既不相同，目标亦各异，要求其在中国历史文化背景的基础上来正确理解与准确诠释，这恐怕不切实际，也多半不是他们学习的根本目的，甚至不是他们的背景知识所能承载的目标。因此，依其所需，顺着他们的文化背景之脉络，聆听他们要询问的问题，理解他们在学习上的收获，学习他们对中国哲学的创造性发挥，并重视他们对中国哲学研究的成果，这才是大中至正的态度。而要坚守、捍卫及发扬国学和中国哲学的华人学者，才是要负责为中国哲学的文本做正确理解、准确诠释的族群，当然这个族群是向所有非华人学者完全开放的。因此，就这个族群的学者言，要建立的是中国哲学史研究的精实战果，而不是去否定或批判国际上纷纷兴起的中国哲学研究。它们其实是当中国哲学史有了更精实的研究成果之后，从中国走向国际社会而要再发挥之时所需的土壤。

总结以上讨论，笔者把"中国哲学研究"及"中国哲学史研究"应有的方法论争议问题，还原为学者自己的研究目的的问题。目的清楚，就会有相应合理的研究方法，以及有学术价值的研究成果。目的是不能争议的。目的与方法之间是可以讨论甚至争辩的，方法与成果之间更是可以诉诸公论的。但是，目的是随着环境需要与知识背景而出现的，它很难以任何学术理由来认定，因此应该对它完全开放。

四、实践哲学的解释架构

笔者所提供的"文本诠释进路的中国哲学史方法论"，它实际上也正是一套"实践哲学的解释架构"。说是实践哲学，就是要有别于西方的思辨哲学。实践哲学关切人生理想的追求问题，思辨哲学关切世界真相的认识问题；实践哲学需要的是实践的方法，思辨哲学需要的是思辨的逻辑。共同点只有都是讲理论的。但西方思辨哲学的传统对理论建构严密度的要求更为重视，在今天，要发展中国哲学，就是要将实践哲学的理论建构方法予以强化，也就是要向西方学习严密的理论。

首先，哲学是普世的学术，因此，哲学的问题必是普遍的问题，故而西方哲学的问题，也是东方世界会发生的理论问题，而东方哲学的问题，也会是西方学者要探问的问题。过去，学术界在中国哲学问题的合法性上争执不已，现今，我们可以放下对这个问题的争执，但是，仍有东西方不同文化背景发展出来不同哲学问题的事实存在，因此，何谓中国哲学，这仍是需要追究的问题。在西方哲学发展史的开端，有形上学问题；启蒙运动之后，继之以知识论问题；当代，则关切语言与逻辑问题。而所谓东方哲学，在过去，是儒学经典，是道教教义，与佛教义理；而中国哲学界以哲学这个学科的研究进路来面对传统儒释道三教思想，却是近一百年来才有的事情。因此，谈论传统中国哲学，要借鉴西方哲学。但是如何借鉴？是去中国三教文本中找出它们的形上学、知识论及逻辑与语言结构的问题吗？还是应该找到中国儒释道哲学内部的理论脉络以作为诠释的架构？过去，以形上学、知识论、伦理学、辩证法的问题意识来转译及解释中国哲学的做法是很多的；当今，以逻辑与语言的结构分析来讨论中国哲学的做法也开始畅行。前已述及，要尊重各种研究进路，因此这些研究进路都可以使用。但是，它们的成果是有限的，因为说到底，它们固然可以彰显中西哲学比较的兴趣，但还是不能满足正确理解与准确诠释中国哲学的要求，故而才有不断的批评意见，且不限于东西方的学者。因此，针对中国哲学的文本诠释，还是应该掌握中国哲学的特殊问题，在特殊问题中确认它的基本问题，在基本问题中找出它的理论推演架构，从而形成解释中国哲学的共法。

其中的推演架构是必须找出来的。不论中国哲学的文本表述形式是多么地跳跃、任意、独断或如诗画般地写意，只要它是一套真理观系统，它就必须讲道理，讲道理就是要理论化，理论化就是系统化，这也正是中国儒释道三学从教派的义理转身为哲学的理论所必走之路。这一条路，并不是过去没有走过，而是不曾以三教共法及中西沟通的模式来建构。以前是儒释道三家各说各话，各自有表意的理论模式；现今是三家要找出共同的问题，大家同时说话，并且这个表述的模式，应有中西沟通的功能，故而固守旧说绝不是哲学研究的应有做法。此外，面对理论的现实，过去，三教彼此非议，甚至教内不同系统之间亦辩论不已；现在，若干不互相尊重东西方哲学的东西方学者仍在进行中西思想的互相非议之举。因此，理论上能够沟通三教及沟通中西的中国哲学诠释系统是非常需要的，它是一套可以把儒释道三教说清楚，从而可以跟西方哲学沟通的架构。

　　建立这套解释架构，首先要从中国哲学问题的特殊性下手，那就是专注于人生理想的追寻问题，也就是一套套的人生哲学理论，亦即认清儒释道三教是要建立实践的理论以追求理想的人格。有理论就是有道理的，它的道理就是西方哲学中所讨论的普遍原理，也可以说就是形上学问题。只是，它在中国哲学的讨论中应该有更精确的定位。依笔者之见，以实践为特质的中国哲学，它在形上学问题的特质上，应该有谈具体时空、物质、存有者类别、世界结构的"宇宙论"，与谈终极意义、价值的"本体论"两型。亦即，它是由说天地万物的宇宙论，进至说终极价值意识的本体论，并由此而提出实践的方法与结果的理论系统。"宇宙"是传统中国哲学原有的概念与问题，并不是平移自西方的理论。"本体"更是传统三教谈终极价值的概念与问题，这与翻译自西方哲学的"ontology"的本体论不完全相同。笔者建议谈西方哲学的"ontology"问题时以"存有论"译之，它的意义是关于存有的学问，它们是 theory of being 的意思，这便与本体论在中国哲学的原意——关于价值的学问有了区别，中国哲学的价值意识的本体论应该是一种 theory of value。[①]

　　既然宇宙与本体都是传统中国哲学本来的词汇与本来的问题，那么又如何说它仍是与西方形上学有关联呢？首先，西方本来就有宇宙论，故而宇宙论也是属于西方形上学的议题，只是西方宇宙论在形上学的讨论中愈发式微，若非士林哲学出现，宇宙论在西方便几乎不谈了。但在中国哲学的理论建构里，道佛两教既是宗教，也是哲学，两教都必须借由宇宙论以申说真理及证说价值，故而宇宙论在中国哲学中始终保持它高度重要的哲学地位，这就与士林哲学必须有宇宙论系统的意义是一样的。至于价值意识的问题，在西方当然也有谈论，只是不那么大宗，而是对于实在与实体的讨论，因此变成对存有的讨论。而且，这种讨论是在思辨的活动中进行的，故而说西方形上学的主调是思辨的哲学。至于在中国哲学中，这种关于存有的思辨的活动并非

---

① 关于此一问题，笔者有专文讨论，参见杜保瑞：《对本体论概念使用的讨论——兼论杨国荣教授三书的写作特质》，《哲学分析》2011年第4期。

没有，只是亦非大宗。各学派讨论的重点是在对价值意识的确断，这就是说中国哲学谈本体时主要目的是在谈价值的问题，而价值本体是要连接到实践的，甚至价值还是在主体的智悟独断中提出的，所以说中国哲学的主调是实践哲学，价值意识的本体论就是为了实践而给予宗旨的理论。这样说来，宇宙论与本体论就是中国哲学的形上学问题部分。但它既然是实践的哲学，当然要有直接谈实践的理论，那便是儒家修养论、道教修炼论、佛教修行论等系统。

修养论是谈心理修养的方法的理论，它就是借由贯彻主体的意志而进行的修养活动，学术上的专名应为"本体工夫"，亦即是以本体的价值意识作为心理的纯粹化意志活动的目标蕲向。任何行为皆以终极价值为标准而为之，便是在做本体工夫，儒家主要为此。道家当然也有心理修养的本体工夫的理论，老子无为、庄子逍遥皆是。但道教便有修炼论，它是身体锻炼之学。道教以人体宇宙学的知识作为修炼的依据，炼养其精、气、神、形、魂、魄，故而是宇宙论进路的身体修炼之学。佛教则既有心理修养也有身体修炼，大乘佛教的六度观念即是，且以修行论说之。以上修养、修炼、修行理论仍应统合为一种共同的哲学问题，笔者以为最适宜的名称即是"工夫论"。

儒释道三教皆有工夫论，本体工夫是以价值意识的观念为心理修养工夫的依据，而身体修炼的工夫则是以宇宙论的知识为身体修炼的依据。做工夫就是追求达成理想完美的人格，三教有言：人人可以为尧舜、神仙本是凡人做、众生皆可成佛。由以上三种一般常见的说法来看，中国儒释道三家都追求最高级完美的人格境界，那么这个境界要如何界定？这就必须由宇宙论、本体论及工夫论共同建构而形成的境界论来说明，主要说明最高级理想人格的状态、能力与功业。由此一宇宙论、本体论、工夫论、境界论的四方架构来谈时，中国哲学的实践哲学的系统便算是完备了。于是形上学中的本体论和宇宙论都与实践的方法与结果的工夫论和境界论接轨了，这就是理论化，这就是系统化。这并不是什么创新的理论，而只是古代哲学本有、已有的思维模式的发现。

其中，宇宙论及工夫论都有多种次级问题。宇宙论的次级问题包括存在始源、宇宙发生论、世界结构图式、存有者类别、生死观与命运论问题等等。工夫论的次级问题则有工夫入手、工夫次第与境界工夫，工夫论又有本体论进路与宇宙论进路两型。至于境界论，则完全需要依据宇宙论、本体论及工夫论的脉络来呈现它的意涵。这四方架构就是笔者所提出的"中国哲学史方法论"的解释架构，它要面对的是文本诠释，而且是针对具有实践哲学特质的三教学说的文本解读的诠释架构，使用它来进行诠释可获得的最重要效果就是正确理解、准确诠释。这是它最重要的一项贡献。学者妥当使用这一套解释架构之后，便极易由中见出：中国哲学史上的三教辩证与同一学派内的系统争辩，多是发生在基本哲学问题的错置上，其实本来无须争辩。因此，这个诠释架构亦可澄清哲学史上的种种论争，这是它的第二项重要贡献。当然，这个诠释架构将同时适用于中外所有宗教哲学的传统，只是宗教哲学这个词汇所涉及的范围确定且对象有限，而实践哲学这个词汇则可以包括一些不那么强调他在世界的存有者的伦理学理论，例如儒家哲学及道家老庄哲学。

三教世界观各不相同，道佛两教的宇宙论知识又涉及信仰问题，其实无从辩论起，就算提出了批评意见，对他教而言也都不算数，这些都是争高下的心态作祟所导致的。至于同一学派内的争辩，则多是基本哲学问题的错置，如儒学内的程朱、陆王之争，甚至是王门后学的各家之争，又如佛学内部的各宗派之争，甚至是禅宗门下的宗门之争。其中儒家的王门后学以及禅宗的宗门之争，竟都是工夫论的次级问题之争，然而也是互相争高下的心态所致。而通常，谈境界论的会批评谈工夫论的，或是重境界工夫的会否定谈工夫次第的，认为后者的工夫不究竟，这是龙溪批评同门的类型，也是禅宗南顿批评北渐的类型；而谈工夫论的会批评谈形上学的，理由是后者不做工夫，这是陆王对程朱批评的类型。笔者以为，这些批评都是在基本哲学问题的错置上所做出的不当批评。而以这四个基本哲学问题所建构的分析架构，就是为澄清这些哲学史上的争议而提供的研究方法。因为，它将能使各种哲学问题的功能呈显，使各种哲学理论的角色定位获得澄清，这便可以避免不同系统间因误解而争执的事情继续发生，尤其是不该在当代研究中还去持续那些传统的争执。

　　以上所说者为实践哲学的解释架构，但是，漫长的中国哲学史却不只有关切实践哲学的问题而已。在实践哲学的基础上，逻辑问题的思考与对概念范畴的存有论研究也是传统中存在的理论系统，如墨辩与名家哲学，此二者则与西方哲学有共同的思辨特质。逻辑学本是广义知识论中的一部分，中国逻辑即属知识论问题项下的一型；至于对概念范畴的思辨讨论，亦漫衍于哲学史上始终不坠，最早即老子对道范畴的思考。老子哲学本是一极全面的实践哲学系统，但概念范畴的思辨亦为其所独创。在老子的实践哲学的系统中，宇宙论、本体论、工夫论、境界论的意旨俱在："道生一"是宇宙论，"反者道之动"是本体论，"弱者道之用"是工夫论，"古之善为道者"是境界论。更重要的是，老子仍思考到：作为终极普遍原理的道概念本身，若抽离于这些论述，它自身应该是一种什么样态的存在呢？老子以为它"渊兮似万物之宗""象帝之先""可以为天下母""视之不见名曰夷，听之不闻名曰希，搏之不得名曰微""迎之不见其首，随之不见其后"，这就开启了中国形上学的思辨哲学的传统[①]，与西方哲学对实体与实在问题的思辨有共同的特征。莫怪乎老子道论能沟通中西哲学，而成为当代中西比较哲学中的显题。也正是因为道论思维是抽象的，不涉及价值判断，也不直接是实践的问题，它只是对最高存有范畴的抽象讨论，因而可以成为儒释道三教共同接受的传统。它就是在谈论哲学系统中的最高范畴本身，故而为众家之需。但是，虽然共享了"道与天地万物的关系"及"道概念自身的特征"等理论，却不能说儒佛两家在价值问题上接受了道家立场。也就是说，具有西方"思辨哲学"特征的"逻辑学"与"概念范畴的存有论哲学"，可以在儒释道三家中通用，但是"实践哲学"各方面的哲学立场，那就只能是在各家系统内表述，不能跨教通用的。

　　以上这种关于特定功能概念的讨论，笔者即以存有论哲学称之。这种讨

[①] 参见杜保瑞：《反者道之动》。笔者已在书中阐明上述两种思路的老子哲学。

论在儒家的程朱哲学中再度复苏，即程朱的理、气、心、性等概念的定义及其关系的讨论。陆象山不解，以为只是在拆字解字；王阳明不解，以为析"心"与"理"为二，这就是以工夫论批评形上学的基本哲学问题错置的形态。不过，当代哲学家冯友兰却能正确继承这个传统而创作"新理学"系统，但也正因此就与继承陆王心学之路的港台新儒家路向不同。因此，若能以思辨哲学的存有论进路与实践哲学的工夫论进路之别异来对待理解，便能正确理解程朱与冯友兰的理论工作意义，而无须再为程朱、陆王之争辩了。当然，朱陆之间还有工夫论形态争议，此暂不申说。

由上可知，从思辨哲学的进路来研究中国哲学时，有些问题也是传统中已经讨论过的问题，因此很可以展开中西比较，而不会委曲彼此。但是，实践哲学主轴的宇宙论、本体论、工夫论、境界论问题就不适于以思辨哲学的问题意识来理解与诠释了。然而，诠释固然不宜，创造性的研究仍不在此限。就此而言，知识论的研究便应该是其中最具有创造力的一环。不过，笔者所指出的，并不是晚近流行的以语言分析与逻辑结构的进路来讨论中国哲学的命题之路，也不是过去以格物致知、明心见性来说中国哲学的知识论的进路，这些做法诚可获得研究成果，但所贡献的多是西方思辨哲学的意义。笔者所谓的中国哲学的知识论研究，是指针对具有他在世界的修行境界的印证问题的知识论研究，或是进行本体工夫的体证方法的知识论探究，亦即从工夫实践到境界提升的如何确断与如何印证的知识论问题。这才是西方思辨传统中缺乏的一块，是只有在中国哲学的文本诠释深入落实之后，才可能进行的具有中国实践哲学特色的知识论问题的研究。

五、基本哲学问题与概念范畴

此处，笔者要讨论作为研究方法的"基本哲学问题"与"概念范畴"两种不同的进路。所谓"基本哲学问题研究法"，即是将传统儒释道三家的思想义理以哲学问题的进路为分析理解的架构，即是笔者所提出的以"宇宙论、本体论、工夫论、境界论"的基本哲学问题作为解释架构的中国哲学研究方法。所谓"概念范畴研究法",即是以传统中国哲学的关键词汇为研究的"问题"与理论的"主张"的做法,如"天、道、理、气、心、性"等概念。这些概念都是有范畴意义的类概念,笔者将以"存有范畴"称述之,它本身就是高度抽象的哲学词汇,是哲学讨论的核心对象。但是,哲学理论固然是以这些"存有范畴"的概念为讨论的主要材料,但毕竟哲学理论是关于哲学问题的解答,必须先回到问题,才能理解答案。因此,以"存有范畴"作为"问题"来分析理论,或以"存有范畴"作为"主张"来解读理论,这些都不是准确的研究方法,有时甚至易于造成错解,原因都是各学派共享了相同的"存有范畴",就以为应该在同一系统的标准下解读。

但是,"存有范畴"概念是值得研究的,因为存有论[①]思想本来就是以"存有范畴"的定义与彼此之间的关系为目标来发展进行的。甚至,对非"存有范畴"但有哲学作用的概念进行研究,也是重要的,它们也是存有论研究的良好课题。这就有"价值意识"类的概念与"抽象功能"类的概念:"价值意识"类的概念就是三家的本体,儒学之"仁、义、礼、知、诚、善",道家之"无为、逍遥、虚",佛教之"般若智、菩提心"等;"抽象功能"类的概念如"有无、一多、本末、体用、动静"等。"抽象功能"的概念是三家都有的,但意旨从来不固定,不仅三家不同,同一家内亦有不同,甚至同一段文本中都还会有所不同,因此对它的认识与使用绝对必须分开来在个别的文本脉络中攫取意旨。因此,绝不宜以中国哲学的"抽象功能"概念为研究的对象,因为绝无定旨。"价值意识"类、"抽象功能"类与"存有范畴"类的概念一起,这三项都是深具哲学讨论功能的概念。其中只有"价值意识"类概念专用于本体论中,而"存有范畴"及"抽象功能"类的概念便分见于"宇宙论、本体论、工夫论、境界论"中。

单就概念的定义与功能所进行的讨论,就是"存有论哲学"。目前学

[①] 此处,存有论这个词汇的指涉意义就是西方传统形上学的意旨,是关于实在、实体等概念的讨论,以有别于本体论用于中国哲学的价值意识问题。就中国哲学的讨论而言,存有论宜用于概念范畴的定义以及不同范畴之间的关系的讨论。

界就"存有范畴"类的概念范畴做文本诠释的研究,便是"概念范畴研究法"①。"概念范畴研究法"针对传统文本做理论研究,所讨论到的概念应不只上述存有范畴,还应该有"价值意识"及"抽象功能"等类别的概念。然而,以"价值意识"和"抽象功能"类的概念做概念范畴研究的做法,此一方法笔者并不积极倡议,只建议放在基本哲学问题研究进路下做讨论即可,理由是哲学文本的理论建构不是因概念而是依问题才有的,且概念的使用没有不是在学派的脉络下见出意旨的。但若单就"存有范畴"类的概念进行讨论,这便是存有论哲学的讨论,这又是笔者可以接受的研究进路,它有别于基本哲学问题研究法,且能互补与沟通。就存有论讨论言,在学派使用的差异上,则有某类概念大家可以通用但实义不同的情形,如本体工夫类的概念,三教都是尽心尽性的本体工夫;以及某类概念只能在某家适用的现象,主要是宇宙论的概念,如佛教的三界、十法界与道家的三清、太始、太初、太素等,一旦混用,必致理论的混乱。当然,笔者说的是理论意旨的不共享,而不是概念文字的不共享。文字上的三教共享现象是无可避免的事实,因为它们都是中国历史文化中的哲学产物,不使用中国文字又如何讨论发言呢?

以"概念范畴"为问题意识所展开的研究,正是中国哲学的"存有论"讨论的议题,可以展开的研究项目还很多;也会是西方学者进入中国哲学研究的良好进路,因为存有论的讨论,本来就是以思辨哲学的模式在进行的。只是,不要过度依赖概念范畴研究法来做文本诠释,因为文本的意旨仍是以学派的义理为据,而学派义理毕竟是由问题出发的观点。因此,文本诠释还是直接以基本哲学问题为研究进路的架构为佳,而概念范畴的研究则定位为存有论的讨论,附属于学派的概念使用系统中做定义规范的研究即可。

---

① 概念范畴研究法最典型的例子是张立文教授所主编的《道》《气》《理》《心》《性》等专书之作,以及朱伯崑教授在《易学哲学史》中以理宗、气宗、心宗等范畴来讨论宋明儒学易的发展。另外,为讨论宋明儒学,冯友兰先生指出程颢及程颐兄弟分别开创宋明儒学的心学与理学两派,而王立新、朱汉民、向世陵等教授提出性宗或性学派来说胡五峰的特殊学派属性,以开创理学与心学之外的另一种学派形态。

六、当代中国哲学解释架构的分类判教与文本诠释功能

以"宇宙论、本体论、工夫论、境界论"的四方架构解读文本,是从当代中国哲学家的解释架构中重新汇整而提炼出来的,其中主要是由对劳思光、牟宗三、冯友兰、方东美的系统的反省、改良而转出的。然而,其中有一根本的重大区别,即他们的系统多用于"分类判教",而笔者的系统则专用于"文本诠释"。

以劳思光言,"心性论、形上学、宇宙论"是他分析儒释道三学的解释架构。①但笔者以为,这个架构与其说是文本诠释的工具,毋宁说其为分类判教的工具,因为劳先生以之为"孔孟心性论、《庸》《易》形上学、汉儒宇宙论"的发展定位,亦为"周张宇宙论、程朱形上学、陆王心性论"的回归运动的各家形态定位。劳先生重心性论而批评形上学及宇宙论,以为形上学不能证成自己,而宇宙论是哲学问题的堕落表现,因为它走向形躯我的追求。笔者以为,心性论即是本体工夫论,是实践哲学的要点,确实重要;形上学是思辨哲学的存有论,有中西比较会通之功用,以及哲学论思之需求,因此无须以知识论的能否自证之标准来否定;宇宙论则是道佛两教意旨不可或缺的部分,追求形躯我还是德性我亦无价值高下的问题。只因劳先生以文化肯定论来批判道佛两教的文化否定论,以为道佛不重人文建设,只顾生死问题,故而批判讲形躯我的宇宙论的角色功能。以笔者的立场而言,却愿保留"宇宙论"作为诠解中国哲学的基本哲学问题;至于"形上学"部分,则将之区分为"价值意识的本体论"与"抽象思辨的存有论"两型,如此更有助于形成解释架构与解消理论冲突;而将"心性论"还原为工夫论,尤其是定位其为"本体工夫",则又可以另外开辟"宇宙论进路的身体修炼工夫"的研究进路,以有效解读中国道佛两教的身体修炼与身心修行工夫。

就牟宗三言,其以"实践"与否比较中西,以"实有"与否分判三教,都具有方法论解释架构的创造性贡献。牟先生以实践与思辨说中西哲学的特

---

① 参见劳思光:《新编中国哲学史》。

质,从而展开多种术语系统的分类判教的思考。其说中国哲学的伦理思考是方向伦理,西方哲学是本质伦理;说中国哲学的形上学是动态的,西方哲学的形上学是静态的。[①]这就定位了朱熹的理气形上学是本质性的,而陆王的心性哲学是方向性的。这是把程朱谈形上学存有论的存有范畴理论说成了本质伦理,从而为静态的形上学,于是限制了这套形上学与工夫论应有的融贯关系;且是把陆王说工夫实践的理论说成方向伦理,且是动态的形上学,这就是将工夫论的问题意识塞入形上学、伦理学的解读中,从而建立一套复杂的纵贯纵讲的动态形上学系统,从而难以与西方形上学做一清楚的问题意识的区分。笔者则是将牟先生说于程朱静态形上学及本质伦理的理论置定为形上学中的存有论哲学,并可以直接与西方存有论思维沟通比较;且是将所有说为方向伦理与动态形上学的陆王之说置为工夫论问题,工夫论问题必然是与具体时空的宇宙论及价值意识的本体论问题有其内在直接的合构关系,但无须塞入形上学中而说其为动态的存有论。

牟先生又有"本体宇宙论"之术语使用[②],此语甚佳,它就是中国哲学的实践特质中必须有的宇宙论与本体论两个基本哲学问题的合构,且确实不可分割,因为价值意识的本体论就是从具体时空的宇宙论知识中推演出来的。虽说是推演,但又确实是智悟的独断,牟先生说为"智的直觉",此中有知识论的检证意旨。说其跳跃可也,但独断的智的直觉却能发为实践的动力,从而创造理想的人生,因为作为实践哲学的中国哲学本来就是用于人生问题的处理的。故而,此一智悟独断的现象也可以说是另一种特殊知识论的议题,应另有崭新的观点来探究之。

牟先生还提出实有形态的形上学与境界形态的形上学说儒释道三教的差别[③]:儒为实有形态,道佛为境界形态。实有者论说世界的实存永存的实在性,故为"纵贯纵讲"之系统;境界者只提出对待的姿态应付世间,却不在

---

① 参见牟宗三:《智的直觉与中国哲学》,台北:台湾商务印书馆,1980年。
② 参见牟宗三:《四因说演讲录》。
③ 参见牟宗三:《中国哲学十九讲》。

系统中提出保证世界实存永存的依据，故而是"纵贯横讲"的系统，即是有主体实践的工夫论以为对待的姿态，却无创生世界的本体宇宙论以为永存实有的保证。牟先生又说境界的姿态是三教共有的。但实有的保证只具在儒学中，此说有种种三教文本诠释上的失误，此处暂不细究。但其言于境界姿态之说，却有成为境界哲学的催发效果，亦有肯定本体宇宙论的理论功效，亦即确实是要从本体论及宇宙论来说三教的形上学。至于哲学不论中西都是要为实有而奋战之说，则应无疑义。问题是，道佛两教的形上学被说为不具实有性的立场，这对道佛而言并不正确。这是忽略了他在世界的世界观的研究方法所致，这也说明了宇宙论的知识确实必须成为研究道佛两教的形上学的基本哲学问题，否则就会有这种非实有的理论类型的错误诠释。

牟先生又有分别说与非分别说的分判系统以谈中国哲学的系统：庄子、禅宗、陆王皆是非分别说者，唯程朱是分别说者。这又是没有必要的理论创造，谈工夫境界论时确实需要非分别说，谈存有论的概念解析时就必须分别说。但牟先生又有以分别说为西方形上学的特质，而非分别说为中国形上学的特质之说。这就又是把基本哲学问题弄混淆了的做法，是以笔者要不断强调，工夫论与境界论势必与存有论有一问题意识的区隔，工夫论与境界论直接关联并互相推演于本体论与宇宙论中，而存有论则是另一回事，重点在于要清楚明白所谈的是哪种哲学问题。在主体依据本体宇宙论的理论以为实践而至最高境界时，则所有概念统合、汇整、解消于主体圣境中，不再区分"天、人、道、器、理、气、性、情"，此诚其实，故而会有非分别说的形态。但并不是存有论哲学是与此无关的他教别子形态，而是存有论哲学诉诸概念解析，实际上就是针对宇宙、本体、工夫、境界的所有使用到的存有范畴进行意旨定义与关系建构，故而是解析的、分别的、思辨的进路。在存有论中界定清楚下的存有范畴诸概念，正是使得宇宙论、本体论、工夫论、境界论得以申说清楚的依据。程朱从不在儒学系统之外分别地说了一套别子理论，而是以概念解析界定术语，从而订正系统、整编工具，是牟先生自己在存有论中找不到工夫论以致批评其为静态、本质、分别、别子。事实上程朱的主敬诸说，即是本体工夫的深度思想，牟先生不能准确见之，却都在别处批评不能实做工夫，确实是混淆了基本哲学问题，同时是误做了文本诠释。当然，牟先生都是依照象山、阳明的说法而批评朱熹哲学的[①]，笔者要说，牟先生还停留在程朱、陆王的过去战役里，只是用了一些创新的术语重新演绎而已，不能入乎其内出乎其外，这样就不能使中国哲学有现代创新的进展了。

冯友兰于"贞元六书"中的"四境界说"是实有其理论贡献的，这就正是境界哲学的发皇标举，惜其只以儒家为典范。道德境界的施展即是天地境界的宗旨正是儒家学派形态的立场，但境界哲学是一基本哲学问题，三家皆有自己的境界论，且就是直指最高级的理想完美人格，故而不宜定于一家之形态，而应是将此一问题开放，交由三家各自定义内涵，并应设定为中国哲学的基本哲学问题，以为理解及诠释传统文本的工具之一。

方东美讲中国哲学的特质是价值中心的形上学。[②]谈价值确实是中国哲学的重点，因为实践必以绝对价值为理想的判准，故而应有价值意识的本体论以为中国哲学的形上学的核心问题。但方先生的术语系统过多，有本体论、万有论、存有论、形上学、宇宙论、超本体论等等。[③]方先生是在做中国哲

---

① 笔者对牟宗三先生的中国哲学诠释成果的讨论，有以下期刊论文：杜保瑞：《对牟宗三诠释朱熹以〈大学〉为规模的方法论反省》，《人文与价值——朱子学国际学术研讨会暨朱子诞辰880周年纪念会论文集》，上海：华东师范大学出版社，2011年，页504—524。杜保瑞：《牟宗三以道体收摄性体心体的张载诠释之方法论反省》，《哲学与文化月刊》第437期，2010年10月。杜保瑞：《对牟宗三诠释周敦颐言诚体的形上学之方法论反省》，《哲学与文化月刊》第426期，2009年11月。杜保瑞：《对牟宗三批评朱熹与程颐依〈大学〉建立体系的方法论反省》，《哲学与文化月刊》第423期，2009年8月。以及以下会议论文：杜保瑞：《牟宗三对程颢哲学诠释的方法论反省》，第三届宋代学术国际研讨会，嘉义，嘉义大学中文系主办。杜保瑞：《对牟宗三诠释王阳明哲学的方法论反省》，第一届海峡两岸跨宗教与文化对话学术研讨会，台北，财团法人鼓岩世界教育基金会、台湾经典悦读协会主办，2011年4月。杜保瑞：《对牟宗三谈宋明儒学之课题与分系的方法论反省》，传统中国形上学的当代省思国际学术研讨会，台北，台湾大学哲学系主办，2009年5月。杜保瑞：《对牟宗三谈宋明儒学之所以为新儒学意见的方法论反省》，传统与现代：中国哲学话语体系的范式转换——《文史哲》杂志人文高端论坛（之二），济南，山东大学《文史哲》杂志主办，2009年5月。
② 参见方东美：《中国人生哲学》。
③ 参见方东美：《中国大乘佛学》。

学的特质的定位，术语过多就难以明晰，应予分判、重整为形上学的本体论、宇宙论、存有论三项。另，方先生谈到了超本体论甚至是超超本体论，这就是针对"以西方哲学的原型不足以约定中国哲学的理论"时所提出的概念，指的是中国哲学追求理想的实现，因此有超过本体论的单纯理论讨论的意义，故而在实践已达成理想时，即超越了本体论，而称为超本体论。笔者以为，这时说为境界论即可，且这样的术语使用，又是混淆中西哲学术语的做法，基本上较难做好中西比较与理论沟通。

以上即是笔者在当代中国哲学家的诠释架构中的研究心得。这许多架构都一一有其创造性的解释功能，也纷纷解决了将中国哲学的特质转化为哲学专业术语的问题。只是，都还有种种缺点，故而应予改良；且各家各是一个系统，亦难以作为后学者的学习对象，从而转化为自己的研究工具，因此急需重整，因而提出笔者所提议的架构。事实上，当代中国哲学家们谈论中国哲学的工具，与其说是用来解读文本的，不如说是用来做分类判教的。只有笔者所提出的解释架构，才是确确实实用来做具体文本诠释的工具，借由此一架构，深入文本，提炼意旨，并可作为后学者人人可用的中国哲学研究工具。

七、文本诠释与学术交流

文本诠释进路的中国哲学史方法论，专注于实践哲学特色的中国儒释道三教的理解与诠释。其任务完成之时，即是可以再度创造新的问题和新的方法的时候，亦即，当传统哲学体系被研究理解及发表传述清楚之后，便得以在现实上与东西方其他各个哲学传统本有的问题意识与研究方法互相对比讨论而创造新的研究成果。此种研究之理论意义自是中外哲学之理论交流，且是以哲学的问题与方法所进行的研究，但其对象是中国哲学的理论，因此亦是中国哲学研究的一环。且因为哲学问题与研究方法严格来说都是普世性的，因此亦无须再说为中国哲学或外国哲学，它们都是人类哲学的成果。

四方架构的"中国哲学史方法论"对这些新的问题与新的研究的意义，就在于贡献出正确理解与准确诠释之后的中国哲学理论面貌。当然，未能先以四方架构厘清传统哲学面貌之前亦得以用西方哲学的问题与方法来研究中国哲学，只是可能有失焦的现象而已。失焦亦无妨，它至少是中国哲学的材料而以西方哲学的方法为研究的创造，此事便无关乎对错。唯一有对错者，则是交流中的理解与批评。而这正是四方架构必须建构成功及发挥功能的最重要理由，因为，总不能让误解与错误批评一直持续下去，这当然是对中国哲学的传统功能的伤害。中国哲学已经走入了国际学术环境，它自然欢迎一切中西哲学的理论交流，但不宜放任误解。正是为了澄清误解之需，中国哲学就必须以系统化理论陈述的方法重新建构与创新表达，以为交流而不失焦点之用。

同时，也不宜因为拒绝误解而转向坚持传统的研究。所谓传统的研究就是儒学尚是停留在自家的话语系统及问题意识中重复讨论，甚至对道佛亦仍停留在辩难与误解的传统中。这样的做法固然有利于儒学传统的保存，但也只能认识传统，既不能在当代国际文化交流中面对世界，亦未能面对自己的时代议题；固然有文化传播的教育功能，却被限制在国际交流之外。因此，传统式的研究并非不可，只是未能有效应付当代学术交流的问题，尤其是，事实上存在着西方学术对中国哲学的非议、批判，则回到传统的做法如何能面对挑战？岂能关起门来自我满意，却拒绝面对公开的学术环境？若有人说，传统都不了解了，又如何交流呢？这样的说法笔者是同意的，问题是，了解传统是什么意思？了解传统并不意味只能以传统的话语形式进行研究与表达。笔者所提出的四方架构，就是以能沟通西方哲学的研究方法与表达形式来认识传统的，关键就在它是一套系统性的研究架构与表述结构，对准传统哲学的实践特质，以现代性可交流的语言表达之。因此，任何人皆可使用之以成为自己的研究工具，从而更能有发扬传统的长久功效。

八、文本诠释与知识论课题

知识论课题是西方自启蒙运动以后风起云涌迄今未歇的哲学新趋势，意指对人类认识能力进行检视，从而奠立人类的知识可能。知识论自有广狭二义，广义知识论自有西方哲学即已有之，此中包括对认识方法的探究，即正确认识普遍原理的思维方法，但究其实，就是对于如何认识系统中的形上学原理的方法说明，因此是为形上学服务的工具。依此义说，传统中国哲学亦不少例，如荀子与墨家之作，如佛教因明之学，如儒家格致工夫等。

然而，此种种理论尚不是对人类认识能力的反思。西方哲学的形上学谈普遍原理，但人类有无认识普遍原理的能力？于是由对认识能力的反思以重返普遍原理或拒绝普遍原理正是知识论问题的轴心。然而，特别是针对具有实践特质的儒释道三学而言，如何谈其认识论问题呢？中国哲学谈价值，则价值如何确断？如何保证所说之价值真为终极原理？中国哲学谈实践，则如何确定实践之真诚？如何印证实践之成效？中国哲学谈理想人格，那么理想人格由谁印证？不见庄子言于"小知不及大知"乎？不见老子言于"下士闻道大笑之，不笑不足以为道"乎？中国哲学谈他在世界的宇宙论，而他在世界既不在经验之内，则又如何认识其说，甚至为之视死如归呢？以他在世界的知识基础谈理想的追求，则又如何确定其为真实的知识而能信受奉行呢？道佛两教甚至有超自然能力的追求，则凡人如何确定超自然能力的获得呢？又如何鉴定等级真伪呢？凡此对于实践哲学命题的成立可能及检证可能的反思，才是启蒙运动以后对认识能力反思的狭义知识论课题在中国哲学研究上的意义。①

事实上，这一切尚未开始。但是，假使中国哲学的研究尚是停留在儒释道持续否定对方，停留在程朱、陆王持续决战今朝，停留在以解蔽、墨辩、尽心知性、格物致知来讲述中国认识论，停留在以文化否定论定位道佛②、以

---

① 参见杜保瑞：《论中国哲学的知识论之问题意识》，传统中国哲学的知识论问题之当代省思国际学术研讨会，台北，台湾大学哲学系主办，2010年9月。
② 这指的是劳思光先生在《新编中国哲学史》著作中对道佛的定位。因此笔者认为，劳先生在解释架构上是心性论中心，但在诠释史观上是建设性的文化肯定论者。参见杜保瑞：《劳思光先生道佛诠释的方法论探究》，华梵大学哲学系编：《"劳思光思想与中国哲学世界化"学术研讨会论文集》，台北：台湾地区行政管理机构文化建设委员会，2002年，页25—54。

境界形态定位道佛①、以道德天地境界高举儒家②、以天德流行在教化上优于耶佛的次第③，则这一切便无法展开。

要挑战中国哲学的真理观，并不是要挑战它的哲学性理论建构的可能。哲学性只是表意工具的系统性安置问题，此一问题在四方架构中可以获得解决。挑战中国哲学的真理观是要挑战儒释道三家作为绝对真理的人生哲学系统，要求能够于现实上证真，其艰难度就像挑战西方士林哲学的真理观一样。士林哲学如果可以证说自己为绝对真理，则其方法定得为儒释道三教借用；儒释道三教如能在上述知识论议题上创作新论，亦绝对有能贡献于士林哲学、伊斯兰教哲学及世界上一切远古宗教哲学系统的真理观意义。当然，挑战并非为了弃绝，挑战是为了锤打冶炼使其成金刚不坏之身，而这一切，还得在正确理解、准确诠释的文本诠释基础上才能为之。

九、文本诠释与伦理学课题

前文以"西方知识论"进路讨论文本诠释落实之后的中国哲学研究新方向，而将概念范畴研究法变身为"西方存有论"进路的中国哲学研究之新问题，至于"西方伦理学"进路，便是有更多的学者已然为之的研究进路。目前，以德性伦理学议题讨论中国儒释道三教的伦理思想者正在形成大气候，这当然是因为三教本就是人生哲学，本就是伦理学，故而可有直接取材而不

---

① 这指的是牟宗三先生在《中国哲学十九讲》一书中对道佛理论的定位。他的意见就是儒道佛三教都有境界形态的形上学，因为它们都有实践哲学，所以都有对待世界的姿态，但其中却只有儒家哲学才是肯定现实世界为实有，只有儒家建立了实有形态的形上学，以此实有兼境界形态的儒家形态，来对比、辩证于道佛之只有境界形态的形上学（牟宗三：《中国哲学十九讲》）。
② 这指的是冯友兰先生在"贞元六书"中的"四境界说"。他主张哲学理论以人生追求为目标，追求的目的依据各家系统的不同有自然、功利、道德及天地四种层次的境界，他就强调只有儒家哲学才能由道德之路升进天地境界，言下之意，天地境界只有儒家道德哲学能接触得到，而道佛之说或为自然境界或为天地境界，高明则已，中庸不足。
③ 这指的是唐君毅先生在《生命存在与心灵境界》一书中的最后意见。他对儒佛耶三教进行高下的比较，提出教化策略的优位性作为指标，终于高举儒家优于佛耶（唐君毅：《生命存在与心灵境界》，台北：学生书局，1977年）。

必做问题转化的便利。德性伦理关注伦理观念的意旨与应用,是以在儒学伦理观念丛中有丰富且无尽的资源,但若要平置入道佛之研究,便需注意老庄价值方向的差异,道家道教价值意识的不同,以及佛教价值观之特殊深意。因此,做中西比较时可以德性伦理学进路为之,但若是要做深入的中国哲学研究,则儒释道三教之学的整个理论体系其实都是德性伦理学之学,而不单是价值意识的观念而已,因此,其伦理观点实应置于四方架构中才能有真正清晰的理解与诠释。笔者之意并非要放弃德性伦理学的进路,而是要在肯定的同时,强调应以四方架构充实其研究方法,以深化其研究成果及开阔其研究视野。

十、结论

以四方架构作为"中国哲学史方法论",其目标在于将传统儒释道三学各自的真理观系统予以呈现。笔者以此为工具,已在中国哲学史上进行了若干的研究,目前最大的成效在于对宋明儒学的重新解读,且有《北宋儒学》及《南宋儒学》之作[①],还有《牟宗三儒学平议》之作,以及近百篇中国哲学史各家各派哲学研究之作,还有数十篇当代中国哲学家研究之作,而方法论反思的基础,便是奠立在这些当代中国哲学家过去的研究成果上的。这一套方法专注于正确理解及准确诠释传统中国哲学文本的哲学史方法论,以它为基础,仍可展开中外交流的普世性哲学研究。它接受以概念范畴为进路的存有论研究,也接受对真理观进行反思的知识论研究,更欢迎德性伦理学进路的哲学研究,但它对逻辑学问题没有处理,因为问题取向不同,故而不易交涉。

当今中国哲学研究,应是进入多元并进之时,不限什么问题才是中国哲学的问题,也不限什么方法才是中国哲学的方法。四方架构是针对具有实践哲学特质的中国哲学史研究的方法论,既是实践哲学,则可为普世哲学,其

---

① 参见杜保瑞:《北宋儒学》;杜保瑞:《南宋儒学》。

方法与成果自是能为普世之用，只是仍有学派的特征与区别在而已。可以说，所谓"中国哲学史方法论"，就是针对实践哲学的解释架构，而实践哲学是普世哲学。至于西方哲学的基本哲学问题，如形上学、知识论、伦理学、逻辑学，仍是思辨哲学的基本哲学问题，仍是普世哲学，仍是可以用于研究中国儒释道三学的方法工具，那就端视研究者自己的问题意识取向了。因此，今天研究中国哲学，正需要自己定义好问题，取择好方法，而无须仍为谁是谁非的争议。

一九四九年以后，华人世界的中国哲学研究阵营，两分为中国大陆及港台，加上欧美及日韩的中国哲学研究，可以说就有这三至四大区块。而这全球范围内的中国哲学研究，固然有各自发展的特殊性，但随着时日的推移，亦愈来愈有互相影响，以至几达全面交流的现象。

中国大陆的中国哲学研究，从马克思主义主导研究方向开始，不日即创作出以马克思主义为诠释史观的"中国哲学史"著作多种，可以说是以哲学史的研究占据主流地位。主要的论点在于，以唯心论、唯物论、辩证法、形上学、认识论、价值论等西方哲学问题分类判教于中国哲学史上的各家系统，从而形成具有较强的哲学史意识的研究成果，强调哲学史前后发展的继承性与超越性的辩证关系。以哲学史发展的眼光研究中国哲学史是没有问题的，但是以西方哲学问题来解读中国哲学理论的做法，却受到大陆学者深刻的反思，差不多是改革开放的同时，便逐步走出一条回归传统的哲学研究之路。此即以传统中国哲学的"概念范畴"为研究的途径，此即以"天、道、理、气、心、性"等核心概念范畴为研究中国哲学的方法。概念范畴代表了中国哲学的问题意识，也表达了哲学立场。然而，随着时日的推移，西方哲学的专家总有对中国哲学研究的挑战，甚至西方学术界的中国研究，亦有研究方法的刺激之引入，因此中国哲学的研究方法成了晚近十余年来的重要问题，以"中国哲学合法性"为主题的会议屡屡召开。同时，随着中国崛起的态势渐强，中国文化本位的情绪升温，中国哲学研究又有了新一波的回归国学的思潮。伴随着各标志性大学的国学院及儒学院等的设置，面对中国哲学研究的"西方哲学方法"与"中国哲学思维"的张力不减反增。再加上出土文献的不断挖出，研究出土文献亦是一大重心。时至今日，几乎可以说，中国大陆目前尚不能说有较具共识的中国哲学研究的方法、进路及成果。

从历史的背景来看，过去，大陆哲学系设置的制度中，中国哲学领域的学者始终能保持一个独立的教研室团队，在学院及学系内亦较无西方哲学主导的现象，因此研究活动所交流的对象多为文史领域的中国思想学界，所以在研究方法上，相当长一段时间，总是有文史哲不分家的状况。可以说除了最早先的马克思主义主导的一段之间之外，中国大陆的中国哲学界一直以来是以文史哲共同领域的学者全面互动交流的形式在进行研究，因此也产生了在大陆这块土地上的研究自主性。当然，这个自主性的现象仍是有外来刺激的挑战的。其一为大陆内部的西方哲学界的挑战，这使得中国哲学研究的学者必须有方法论的自觉，以及论述形式的理论性要求。其二为港台中国哲学界的挑战，这使得面对同样文本的诠释意见呈现多元甚至分歧的现象，也提供了更为直接的中国哲学方法论的挑战。其三为西方学者的研究人数逐年大量攀升，透过交流互动，呈现了更多的研究进路及问题意识的挑战。以上三项因素是使得中国大陆的中国哲学研究以西方哲学为典范而推进的动力。然而，因着中国大陆作为中国哲学原有的母体与载体，中国哲学研究人口众多，内部影响的力量本身极为强大，回应外部刺激的速度就不会太快；又加上中国势力的崛起，文化自主的情绪伴随国力的增长以及经济条件的改善，返回更传统的中国哲学研究的态势亦十分强大：这就导致"西哲典范"与"国学典范"两个面向的张力始终不减。

就台湾的中国哲学界而言，一九四九年以后主要是港台新儒家的巨大系统主导了理解与研究的视野，而新儒家的巨大系统亦无一不是消化西学以言中哲的产物；至于台湾的哲学系，几乎都是以西方哲学为主要的研究方向及成员结构，因此哲学系里的中国哲学研究成员莫不直接受到西方哲学典范的影响。所以在台湾的中国哲学研究的问题，只是以何种系统为典范的差异而已。其中就包括了唐君毅与牟宗三的新儒家一个系统，台湾大学哲学系的方东美哲学一个系统，写中国哲学史的劳思光一个系统，以辅仁大学为中心的天主教中国哲学研究一个系统。这几个系统的交流互动至少占据了过去六十年间的三分之二的中国哲学研究成果。当然，这个观察并不包括哲学系以外的中文系及历史系的实况。此外，以西方哲学为典范的西学学者及西方学者，亦仍不断地对台湾哲学界的中国哲学学者提出刺激与挑战。挑战有两方面，一为哲学性的质疑，一为研究方法的创新，前者来自研究西方哲学的台湾学者，后者来自研究中国哲学的西方学者。当然，来自中国大陆的研究成果亦进入台湾的中国哲学界，主要是一些特定领域的主题有较佳的成果，如易学与气论哲学，以及先秦、两汉、魏晋哲学的领域。

再从儒释道三学的研究实况来看，海峡两岸暨香港在过去六十年来，首先是大陆以马克思主义为主导的批判传统的研究，以及港台新儒家带头的创作研究。时移势迁，中国大陆兴起气论研究及道家道教研究的热忱与成果，台湾学界兴起佛教研究的巨大波澜，可谓儒释道三学皆在过去的时日中有了开阔的进展。但是，三学的理论立场迥异，而交相辩论的平台却未能实质建立。

再谈到对重要的当代中国哲学家的研究，近六十年来，对一九四九年以前海峡两岸暨香港共同的现代哲学家理论的研究，可以说中国大陆的学界是比较关切的。在港台学者的研究中，除了位列新儒家的熊十力的哲学思想，可谓关切得较少，莫论金岳霖、贺麟、张东荪等，即便是冯友兰，亦少有关切。至于对一九四九年以后的港台新儒家及港台重要哲学学者的研究，可以说不论是中国大陆，还是港台两地，皆有相当足够的关切与研究成果。问题只是，究竟是要继承还是再创新？更深一层的问题是，究竟能不能继承，还是要整个抛弃？意义在于，两千年老店的百年新学科，在二十一世纪的此刻，不只是海峡两岸暨香港的华人，也包括东方的日韩及西方的欧美，都有大量学术人口在研究中国哲学的此刻，究竟是要接着现代及当代中国哲学家的路走，还是要提出更新的研究视野？这就总归为大陆学者在讨论的"中国哲学合法性"问题，以及港台学者在讨论的"中国哲学方法论"问题。

笔者以为，传统中国哲学是针对人生问题的理论创作，是理论创作就有理论，有理论就应以理论研究为之。于是"西方哲学"进路与"传统国学"进路在这个问题上不能立场有异，因为：取法于"西方哲学"的功能在于强调理论思辨的研究方法，而不在于依附哪一家的西学理论；而取法于"传统国学"的目的在于准确澄清思想的意旨，而不在拒绝系统化的建构。因此，问题只在，是以怎样的理论架构为研究的模型。而这又要认清楚研究者自己是在做"哲学研究"还是在做"文本诠释"。

做"文本诠释"的话，那就需要针对传统文本的哲学问题而开发相适应的解释架构来进行诠释。就此而言，从冯友兰到方东美、牟宗三、劳思光等"中国哲学史"大家的诠释理论都有重大的贡献，然其架构以分类判教为主要功能，尚不能展开细节的解读效果，因此应有再统整、改良的研究成果以为学术研究之应用。至于以概念范畴为研究进路的做法，则有不足以作为解释架构的缺点，但能面对细节深入剖析，故亦有研究方法的贡献。因此，面对中国哲学真理观的文本诠释进路的中国哲学方法论，应从传统概念范畴出发，而提炼相适应的思考模型，回到中国哲学的基本哲学问题上，而建构有效率的解释架构以为之。如果研究者不否认中国哲学是有理论性的哲学，那么文本诠释的工作还是要以适应中国哲学思想模型的解释架构为研究的模式。

至于当研究者是以"哲学研究"为主的时候，哲学问题就是不分中西的，传统中西哲学的素材都是他可以运用以为谈论的材料。问题只在中国哲学"文本诠释"的基础工作是已达到准确的程度，还是尚未了解深透以致有曲解甚至错解的可能，而这个问题并不等于中国哲学可否使用西方的理论以为研究，而是中国哲学的文本意旨是否已被正确理解、准确诠释以至于可以运用之以参与普遍性的哲学讨论的问题。所以，回到"文本诠释"的解释架构之重整及创构，正是当代中国哲学研究的首要之务，但无论这项工程达到什么程度，都不妨碍同时积极展开直接以"哲学研究"为做法的中国哲学研究。返本与创新都是中国哲学研究，问题只在是否已将自己的方法定义清楚，这是不分中西的所有中国哲学研究学者都应有的方法论自觉。

第二章 中国哲学的检证性问题

检证性就是知识论的问题,知识论是西方哲学特有的问题意识,所以本章第一节"中国哲学的知识论问题意识之定位",讨论在什么意义下所展开的中国哲学的知识论是在问什么、谈什么,就此而言,中国哲学的知识论必将有其创新的学术贡献。第二节"中国哲学的检证原理",则是正式展开,并且提出要从人的实践活动谈经验的检证。第三节"中国哲学的检证理论",更细节地将各家哲学学派实际操作的教主、学者、弟子、师父四种类型的人物之实践与检证的要旨说出来。

第一节 中国哲学的知识论问题意识之定位[*]

一、前言

在中国哲学的当代研究中,知识论课题是一个较少被触碰的领域,关键即在传统中国哲学的知识论问题性格并不明显,同时也是因为知识论这个基本哲学问题的概念有歧义。历来谈论中国哲学的知识论作品,有以传统儒释道三家的知识类型及认识方法相关之理论为内容而讨论者,如一些标榜中国哲学的哲学概论书中的讨论;有以中国哲学的特质作为接续西方知识论讨论的创新意见而讨论者,如张东荪的知识论哲学;甚至更有以为传统知识论理论能超克中西知识论之系统而倡说、讨论者,如章太炎之唯识学进路的知识论学说。进路分歧,莫衷一是,究竟哪一种讨论才是中国哲学的知识论议题之所应论者呢?要解决这个问题,还应从西方知识论的问题及特质下手,以便厘清中国哲学的知识论应有的问题意识及理论特质,才能说清楚究竟应该讨论哪一种中国哲学的知识论问题,并且才能对过去所有类型的中国哲学的知识论讨论有一清楚的定位。

本节之作,重点不在深入中国哲学的知识论理论并对之提出意见,而是

---

[*] 本节曾以《论中国哲学的知识论之问题意识》为题,发表于传统中国哲学的知识论问题之当代省思国际学术研讨会,台北,台湾大学哲学系主办,2010年9月。

企图针对中国哲学的知识论课题做出问题意识的定位，说明中国哲学的知识论问题与西方哲学的知识论问题的关系为何，以及中国哲学的知识论问题本身的特色及重点为何。

讨论之前，还须定位好"中国哲学的知识论"一词为何义。笔者以为，知识论就是知识论，何须有中国哲学的知识论？这个问题其实与形上学的研究所碰到的问题是一样的。当代西方学术界不主张研究形上学议题，但是形上学作为基本哲学问题并不会因此消失，一切追究命题依据的普遍原理之探求之学皆仍是形上学。就此而言，传统中国哲学是充满了形上学的命题与理论的，传统西方哲学亦是如此，然而，其问题意识与理论主张却差异甚大，因此，当我们说有中国形上学时，即意味其不同于古希腊、中世纪及欧陆形上学之内涵。实际上，古希腊、中世纪及欧陆和当代英美学界，对形上学的问题意识及理论主张亦皆不同，因此就中国哲学的特色说有中国形上学并无不可。若学界完全不承认有形上学，则不只中国，甚或西方形上学亦皆不能谈了，因此只要还有形上学可谈，便得以中国特色而说有中国的形上学。就当代的讨论而言，形上学在西方命运多舛，但在东方却始终受到高度的肯定，一些道论、天道论、实相、佛性之论皆是形上学，故而合法性问题不大。但知识论就不然了。晚近西方哲学以知识论为主体，各种新式理论莫不是以知识论的反思为理论建构的轨道，但东西方形上学既然已有所不同，反思形上学普遍命题的知识论思路亦不可能相同，而反思普遍命题成立的这种思路，在中国哲学体系中确是不发达的。因此研究中国哲学的形上学时，面对的是十分发达但与西方有别的中国哲学的形上学；但是研究中国哲学的知识论时，应该说，面对的是十分不发达，因此尚不确知究竟要研究什么的中国哲学的知识论问题。此一困境，正是本节要面对并解决的问题。

二、西方知识论问题意识的基本特质

"知识论"这个名词在当代中国哲学的讨论中有若干歧义，关键即在中文学术界对西方知识论的概念使用本身就有多词及歧义。当然，有歧义就须厘清，厘清之后就能有效定位中国哲学的知识论讨论。从西方哲学史发展的角度而言，启蒙运动之后的欧陆理性主义与英伦经验主义之理论建构，即是知识论问题意识中心的哲学建构，亦即是由人类认识的可能性、人类理性的真相等进路去说明所认识的知识的理论意义。而由此一基础，尚可衍生出形上学、伦理学、社会政治哲学等议题之意见，唯后者的理论意见之提出，必须是基于认识能力问题的深切反省及意见确立。于是所建构的整套哲学体系，可以说是由认识论进路且奠基于认识论立场之后的理论建构，整套的哲学理论因此都可以说是知识论哲学。在这个意义上，笛卡尔的哲学，洛克、贝克莱的哲学，尤其是康德的《纯粹理性批判》之作，无论其中有什么形上学、伦理学的命题及理论意见，它们根本上都是基于人类认识能力的反省所建构的哲学理论，因此都是知识论中心的哲学理论。关于知识论的基本特质，吴康先生于所著《哲学大纲》中明言：

> 哲学研究之对象，在宇宙人生之全体，而认知此等对象，则恃吾心之"认识能力"（Knowing faculty），认识能力功能所施之结果，曰"知识"（Knowledge），及对于一事物一对象之明白清楚的辨识或知觉状态也。在哲学中之一部分，讨论知识之来源，性质，中效性，诸极限及诸条件等问题者，号曰知识论（Theory of knowledge）。
>
> 十九世纪中叶，苏格兰观念论哲学家浮莱尔（Ferrier）为《形而上学原理》……一书（1854），取希腊 episteme（知识）与 logos（论或学）二语，创立新名，为 epistemology 一词，意即"知识论"，与 theory of knowledge 同义，英语国家，广泛承用，二词更迭交换，略无分别。
>
> 或谓知识论有广狭二义，广义兼讨论知识之实质（内容）原理与形式原理两部分，狭义则专讨论知识之实质原理，即上述知识之来源性质等等问题也。
>
> 此狭义的知识论，东人译曰"认识论"，专指浮莱尔氏新制 epistemology 一名。夫然，则广义的知识论，不妨号曰"知识学"（science

of knowledge）以略示分别，亦制名之一道也。……

与认识论相关之别一科逻辑（理则学，logic）亦然，广义的逻辑，则探讨知识之全部，方法与内容，皆在其中，狭义的逻辑，则专指讨论知识之形式原理，即求知之方法，乃传统之形式逻辑……也。

认识论（即狭义的知识论）与逻辑（狭义的）二者，乃相关而交互补充之学科，一讨论知识之各种内容，一讨论知识之诸般形式，二者共构成一科，可名之曰知识之学（知识学，Science of knowledge），即广义的知识论也。①

依据吴康先生对知识论概念的使用定义，知识论是较为广义的概念，包含了认识论与逻辑：认识论主要指笛卡尔以降之以认识能力的反思为中心的理论，至于以此为基础而发展出的整套包含形上学命题的哲学系统，则为知识论中心的哲学体系；逻辑则仅涉及思维形式的问题。而逻辑亦有广狭二义：广义逻辑类乎知识论之全体，形式逻辑者则为狭义逻辑（后文谈逻辑时就以狭义的形式逻辑为主）。吴康先生的定义及概念使用都极为清楚，本节暂时先借此定义以展开讨论，于是知识论及认识论两概念将在本节中亦有交迭之互用，其使用意义暂如上说。

三、西方形上学中心与知识论中心的两种知识论哲学类型

知识论问题已如上述，形上学问题则始终与知识论难以分离，两者的关系亦须先为澄清。笔者认为，西方哲学的三大基本哲学问题——形上学、知识论及伦理学，各是基于一类哲学问题意识而发展的哲学理论系统，发展至极之后，同时提出其他两类的问题之理论意见，以完成理论系统之全体，但是不发展其他两类的问题亦无不可，端视哲学家的问题意识之自我设定而已，因此所谓的全体的概念是不固定的。因此系统之是否完成及是否证成，完全依据问题意识设定之初之概念约定及其后的演绎推理。因此，有知识论中心

---

① 吴康：《哲学大纲》，台北：台湾商务印书馆，1968年，页199—200。

的哲学系统，也有形上学、伦理学中心的哲学系统。伦理学有时也以人生哲学或实践哲学称之[1]，并且与中国哲学的关系更为直接且密切，可以另行讨论。至于形上学及知识论两大系统，则是两套独立发展的基本哲学问题及哲学理论体系。虽然，任何一方皆在发展至极之后也势必包含了另一个问题的意见，但意见的基础仍是原来的基本哲学问题的立场，所提出的观点也是为了适应及扣合原来的问题之立场而发展的观点，因此知识论中心的形上学观点还是知识论进路的形上学意见，而形上学中心的知识论观点也还是形上学进路的知识论意见。一家一家的哲学系统究竟要不要包含什么问题，以及提出了什么理论观点，都仍然是原来的基本问题在问题意识设定之初的包含范围，谈不上必须有什么固定的基本哲学问题的理论架构。

从哲学史发展上说，古希腊哲学一开始就有知识论问题的讨论，其中即已包含知识的实质内容与形式内容两类，即如前述之广义的知识论与广义的逻辑。然而，启蒙运动以前的西方哲学体系中的关于知识论的问题，其实就是形上学中心的哲学系统自身所蕴含的知识问题的意见，是对于所提出的形上学理论的正确认识的知识论问题。[2]而启蒙运动以后的知识论系统，却是在

---

[1] 吴康先生将哲学的总类设定为形上学、人生哲学以及知识论，关于形上学及知识论本节后文将会说明，关于人生哲学，参见其言："人生哲学或人文哲学（人之哲学或广义的人类学），讨论人性心灵意识之本职，及其一切行为活动，由实行程叙，以获得精神活动及行为之通则规准者，此属于实践哲学（Practical Philosophy），为广义的精神哲学（Philosophy of mind or spirit）。"吴康：《哲学大纲》，页34。此处之人生哲学应视为伦理学的问题，至于以人生哲学或实践哲学称之，则更为笔者接受，因为中国哲学的重点正在此处。后文将以此为基础，展开中国哲学的实践哲学特质的知识论问题意识之讨论。

[2] 参见傅伟勋对柏拉图的知识论与形上学的关系的意见："柏拉图对于知识问题的探讨，乃继承了苏格拉底的理路；援用辩证法舍离感觉经验，企获高度的普遍概念，而为客观知识的真确规准。柏氏与其师最大的不同，是在柏氏不但企图概念的层层廓清，更且探问了普遍概念或即共相（the universals）的存在学意义。换言之，柏氏知识论与存在学息息相关，无从分割；或不如说，柏氏知识论的成立根据，在乎存在学的奠基理论，亦即柏氏所谓形相论（the doctrine of forms）。有而只有形相论的奠基，方可讨论客观知识的成立问题。"傅伟勋：《西洋哲学史》，台北：三民书局，2005年，页76。此说即是指出柏拉图的知识论，根本上是依据他的形上学而立说的。

认识能力的反思考究之后所提出的认识论问题的理论，理论中也会包含形上学命题的提出，但都是必须站在主体认识能力的基础上才得提出的。此义亦得参见吴康先生对知识论系统的理论说明：

> 昔苏格拉第、柏拉图、亚理士多德，尝于知识问题，广为探究，开晚世知识论之先河。顾自近代培根笛卡儿诸家以还，异论蜂起，各持所见，解释经验。观念与其所表象之实在，能直接比论耶？倘有一实在世界，不能以直接的观念论及之，则将循何途径，而认识其本相耶？此等招徕纷纠烦扰之问题，从事哲学研究之业者，自不得不起而为之解答。于是对于认识能力之性质及其机能功用程叙，加以深详之探讨，而哲学上关于知识之诸问题，涉及知识之来源，性质，中效性，诸极限与诸条件等事，皆在系统讨论之列，于以成立所谓认识论（Epistemology）即狭义的知识论。其内容条理虽繁，大致可别为二事，即知识之来源问题，与知识之中效性（确实性）问题。前者，理性主义与经验主义及彼等相关之议论属之；后者则独断主义，怀疑主义，批平主义，实证主义，以及观念论（观念主义），实在论（唯实主义），现象论（现象主义）等属之。凡此诸端，略为溯其本原，析其流别，究其得失之故，而求折中之论。从而由知识论之观点，而探讨形而上之心与物等问题，而求其解决，此知识论之真正任务，而传统形而上学，亦由是而别辟新境者也。[①]

该书指出，古希腊哲学家固为形上学理论之缔造者，但他们亦已提出知识论理论，但笛卡尔以后的知识论建构，才是更基础性的知识论问题意识为进路的哲学创作，亦即狭义的知识论理论，亦称认识论，并在此一进路中，一样提出了形上学的翻新的理论，却是全新的观点，而非古希腊及中世纪形上学的继承，因此可以说他们所建立的是知识论中心的哲学体系。因此我们

---

① 吴康：《哲学大纲》，页202—203。

可以说，狭义的知识论又有二义，亦即认识论亦有二义：一义指形上学中心的知识论，另一义指知识论中心的认识论。

从西方哲学的角度说，古希腊哲学及中世纪士林哲学的知识论也是早已蕴含于其所提出的形上学世界观之中，可谓是对其形上学世界观的正确认识的认识论，这些认识论本身没有独立的基础，但也可以说它们早已以其所接受或认定的形上学为其理论的基础。它们的认识论与其形上学世界观有着理论的一致性，因为这些认识论理论就是从各自哲学系统的形上学中推演而出的一致性的认识活动之命题。它们并非基于批判反思其形上学命题之所以可能而提出的认识能力之可能性的问题而有的认识论理论，而是为使既定的形上学观点更为完备而提出的适合此观点的认识方法的理论。此义又见范锜先生之言：

> 认识论之完成，虽为挽近之事实，然认识论之思想，早见于希腊之古代。例如帕美尼德（Parménidēs, B.C. 502）……。及苏格拉底出，……后传至柏拉图、雅里斯多德，认识论之形态，遂大完备，柏拉图在其名著《共和国》（Republic）中，谓"真实在（true being）认识之忻慰，唯有哲学者知之耳。"然其时所谓认识论，犹与形而上学论理学混而为一谈，未能成为独立之学，且所涉问题，亦未有今日之广也。
>
> 雅里斯多德以后，希腊哲学者，虽亦讨究此问题，然无新的见解之表现。至中世时，宗教哲学极一时之盛，所谓认识问题，不过神学及形而上学之一部，研究之者，亦可屈指而数焉……①

范先生主张古希腊时期及中世纪时期就已经有知识论理论了，只是他们的知识论皆与形上学混为一谈，亦即是知识论受形上学决定而非为独立之学，此义笔者完全认同。然而启蒙运动以后的西方哲学则有新的发展，它们首先并不预设形上学命题，而是纯粹从人类的认识能力本身的反省入手。认识能力

---

① 范锜：《哲学概论》，台北：台湾商务印书馆，1983年，页40—41。

定位好了之后,则可以提出人类所能认识的普遍命题而建构形上学世界观,如笛卡尔、洛克、贝克莱、康德等之所为,因此可以说都是认识论中心的哲学体系之建构。但是,也因为他们所询问的问题是相同的,而提出的意见是不相同的,因此一家一家之间有直接的理论竞争关系,或是理性主义中心,或是经验主义中心,或是两者皆非而为康德的综合系统,或是甚至也不能是康德的系统,而是如逻辑实证论及语言分析哲学的立场:哲学仅能对语言做分析,超出经验之外的言说都是非科学性的命题,因此并无任何的知识意义。

反观古希腊哲学时期和中世纪士林哲学时期的不同的认识理论之间则不能有这类的辩论关系,因为根本立场不在认识问题本身而是在各自的世界观、形上学立场。而世界观、形上学则是一家一家自成其说,亦非不可辩论,但辩论的立足点是什么就更是莫衷一是了,因此只有独断地接受或不接受,或是采相对主义地彼此欣赏,而无公平理性的辩论基础。

然而,启蒙运动之后的认识论中心之哲学理论系统之间的辩论,能有公平理性的辩论基础吗?是又不然,关键即在,知识论中心的哲学系统亦是一家一家地最终又建立了形上学、世界观的理论。理性主义的各家系统尤其如此,经验主义的各家系统虽无明显的形上学立场,但也正因为缺乏明确的形上学立场,因此所提出之理论有不能满足理性的需求之缺点(或者也可以不视为缺点)。《纯粹理性批判》中的康德哲学,结果也是走上范畴建构的形上学之路;当代逻辑实证论及分析哲学则是不要形上学,但这也是一种形上学问题的立场。于是知识论中心的哲学体系亦是因着形上学立场的差异而陷入彼此之辩论,且无有排解之出路了。这种西方知识论哲学体系的理论特质,亦可参见范锜先生之说。

首先,范锜先生认为真正奠基纯粹知识论哲学者应为洛克,其言:

> 迨及近世,欧大陆哲学之开祖笛卡儿出,对于认识确否问题,虽尝深究,而树立一派之见,然仍未能成为一科之学,其所说,常与形而上学混同也。

顾最初创立认识论者，厥为洛克（John Locke），洛克在其名著《人间悟性论》（Essay concerning Human Understanding）中，始组织的攻究认识之问题，分为认识之起源，认识之界限，认识之本质及效力（validity）。但洛克专从心理方面考察之，未能适用正当之方法，论者慊之。然其分析认识之材料，及确定认识之程度，裨益后之学者不鲜；如巴克列（Berkeley）之《人知论》（Treatise concerning the Principle of Human Knowledge），休谟（Hume）之《人性论》（A Treatise of Human Nature），甚至反对论者赖布尼子（Leibniz）之《人间悟性新论》（Nouveaux essais sur L'entendement Humain），皆因其刺激而作焉。认识论至是，遂成独立之研究。洛克以前各家之所论，均为认识论上断片的研究，严格言之，洛克实为认识论之始祖也。①

此说笔者没有特别意见，笔者要讨论的是知识论与形上学的关系，知识论中心之学者也会发表形上学意见，经验主义的洛克却少谈及形上学问题而专事认识论问题，然其后的传承却仍并同形上学一起讨论，范锜先生续言：

但洛克所论，亦多未备之处，康德继之，乃集厥成，认识问题，遂以大备，迄今既成为独立之学矣。初康德犹信奉旧时形而上学，一如笛卡儿、霍布士、斯宾诺沙辈，欲建设形而上学的体系为其哲学研究主要之目的，后始倾心于英国经验论，且受洛克、谢夫之巴利（Shaftesbury）等思想影响颇深，及睹休谟（Hume）以印象事实，为判断认识确实标准之说（即一种positivism），遂自言曰："超予于独断之迷梦者非此乎？"于是对形而上学乃发生疑问，以为吾人认识能力，对于形而上学，是否有攻究之可能？因此疑难，遂创设其特有批评哲学（kritische Philosophie）；盖所以统一独断怀疑二派，亦即所以调和唯理论与经验论之争也。康德

---

① 范锜：《哲学概论》，页41—42。

即据此批判的态度，先论数学及自然科学之成立，进而推论形而上学，并论及使数学及自然科学成立之认识作用，对于古代之形而上学，则断为无甚效力之可言。于是分析认识之要素，阐明认识对象之意义，及论究认识要素与经验之关系，借此以确定认识之范围；于是认识论之中心问题，殆尽包括于其中矣。康德之《纯粹理性批判》，即所以批判关于一切认识之理性的能力也；所谓认识之确实性、客观性、必然性、普遍妥当性（即认识之价值）等问题之性质，皆于此确定之矣。[1]

该书述说真正的知识论问题从洛克、休谟以讫康德的讨论而成立，其中唯理论为独断立场，经验论为怀疑立场，而康德之批评哲学则予以统一，于是以知识论问题意识为中心的独立的知识论哲学粲然大备。虽然如此，知识论哲学仍然不能免于形上学问题的发问，范先生亦言：

> 康德以后，费希脱、寿林克、赫格尔辈，对于认识问题，皆有所论及，然卒又复归于形而上学，是对于形而上学与认识论，犹未能区而分之也，与洛克以前各家之所论奚异乎？及赫格尔哲学说之势衰，多数学者，乃唱复归康德，认识论之研究，遂复盛于今日。今之言哲学者，无论其派别何若，个人主张何若，莫不倾全力研究认识论上诸问题，甚者鄙视形而上学，认为哲学之研究，唯有认识论的问题。现今各国学者，对于认识问题，固多未能解决之处，但如此继续努力，必有更进步之一日。虽然，认识问题之研究，无论如何进步，亦不过哲学研究之一部门，完全忽视形而上学，非也。形而上学诸问题，亦为人心所不能自己，必欲进而研究之者，与认识论固同为哲学研究主要部分也。[2]

范先生衡诸哲学史的事实，见到知识论之学固已独立发展，但基于人类

---

[1] 范锜：《哲学概论》，页42—43。
[2] 范锜：《哲学概论》，页43。

理性的不能自已，主张人类仍然要询问甚至建立形上学，于是启蒙运动之后的知识论中又有了形上学，而前此之古希腊及中世纪的形上学中则有知识论，这就是哲学史的事实。在启蒙运动之后的知识论与前此之形上学辩论，而启蒙运动之后的知识论则又是一家一家地彼此辩论，但辩论都无有解决之势，关键都在与形上学系统混成一体，然而这正是人类理性不能自已之事。① 西方知识论之辩论之能否解决不是本节要追究的重点，本节要追究的是，以西方哲学发展的历程来看知识论的问题，究竟对于中国哲学的知识论问题的讨论有何借鉴、参照之功能。也就是说，广义的知识论其实是包含了谈纯粹思维形式的逻辑学与谈认识能力及内容的认识论，而认识论则又有在形上学中的认识论与在知识论中的认识论之区分，因此，我们便需从这些西方知识论相关的类型区分，来讨论中国哲学的知识论问题意识之定位。

四、中国哲学的知识论问题意识的类型

基于西方知识论形态的上述分析，我们得出两种讨论知识论问题的类型：其一为知识论中心的哲学系统本身的知识论意见，其二为形上学中心的哲学理论所蕴含的正确认识形上命题的知识论意见。两种类型的区别主要是基本哲学问题的研究进路之别，一由知识论入，一由形上学入，但两者皆建构了包含知识论与形上学的理论体系。两种进路中的知识论理论又都包含谈纯粹

---

① 当代中国哲学家张东荪先生，也是知识论的专家学者，却创立了唯知识论中心的哲学体系。他对知识论与形上学的关系有特定的唯知识论中心之立场，只不过他的知识论理论中却预设了一种思维的固定结构，而这套说法却也是不知不觉中又走进了形上学向度的哲学理论。参见张耀南先生言："先有一个形而上学的设定，然后以知识论去证明此设定，此种以形上学为知识论基础的做法，是东荪先生所不同意的。另一种倾向如康德，以知识论作为形上学的'导言'或'序曲'，讲知识论只是为了建立本体论，也不为东荪先生所认可。以知识论为形上学的先导，这是康德所做的；以形而上学的假定为知识论之基础，这是金岳霖先生的一贯主张。东荪先生反对这两种倾向，视知识论为一切学问的根基，认为宇宙的本相不应事先假定，而只应到知识之结构中去寻找。离开了知识之所得，吾人不能对这世界说任何话。"（张耀南：《张东荪》，台北：东大图书公司，1998年，页174—175）表面上张东荪要摒除形上学与知识论的关联，但因他要在知识之结构中寻找宇宙之本相，则此结构即亦已为一种形上学的立场了。

思维形式的逻辑与谈认识的能力与内容的认识论，交叉蕴含。①

中国哲学中对于属于逻辑的知识论讨论主要在先秦名家、墨家哲学中出现，之后断绝，可谓后继乏人，直至当代才又重拾研究的兴趣。后又有佛教因明学的出现，但线索不同，始终是在佛学领域中讨论。这种类型的知识论在名家、墨家及佛教因明学中有理论内涵的可沟通性，甚至与西方逻辑学亦有众多异曲同工之意见。可以说，它们是处理纯粹思维形式的逻辑问题，虽然有依附在特定的世界观、形上学上的立场，但并没有妨碍其形式思维的独立性，因此有中西不同哲学之间的意见交流之可能。

属于认识论的知识论建构，在中国哲学的传统中，一直以来，主要是附属于形上学进路的哲学体系中来讨论的，笔者指的是儒释道三家中被提出作为知识论讨论的议题。这种类型的知识论理论在各大哲学学派中都必然蕴含，例如儒家的荀子哲学②、董仲舒哲学③、宋明儒家的格物致知论等皆有知识论的向度；佛教哲学的般若学也有认识方法的向度，如三论宗即是，佛教禅宗的"第一义不可说"亦可说为禅宗的认识论向度之理论；道家之"不知之知"亦是认识论向度的哲学。他们的认识论都是形上学中心的认识论向度之学，他们的认识论意见都需立足于形上学的系统，甚至，深入讨论之后，这些理论直接是认识论问题，还是属性上属于其他理论的问题，尚有十分值得商榷之处。

---

① 新近出版的一本中国哲学概论之书，亦是将中国认识论与中国逻辑区分为两篇的专题以分开讨论，作者为李贤中教授，参见曾春海等：《中国哲学概论》。笔者以为，这样才比较能够说清楚中国哲学的知识论研究。

② 参见赵士林言："荀子的名学以认识论为根据，又掺进了伦理学。认识论、伦理学、逻辑学共冶一炉，表明荀子的名学不可能是纯粹的逻辑讨论。但这段话的伦理学色彩显然极为淡薄，而主要是从认识功能的考察出发引出逻辑问题，突出地体现了荀子的逻辑兴趣。"赵士林：《荀子》，台北：东大图书公司，1999年，页157。

③ 参见董仲舒言："治天下之端，在审辨大；辨大之端，在深察名号。名者，大理之首章也，录其首章之意，以窥其中之事，则是非可知，逆顺自著，其几通于天地矣。是非之正，取之逆顺；逆顺之正，取之名号；名号之正，取之天地；天地为名号之大义也。"(《春秋繁露·深察名号》)深察名号即是要谈正确的认识问题，但是立论之依据却深入天地概念中心的形上学问题的立场中。

至于本身是知识论中心的认识论理论，则要直至佛教唯识学的出现，才有直接以认识论问题为进路的知识论体系，却是站在特定学派的基础上建构的。佛教唯识论哲学，虽然也是形上学意味丰富的一套佛学理论，但是唯识学中所有观点的提出，都是直接立足于认识结构的分析之后才有的，其中所有世界观理论的建构，都是认识主体的认识结构及其活动的反应结果。因此，整套唯识学就是知识论进路的佛教哲学，是从知识论进路而发展出佛教形上学及伦理学理论，因此佛教唯识学又是结合了特定的世界观、形上学的立场的哲学，所以也难与其他哲学体系的知识论理论沟通。虽然佛教唯识学整个是知识论中心的哲学系统，但最终还是走上了形上学建构之路。这种形态的知识论理论与形上学中心的知识论理论就颇为接近，关键就在它们都是属于特定学派中的知识论理论。如儒家的荀子及董仲舒之学中的认识方法及认识功能的知识论理论，就是预设着儒家世界观、形上学的特定形上学立场而有的认识论哲学，是形上学自身所蕴含的正确认识方法意义下的知识论理论。如道家"立不教，坐不议"的认识方法，以及禅宗"第一义不可说"的认识方法的理论，亦都是预设着道家形上学及佛教形上学而后才有的正确的认识方法的理论命题。它们仍是不同于名家、墨家及佛教因明学等纯粹讨论思维形式的逻辑进路之知识论理论。

五、中国知识论与西方知识论之比较与互动

过去谈中国哲学的知识论问题之学者，有批评的意见，也有赞赏的意见，有认为中国哲学没有什么知识论的意见，也有认为中国哲学有自成一格的知识论的意见，更有认为中国哲学的知识论优异于西方知识论理论者。欲讨论这些立场，其实都需要先厘清中国哲学的知识论理论的类型才能有较准确的定论。由前文之讨论可知，中国哲学的知识论类型有逻辑一型，有形上学中心的认识论及知识论中心的认识论两型，这三种类型的中国知识论各自与西方知识论的比较互动关系为何，厘清这个问题才能逼近中国哲学知识论问题的核心。

首先，中国传统的纯粹思维形式之讨论的一支，与西方哲学史从亚氏逻辑迄今日逻辑的脉络，确实是同一类的问题，因此是可以沟通互观交流发展的一线，既可沟通交流，则可以谈援引发明，过去研究之成果斐然[①]，本节不在此处深入讨论。

其次，儒释道三教中的认识论相关问题的一脉，包括佛教般若学与禅宗的认识论、儒家的认识论，以及道家的认识论等，是类似启蒙运动以前的西方形上学中心所蕴含的知识论一样，命题立场根本上来自形上学，因此也都是一家一家自成一格的系统。既然形上学体系各家一论，则彼此就难以沟通交流了，不论是儒释道三教之间还是中西哲学之间皆然。

对照西方启蒙运动之后的知识论中心的认识论理论，则在传统中国儒释道三家之中可以说只有佛教唯识学是这一类型的知识论理论。但是这一类型的知识论理论会牵扯到形上学命题的立场，也就是说，佛教唯识学的认识论立场是预设了佛教形上学立场的哲学体系，因此也难有与他教沟通的可能。民国初年的章太炎则确实有从知识论中心的进路去谈中国认识论，并认为有可以解决知识论争议而作为终极真理的优越性在。但他是以佛教唯识学为原型[②]，而佛教唯识学与佛教形上学根本是一体两面的东西，不接受佛教形上学的立场者是无法认同佛教唯识学作为知识论理论的正确解答的。

由此可见，说中国哲学没有知识论的话是不成立的，但是中国哲学的知识论又确实是另成一格。至于是否能有优异于西方知识论之处，笔者以为，不必谈优异性，既是各家自成一格，则无从比较，因此遑论优劣。但是，既

[①] 此一议题过去在中国大陆的学者讨论甚多，成果丰硕，可谓早已在华文学术界成为一门成熟的学科了，参见孙中原：《中国逻辑史·先秦》，北京：中国人民大学出版社，1987年；中国逻辑史研究会资料编选组编：《中国逻辑史资料选·先秦卷》，兰州：甘肃人民出版社，1985年；汪奠基：《中国逻辑思想史料分析》，北京：中华书局，1961年。

[②] 参见姜义华言："认识过程是怎样开始的？章太炎从《瑜珈师地论》中借取了'作意、触、受、想、思'这一组概念，……其后，他又从《成唯识论》中借取了'触、作意、受、想、思'这一组概念，……两种说法，一始于作意，一始于触，略有差异。作意，指的是认识主体的感觉器官与思维器官在所认识的对象面前积极活动起来。"（姜义华：《章太炎》，台北：东大图书公司，1991年，页151—152）由上文可见，章太炎完全是从佛教唯识学系统来谈认识论问题的。

是自成一格，则此一格之特殊性应深论，深论此特殊性便有创新之贡献，此则应为今日谈中国哲学的知识论问题意识之重点。

过去在谈的中国哲学的知识论理论，其实主要都是形上学中心的知识论理论，根本上说它们都是形上学系统所蕴含的正确认识的知识理论。要谈中国哲学各家的认识论理论却预设着各家自身的形上学理论，这样的谈法则只有文本诠释的功能，却缺乏参与辩论、创造新说，以至于能贡献当代知识论的意义，无论是各家形上学所蕴含的正确认识之知识论理论，还是知识论中心的佛教唯识学真理观的知识论理论。既然这两类的知识论理论都与形上学不能分割，因此从系统完成的角度而言，谈知识论与谈形上学便必须视为一事，因此从文本诠释的进路去谈中国哲学的知识论理论，就存在着两个真正有知识论意义的哲学问题必须解决，那就是各家学派的哲学理论中的知识论与形上学的关系如何定位，以及各家学派的形上学与知识论共构的哲学体系之成立可能的问题。前者是系统的完成问题，后者是系统的证成问题。也就是先不谈一家与一家的辩论优劣，而是要先谈一家一家自身系统的建立是如何形成的，谈其中的知识论与形上学是否真正形成了系统，或是并非知识论而是工夫论与形上学形成了系统。另外则是要谈这整套的系统之如何证成的问题，因为知识论既然已经与形上学混合为一，所以就没有所谓的知识论证成形上学的关系，而是知识论与形上学共构的整个系统之如何证成的问题。要讨论这两个问题，我们还是要从西方形上学与知识论的关系以及中国哲学的特质说起。

首先就西方哲学的知识论与形上学的关系而言，启蒙运动之前的形上学蕴含了知识论的命题，两者之间有思辨上的必然一致性。启蒙运动之后的知识论理论，亦蕴含了自己的形上学命题，两者之间还是有思辨上的必然一致性。不论是形上学蕴含知识论，还是知识论蕴含形上学，一家一家的形上学与知识论共构而成的哲学体系都有着内在推演的一致性，系统内思辨推演的一致性是启蒙运动之前及之后的各家哲学系统的共同特性。虽然启蒙运动之后的知识论中心的哲学系统企图借由认识能力的反思而重新检讨形上学命题的成立可能性，但其结果都是直接站在自己的知识论立场而发展形上学意见，而非去检讨传统形上学的哪家哪派之哪套意见之可否接受或是否成立，亦即知识论中心的哲学系统本身自成一套哲学系统，而非联结到传统哲学的形上学理论以提供使其成立的知识论要素。它们借由认识能力的反思而确立的形上学命题，其实只是借由认识论问题为基本哲学问题的思辨进路而整体地建立与其知识论立场一致的世界观、形上学理论。对比于前此的形上学中心的哲学系统，也可以说是由形上学问题作为基本哲学问题的思辨进路而建立起与其一致的认识理论之哲学体系。因此知识论中心与形上学中心的意义，可以说根本上就是以不同的基本哲学问题为研究进路而建构的整套哲学体系，而不是启蒙运动之后的知识论进路为前此的形上学进路做反思而提出共同可接受的某套形上学理论体系。因此，知识论中心的哲学体系也好，形上学中心的哲学体系也好，其实都是一家一家的哲学体系以自己的基本哲学问题为研究进路而提出的内部系统一致的形上学及知识论整套的哲学体系。因此，各家哲学体系的成立与否都是系统内部自设定义后的推演结构之是否一致的问题，只要概念定义系统及推演结构形成一致性的理论关系网，则这套哲学体系就在自圆其说中建构并完成及证成了。反对者或者是不接受整个概念系统的定义之预设，或者是不接受基本问题的出发点，彼此之间也是没什么好辩论的了。

回到中国哲学的知识论与形上学关系的系统性问题而言，中国哲学中以知识论问题为中心的哲学体系，除了佛教唯识学以及纯粹思维形式逻辑学的讨论之外，可谓所剩无几了。主要展现在儒释道三家的哲学理论，有宇宙论哲学，有价值意识的本体论哲学，有工夫境界论哲学[1]，当然也有如何正确认识这些理论的认识论哲学。但是，与其说是认识论哲学，不如说是工夫论哲学，因为中国哲学是以实践为目的的人生哲学，正确的认识就是正确的人生实践活动，因此更准确地说是工夫修养理论。[2] 西方哲学中无论是知识论中心

---

[1] 关于以"宇宙论、本体论、工夫论、境界论"作为谈中国哲学的基本哲学问题之观点，请参见杜保瑞、陈荣华：《哲学概论》第二十一章"实践哲学的解释架构"。

[2] 例如原始佛教"四圣谛"中的"道谛"，即是蕴含正确认识方法的正确人生实践活动。道谛有"八正道"，包含正见、正思维、正语、正业、正命、正精进、正念、正定。

的体系还是形上学中心的体系,系统内通常既有形上学的理论,也有知识论的理论,但一个绝对的要项就是所有的理论共享着概念定义与内部推演的必然一致性,这个一致性就是形上学与知识论关系的一致性。就此一致性而言,中国各学派哲学系统内的各部分理论亦必须具备这个特质,亦即同一学派的不同哲学系统之间亦必须发展出这样的一致性的关系,否则又如何还能说是同一学派呢?当然,同一学派内的各家系统会有是此非彼的争辩,其中一个争辩当然就是系统的一致与否之标准,当然也还会有其他的标准作为争辩的议题,此暂不论。此处要讨论的重点是:这个推演中的一致性是知识论对形上学反思之后的一致性?还是知识论与形上学共构的系统一致性?或是宇宙论、本体论、工夫论、境界论等更具中国哲学特质的基本哲学问题之间的系统一致性?这就是中国哲学的知识论问题的第一个重要问题,即其系统性的真相为何的问题。

西方知识论对传统形上学反思之后提出了一套一套的新的形上学系统,也并不是去符合哪一套传统的形上学而为一致性的一套更大的系统,但是各家各套的理论体系却必然具有系统内的一致性。以此检视中国哲学各大学派的理论内部之一致性问题,即是要找出究竟是哪些基本哲学问题遍布在各家哲学体系之内而为系统推演之问题结构。一致性的问题处理好了之后,才能进入中国哲学体系的整套理论之如何证成的新的知识论问题。换言之,中国哲学的知识论问题可以其自成一格的特殊性而有一套具有创新性的理论,其创新性则是中国哲学体系内部的一致性推演结构之特殊性。这个特殊性的结构并非知识论对形上学的反思,亦非知识论与形上学共构一致的结构系统,而应是另有其事。究为何事,则当然要从中国哲学的特质入手,后文再谈。而基于这套特殊性结构的中国哲学体系,它的理论成立的可能性为何,亦即它是如何被证成的?这又是我们此处要追问的中国哲学知识论的第二个重要问题。

关于从中国哲学的特质谈中国哲学的系统性结构问题,吴康先生对哲学理论的类型分析之意见,有极重要的参考价值,其言:

总而言之：(一)形而上学或宇宙哲学，是探究宇宙万物之起源及其生成之秩序，以及存在或实体之本质内容，其研究多倾向于求一般性的原理及法则，故属于理论哲学（Theoretical Philosophy），此可云广义的自然哲学（Philosophy of nature）。(二)人生哲学或人文哲学（人之哲学或广义的人类学），讨论人性心灵意识之本职，及其一切行为活动，由实行程叙，以获得精神活动及行为之通则规准者，此属于实践哲学（Practical Philosophy），为广义的精神哲学（Philosophy of mind or spirit）。(三)哲学之目的，在求得纯正知识（genuine knowledge），宇宙及人生，皆是此知识之对象，于是知识之内容及求知之工器，乃成为哲学作业之第三部分，所谓认识论及逻辑，总曰知识论或知识学，此为广义的方法论（Methodology）。知识论之研究，不涉及实践行为，故亦是纯理论之学。此哲学之三分类，形而上学及知识论，为纯理论之研究，故为理论哲学；至于人生哲学，植基于实践行动，虽亦有理论为之本原，然其理论在阐明精神活动与实践行为之原理法则，故为实践哲学；三者总汇为哲学全史。①

简言之，吴康先生以形上学、人生哲学、知识论三分基本哲学问题，其中知识论有认识论及逻辑：逻辑只涉纯粹思维形式问题，认识论则讨论认识之能力及内容问题。依本节前述之讨论，认识论则有形上学中心的认识论及知识论中心的认识论两型。更重要的是，以人生哲学代替伦理学，则范围更为广泛，整个中国哲学的儒释道三教可以说就是人生哲学无疑，它也是实践哲学，这就正好定位了中国哲学的特质。至于是否可以也说是广义的精神哲学，此尚有更多问题，本节暂不深入。其中最重要的意见就是，人生哲学或实践哲学亦是有理论的。那么，这个理论的架构应该是什么，以及这个理论的成立可能性是什么？这两个问题的解决，正是讨论中国哲学的知识论问题意识的

---

① 吴康：《哲学大纲》，页34。

关键，也是中国哲学的知识论问题有所创新、贡献于西方知识论问题的重点。以下即转入从中国哲学的特质说中国知识论的创新与贡献的面向。

六、从中国哲学的特质说中国知识论的创新与贡献的面向

讨论中国哲学的理论架构与成立可能的问题须进入中国哲学的特质才能解明，而所谓中国哲学的特质也须是参照西方哲学才能说出。中国哲学的特质是实践哲学，以对比于西方哲学是思辨哲学的特质。[①]所谓思辨是就着所设定的问题及所约定的概念以合逻辑的演绎性思辨而推演出一条一条的命题而组成一套一套的理论，所谓实践是就着所设定的价值及所预设的世界观以合逻辑的跳跃性直观而判断出一个一个的意见而说出一项一项的理想。这些问题、概念、命题、理论的思辨的一致性是西方哲学的特质，这些价值、世界观、意见与理想的实践的决心是中国哲学的特质。实践以成理想人生是中国哲学的目的，真理观的思辨是西方哲学的目的，两者没有什么冲突，只是特质不同，问题不同，但仍有一可沟通的共同性在，就是系统内的所有理论都必须有其一致性在。虽然过去的中国哲学传统并未能清晰地呈现，但作为理性的产物，中国哲学传统中的各个学派的理论仍然必须有此一致的内在理路。此一内在理路正是以几个基本哲学问题作为观念推演的结构关系所形成的，此一结构关系的探讨正是中国哲学的知识论课题有所创新、贡献于世界哲学的要点之一，即实践哲学的系统性问题。而此一结构关系所形成的实践哲学体系之成立与否则须回到实践中来谈，亦即实践才是检证其理论体系是否成立的方法。唯此一实践之检证亦仍有许多特质在，此特质即是中国哲学的知识论课题之有所创新、贡献于世界哲学的要点之二，即证成问题。

就系统性言，这个一致性推演关系的结构反映在中国哲学的特质中者，则是以人生哲学、实践哲学为主要形态的系统一致性。实践哲学也是有理论

[①] 吴康先生则是以理论哲学与实践哲学两分哲学大类，前述三大类中的形上学与知识论是理论哲学，实践哲学另为一类（参见《哲学大纲》页34之简表）。笔者所谓之思辨哲学，即是此处理论哲学之另名，因实践哲学亦是有理论的，因此以思辨哲学取代理论哲学之称名。

结构的，这个理论结构对准实践的命题，在实践命题的预设系统中明确化普遍原理，亦即在工夫论的命题预设中呈现出形上学的命题。形上学命题包含说明客观世界的宇宙论问题，以及说明价值意识的本体论问题，宇宙论与本体论说出人生哲学的理论依据，也即由此定位人生的最高理想，并由主体的实践活动来追求这个最高的理想，此一最高理想以理想完美人格的境界哲学表述之。于是宇宙论、本体论、工夫论、境界论便成为实践哲学的理论结构，形成理论结构即是形成系统内各问题间的一致性推演关系，一致性的推演关系由各个基本哲学问题的系统关系所定位而完成。

说出中国哲学作为实践哲学特质的理论结构并非易事，它是摆脱了西方形上学与知识论结构的思维模式而后才能提出的新系统，它也是摆脱了形上学中心的若干当代中国哲学家的思维模式而提出的。它既不是以知识论命题作为形上学命题的基础，也不是以形上学命题作为知识论命题的基础，而是以宇宙论与本体论作为工夫论与境界论的理论依据，并且以工夫实践及境界完成作为证实宇宙论与本体论的途径，前者说明了一致性的理论结构关系的知识论创新贡献，后者说明了证成理论的方法的知识论创新贡献。

此一证成之途径既为实践的，那也就是要落实在具体经验中的，而此中更具特殊性者在于释道两教的宇宙论知识中的他在世界的知识命题之实证性问题。它首先必须有实践者之超自然能力才能实践，进而亲证，进而互相印证，这就跳出一般经验之可说的范围了。即便在一般经验之内，儒家的实践之是否真成君子、圣人的检证问题也充满了个人经验的难以普遍性。此种由工夫实践以完成理想人格境界的中国哲学特质，产生了检证实践者是否真正落实的知识论的实践与检证问题，此中有一大知识论哲学问题的新天地。

七、结论

当代中国哲学于方法论问题的研究在近二三十年之间有突飞猛进之势，这其实就是谈的中国哲学的知识论问题。然而，问题意识纷乱含混，始终不成系统，也未能真正解决问题，关键即在对中国哲学本身的了解不够深入。因此，文本解读之扎实基础才是中国知识论哲学研究的基础，否则谈中国哲学的知识论问题的问题意识就还是西方式的，因此就缺乏创造性的贡献。

中国哲学的知识论课题应该是一个全新的课题，而不仅是传统哲学文本中若干涉及知识概念、认知活动及认识方法的相关文本之讨论而已。关键在于知识论问题的重点应该是在哲学体系理论命题的成立可能性，而不仅是认识方法以及应该认识到什么的问题，这些问题通常还是中国哲学各家理论内部的主张的问题，亦即是形上学或工夫论的问题。

以中国传统儒释道三家为对象的知识论研究应该注意到中国哲学的特质，其一为实践之是否真正成就了境界的问题，其二为涉及他在世界的知识认识可能性的问题，这就连带出现了系统性、检证性的问题。

就系统性言，即是要从实践的特质找出中国哲学理论的特殊性结构，此即是"宇宙论、本体论、工夫论、境界论"，中国哲学的实践哲学体系即是在这样的系统结构中合逻辑地被建构出来的。解决了系统性问题之后便是检证性问题，检证性问题的特殊困难性尚未被全面地展开，一旦展开，则中国哲学的知识论问题意识便将具有爆炸性的创造力。就检证性问题而言，价值意识作为终极原理的直觉命题之检证，鬼神概念作为他在世界的超验命题之检证，以上是本体论与宇宙论的形上命题之检证问题。至于工夫实践之检证，如何检证操作者实践成功，如何检证成圣之真实，如何检证检证者的能力，这就是问题的关键，是中国哲学的知识论课题另一极大丰富精彩之领域。禅宗与宋儒的语录就记载了师父、弟子之间的印证活动，它们是讨论实践检证的最直接材料。

中国哲学的知识论问题就是中国哲学的方法论问题，但是问题意识的定位尚在寻求之中，应尽量站在中国哲学的特质的基础上展开知识论问题的全新议题的讨论，这样才能有所贡献于传统西方知识论问题的更新与创造。而其最终成功的关键还是中国哲学史研究的落实，从而才有中国哲学知识论研究的全面创新。

第二节　中国哲学的检证原理[*]

一、前言

在中国哲学方法论讨论的进程中，知识论的讨论始终是较缺乏的，本节之作，针对知识论中的检证问题进行讨论，特别针对东方实践哲学这种类型的哲学理论，并且认为，这是人类哲学史上的新问题，与过去西方思辨传统的知识论讨论，有截然不同的新观点。就检证而言，可以谈创教者如何察知其说，而研究者如何定位其说的真理意涵，以及学习者如何可说已达到了创教者所界定的境界。首先，就创教者言，他必须有自己的实践才有宇宙论、本体论、工夫论、境界论的提出，然后供后人学习。也正因此，任何宗教都无有所谓对他教的理论的否证之可能，因为各教派之理论都是发生在自己的经验以内之事而已。至于己说能否为公众所接受，这也因为人类社会的价值立场差异，无有被所有人肯定的可能。关键在于，本体论之观念是来自理想价值选择后的智悟独断，宇宙论的知识也是来自相应价值心灵的修养而后开启的宇宙奥秘，无此理想心灵者，永无开启的可能。本节之讨论，从问题意识的界定开始，溯及对二十世纪的当代中国哲学家的理论贡献做形态定位，然后从创作者、研究者、学习者、检证者的不同身份立场，进行学派理论的检证讨论，并且区分从此在世界建立理论体系的系统之检证原理，以及对于有他在世界观的哲学体系进行检证原理的讨论的种种差异。本节之作，确乎是中国哲学方法论上未及讨论过的问题，宜有开阔学术领域的贡献意义在。

在中国哲学方法论的议题中，应有一个关于检证问题的议题。这是一个属于西方知识论问题意识下的议题，就是对于东方哲学所宣称的真理要如何确定为真的问题，以及东方哲学的实践者所实践的理想如何确信其已成功的问题。前者是针对创造者之言说，后者是针对学习者之成果。

这个问题，就是对东方哲学理论的成立可能及判定理想的落实完成的检

---

[*] 本节曾以《实践哲学的检证逻辑》为题，发表于《哲学与文化月刊》第490期，2015年3月。

证问题。这是一个特别的问题，是一个有东方特色的知识论问题。由于它是在东方实践哲学的脉络下发生的问题，因此西方知识论的意见并无可用之处，必须直接从东方实践哲学的理论特色中去讨论而建构。关键在于它是实践的，是必须涉及实践者主体能力的改变、提升后来认识及检证的知识论课题，而不只是驰骋主体的思辨即可定义、推论、证立、反证的知识论问题。①

本节之作，即是直接面对这个人类知识论史上的新议题进行讨论。虽然东方哲学存在已久，但以知识论的问题意识切入却从未真正进行过。虽然西方哲学的知识论存在千年，但以实践哲学为对象的讨论也从未发生过。故而，这是一个全新的问题。笔者希望本节之作能有以增进人类知识论课题的创新发展，同时推进中国哲学方法论研究的深度。

二、二十世纪研究成果的知识论定位

过去，亦曾有数不尽的中国哲学知识论研究的讨论，但那些被称为知识论的理论，常常只是正确地认识那个学派的理论体系中的形上学观点的认识方法的理论②，或是如何实践那个学派的价值理想的身心操作的理论，亦即是工夫论③，这些都不是能真正深入整套哲学理论的成立可能及证立可能的知识论讨论。这是西方哲学在笛卡尔以后才发生的新问题，不是西方哲学在柏拉图、亚里士多德时期就存在的认识方法及逻辑的知识论问题。这个问题，在整个中国哲学史上应该是没有发生过的，唯一直接相关的，就是二十世纪出

---

① 关于中国哲学的知识论问题的初步讨论，参见杜保瑞：《中国哲学方法论》。其中第九章"中国哲学的知识论问题意识之研究"，首先处理了中西哲学知识论课题的异同比较。另参见杜保瑞、陈荣华：《哲学概论》。该书则讨论了实践哲学的解释架构，以及中国哲学的知识论的系统性、检证性、适用性、选择性的问题。
② 例如荀子的《解蔽》以及庄子的《齐物论》，并不是对该体系的世界观的认识可能的能力反思之作，而是对该体系的世界观之正确认识的认识方法之作。
③ 例如孟子之尽心知性之论、《大学》之格物致知之论、禅宗之明心见性之论，这些都是对于体系所揭示的终极理想的实践方法的理论，亦即工夫论，却多因有"知"的概念出现其中，便被多数学者从认识论的角度去诠释它。其实它们是要让实践者主体达到这个世界观的理想的实践哲学，而不是反思这个理想在人类认识能力上的如何可能的知识论理论。

现的几位当代中国哲学家,以西方哲学的严密模式建构起来的中国哲学解释体系的创作。他们的工作说明了中国哲学的实践哲学体系的如何建构,如何成立,完成了可以让各家哲学体系系统一致地内部推演的理论诠释。但同时,也提供了如何评价优劣的判准。不过,他们也多在此处,触犯了严重的方法论的失误,那就是完全忽略了实践哲学涉及的世界观差异的问题。特别是对于具有他在世界的世界观的哲学体系,作为被评价的对象,是无从比较好坏及评价优劣的。因为,评价者不具经验的亲知,又不认同该世界观,因此,所有的评价,便只是诉诸主观的立场而已,变成了只是不同的意识形态之争而已。依笔者之见,儒释道三教是不可比较的,具有不同的世界观时就等于生活在不同的世界里。儒家就是这个经验世界的家国天下;道教则是有不死的神仙优游于层层的他在世界;佛教的世界观是无尽的世界此起彼灭、成住坏空,而生命则在各个世界里生死轮回不已。这样说来,便只有世界观相同的价值体系才有辩论的可能,如儒法两家之间,都是以现实世界为范围所建立的理论体系。至于儒道,也必须是限缩了老庄的他在世界观的诠释进路之后才有可能,否则彼此的批评都只是意识形态之争而已。至于儒佛之间,便完全不必比较了,因为根本世界观的范围就是不同的,结果当然就是关怀不同、理想不同,两造若还要争高下,不是修为不够,便是义理不精。因此,学界的辩论,有的放矢,只应论于澄清彼此即可。

二十世纪的中国哲学家在儒释道三教的系统建构上贡献了力量,但是在系统评价上都没有到位的讨论,只是做到一家捍卫一家的意识形态之争而已。这是缺乏准确的知识论问题意识的结果。在不具备检验条件的前提下,却要去论断高下,这不是意识形态的自我坚持是什么呢?所谓知识论的检证,是各学派成立时创教者的行动如何确断他的知识的成立,以及随之而来的教义体系如何确定被后人实践成功。在劳思光及牟宗三的儒学诠释中,对于创教者的知识提出的证立问题都有讨论,一个是心性论进路[①],一个是道德的形上

---

① 劳思光先生以心性论作为儒学的最佳理论形态,关键就是从心性论的命题中,就能落实价值理想于现实社会中,故而是成德之教最重要的理论。参见劳思光:《新编中国哲学史》。

学进路①，两者都是实践哲学的进路，但是，仅及于说明儒家哲学的体系是建筑在主体实践的进路上，是实践才有这套理论的出现及可能，却尚未能旁及道佛。两家都以为其说便是儒学理论的证成，但是，理论的出现是一回事，理想的实现是另一回事。如何说明后儒依据此价值之自我实践确实达到效果？如何检证？这些问题并没有被深入讨论。

重点就是，当代中国哲学家们多半讨论的是儒家哲学的成立与证立的问题，对于涉及他在世界的道家、道教、佛教基本上是没有处理。冯友兰、唐君毅、牟宗三、劳思光都是儒学本位的立场，方东美虽宗佛家②，一样未及处理。因此，检证的问题仍是一片空白。

东方哲学是实践哲学，理论的目标在提出理想人生的境界，理论的构作在提供普遍原理与操作方法。普遍原理在西方哲学参照下，有世界观、形上学、天道论、宇宙论、本体论、存有论等名相，关于这些原理的成立问题，就是重要的方法论问题。它有两个面向，其一为这些普遍原理和操作理论之间的关系，其二是它和操作原理并合为一之后的整个系统的证立问题。前者完成了理论的系统间的统一性，后者则需问道于具体的经验。二十世纪的中国哲学家们处理了第一个面向的问题，但有缺点。笔者已有《中国哲学方法论》的专著讨论了第一个面向的问题，将二十世纪的中国哲学家们诠释中国哲学的解释体系做了批评与修订。③

现今，则将针对第二个问题进行探究。此即是要讨论，透过工夫实践的操作，如何去说明普遍原理被证立了的问题。基于操作永远是个人的事，创

---

① 牟先生道德的形上学进路，主张形上学唯有透过道德信念才能成立，关键还是实践能证成普遍原理，不像西方思辨哲学，只是在下定义、做假设，故而都无证成的可能。参见牟宗三:《圆善论》。
② 参见杜保瑞:《方东美对中国大乘佛学亦宗教亦哲学的基本立场》，《师大学报（语言与文学类）》第56卷第2期，2011年9月。
③ 主要就是指出二十世纪的中国哲学家所完成的是一套套分类判教的理论架构，且有学派立场的偏见，不能真正提出深入有效的文本解读工具；而笔者所提出的宇宙论、本体论、工夫论、境界论，才是直接对准文本诠释，且平等面对三教的解读工具。

教者如何言说操作所得之经验的知识意义？后学者如何言说个人的操作已然符合前人的理论真谛？再者，如何由他人的检证而说明个人的实践之成功？甚且，个人的经验并不能传递给他人，那么，如何言说个人的实践证成了普遍原理？这些问题，都必须做好界定，从而展开讨论，然后才有关于检证问题的讨论的实际展开，而这些，都是实践哲学的知识论议题。

三、实践检证的问题意识说明

实践哲学是要人存有者主体去进行身心操作的哲学，实践哲学首须有理想的价值意识之提出，然后提供后人以为追求，追求之使自己更加理想，从而提升人格，甚至达到生命的最高境界。所谓检证，就是对于这个理想之是否成立的真理观之检证，以及对于后人依据之以提升自己的修养成果进行印证。这个检证与印证，确乎是发生于实践中的活动，而不是理论建构的完成与否的问题。就理论的完成而言，察乎西方哲学的所有体系，都有理论的完成，但也有再度被批评的空间，更有被新的问题取代而建构新体系的理论活动。前说是否被否证，这需要多方讨论。但前说是否证成自己，这就要进入系统内部去检视。但无论如何，旧系统必然会有绝对预设，此为旧系统不证自明的绝对前提，否则论述无法展开，不论旧系统是否察觉到这样的预设，只要想推翻旧系统，无一不是在这里予以批判反驳的。

否定了旧系统的绝对预设，自定新问题，展开思辨，创造新说，当问题意识澄清、概念使用约定、推演系统绵密完整，结论则随之而出，便完成了内部系统一致的新理论建构。整个过程在主体的思维中进行，此即西方思辨哲学的特征，整个西方哲学的主要精神也在此。从古希腊哲学开始，继有士林哲学进入烦琐哲学的茂林，更有知识论对形上学的舍弃，但知识论哲学也形成了新的思辨体系，如笛卡尔、康德等的哲学。虽然如此，但黑格尔又是一套形上学对康德的超克，马克思又是另一套辩证法对黑格尔的超克，海德格尔则是非思辨型的进路对黑格尔的超克，而进入体证哲学，近于东方实践哲学，而有存在主义的兴起，那就更类似东方哲学了。

东方哲学，儒释道各家，追求人类生命意义的终极真理，探究生命的终极目标，类似基督教的宗教哲学，但最多用力在实践理论的提出，并同时进行具体实践，鲜少进行知识论的反思。就实践理论的提出而言，三教各有自己的术语系统，难以统合，但确乎必有其基本哲学问题，如此才能形成有效的理论体系，以为实践的依据。①一旦追问理论体系，这就类似西方哲学的工作了，但这个工作的理论意义及问题意识，在过去两千年的传统中始终不能正面面对，许多"圣默然"的说法②、"不言之教"的说法③、"易简工夫"的说法④，甚至都是在边缘化或否定掉这个理论体系的功能。即便是当代中国哲学家，例如牟宗三先生，也要提出"只存有不活动"的定位，批评谈理论体系的朱熹哲学。⑤朱熹哲学就是儒家哲学中有体系化建构的哲学，却饱受强调实践立场者的攻击，如象山讥为支离，阳明批其理在心外。

笔者以为，即便是要实践，建立完整绵密的理论体系以说明此一实践的真理观的合法性，也绝对必要。此一工作，就与所有西方哲学体系之自设定义、自提问题、自做推演、自表主张的思辨哲学的工作是一样的，笔者即以"宇宙论、本体论、工夫论、境界论"的四方架构为此一实践哲学的理论架构，主张任一学派的哲学建构，必是在这四方架构中的所有问题论述完成，且结构完整、互相推演、融贯一致时才算是学派理论的完成。过去东方哲学

---

① 对于这一部分的简说，笔者在《哲学概论》中即针对儒释道三家理论的基本形态，以伦理学、形上学、知识论的进路做了说明。
② "圣默然"多为佛教的说法。《长阿含经·世记经》中佛陀曾告诫比丘们："凡出家者应行二法：一贤圣默然，二讲论法语。"又，《思益梵天所问经》中等行言："如佛所说：'汝等集会当行二事，若说法、若圣默然。'何谓说法？何谓圣默然？"
③ "不言之教"多为道家的说法。老子："圣人处无为之事，行不言之教。"《庄子·德充符》："立不教，坐不议，虚而往，实而归。固有不言之教，无形而心成者邪？是何人也？"
④ "易简工夫"是宋儒陆象山对比朱熹支离工夫的说法："墟墓兴哀宗庙钦，斯人千古不磨心。涓流积至沧溟水，拳石崇成泰华岑。易简工夫终久大，支离事业竟浮沉。欲知自下升高处，真伪先须辨古今。"（陆九渊《鹅湖和教授兄韵》）
⑤ 牟宗三《心体与性体》整本书都是借由两宋儒学的讨论，批评朱熹哲学之为"别子为宗"之作，关键就是朱熹理气论，做不得彻上彻下的超越性工夫。此说笔者甚不认同。

家不察，常有谈境界的讥笑谈工夫的境界不高，如王龙溪的"四无说"贬抑钱绪山的"四句教"；也有谈工夫的讥笑谈宇宙论、本体论的光说不做、知而不行，如陆王对程朱之批评。这其实都是内部无谓的攻击，都是不明白实践哲学再怎么实践，它一样有理论建构的一块，否则智者大师只要打坐禅定就行了，何须《法华玄义》《摩诃止观》等大部头著作以说明体系？

当然，体系的建构是理论的事业，理论的完成虽不等于实践的证成，但毕竟已经提出一套系统一致的推演体系，然而当体系建立，就会像西方哲学体系一样，一套套理论的完成之后又会遇到向其绝对预设挑战的新理论，没完没了。西方哲学体系有绝对预设，东方实践哲学的理论体系也有绝对预设。其世界观、宇宙论的知识如何确证？其价值意识的本体论如何证明？常常都是言说者有经验而学习者没体验，故而亦是一套套的绝对预设，因此可能永远只是一套教主"自以为是"的假说系统，而不是普世同证的绝对真理。

然而，以这套绝对预设的假说所建立的整套理论系统，仍然可以被系统地展现出来。就此而言，笔者所提出的四方架构，便是在文本诠释的目标下，使传统东方哲学的理论，可以被绵密精细的架构予以体系化地完构的解释架构。此时这一套被诠释架构完成的哲学理论，亦如任何一套西方哲学体系有其自圆其说的理论完成一样，要说到这一套完构的理论是绝对真理，这个工作尚未开始。本节就是要展开这个证成工作的实质讨论，也就是检证如何进行，检证是否可能，最终汇归于如何定位实践哲学的真理观。

其中，西方哲学的绝对预设会被更新的问题所推翻而取代，但是，东方哲学的绝对预设，是谈不上被新的问题所取代而有所谓的推翻的。东方哲学体系就像基督教哲学、士林哲学一样，后者的上帝创造世界的理论，并不会有被任何新的问题来推翻而取代的可能，因为世界是谁创造的，如何创造，这是永恒的问题，故而问题不可消灭，这就是基本哲学问题的角色定位；不像是知识论出现之后形上学就不必再问了的模型。当然，问题虽不可消灭，答案却可以改变，对于世界是上帝创造的主张，是有可能被其他的学派所否定的，否定之道在于提出其他的创生原因，但仍不是否定有此一问题。因此而有东方哲学儒释道的三教辩证，互相否定，因为大家在竞争对同一个问题的绝对答案。

但是，就算有了不同的答案，新的一家也证成了自己的答案的真理性，新的一家是否就等于已经替代了旧的一家呢？这也是本节要探索的检证问题，这就等于是在问这样的问题：一家被证立了之后，其他两家是否就等于被否证而可舍弃了呢？在实践哲学的脉络中，这个问题有不同于西方思辨哲学脉络的结果。先简述笔者对这个问题的回答，那就是各家都无否证他家的可能。

四、创造实践理论者的证成问题

讨论证成的问题有两个问题群：其一是针对理论创作者的创作合法性做讨论，讨论什么意义下创作者可以宣布创作了实践哲学的真理观；其二是学习者的实践成功之印证，讨论什么意义下实践者确实做到了创作者所说的工夫而达到了最高的境界。

实践哲学有理论也有实践，理论的部分可以有各种架构以陈述之，但实践的部分则都是人存有者的主体活动。理论的建构必然预设实践，实践哲学的理论体系必是在经历过真正的经验之后才能说出的，否则就是写历史小说，或科幻小说，则此时该创作者不必为其所言说的世界观以及主体实践后的境界负责，他只要勾勒故事的架构就行了。实践哲学则不然，儒释道三家都是要人去实践、去追求、去牺牲、去体证的理论体系，是要求整个人存有者身心性命的全副投入的事业，其不为真是不行的。儒家要治国平天下，实践上要"格致诚正修齐治平"，若真如此却不能平天下，则何须实践？既已实践，必是对此一实践方式信其为真，此一信心亦必是来自历史上曾有人如此实践并获成功的事实，前人以其实践而言说其理，后人以其理为真而实践其说。

故而，讨论实践哲学的检证为真可分两个层面：首先，创说此理的教主的实践成真而为言说；其次，相信此理的后学的实践其说以得其境。前者讨论如何确知其所证者，后者讨论如何确认其已得证。就前者言，必须解决的问题是：儒释道各有自己亲证亲知的不同世界观，各有自己确认无疑的终极价值，却如何面对其他两教的亦有其证、亦有其认？这个问题又分两个层面，首先是创造者的立场，其次是研究者的立场。两者共构出后人对这套理论的证成问题的认识，因为理论固然是创教者所造，但论说其成立则是研究者的工作，因此研究者如何面对系统被证立的问题也是一个重要的面向。此外就是信仰者的实践如何达到系统的标准，则是另一个重要的检证问题。

（一）从创造者立场谈理论的检证

就创造者立场言，他的理论就是亲证之后的言说，不论是谈此在世界的理论还是有涉及他在世界的理论。创造者不论是就此在世界有强烈的价值实感而发为言说，还是就他在世界的知识有实际实践的亲证而发为言说，实感与亲证都是不可或缺的条件。既已有实感与亲证，则其自己的理论必是真理，且是绝对的。因此对他而言，永远只有自己的系统是真的，他人的系统就是假的、不可信的，既非为真，则何须言说？故而就创作者而言，立足于亲证亲知的知识，必自认己说是绝对真理的系统，那么对于他人的理论，最好的态度顶多是尊重，一般来说就是否定了。

因此，就不同系统之间的对待态度而言，创造者的立场就不必多说了，要说的是研究者的立场，也就是研究者要怎样来确认创造者成功地创造了一个理论体系，以及哪一个体系才是最终绝对真实的系统。

（二）从研究者立场谈理论的检证

对于这个问题的有效讨论，仍须借由实践哲学的解释架构来进行，也就是在基本哲学问题上，可以看见创造者如何在具有真实经验之后而为言说的原理，而这也才是有真理意义的理论。就此而言，问题首先要放在宇宙论与本体论的确立上。至于工夫论与境界论则不待言，因为宇宙论、本体论的获致，必然是有工夫实做、已达境界体证而后说出的。又因为本体论的观念多是从宇宙论的知识推想而得，因此以下先从宇宙论的获得及检证讨论起。

儒家宇宙论就是经验现实世界，只要建立概念、进行言说即可，通常叙述十分笼统，没有什么真正具体的客观知识，因此也不必大费苦心去检证，基本上不会与人类至今的科学知识有什么抵触。因此，研究者通常就是忽略之可也。重点还是本体论的价值意识之所以为真的思辨讨论。

　　道家老子的宇宙论应同于儒家，也是经验现实世界的理论，其中有类似宇宙发生论的说法也仍十分简易。老学史上的宇宙发生论固然言说较多，但仍然十分笼统，语意不详，无从精确地认知，遂也难以否证，这都是因为，真正的重点不在宇宙论，而在价值意识的本体论。老学应用于现世，价值意识的本体论才是用世的法宝，故而道家老学的宇宙论亦是任其言说可也。这一点，是与儒家一样的。

　　道家庄子的宇宙论，意旨明确得多了。气化聚散而有生死，此是现象观察，以气之有形无形之际说物之存在及消散，这也是容易理解的素朴说法。难的地方是在他在世界，庄子屡言神仙，并以神仙的世界为最终的归趣，引发价值观上的逍遥立场。此一他在世界的宇宙论，对庄子而言，可能并未亲证，而是对传统神仙知识的继承，因此面对这个问题，庄子自己似乎是后学者、相信者的角色，而不是创造者亲证后而言说的角色。但历史上必有这些实践亲证者，发为言说而成为知识，且相传久远，否则这些神仙知识也出不来，人们也不会以之为知识而予以引申讨论。不像小说，本来就可以任意持说以为论述。不过，神仙道家的庄子，正有神仙道教以为继承，成为学术史上的另一领域，并非空前绝后之系统，讨论神仙道教的宇宙论知识便是庄学路线的发展。不过，神仙道教系统庞杂，难以绳约归一，以下转入佛教宇宙论的讨论，相关议题可一并解决。

　　佛教宇宙论有两大议题，一为生死问题，一为现象问题。就生死问题而言，佛教主生命轮回说，这也是长久以来的印度宗教哲学的知识继承，但这套思想在佛教唯识学理论中有所继承并深入发挥，故而亦构成佛教哲学的宇宙论骨干。而且，这是被视为真知识的宇宙论哲学，并不含混笼统，研究者必须有相信或不相信的明确立场。不相信一句话就过去了，相信的话就有知识论课题要说了。佛教大小乘经论中的许多故事，对于佛陀与菩萨而言，是亲证的知识，在其神通发用中历历分明。但是作为研究者，因为涉及感官能力的限制，却是无法检证的，只能选择理解而相信，或理解而存疑，或根本不理解而予以忽略。但是，作为具有信仰的后学者，却可以选择实践而检证，就后学者的检证之事，后文再谈。

  佛教谈现象世界，主世界成住坏空、此起彼灭，且现象世界无一恒久体性，故现象生灭是空。此说与当代许多太空物理学以及分子物理学有不少若合符节之处，但因语汇系统仍然差异太大，迄今不能为科学界所正式承认。然而虽未能获得承认，却已经有许多可以类比同意的论点了。不过，科学理论可以有科学实验与仪器观测以为检证，但是，佛教宇宙论却仍停留于自说自话不可检证的局面，关键是所说超越个人感官知觉能力的范畴，并且还有太多的说法完全超越现有科学知识的格局，以至完全没有检证的可能。因此对于研究者而言，这还是一个选择的问题，诉诸自己相信与否而已，就理论而言是不能检证的。除非是作为学习者，则有工夫论以为操作之方法而进行亲证的印证。

  讨论至此，儒家宇宙论没有什么好谈检证与否的，都是经验现象世界的宇宙论的简单模糊描绘而已，道家老学亦然，两家都是价值意识的本体论才是要点，故而宇宙论的检证不需多谈。道家庄子转入神仙系统的宇宙论，其意旨与佛教哲学有死后的轮回生命和意生身的佛菩萨存有者基本方向一致，谈佛教形态即可解决同样的检证问题。就此而言，创造者固有亲证亲知并为言说之事实，研究者就只能选择是否要去认真理解，进而要不要相信而已，除非，使自己变成学习者而实践之、经历之、印证之。

  以上谈宇宙论的系统创造之检证问题，以下谈本体论的观念创造之检证问题。

  本体论谈价值，价值意识发生自创造者的智慧领悟，领悟是一独证之知，可以智的直觉说之，其直觉几为独断，人之不知、己所独知而已。此一独知之直觉，非无其理，其理据在宇宙论的现象之知。但从经验现象推价值意识的做法本来就是知识论上的独断，既是独断，就必须是具有同样的体悟者才能同意，如此一来，一般人如何可能同意呢？这个问题不能回答，理论的建构就没有学术的客观性可言了。现在，重点是，本体论的价值意识是一选择之后要去追求的理想，使其意旨成为社会历史的现实。价值就是方向，方向既定，结果就随之而来，只要结果出现，就可以说方向正确。但方向的本身还是一个智能的独断，虽非无理可说，只是，诉诸现象之理由本身就有一个跳跃，也就是主体介入之后的体悟。而这也正是实践哲学之所以为实践哲学的特征所在，亦即是有主体介入的选择下的真理观。因此，一般人之同意就是他自己也接受认同并且实践同一价值之时。

　　总之，本体论的命题是选择的结果，过程中有现象世界知识的依据，但终须主体自做抉择才能成形。这样说来，检证的重点是在于理想是否被达成，而不是本体论的命题如何是现象世界的终极真理，因为这一部分并没有理论上的必然，端视个人的智悟抉择。[①]因此，作为研究者对于创造者的价值智悟之检证，便成为是否善会意之而已，体会了就是理解了，理解时多少道理就在心中落实了，就是研究者也已在价值的信念上具备了创造者的同样心灵了。这些心灵就是一些价值性的情怀，这些价值观其实仍是自我意欲的选择，价值都是自取的观点，找到了同样的信念，就是同意了创造者的本体论了，剩下的便是去实践以至成功的实践事业。那么，如何从实践以检视其本体价值之为真实有效，且可实现的真理呢？这就要跳入学习者的身份才来谈此一检证的问题了。

　　总之，就研究者言，宇宙论的知识听其与科学的符合程度，科学未能言及时只能选择相信与否。本体论的观念在培养自己获得同样的信念，信念建立时，就是同意了创造者的本体论观点了。信念之所以成立的理由可从宇宙论的知识中寻求，但最终必有一智悟独断的跳跃，这个跳跃就是选择。选择仍有其合理性在，但是否同意其合理性仍是研究者自身的选择，如接受儒家爱民利生的信念，接受老子无为保民的价值，接受庄子逍遥自适的观点，接

[①] 例如，同样的气化宇宙论，庄子得出逍遥自适、无目的、有巧妙的造化立场，张载等宋儒却得出诚者天之道的价值立场，因此几乎可以说都是主观的价值选择，而不是客观的价值推理。

受佛教般若智、菩提心的智慧，等等。

就研究者的工夫论与境界论的证成而言，谈的就是与普遍原理的系统一致性问题，此证则是理论的推演。宇宙论与本体论既已建构完成，则剩下的就是依其意旨推演，即能有工夫论与境界论的观念产出。要问的是推理的合理与否的问题，若是问操作的效果问题，那就变成学习者的身份在谈了，此时所谈的，便是真正的实践后的印证为真的问题。印证为真并不是系统的一致性推演而为的理论的完成，而是在具体的实践经验中证明为真。这就转入学习者的讨论了。

五、学习者的否证问题

理论创造者已然故去，讨论证成的问题只能是学习者的事业，理论的证成已是一大课题，实践的证成才是更难的部分。当理论的证成可以借由四方架构的诠释而完成系统的一致性之后，三教之间还是有辩争的问题，因为四方架构可以让每一家都自圆其说，却不能主持孰是孰非之辩论，孰是孰非还需学习者从实践上去亲证。此时，便产生一个新的问题要先讨论，那就是否证的问题。在科学的证明中，现实经验只要有一个反例出现，整个原理就算是被推翻掉了，那么在实践哲学领域中是否依然如此呢？亦即，就算实践者可以亲证某家之是，他能否同时否证他家之是呢？笔者主张，这是不能否证的。为什么？因为本体论的价值意识是选择的结果，选择了而证成了只能说明自己的信念是有效的，但并不能否定他教的信念。实践是人生方略的实验，不同的目标就有不同结果，因此没有否定他说的意义在。

至于宇宙论的世界观，是生存实感的问题，就算是他在世界的宇宙论知识，亦有亲证的实效。故而，宇宙论并非没有客观辩论的可能，只是涉及他在世界时，就是个人感知能力的亲证问题，有此感知能力者才能证知此宇宙论、世界观的知识系统，无此感知能力者就无法体证，当然亦无权否证。以上是就主体的感知能力而说，那么，没有他在世界的感知能力者能不能否定认同他在世界观的学习者的世界观呢？这个问题可以就主体的知识能力来说。

庄子说"小知不及大知",既然不及,就只能限制自己在原处,想要否定别人这是不可能的。那么换个角度来思考,其实,有他在世界观的感知能力者现实上也无法否定无他在世界观的感知能力者的立场,因为有他在世界观者只能证知自己的世界观,却无法说服他人不要以经验现象世界为唯一真实的世界。所以,小知无权否定大知,但是同样地,大知也无法否定小知。于是,这一切变成态度的问题,而不是可以辩个水落石出的问题。就此而言,笔者主张:哲学史上所有的三教辩争都是多余无功的辩难,废之可也。

以上是本体论和宇宙论的知识检证问题的讨论,任何人在别派的立场上不能对某派否证之。至于在工夫实践的个人活动中而言,如果实践成功固然是证明自己达到标准,但若是失败的话,这却不能说明原论是错的,因为教主在实践达成时就已经证明系统为真了,因此只能要求自己改变方法继续努力。当然,如果根本不信,那也不必再实践了。关键是信,信了做了不成功,并不能否证系统,只能否定自己的方法;信了做了成功了,就自证其旨了。《楞伽经》讲的自证圣智境界,真是如人饮水,冷暖自知。

六、学习者的本体宇宙论之证成

否证问题如此,证成问题呢?宇宙论与本体论虽然是不同的问题,但讨论时却要合在一起进行,因为两边的问题与主张是完全交织构作在一起的。宇宙论的证成是知识问题,要有经验的亲知,这又要区分此在世界与他在世界的不同类型。以下从此两路分别来谈实践者对创造者的本体宇宙论体系之检证问题。

(一)此在世界观下的实践证成

此在世界观的宇宙论知识,就是对经验现象世界的肯定与描述,最多言溢至开天辟地、宇宙洪荒时期。对于这种论点,反正有现代科学可以检查,大家都可以说说。重点在本体论的价值意识,从宇宙论到本体论是个智慧的直观,也就是独断,但不是任意妄说,而是有主体的选择、判断与相信、接受。理由在系统中都有陈说,但关键却是目的,有特定的目的就有特定的价值与相应的做法。例如《大学》所言之"欲明明德于天下",便有"格致诚正修齐治平"的次第历程。又如老子所讲的"为道日损,损之又损,以至无为,无为而无不为",就谈到了理想目标、操作方式,以及结果。所以,固然是宇宙论或现象资料给了一个合理性的推断,但其实是目的决定了价值的意涵,然后就是实践去完成理想。实践了,达到了,就是证成了;实践而未成功,那么可以继续去实践,或由后人去实践,直至成功为止。这么说来,它差不多没有什么不能证成的可能了,例如儒家天下为公,以及老子取天下的理想。

也就是说,对某一哲学体系的此在世界的宇宙论和本体论的学习成效之检证,就是了解与实践。因正确了解才能准确实践,因准确实践才能有具体成效,既已有具体成效,那就说明了实践者已然实践成功。

(二)他在世界观下的实践证成

就有他在世界的世界观、宇宙论、本体论而言,由宇宙论推说本体论的思路仍是一智悟的独断,关键还是在于目的上。不论有怎样的他在世界观,哲学创造者有特定的爱民、济众、利生或逍遥、自适、无为的信念,他的本体论的价值意识才因此出现,此时还是智悟独断之事。就系统理论之完成而言,仍是有他在世界的宇宙论才能在理论上合理化它的价值信念,如道教及佛教的价值本体,虽是缘起于智悟独断,仍十分合理,因为有他在世界的宇宙论以为相应。但就证成而言,则首先便要去证成他在世界的宇宙论知识。然而,这是需要身体的超能力才可以做到的,这就需要先进行宇宙论知识为进路的身体修炼工夫。只不过,原先那个智悟独断的本体论仍是实践的起点,因为心理修养的本体工夫永远是身体修炼的宇宙论进路的工夫的前置作业阶段。心念错置,相关的身体特异功能是无法出现的,或出现的是所谓的走火入魔的境界了。端正了心念,宇宙论进路的身体智能便逐一相应出现。因此我们可以说,他在世界的宇宙论也是在实践者爱民、济众、利生、逍遥、自适、无为的信念下被开发出来的亲证感知,也就是说,思辨、相信、实践那个原初的目的,就是开显那个世界的动力。结果,他在世界的宇宙论知识既是被创造者亲证开发而言说出来,又能被学习者实践实现而印证出来。而宇宙，本来就存在，只待哲学创造者去认识、去开显，有什么目的，就逐渐开发出什么样的宇宙论、世界观的经验，从而说出，并提供后人实践亲证的方法，是为工夫论。工夫论则有本体论进路的心理修养和宇宙论进路的身体修炼两型。本体工夫先行，再继之以身体修炼工夫。

以上，便是在有他在世界观知识体系下的实践者的检证事业。重点是，心念不正，结果就出不来，于是要追究的反而是心念的不断调整。至于身体的智能之出现，亦有视个人体质的诸多不一的现象，最好是交由有经验的前人引导，或依凭既有的典籍自己尝试，但往往会因为典籍所述晦涩难懂而无法深入，以至打退堂鼓。因此若无教团的勉励、督促，甚至磨炼，则身体上的特异智能也是不易出现的。

笔者此处的立场，并非一唯心论的立场，亦即，并非主张有什么目的就创造出什么样的世界，而是主张有什么目的，才能够开发出符合于这个目的的宇宙论知识。而这个宇宙论的知识内涵或经验结构，是本来就存在的，只是被发现而已，并不是被创造出来的，只是身体的感官知觉能力被开发出来了。身体是一个深邃的奥秘，宇宙本身更是奥秘无穷，实际上可容受任何修行者的各种想象，以至供应了此一想象所需的可能资粮。于是，一路实践，一路追求，就一路发现，从而言说，成就了一套套他在世界的宇宙论知识系统。现在新的问题是，如果，我们还认为宇宙是统一的，不是依据个人的唯心臆想就可以任意创造的，那么，这些修行者个人经验所发现的世界观知识之间就必须有可以沟通交涉的可能，亦即道教宇宙论和佛教宇宙论必须有知识上可以沟通的管道，甚至基督教亦然。不过，这只是理论上的假设，实际上道教的世界观和佛教世界观之间尚有较劲、敌对的现象。但是，笔者认为，这只是受限在宗教意识形态下才会有的做法，若能摒除我执，各种他在世界观知识体系的交流互涉是根本可能的。至于此时是否会出现某一大宗教世界观收摄了其他所有宗教世界观的理论体系呢？这是可能的，只不过，其结果仍是信与不信而已。理论上会有这样的情况发生，但现实上人心为己，被包摄的宗教世界观，都不会自己承认的。但就理论而言，这是可以进行的研究，至于相信与否，这只是世人自己的生命选择事件，不等于理论的讨论，研究者也无须强要世人接受。现今各大宗教不都是在强要世人接受己说、舍弃他说吗？其结果，却仍是人各自信，教教相传，流行不已，事实是：有什么样的人群文化，就有什么样的宗教。接受人类社会的这个现实就好，无须强求，只要做理论上的澄清即可。

总之，就修炼者对于具有他在世界观的本体宇宙论的实践以为证成而言，方法上首须有理论的正确认识，然后按部就班地操作进去，而操作过程中，又会出现许多并不是思辨哲学可以论述的议题，须特殊地对待之。

七、学习者此在世界观下的本体工夫之检证

以上谈本体论及宇宙论的否证及证成问题，以下谈学习者在工夫论上的证成问题。这上下两层的问题，原来是一体的，本体宇宙论的层次是讨论普遍原理的确知问题，工夫境界论是讨论主体实践的成就，下文更聚焦于此。这一部分的讨论，更非得区分两路来进行不可，那就是在此在世界和有他在世界观的两类工夫论的证成问题。

此在世界观类型的理想经验是落实在此世的，因此实践者的成功与否是众可目睹的。但是问题并不简单，因为人们对于理想的定义与成功的界定往往是不同的。此在世界观的理想有两种，对社会的理想以及只是施用在个人的理想。对社会理想的实践活动，决定于在人群中的互动效果；而个人的理想则决定于自己的心态的圆满。这正是追求治国平天下的儒家和追求自我超越的庄子的不同类型。①但就算是追求社会理想的儒家，同时也有作用于自己的修养工夫，自己的修养不能成功，对社会的理想也就无法落实，不见王阳明讲光是依据致良知就可以修齐治平吗？因为福国利民的社会理想必须完全去除私欲后才可能，故而追求社会理想的形态的修养工夫和追求个人理想的修养工夫都是要从自己的修养活动上开启。那么，个人修养的印证如何可能

---

① 笔者认为儒家的理想是追求整个社会进步，而庄子的类型则是个人主义的，是出世的，只是追求个人的理想。这两种不同的类型，就检证的问题而言，是应该分开来谈的。

呢？中国古代人事智慧宝典《人物志》，其中的《八观①篇》，就是借由各种生活事件，检证修养者的做法，看他是否真的达到了应有的水平。所以，与其说是检证，不如说是考验。关键就是，修养的程途几乎是一无止境的长路，因为个人的修养决定于与他人的互动，然而众生百相，人生有穷，但是可能的经验无穷，于是个人修养的向上之机，会不断地在接受更新的考验中触发。一次机会就是一次考验，做得到就是通过了，就是印证了。但这并不表示他可以在未来的所有新的考验中也能通过，而这也并不是说他这次的通过是虚假的，而是说他下一次的考验是更严峻的，他目前的境界只能通过眼前的考验，却未必过得了下一关。若在新的经验中不通过，就是失败了，但他也永远有再度努力的空间在。

以上是从修养实践者自己的立场说，若从他人的视角来看，个人实践的成功与否是不能只从一般人的评价来决定的。关键是，人际关系的事业，各人感受不相同，观察视角也有别，"小知不及大知"的情况必然存在。老子不是说"下士闻道，大笑之，不笑不足以为道"吗？这就是说，有修养境界的人之所作所为，对于嗜欲之徒而言，是视若无睹的。关键正是理想性格，也就是价值观念。小人无此价值观念时，当然不会肯定有此价值理想且勠力追求的人的行为，因此即便实践的成效已经明确地显现在经验现实世界之上，世俗中人仍然会有不予认同者。所以，所谓的检证也很难在众人之间实施成功。当然，追求理想的实践者只要自己不放弃理想，他还是会有持续不间断的作为展现出来。不论他人肯定与否，他自己必定是永恒不变，日日实践，日日提升，则所有的社会效果也就会在不知不觉中慢慢出现了，而为普世所认可，这就是圣不可知、出神入化②的意思。也就是说，追求社会理想的实

---

① 八观：一曰观其夺救，以明间杂。二曰观其感变，以审常度。三曰观其志质，以知其名。四曰观其所由，以辨依似。五曰观其爱敬，以知通塞。六曰观其情机，以辨恕惑。七曰观其所短，以知所长。八曰观其聪明，以知所达。

② 对于"圣不可知"的神化意旨，张载《正蒙》中备言此旨，如："无我而后大，大成性而后圣，圣位天德不可致知谓神。故神也者，圣而不可知。""'鼓万物而不与圣人同忧'，天道也。圣不可知也，无心之妙非有心所及也。"

践者，若不成功，无从检证，若其成功，仍有人否定。若不放弃，持续努力，其成功的升进历程便是在凡人不能感知而社会确有实效中默然前进，终至大成其功，整体社会蒙受其德，且众所目睹。若在尚未完全完成之前，则只有在具备同样信念与智慧的人身上才能给予肯定的印证，对于不具备同样价值的人物或根本就不是个有理想的人物而言，则多半是不予肯定的。

至于只是追求自己个人理想的修行者，他的价值观或许来自自己的选择，也可能来自其他哲学家的体系，但都必须绝对理解并且真心倾服，这样他的作为才可能符合他的理想。这种个人理想的修养工夫之印证问题，关键只要自己认可就行了，他人无须介入过问。除非是接受了某家哲学理论体系的个人理想，则其作为之是否符合该理想的境界，是可以有他人的公议的。然而他人的印证肯定与否，也得依据他人对该哲学体系的了解深度，若是一知半解，或有私心私意，则其评价也未必有效。至于谁的理解更为正确，这就回到对义理了解的问题上了。

是诉诸贯通了理论的一致性的推求，便可以说是了解了该理论？还是要诉诸个人有亲证的体会，才能有准确的了解呢？笔者以为，没有他在世界观的价值哲学体系，对于学习者而言，理解就是理解了，只是对于义理的表达不一定是在哲学专业的语境中发生而已。不是哲学专业的知识分子也一样完全能够正确理解此在世界的各种价值观，至于做不做得到，是否要真正做到了才算是真正知道了，这个问题并不是关于理解的问题，而是关于实践的问题。知道跟做到是两回事，知道而做不到不代表不知道，做到当然就是知道了，但也不代表他会积极地说出去，或是说得十分精确缜密。至于知道却做不到的人，一样有能力对于别人的做不做得到表示意见，或进行印证。

若以科学定律来说，有些定律在目前的科技环境下无从证实，但不代表知道这个定律的人因尚未亲见就不算真正知道。又例如政治人物的作为，百姓看在眼里都是心知肚明。政治人物讲理想时口沫横飞，这些理想百姓确实是做不到，但政治人物宣称自己做到了的时候，究竟有没有真正做到，这个百姓心中是知道的。所以，百姓虽然自己做不到，但他还是可以检证政治人物做到了没有的。因为，在经验现实世界的价值观，对它的验证，就看现实的效果就行了，有理解力的一般人，都能够判断真伪。当然，社会上必然存在无理解力，或嗜欲深重，或刻意否定他人的人物，那么这些人的意见就不必参考了。只是从政治操作的立场来说时，政治人物还是必须对他们小心处理的，不过，这已经无关乎知识的认识与否的问题了。再者，也有人追求与世无争的山林野趣之意境，但开口闭口都是厌弃名利之谈，有境界者就会知道此人绝非真正厌弃名利之人。总之，基于此在世界观的价值理念，作为自我理想的追求时，追求者的实践成功与否，他人是可以知道的，或许是社会效果的出现，或许是他人内心的肯定。这是就他人检证而说的，但更关键的是，他人检证时，他人的知识程度与心态的公私好恶，又是决定他人检证合理与否的关键。总之，问题面向众多，每一个意见都要说清楚情境，仔细分析，才会准确，不能简单一刀切地提出命题。以上是对此在世界的工夫境界的检证，若是他在世界，则原则又不同了。

八、对学习者在有他在世界观下的工夫实践之检证

有他在世界观的工夫理论，修炼者的追求是与世界合一的身体智能，他们首须有体知他在世界的感官知觉，这就需要宇宙论进路的身体修炼工夫了。处理感官知觉能力提升的修炼法，其检证之途当是较为神秘的，因为他人中无此能力者是不能检证的，而实践者自己的检证则是如人饮水，冷暖自知，因此一般人也无从检证他们。唯有当这种关于他在世界的感知可以在此在世界显现时，才有被一般人的经验认可的可能，否则都是自说自话。如道士禳灾、祈福、抓鬼、扫妖诸事者，这些事情对于一般人而言，只能听其自说，要不就选择相信而接受安排，要不就完全不相信而不接触此道。至于修炼者自己，要不就坚持自己亲身所感的经历就是前人所说的他在世界观的真相，要不就继续深入锻炼，以求更为高深或细密的经验感知。但这位修炼者究竟是否走在进步的正确路上，这只有其他也是有经验的修炼者可以检证，没有经验的其他任何人是没有肯定或否定的能力的。因此，这位修炼者要不依靠

别人的检证印可，要不自己走在继续开创的道路上，唯一最后的凭依也只有经典中所述的案例了。其实，就算是依靠有经验的他人的印可，也必须此位他人具有诚恳的态度，真心印可，若是心有私欲他念而故意否定，那这也是谈不上印证的。于是，最后还是得诉诸个人自己的检验，自己诚恳，不是故意假合、炫耀以欺骗他人，则个人自己做到了与否，是与他的知识正确度直接相关的。因此，态度诚实，能正确理解，则依法实践，老实做工夫，一旦达到所知的某种境界，此时，靠自己的知识，就能知道已经达至了。

总之，对于他在世界的感知能力的修炼之印证，仍是经验中事，故须修炼者确有此经验才算成功，但他人的印证认可，却是可遇不可求的。除非所体知之事可以在经验现象世界中呈现，而被一般的人验证，否则，这就永远会是修炼者族群内部的互为印证的私密之事了。虽然印证是私密的，但是理论的铺陈却是公开的，后人从知识学习的进路一样可以学习了解涉及他在世界感官之知的修炼知识的。

九、结论

讨论实践哲学的检证问题，先就创造者、研究者和学习实践者做区分，再就属于此在世界的宇宙论和涉及他在世界的宇宙论做区分。创造者必是有其实践、有其亲证而后才有其言说的，不论是此在世界还是他在世界的理论体系皆然。但是，创造者所发现的世界观及价值意识，却是在有理想、有信念下才可能发现的，也就是创造者自己的目的几乎决定了他所能得知的世界观、宇宙论知识以及价值意识的本体论观念。而此时，无论所得之世界观是此在世界还是涉及他在世界，任一家学派都无有否定他家世界观的条件，因为感官知觉之结果各不相同，因此都无法互相否定。至于本体论的观念，更是自做选择的智悟独断，只要结果出现、理想达成，这就是一套真实有效的价值观，是为实践哲学的真理观。

至于研究者对于创造者的此在世界观的知识，以正常理性即可有所理解，只是现实上的实践完成就要靠学习者来达成。至于涉及他在世界的世界观，则研究者亦可以有知识上的理解，但不能有现实经验上的体证，而对于学习实践者的成效，亦无判断之能力。

就学习实践者而言，在此在世界观下的工夫实践之检证，一般人凭其正常的知识能力即可确知实践者成功了没有。但若是检证者自己价值观错乱，或充满了个人利益或利害关系的考虑时，那就不能真诚检证了，则此人之否定意见亦不必在意了。但涉及他在世界观的实践成果，除非是也具备他在世界感知能力的修行者，才能检证，否则，一般人是只能选择相信或不相信，而难有可以检证判断的可能，此时则只有一切交由实践者自做检证了。

总之，实践哲学有其特殊的检证逻辑，因为涉及了个人的能力问题，故必须纳入意见是否能够采用的考虑，而不是一概而论。本节之讨论，是检证哲学的总纲领，就细节之深入而言，则须儒释道三家一家一家分开来谈。关键就是实践者的修养境界的升进程度之检证问题，此中之艰难就在检证者自己的程度问题，而不只是实践者达到了境界没有的问题。尤其，此在世界的社会理想之追求？此在世界的个人理想之追求？涉及他在世界的个人能力之提升？涉及他在世界的个人境界之提升？这就是要分开不同学派做个别案例的讨论了。

第三节　中国哲学的检证理论[*]

一、前言

本节针对中国哲学进行知识论进路的哲学研究，首先说明中国哲学的特质为生命的实践，要反思这套理论的成立，便是要针对其实践者进行检证。其中，有创造学派的创教者、研究理论的研究者、实践理论的实践者、检证理论

---

[*] 本节曾以《亚洲哲学的知识论议题——实践哲学的检证者逻辑》（"Epistemology in traditional Asian philosophy—The principle of verification in Practical philosophy"）为题，发表于"the 3rd Conference on Contemporary Philosophy in East Asia, Institute of Philosophy Seoul National University"，韩国首尔，首尔大学哲学系主办；后以中文版发表于"对话与多元诠释：全球化语境中的中国哲学"成都道济论坛·海峡两岸哲学研讨会。

的检证者。创教者已经实证了此事,而研究者则是要理解其说,实践者便是要真诚实践,检证者则是要对实践者的实践成果进行检证。其中,后三者之真诚是最重要的态度,而角色亦可时常互换,只是就其角色而为研究之区分而已。

笔者向来专注于中国哲学方法论的讨论,亦有研究成果产生,主要集结于《中国哲学方法论》和《哲学概论》两书中,书中提出讨论中国哲学理论体系的解释架构,即宇宙论、本体论、工夫论、境界论的四方架构,以及讨论中国哲学真理观的四大问题:系统性、检证性、适用性、选择性的问题。过去,在中国哲学的研究讨论中,知识论的问题意识是较为缺乏的,尤其是针对理论的提出、理解的深度、实践的效果以及检证的可能。本节之作,将针对以上问题进行研讨,并将焦点置放在检证理论中。本节之作,接续前节所论,主要讨论检证者的角色及功能的问题。

二、中国哲学的实践特质

中国哲学是实践哲学,有别于西方的思辨哲学,关键在思辨哲学提出假说、进行推演、得到结论,就是理论的完成。但是中国哲学的理论,却是为实践而服务的,理论说出实践的目标,并解释它的原因,再提出操作的方法,最后说明达成后的主体状态,总之,根本目的是在追求理想完美的人生。所以,必须去实践,若无意实践,理论也不必提出来了。但是实践不能没有理念,否则就是妄行了,实践而要有理念,就必须建构理论,以说明理念的合理性。实践都是为了追求理想,所以,首须讲出人生的理想,这就是本体论的建构,内涵是价值意识。然而,理想为何是如此呢?它当然应该是有道理的,这个道理就在对现象的观察中,这就是宇宙论的提出,目的是为了说明价值的依据。宇宙论及本体论明白之后,实践就有了依据,接下来就是要说明如何实践了,这就是工夫论。做了工夫会提升能力,达到最高的能力就是实践哲学的目标,说明最高能力的状态就是境界论。可以说,实践哲学特质的中国哲学,他的实践的理论就完成在这四方架构之中:宇宙论、本体论、工夫论、境界论。

三、中国哲学的发生逻辑

中国哲学是实践哲学，它的发生是怎样的过程呢？笔者以为，它是源自创教者对于理想的追求而建构完成的。创教者自身拥有熊熊无尽的热情，有他自身强烈的理想，理想是针对他所观察到的现象世界，提出改进的方向，从而找出做法，经他自身的实践而完成。同时，当他言说这套价值观的内涵时，理论就建立了，后来，又经过后继者不断补充而完备，最终形成了在宇宙论、本体论、工夫论、境界论皆有言说的完整系统。总之，东方实践哲学，是先有理想的意愿，再经过实践、实现而语言化的过程。

四、中国哲学的认识论课题

中国哲学虽经理论化，却一直是在东方文化传统中的自做表达，表达的重点还是深化理论，甚至在不同学派之间进行辩论，却鲜少有针对自身理论成立与否的反思。纵或有涉及认识的问题，也只是如何认识这套理论的方法，而不是这套理论是否是真理的讨论。西方思辨哲学的理论建构，自笛卡尔以后，理论必经认识能力的反思而后方可提出，这就是知识论的特点，也是本节要讨论的重点。中国哲学的理论建构，却是先有理想，成为目标，再借由对现象的说明，而提供理由，然后找出方法去实践，最后指出理想人格的状态。因此，对于这样的一套哲学，要反思它的成立问题，重点就不在人类的认识能力了，而是理解这一套知识是如何形成的，以及检证实践者是否能达到目标。这是因为，这一套哲学根本就是用来提升人类的能力的，因此检证的关键在于能力是否提升，这是要靠四方架构中的工夫论与境界论以及真理观中的检证性问题，而非讨论人类自身有何种能力，以至于能理解及实践何种信念，这是人性论与人体宇宙学的问题，以及西方认识论的课题。

五、中国哲学的检证课题中的人的因素

实践哲学是人的活动的哲学，理论由人提出，理想由人实践，理论之是否完成以及理想之是否达至，皆赖人为。因此，中国哲学的知识论检证问题

的重点应该在于对人的活动的检证上。然而，参与在这套哲学的人物角色有多重歧异，因此讨论检证时首先应分辨出活动者的角色。首先，是提出理论的创造者。其次，是研究理论的学者。再次，是相信理论的实践者。最后，是对实践者进行检证评价的检证者。若不能区分是针对上述哪一类的人物活动进行检证，则对于检证的讨论将会是十分混乱的。

六、中国哲学的检证课题中的世界观因素

实践哲学的理论创造，是为了实现理想的，而理想则是在现实世界中实践的，但现实世界的范围如何，这是各家观点不同的，因此谈实践哲学的检证问题，将会涉及世界观的认识问题。世界观决定理想的范域，而理想在设定之初也已经预设了世界观的范围。儒家的理想在家国天下，宇宙论只及于经验现实世界的发生。道教理想在沟通他在世界存有者与此在世界存有者的互动关系，世界观理论的范围就进入了他在世界。原始佛教的理想在超越生死，世界观就涉及他在世界的生命，以及世界的结构。大乘佛教的理想在同证佛果，依然有他在世界的世界观，而且更为无穷无尽地广大。既然理论的世界有此在、他在的差异，则实践哲学的检证原理就必须面对这个差异。重点是，不同世界观的学派之检证者，无从否证他教。关键就是，没有共同的标准。而不具备他在世界感知能力者，不能检证他在世界的实践者的能力真伪，关键就是没有能力之支持。至于不同世界观的实践者，也无从强迫他人接受自己的世界观信念，关键就是没有经验之佐证。

七、对创教者理论的检证

以下针对创教者、研究者、实践者、检证者进行检证原理的讨论。创教者因理想的坚定，而有实际的实践，理论只是语言化他的信念与经验。无论他实践到什么程度，信念永不改变。经验则一方面展现为现象的知识，而成为宇宙论的内涵；另一方面展现为实践的方法，而成为工夫论的内涵。创教者的信念是没得检证的，它没有是非的问题，因为它都是淑世的理想；它没

有好坏的问题，因为淑世的方式人各不同，内涵人殊人别；它也没有高下的问题，因为理想不同，互相尊重即可。在实践哲学之间，天下各学派的辩论，都是好胜心所致，没有必要。教主创教时固然有所欲胜出的对象，但所能面对的问题以及所能达到的目标都是特定有限的。没有哪一个学派真正面对并解决了人类生命的所有问题，因为问题因人而定，因此不同学派只是解决不同问题的系统，故而不需论究高下。

其中，尚有世界观的别异问题，世界观既然不同，如何比较？而不同的世界观认定，是没有认识能力的一致性前提可为真伪论断的。因此，有他在世界的世界观之学派，亦无法因此以宇宙论的广大而贬抑只有此在世界的世界观的学派。总之，各自独立，互相尊重即可。因此，对于创教者之所说，就是知道其所创造之内涵，理解其理论之特征，检视其系统之完备与否，从而予以尊重即可。既然是创造，都是已经有了成果，信念已经被实践，因此既不必检证，也不必论究高下，只需理解，以及选择是否相信和愿意投入而已。理解是研究者的事业，相信和投入是实践者的事业。

八、研究者的检证逻辑

研究者就是一般学者，他的任务是要对于理论是否为真进行检证。但是，实践哲学是理想追求的哲学，理想的发生就代表智慧的获得，智慧本身是一自做决定的独断事业。因此，研究者不必检证创教者是否真有此一智慧，那是一定有的，只要去理解智慧的内涵以及实践之后的效果，而智能本身就只是一个价值取向而已，并没有真伪论断之必要。因此，研究者最重要的检证任务便成为理解的活动，理解就是研究者最重要的任务。为何要谈理解呢？因为实践哲学的理论不是任何人都容易理解的。由于价值信念的出现，是带着生命实践的感动而进行的，若是研究者缺乏同情体贴的感动，则对价值的理解就不能相应，如此一来，对于理论建构的要点，以及不同理论之间攻防成败的检证，也将失去准确判断的能力。

又，由于研究者并没有被要求实践，而实践是相信者的事业，也是学派信徒的事业，故而当研究者不以实践者为关键性角色时，则他自身就必须更加具备高度的理论能力，以便深入理解学派理论，尤其是理论的系统性架构，以判断学派理论的完成与否，以及发展历程中的后期理论的贡献。研究者不必决定自己相信与否，学派如何言说就如何理解，关键是能不能正确理解学派的言说，这是决定研究者是否称职的唯一要点。研究者不必选择实践，也不必论断不同学派理论的是非、好坏、高下，只要追求理解力的准不准确的问题。研究者的理解，将有助于提供实践者去认识，实践者有了正确的认识，也做了选择，就是相信了，相信了就要去实践了。没有研究者的良好转译，实践者是不容易正确实践的。

研究者虽不必选择相信，也不必选择实践，但是，研究者一定要相信创教者及实践者都是相信学派理论也是实践学派理论的人，这种相信别人的相信自身，其实也是自己相信了。研究者指导实践者的实践，必有其真诚，这种真诚的自身，其实也是实践了。研究者与实践者的界限难以划定，为了分析的需要而顺便区别而已，也因为事实上存在学院研究者的角色，所以必须予以区分。结论就是，学院研究者有其一定的相信与实践才是真正相应学派的好的研究者，教派实践者有相当的精确的研究才会是好的真诚的实践者，只是角色重点不同，稍各强调别异而已。

九、实践者的检证逻辑

实践者是相信教派理论而成为教派弟子的人物角色。实践者的实践，将面临许多困难。他固然选择学派的价值，相信学派的世界观，但他自身从没有经验、没有能力，到有经验、有能力的过程是一个艰苦的历程，必须十分坚定，不可中途退却，否则无法达到最高境界。所以，勇于突破艰难，是实践者成功的根本要素。虽然如此，人世间人，又有几人能够达到儒释道各学派的最高境界呢？显然是极少的。对于众多的实践者的检证，谈的是境界的升进以及操作的真伪。操作不真，自无境界之提升与达至；操作既真，亦仍有境界达至与否的问题。境界的升进决定于实践事业的完成与否，有完成就有升进，没有完成就谈不上升进。然而，完成与否未必容易察知，有些完成是主观心态的坚实，有些完成是人间事业的落实，有些完成是主体感官能力的提升，有些完成是他在世界的跨越。实践者对自己的检证就是诚恳一事而已，有没有达成自己最清楚，只要有实践的真诚，自己就会知道达到了没有，因此，自己就是自己最好的检证者。

除非是认识错误，才会有虽有诚意却无成果的情形，所以研究的工夫是很关键的。也就是说，实践者最好自己就是最佳的研究者，经由正确理解，从而准确实践，加上心诚意真，而逐步升进。达到了很好，没达到就再勉力，决不造假。造假是追求理想的事业中最常发生也最严重的障碍。有太多的人，口称追求理想，其实人欲横流，根本是造假的人。如何分辨？孔子说，"巧言令色鲜矣仁"，"刚毅木讷近仁"，这就是真伪分辨之原理。一旦人不真诚，当然也就障碍了实践的成果了。然而，真诚与否，如人饮水，冷暖自知。至于别人是否知道，那就是检证者的角色了。总结于实践者，选择价值，相信世界观，真诚实践，勇敢突破困难，持续坚持，永不退却，直至成功为止。对于自己有没有达到境界，保持不自欺的态度，这就是真正的实践者图像了。至于从外部评断他的功力高下，以及成就如何，这就是检证者的事业了。

十、检证者的检证逻辑

检证者是针对实践者的实践成果之检证，检证者自己也必须是实践者，同时必须在实践的程度上超越了被检证的实践者，如此他才具备检证此一实践者的能力条件。因此谁是检证者，谁是实践者，便成了一组相对性的关系网了。实践哲学是有理想的人的实践，所以检证者本身也必须具备这个学派的理想，若无理想，则忌妒、中伤的事情就有可能发生了，而这当然不是检证者应有的作风。也就是说，检证者虽然曾经以实践者的身份进行了实践，但是当他担任检证者角色的时候，他自身的态度便决定了他的检证的信用效度。他的态度就是他的真诚度，若是真诚，达到了就是达到了，没达到就是没达到，不会为了打击弟子而把达到了说成没达到，也不会为了讨好弟子而把没达到说成达到了，这其实都进入检证者自身的为人处事的范畴了。

检证者当然也有可能在实践的经历上不如实践者，但依然进行检证之事，这就是弟子对师父的检证，或研究者对实践者的检证。这并非不可能有一定的信用效度，关键只是，深度不足，所证有限。他们在价值方向上一定是一致的，只是达到的心量高下有所不同，以及世界观知识上细节的认识有别。但只要他是真诚的，他还是能够举证说明实践者的成就，只是评价的标准仍在自己的高度中而已。

十一、检证活动中的人物角色关系

研究者、实践者、检证者三者时常难以区分，研究者自身也会是实践者，也会是检证者。研究者、实践者、检证者只是就当下正在扮演的角色而为之界定，各有重要的角色原理，但在同一人之身上，却是可以共具三种角色的。实践者自身首先亦必须做好研究的任务，实践者自身也会是别的实践者的检证者，重点是实践者着重于自己的实践，只是在历程中必须研究，也会涉及对他人的检证而已。作为检证者，既要拥有良好的研究水平，以便借由正确理解而准确检证，也要拥有良好的实践结果，以便借由深度的经验而能更为准确地检证。然而，此三者，皆须有真诚之心，皆是究心于对创教者所说之学派学理的认识与实践，进而检证他人。若无真诚之心，则理解不成其理，实践不成其实，检证不成其证，只是小人物的表面功夫，伪饰一番而已。

十二、实践哲学的检证理论

实践哲学的检证理论是为了面对西方哲学的知识论问题意识而提出的。哲学就是普世的哲学，地域上有东方与西方之别，但内涵上就只有理论理性的唯一标准，可以普世化的才是哲学，可以理论化的才是哲学。说东方实践哲学是因为来自地域上的东方的普世化哲学，它不同于西方哲学的特点是，虽然宣称了自己的真理性，虽然充满了实践的智慧，但是它们最初的表意形式在理论理性上较为不明晰。当然，明晰不明晰也只是相对的评价，只要是真理，就可以被清晰地表意，剩下来的问题只是学习者的程度而已。学习者的程度不是哲学工作者可以负责的，哲学工作者只要负责清晰表意。笔者进行了长期的中国哲学方法论研究，目标在提出解读中国哲学的清晰的理论架构，也就是"宇宙论、本体论、工夫论、境界论"的四方架构以理解与诠释中国哲学。当东方实践哲学可以被系统性清晰地表意之后，它也就是普世的哲学了。不过，它的真理性问题仍然存在，因为哲学永远不能逃脱被质疑的命运。东方实践哲学的各家理论固是真理无疑，但它们如何是真理？不见三教辩争两千年不绝？在面对理论清晰的西方哲学时，东方各教派的理论更可以被质疑。回应被质疑为真理的问题，便是本节写作的目的。做法就是说明它是如何可以被检证为真的。

但实践哲学毕竟有其主观的特质，关键就是任一教派的理论都是创教者淑世理想下的实践结果，被信以为真，也被切实履行，并从而在人类文明历史上被实践了两千年，儒释道墨法各家皆然。既然已是历史的现实，那么检证是要检证什么呢？笔者主张，检证只有针对学习者的实践之效度进行检证，也就是检证者对实践者的检证，前提是检证者本身既有理论的认识又有实践的证量，以及根本就是相信此派的理论，而且是虔诚的教徒。是儒家就实践儒者的行谊，是佛教徒就好好修行，自己有了能力上的程度，就能判断后学者的状态。至于学派的理论，都是真理，只是淑世理想不同，想达成的目标不同，而成就的理想人格状态也各不相同，也就是有各自不同的圣人观。就好像各种类型不同的运动高手一样，人人都是绝顶高手，他们实践训练的道理都是真理，但游戏规则不同，且技艺呈现不同，却都是冠军。

在这样的检证原理下，对中国哲学的学习，重点就是在应用，而且是先有淑世的理想之后的应用，因此首须正确地理解，然后坚定地相信，从而勇敢地实践。中国哲学学派众多，儒释道都是价值真理，都有学习的价值，那么，作为中国哲学的学习者，应该如何选择教派的理论以为实践的对象呢？笔者以为，首先要广泛且准确地学习各家的哲学，之后在适当的情况境遇中准确地选择某家某派的智慧来予以应用，于是"选择性"也就成了讨论实践哲学的知识论课题的重要问题。然而，选择之前就是"适用性"的问题，实践哲学各家各派的理论是面对人生不同问题不同处境时的理论建构，因此各家的适用性问题也是知识论的重要课题。谈东方实践哲学的知识论问题就是系统性、检证性、适用性、选择性四大问题，而这也就是中国哲学真理观的讨论议题。适用性问题得以究明，选择性问题就有所着落，本书第三、四章就是在讨论这两个问题。

十三、结论

本节之所论，乃笔者针对中国哲学真理观进行的一系列讨论之一，本节着重于检证活动中的人物角色之讨论。中国哲学是实践哲学，实践哲学亦是有理论建构的哲学，此一建构，笔者以"宇宙论、本体论、工夫论、境界论"为系统化的架构。但中国哲学的知识论讨论是缺乏的，而西方知识论的讨论亦无功于此，关键是实践哲学的特质与思辨哲学大异其趣，只有反思知识之成立及实践之效度有其精神上的共趣。本节之讨论，一方面有助于深化中国哲学的实践哲学的理论特质，另一方面有助于扩充知识论问题在人类哲学文明上的研究深度。

第三章 中国哲学的三教辩证与融会贯通

讲好了系统性与检证性问题，符合了西方哲学对哲学的严密性要求之后，中国哲学的讨论又要进入新的里程，这就是适用性和选择性的问题。适用性讲各家学派理论所面对的问题与所处的环境，使得各家理论有其发挥施展的空间，于是学派间的冲突可以消融。接下来就是使用上的选择了，个人于何种情境下坚持何种处事原则以应对进退，这就要有对于各家学派融会贯通的能力，才能喜怒哀乐发而中节，缓急轻重进退得宜。

本章之讨论，就在整体融会中国儒释道法各家哲学的意旨，以求融会贯通的运用。首先讨论自由与命定论的问题，先别三家之异，其次讨论儒释道三家之间的会通，用以解消三教辩证。本章分四节，第一节"论儒释道哲学中的自由与命定论"，借由突破命运限制的不同方式，阐明儒释道三家的理论差异。第二节"论道家道教对儒家的调适与上遂"，进行儒道两家的比较与会通。第三节"论老子的圣贤智巧对庄子和孔孟的超越"，是要标举在儒者的基础上，吸收庄子与老子的智能形态而成就的最高理想的儒家，这也就是融会贯通的意思。第四节"论中国儒释道哲学之间的关系"，从佛教出发，借由学派对比，把佛教哲学的资源与儒道法各家做出对接，彰显异同。

第一节　论儒释道哲学中的自由与命定论[*]

一、前言

谈中国哲学的真理观问题，就要落实在系统性、检证性、适用性及选择性的问题上。一旦系统性及检证性问题解决了，就要讨论适用性的问题，适用性清楚，中国生命哲学就可以任由识者撷取运用了，也就是能够知所选择了。此时，针对各家的特质，进行检视，即是适用性问题的讨论。本节之讨

---

[*]　本节曾以《中国哲学中的自由与命定论》为题，发表于2015年嵩山论坛年会"和而不同——共建人类命运共同体"，登封，中国国际文化交流中心、北京大学高等人文研究院、河南省华夏历史文明传承创新基金会主办；后发表于《生命教育研究》第9卷第2期，2017年12月。

论，借由说明中国哲学主要流派对人生出路的观点，以彰显其视野，寻绎其适用领域。生命都是有限的，然而儒释道各家却都在有限的生命现象中找到自由的出路，这就是作为实践哲学、人生哲学、价值哲学的中国哲学的特质所在，也是中国哲学对人类文明特有的贡献，然其路向不同，决定于各自的价值意识与世界观，适用于各种不同类型的人物。

本节谈中国哲学中的自由与命定论的问题，主张儒释道三教都有命定论的立场，但这只是对生命存在困境的现象有所认识而已，更重要的是，三教都有理想的追求，因而为生命找到出路，从而获得了自由。总三教命定论，儒道两家是无因说。儒家以社会实践为理想，而有了自由的出路；庄子则是以个人生命境界的提升，而找到自由的出路。佛教是有因说，即是业力因果，既知其因，则知对治之方，一样可以超脱命限。三教都不受命运限制，关键在做工夫以求超越，若没有工夫的配合，则任何人都只能受命限的束缚了。

"自由与命定论"这个议题直接对准人类生命的命运问题：到底人类有没有固定的命运？若有，它是如何形成的，以及人类自己可以主宰这个形成的原因吗？若无，是否人类全然是自由的？若是，自由即无界限吗？又，中西文明史上充斥着数不尽的算命和预测技术，信者众多，不信者亦恒不信，那么，命运真的可以测知吗？而人们应该如何理性地面对这个现象呢？这些问题，几乎是自有文明以来，所有有理性的人都会探问的问题，也正是因此，在中西所有重要的哲学理论以及思想学派中，从不缺乏对这个问题的讨论。当然，问题多元，而答案更是分歧。此一主题即是要面对这个问题，撰文申论，阐释笔者的研究观点，解读传统宗教哲学理论体系里对于此一问题的意旨，以便协助人们正确地看待生命中的许多奥秘现象，从而走向人生的康庄大道。

从中国哲学角度而言，以儒学来说，朱熹的理论可为典范，气性生命都是命定的，但德性生命都是自由的。朱熹以其理气论系统，针对贵贱、贫富、寿夭的气禀所受，主张任何人都受到先天的气禀限制，无可改变。但是，就每个人也都禀受天地之性而言，人们在智愚、贤不肖的气禀差异下，只要愿意做道德追求，则是人人可为尧舜。①当然，气量有别，意思是说有大圣人之量，也有君子之量，也有匹夫匹妇之量，但都是纯善的。这又是王阳明的"成色分两"说所继承与发挥的。②

以道家言，应以庄子为代表，关键是庄子正面面对这个问题且有系统性主张，老子的讨论不及此，列子的意见可概括在庄子里。对庄子而言，气化生命亦是先天受限制的，无可逃脱。但重要的是，世俗的气命都是没有目的性的，不必在乎，真正应该追求的是生命的自由，而自由是以与造化者游为目标，其义最高是成仙，至少是人间自由自在的智者，重点在追求自己的心境愉悦舒适，而不是耽溺于世俗名利权势中。

就佛学言，因果业报轮回说是其生命哲学的根本。生命受到业力的牵染，势必受报，但业力形成于自己，故而不能说是命定的，且一旦在轮回中新生，即拥有一生的时光可以自由地造新业，故而又是绝对的自由论。至于真正的自由，并不是可以自造善恶的意思，而是智慧地生活，自助又助人，展开积

---

① 参见杜保瑞：《南宋儒学》第六章"朱熹形上学的建构"之"六、个别人存有者的存有论及本体论系统"。
② 参见阳明言："圣人之所以为圣，只是其心纯乎天理而无人欲之杂；犹精金之所以为精，但以其成色足而无铜铅之杂也。人到纯乎天理方是圣，金到足色方是精。然圣人之才力，亦有大小不同；犹金之分两有轻重。尧、舜犹万镒，文王、孔子犹九千镒，禹、汤、武王犹七八千镒，伯夷、伊尹犹四五千镒。才力不同，而纯乎天理则同，皆可谓之圣人；犹分两虽不同，而足色则同，皆可谓之精金。以五千镒者而入于万镒之中，其足色同也；以夷、尹而厕之尧、孔之间，其纯乎天理同也。盖所以为精金者，在足色，而不在分两，所以为圣者，在纯乎天理，而不在才力也。故虽凡人而肯为学，使此心纯乎天理，则亦可为圣人；犹一两之金比之万镒，分两虽悬绝，而其到足色处，可以无愧。故曰'人皆可以为尧、舜'者以此。学者学圣人，不过是去人欲而存天理耳。犹炼金而求其足色，金之成色所争不多，则锻炼之工省而功易成，成色愈下，则锻炼愈难。人之气质清浊粹驳，有中人以上、中人以下，其于道，有生知安行，学知利行，其下者必须人一己百，人十己千，及其成功则一。后世不知作圣之本是纯乎天理，却专去知识、才能上求圣人，以为圣人无所不知，无所不能，我须是将圣人许多知识、才能逐一理会始得；故不务去天理上着工夫，徒弊精竭力，从册子上钻研、名物上考索、形迹上比拟；知识愈广而人欲愈滋，才力愈多而天理愈蔽；正如见人有万镒精金，不务锻炼成色，求无愧于彼之精纯，而乃妄希分两，务同彼之万镒，锡、铅、铜、铁杂然而投，分两愈增而成色愈下，既其梢末，无复有金矣。"（《传习录·上》）

极光明的生命，解脱痛苦与烦恼，并且救度众生。可见，自由与命定论的问题，在中国哲学史上已有十分深刻的各家定见，本节之作，首在申明这些理论意旨，并适做三教比较，从而提出应用的观点。

二、自由与命定论问题意识释义

论自由，可有很多面向，本节要讨论的，是在中国哲学领域中，关于生命的意义与人生的艰难部分，研究中国哲学各学派中，如何建构生命的理想，以突破各种的生命困境，从而找到生命的自由。生命不是没有困境的，但那是命运的限制？还是社会的历史现象所造成的？还是只是自己的生活方式不恰当所致？依据中国儒释道三学，都有对于生命是会受到命运的限制的观点，至于历史的影响，也包括在个人命运的限制中被理解，而个人生活方式不恰当的影响，则是属于如何突破命运限制下要讨论的议题。归根结底，儒释道三教都说了生命艰困的原因，其中都有一定程度的命定论色彩。然而，作为人生哲学的中国儒释道三学，正是要在人生的艰苦中，找到生命的意义与应该追求的理想，从而建立自主的人生，于是有了自由的宗旨。因此，命限还是存在，原因各家说法不同，自由则是共有的理念，但是各家的终极自由依然不同，于是有儒释道三教对于此一议题的同异辩证，十分精彩。

对于此一问题的讨论，首先要从命运限制的问题开始，也就是从生命的艰难面之所以形成的原因说起。这一部分的讨论，基本上就是要进入各家的宇宙论哲学中去认识，宇宙论说明生命形成的原因，因此可以对准个别人生的命运好坏问题。但是中国儒释道三学，讲宇宙论不只是为了说明现象世界及个人生命之形成，说这些的目的还是为了追求人生的理想，而人生的理想正是本体论的议题[①]，把意义与价值弄清楚，怎么追求就是工夫论的课题了。

---

① 本体论、存有论、形上学这三个哲学概念通常会被混在一起使用，若是讨论西方哲学，这没什么问题，关键都是谈论终极实体的存有定位的问题。但在中国哲学的文字使用中，本体是本来就有的词汇，主要谈天道实相等价值意识问题。因受西方哲学影响，当代中国哲学界对于本体有无实体义亦进行了讨论，但这样的讨论也会以存有论问题定位之，于是存有论（转下页）

儒释道三教都有本体论也有工夫论,做了工夫达到境界,就是生命意义的完成,自由就在这里讲了。所以自由与命定论的问题,就在儒释道三教的宇宙论、本体论、工夫论、境界论中可以被说清楚。①

关于命定论与宇宙论的关系的问题,是因为命定论是关于命运的理论,在其中既有主张有命定论的立场者,当然也有主张没有命定论的立场者,而针对这个问题的讨论,就会落实在生命形成的原因中去讨论,这就进入宇宙论的问题里。中国哲学谈人生问题,必然会有对于生命形成的原因的探究,并且在此处说明生命的真相。艰困并非必然,只是命限确实有之,于是各家宇宙论针对之而论述之。由于中国哲学都是要追求人生的理想,培养理想完美的人格,于是命限只是作为理想实践时的背景理解,基本上没有突破不了的命限,问题只是方向在哪里。若不能正确认识人生的理想,则永远受限于命运;若能知道生命真正的意义,向理想处追求,生命的自由于焉展现。

虽然如此,三教的世界观、宇宙论和价值理想各不相同,以下,笔者要将讨论三教的自由与命定论问题的主要材料对象稍做规范,以免讨论泛而无边。因为这是一个大的题目,若不能适度限缩,各家都有十分烦琐而细节的线索,则意见宗旨便无法定准。

首先就儒学而言,自孔子定下"未知生,焉知死?""未能事人,焉能事鬼?"的基调以后,儒家就是站在经验现实世界的立场,追求天下太平的理想,于是命运的问题,便是人类在经验现实世界中所形成的课题。就此而言,孔孟仅论及有命,更重要的是说明理想,也就是使命,使命实现之后则获得自由。于是对儒家而言,讨论自由与命定论的问题,就在如何说明命

(接上页)便和本体论混合着使用,两词都是形上学问题。笔者于中国哲学的讨论中,便将两词分开使用,本体论谈意义与价值,是传统的本体工夫的用法,存有论谈实体、谈概念范畴,是沟通了西方哲学的讨论。价值理想固此就在天道实相中谈,而这就是本节本体论概念的使用意义。参见杜保瑞:《中国哲学方法论》。

① 关于宇宙论、本体论、工夫论、境界论的四方架构之概念意旨与理论功能,请参见杜保瑞:《中国哲学方法论》。

限,以及如何做工夫以化消命限、达成理想的讨论中。这些讨论,从孟子、《中庸》到宋明儒学都有讨论,而最后,在宋明儒学中达到儒学立场的理论高峰与完成,因此,宋明儒学的著作将是本节说明儒家自由与命定论意旨的核心材料。

其次就道家而言,《老子》五千言,言简意深,但是问题意识较为集中,且并不主要涉及个人生命限制问题,而是针对领导者的管理智慧,甚至,其说能与儒家意旨相通。因此,讨论道家的自由与命定论问题,要另寻他说。笔者以为,能代表道家而别异于儒家的系统,当推庄子。庄子菲薄孔子,价值立场有别,且对宇宙论问题说之甚详,对生命的来去,有明确宗旨,更有强烈的命定论色彩,却在此基础上要追求个人的绝对自由,自由与命定论的冲突在庄子哲学内部即是张力甚显。本节将主要以庄子哲学为谈道家自由与命定论问题的哲学系统。

最后就佛教哲学而言,本来就是建立在因果业报轮回的理论中,可以说命定论是其根本立场,但是因为有轮回观之故,不断地轮回的生命本身就是全新的机会的给予,因此生命也是自由的,加上业力之说,佛教哲学竟将自由与命定论完全地吸收融合为一套生命理论中共有的质素。佛教固有原始佛教、大乘佛教的发展,但是这一套宇宙论生命观是没有更动的,所以大小乘佛教的材料都是共同可用的核心素材。

本节所使用的自由与命定论的概念,是在传统中国哲学的讨论下的使用,并未涉及西方哲学对于人类自由意志问题的探讨。这是因为,传统中国哲学的根本问题重在人生理想的追求,儒释道三家都是。人的意志自由始终是受到肯定的,但有命运的限制又是共同看到的事实,为追求理想,定要突破限制。理想达成,限制就不存在了,自由获得伸张。中国哲学始终不是面对人类有无自由意志的问题,而是人类生命有无价值理想的出路问题,突破的是命限。因此,本节使用的命定论概念,也是指的命运的限制性一事,而不是机械式的命定论的立场。因此,自由与命定论的冲突便可以解消。关键就是此处的命定论讲的是命运限制性,而自由讲的是生命的出路,出路在理想,理想即是本体论的观念内涵。至于命运的限制，寿夭、美丑、智愚、贤不肖就是所论，另外，社会历史的条件也是限制命运的要点，《论语》就讲"辟世""辟地""辟色""辟言"之说①，这都是造成命运的背景，也是对生命的限制。不论是个人气禀之限制，还是时代环境的限制，命限之形成，有没有原因，这在三教中是有不同的知识立场的。

三、儒家以使命化解命运的立场

以下，先讨论先秦儒学的立场，之后再进行对宋明儒者的问题与主张之解析。首先，对于儒者而言，他们最关心的问题就是如何建立理想的家国天下。但是现实常常是很不令人满意的，为求天下的理想，需要出仕服务，但又未必能有职务，自己的家庭生活都未必顾得好了，又如何治理天下？这就引发了对于命运的感叹，《论语》中就有如下的说法：

> 哀公问："弟子孰为好学？"孔子对曰："有颜回者好学，不迁怒，不贰过。不幸短命死矣！今也则亡，未闻好学者也。"②
>
> 伯牛有疾，子问之，自牖执其手，曰："亡之，命矣夫！斯人也而有斯疾也！斯人也而有斯疾也！"③

颜回早死，孔子说他短命，这就是命限。冉伯牛生病了，孔子也说这是命。这是针对生命年龄以及身体健康问题的命限之知。此外，针对能力高下也有命限的认知。参见：

> 子曰："中人以上，可以语上也；中人以下，不可以语上也。"④

---

① 参见《论语·宪问》："子曰：'贤者辟世，其次辟地，其次辟色，其次辟言。'"
② 《论语·雍也》。
③ 《论语·雍也》。
④ 《论语·雍也》。

> 孔子曰:"生而知之者,上也;学而知之者,次也;困而学之,又其次也;困而不学,民斯为下矣。"①

说人的资赋有中人以上或中人以下,这是对人的能力的命限的认知。说人有生而知之、学而知之、困而学之的差别,这当然也是对命限能力的认知。然而,人在能力上有命限的差别,这是经验上的事实,人人皆知,至于理论上是否命限不可改,以及命限如何形成,这都没有讨论。面对命限的问题,孔子更多的是谈君子应有的作为,也就是对天命的理解与对使命的追求,其言:

> 不知命,无以为君子也;不知礼,无以立也;不知言,无以知人也。②
>
> 君子有三畏:畏天命,畏大人,畏圣人之言。小人不知天命而不畏也,狎大人,侮圣人之言。③

"不知命"的命,应该指的不是人类的寿命与能力的命限,而是天命与使命,即是第二句的"畏天命"之义。由此看来,在孔子所关心的自由与命定论的问题中,命限当然是有的,但深入命定论则谈不上,只能说是一般经验之谈。若是要指出命定论,则需要对命运的形成有一套理论的说明,并且要对如何改变命运或是否根本不能改变命运的问题,做出明确的讨论意见。因此,在孔子而言,命定论谈不上,但自由则有明确指向,那就是天命。命定论立场固然是相对于自由论的立场,但是,儒家也好,道佛也好,都没有停止在命定论的立场中,就算有命定论的立场,也是要指出生命的出路,出路找到了,生命就挺立了,也就是有了自由。儒释道三教的自由,显然不是任意妄行不受羁绊的自由,而是有了生命的理想与方向。就此而言,孔子的天命观便是

---

① 《论语·季氏》。
② 《论语·尧曰》。
③ 《论语·季氏》。

儒者向来不变的价值理想。这个理想，《中庸》继承之，其言：

> 天命之谓性，率性之谓道，修道之谓教。道也者，不可须臾离也；可离，非道也。是故君子戒慎乎其所不睹，恐惧乎其所不闻。莫见乎隐，莫显乎微，故君子慎其独也。喜怒哀乐之未发，谓之中；发而皆中节，谓之和。中也者，天下之大本也；和也者，天下之达道也。致中和，天地位焉，万物育焉。①

《中庸》第一章讲天命，天命就是自性，实现此自性即是人生的目标与生活的道路，努力培养这个目标道路则是教育的功能。这个目标道路且是终生必须奉行不辍的。至于如何实践呢？那就是要慎独，要发而中节，要致中和。这就是儒者与一般人的不同之处。如下文所言：

> 子曰："道之不行也，我知之矣：知者过之，愚者不及也。道之不明也，我知之矣：贤者过之，不肖者不及也。""人莫不饮食也，鲜能知味也。"②

"道之不行"与"道之不明"就是历史社会的命限，这和《论语》中多处提到的"邦无道"的概念是一样的立场，但这依然是对现象的认知，亦未明确主张历史有所谓的"命定主义"。然而，历史社会政治有其限制则是事实，面对于此，仍是要追求自己的理想，那就是上文的率性、修道、慎独、中节等等。至于一般人，不论智愚贤不肖，都是或过或不及而已。至于君子，则是追求天命的智者，走出自己的人生道路，自由之义在此。亦即，儒者以天命的道德理想为终生追求的目标道路，而这个立场，两千年来的儒学发展都没

---

① 《中庸·第一章》。
② 《中庸·第四章》。

变,宋明儒学者是,当代新儒学者亦是。但是,对于命限的问题,却是只有到了宋明儒学才有正式的理论建构。

在讨论宋明儒学之前,还应该谈一下孟子的处理,因为宋明儒学理论更多的是从孟子哲学继承下来的。对于命,孟子有一段经典之作:

> 口之于味也,目之于色也,耳之于声也,鼻之于臭也,四肢之于安佚也,性也,有命焉,君子不谓性也。仁之于父子也,义之于君臣也,礼之于宾主也,智之于贤者也,圣人之于天道也,命也,有性焉,君子不谓命也。①

第一句的口目耳鼻四肢是生理本能,孟子说为生理之性,宋儒说为气质之性。生理本能之性有其不可或缺的需求,但是人有理想,更应追求,这就是天命。其中之性讲的是生理本能,其中之命讲的就是《中庸》的天命理想。第二句的仁义礼智之于父子君臣宾主贤者,是社会价值中不可消除的命限要求,说为被命令之命运,但有理想追求的意义在其中,所以不能只当它们是被要求的教条,而应当视为个人所应追求的理想,这就是个人的本性,宋儒说是天命之性。其中之命是社会共识的价值,人都必须遵守的,故有命限的意味在,其中"有性焉"说的就是天命之性。于是,就口目耳鼻之生理之性而言,有天命在;就仁义礼智之社会规范之律令之命而言,有发自天命本性的性在。于是,孟子文中的性,与天命之命两义相合,而证成《中庸》的"天命之谓性"一说,此说亦接着为宋明儒者所发挥。

孟子对人性的问题,主张性善论,其目的在要求人人须努力成为君子。因性善,故有可能性,以及必然性。但是,人有为恶的事实,则其与性善论的冲突应如何化消?这在孟子则是以"自暴自弃"斥责之,其实并未说出为恶的理论架构,亦即并未从形上学存有论的进路,说出人之所以可能为恶的

---

① 《孟子·尽心下》。

存有论基础,也未能说明存有论上会为恶的一般人,如何可能成为善人,甚至圣人,而这就是要留给后来的儒者去解决的问题。宋明儒学就从这个问题出发,建构理论以说明为恶的存有论的理论架构,亦在此处,界定了命限的形成原因,然后,依据原始儒家本来的立场,亦要提出追求天命理想的使命。

首先,周敦颐说出了人的存在是阴阳五行之气的结构结果:

> 无极而太极,太极动而生阳,动极而静,静而生阴,静极复动。一动一静,互为其根。分阴分阳,两仪立焉。阳变阴合,而生水火木金土。五气顺布,四时行焉。五行一阴阳也,阴阳一太极也,太极本无极也。五行之生也,各一其性。无极之真,二五之精,妙合而凝,乾道成男,坤道成女,二气交感,化生万物。万物生生,而变化无穷焉。惟人也,得其秀而最灵。形既生矣,神发知矣。五性感动而善恶分,万事出矣。圣人定之以中正仁义而主静,立人极焉。①

周敦颐是儒家哲学体系中继董仲舒之后在宋明时期第一位从宇宙论角度论述人的生命存在的哲学家。人是阴阳五行之气凝结而成的,当有了知觉之后就有善恶之行,则需圣人以中正仁义教化之。此时,为恶的原因尚未明说。张载的理论就说清楚了,关键是孟子所讲的口目耳鼻之性的过度为恶,其言:

> 湛一,气之本;攻取,气之欲。口腹于饮食,鼻舌于臭味,皆攻取之性也。知德者属厌而已,不以嗜欲累其心,不以小害大、末丧本焉尔。②

---

① 周敦颐:《太极图说》。
② 张载:《正蒙·诚明篇》。

口腹鼻舌就是孟子所说的生理本能之性,有德者满足即止,不会过度追求,若是被嗜欲累其心,就是以小害大、以末丧本而为恶了。以气说人,则口腹鼻舌就是此气之结构,其有为恶之可能,就是嗜欲,嗜欲就是生理需求的过度。这也是说明命限的理据,但此处尚非命定论旨。至于以气说生死寿夭,那就有命定论的意味了,如其言:

> 德不胜气,性命于气;德胜其气,性命于德。穷理尽性,则性天德,命天理。气之不可变者,独死生修夭而已。①

价值理想的追求应该超过生理的欲求,反之,就受到生理的限制了。"性命于气"就是价值理想受到生理的限制,"性命于德"就是对生理的需求有所节制,足够即止。所以生理的需求不形成命运的限制,只是不慎其用即导致为恶而已。但是,生死寿夭就不同了,生命形成于气,气有结构,人各不同,寿夭就有命数在,故曰:"气之不可变者,独生死修夭而已。"这就是再明显不过的命定论,但所指在生命的长短一事上。张载有"气质之性"与"天地之性"的理论,但主要用在进德修业的理想追求的问题上,其言:

> 形而后有气质之性,善反之则天地之性存焉。故气质之性,君子有弗性者焉。②

虽然气质是人生存在的现实条件,但人之所以为人的价值是在道德追求上,故而应以"天地之性"为生命的出路,不受气性生命的羁限。"天地之性"就是孟子强调的良知良能"我固有之",孟子有说于德性,但略及于气性生命。张载的"气质之性"正面面对气禀存在的事实,有助于说明为恶的存有论来源问

---

① 张载:《正蒙·诚明篇》。
② 张载:《正蒙·诚明篇》。

题，可以说，都还是对孟子性善论的继承及发挥。总之，儒学上总是由天命给予出路，出路有了，人即自由了。至于那个命限的问题，张载也只说到了死生寿夭一事是有命限的。

然而，"气质之性"与"天地之性"的理论毕竟是一套有用的架构，朱熹即依此而发挥了更为清楚的儒家命限的理论。朱熹以"理气"整体说所有的存在物的阴阳五行结构，以"心性情"说道德实践主体的架构，以"魂魄"说人死后的存在架构，以"鬼神"说他在世界存有者的存在性。可以说，依据张载的气化宇宙论而结合儒家的性善论及天命观，朱熹完整地处理了人存有者的宇宙论架构，由此而可以说明人之所以会为恶以及必然可以为善的理论问题。朱熹的理气论中指出天地万物皆有理，亦即是儒家的"天命之性"，此性使万物有其存在的价值与意义，但是，人与人以及人与动物、植物等天地万物在道德实践的能力上却是各自不同的。植物与矿物就不论，朱熹也不关心，动物就必须有一说明。动物也是理气结构的生命，但因其气禀结构的限制，动物对于道德实践能力仅有丝毫的曙光，犬能忠，牛能勤，羊能孝，却不可能呈现仁义礼智的全部。人则不然，禀受"天地之性"与"阴阳五行之气"之后，虽有限制，却完全不受遮蔽，虽能力有所不同，却最终都能够呈现仁义礼智的全部，这是人与动物的不同。这样，就已经是对动物的命限的说明了，但这不是重点，重点是对人类道德实践能力的高下的说明。人虽高于动物，但人与人之间的道德实践能力仍是互有差别的，就是孔子所说的"生而知之、学而知之、困而知之"的等级。对此，朱熹则以气禀之不同而说之，并且承认除了道德实践能力有气禀限制以外，人的寿夭贫富贵贱也是受到气禀限制的。这样的理论，就是儒学史上最先也最明确的对于命限问题的哲学讨论。同时，也就端出了命定论的立场。只是，儒者讨论命定论，却从无消极的意味，因为有性善论与天命观在，从来就是只当它是个经验现象的事实，人的生命必是有出路的，也就是都有它的自由。以下展开朱熹的讨论，首先，就动物的道德实践能力有限而言，参见：

自一气而言之，则人物皆受是气而生；自精粗而言，则人得其气之正且通者，物得其气之偏且塞者。惟人得其正，故是理通而无所塞；物得其偏，故是理塞而无所知。且如人，……以其受天地之正气，所以识道理，有知识。物受天地之偏气，……物之间有知者，不过只通得一路，如乌之知孝，獭之知祭，犬但能守御，牛但能耕而已。人则无不知，无不能。人所以与物异者，所争者此耳。①

　　问：气质有昏浊不同，则天命之性有偏全否？曰：非有偏全。谓如日月之光，若在露地，则尽见之；若在蔀屋之下，有所蔽塞，有见有不见。昏浊者是气昏浊了，故自蔽塞，如在蔀屋之下。然在人则蔽塞有可通之理；至于禽兽，亦是此性，只被他形体所拘，生得蔽隔之甚，无可通处。至于虎狼之仁，豺獭之祭，蜂蚁之义，却只通这些子，譬如一隙之光。至于猕猴，形状类人，便最灵于他物，只不会说话而已。到得夷狄，便在人与禽兽之间，所以终难改。②

以上两段文字，是在朱熹理气论架构下，说明万物在共同禀受"天地之性"后，为何人与动物有道德实践能力的区别。朱熹指出，"天地之性"是天地万物都受有的，矿物、植物在"正德、利用、厚生"中有其为人类所用的功能，因其无生命知觉的主动行为能力，故以"为人所用"而呈现其禀受于"天地之性"的角色功能。但动物是有知觉的，若是也禀受"天地之性"，那么为何不能实践道德理想？答案就是气禀之故。鸟孝、犬御、獭祭、牛耕等，有些甚至还谈不上道德实践，而只是社会能力而已。所以，重点是，气禀是会限制生命的能力的，虽然生命因气禀而有，但动物就受到气禀的阴阳五行结构的限制，而只能将实现仁义礼智的能力透露出一点缝隙。不论朱熹的理论合理性如何，重点是，这就是借由气禀结构说明生命能力的理论，也就是对

---

① 朱熹：《朱子语类·卷第四·性理一》。
② 朱熹：《朱子语类·卷第四·性理一》。

命限的形成给了宇宙论进路的理论说明。有了这样的说明系统，朱熹便直接讨论了人的命运问题，其言：

> 然就人之所禀而言，又有昏明清浊之异。故上知生知之资，是气清明纯粹，而无一毫昏浊，所以生知安行，不待学而能，如尧舜是也。其次则亚于生知，必学而后知，必行而后至。又其次者，资禀既偏，又有所蔽，须是痛加工夫，"人一己百，人十己千"，然后方能及亚于生知者。及进而不已，则成功一也。……人若有向学之志，须是如此做工夫方得。①

这段文字对于人有能力等级之别做出了气禀结构差异的说明，等于为命限提出理论说明。当然，既有"天命之性"在，那么就是根本性的限制了，则个人气禀之强弱清浊就不是什么根本性的限制了，它只是道德实践能力的程度性限制，而非根本性限制，故而仍是人人可为尧舜，只是难易有别而已。以上针对道德实践能力而说，下面的讨论则是针对命运之不齐而言：

> 人之禀气，富贵、贫贱、长短，皆有定数寓其中。②
> 问：先生说："命有两种：一种是贫富、贵贱、死生、寿夭，一种是清浊、偏正、智愚、贤不肖。一种属气，一种属理。"以僴观之，两种皆似属气。盖智愚、贤不肖、清浊、偏正，亦气之所为也。曰：固然。性则命之理而已。③
> 因问：得清明之气为圣贤，昏浊之气为愚不肖；气之厚者为富贵，薄者为贫贱，此固然也。然圣人得天地清明中和之气，宜无所亏欠，而夫子反贫贱，何也？岂时运使然邪？抑其所禀亦有不足邪？曰：便是禀

---

① 朱熹：《朱子语类·卷第四·性理一》。
② 朱熹：《朱子语类·卷第四·性理一》。
③ 朱熹：《朱子语类·卷第四·性理一》。

得来有不足。他那清明，也只管得做圣贤，却管不得那富贵。禀得那高底则贵，禀得厚底则富，禀得长底则寿，贫贱夭者反是。夫子虽得清明者以为圣人，然禀得那低底、薄底，所以贫贱。颜子又不如孔子，又禀得那短底，所以又夭。①

以上诸说，明白主张人有命限，且人各不同，关键都是气禀的结果。朱熹说："命有两种：一种是贫富、贵贱、死生、寿夭，一种是清浊、偏正、智愚、贤不肖。"前者攸关个人命运，后者攸关道德实践能力，前者为气，后者为理，气者不可改变，理者受到限制，竟然是都有定数的。定数就是气禀之阴阳五行结构，而阴阳五行的禀受则是就人的出生年月日时所结构而成。朱熹甚至等于为子平、紫微等命相学找到理论依据了。这就是说，气聚成形，而有了生命，生命依其禀受而有了命运的定数。既然贵贱、贫富、寿夭都有定数，这岂不就是命定论了？正是如此，连圣贤都有命运的定数在其中。不过，要表述命定论的立场，还需要对命运形成的原因做说明。一是必然，一是偶然。若是必然，则是有因命定论。若是偶然，则是无因命定论。照理，有因就会有破解之道，无因偶然者，可以说才是绝对的命定论。而朱熹，竟是无因偶然论者，其言：

> 问：命之不齐，恐不是真有为之赋予如此。只是二气错综参差，随其所值，因各不齐。皆非人力所与，故谓之天所命否？曰：只是从大原中流出来，模样似怎地，不是真有为之赋予者。那得个人在上面分付这个！《诗》《书》所说，便似有个人在上恁地，如"帝乃震怒"之类。然这个亦只是理如此。天下莫尊于理，故以帝名之。"惟皇上帝降衷于下民"，降，便有主宰意。②

---

① 朱熹:《朱子语类·卷第四·性理一》。
② 朱熹:《朱子语类·卷第四·性理一》。

本段明确主张，二气错综，没有人为的安排。古书说的上帝，亦只是理，是理就还是二气错综参差而已。总结而言，人的禀赋各不相同，这就包括世俗价值中的贵贱、贫富、寿夭，以及道德实践能力上的智愚、贤不肖，它是随其出生就有定数，这就是命定论的立场了。甚且，这个禀赋尚不是任何人为的力量所造成，而就是气禀所感的结构结果而已，这就更是命定论了。既然命数在其中，人生的意义何在？所幸，儒家学者从来就直接回应这个问题。孔子的"畏天命"，孟子的"性命对扬"，《中庸》的"天命之性"，周濂溪的"圣人定之以中正仁义"，张载的"天之性"，朱熹的"天理"，这些都是人之所受中的意义面向之所指。也就是说，世俗义的命运固有其然，然人之出生，更有其理想的目标价值有待追求，实现这个目标价值，就是生命的出路，有出路就是自由的，无论能力高下。这个目标理想，说为使命可也。因此，有命运，也有使命，是命定论，也是自由论，命定指涉富贵贫贱方面，自由指涉人生理想方面。因为有理想，故而"道之不行，我知之矣"，然绝不妨碍人仍有独立自主的价值追求，否则生命意义何在？因此我们可以说，儒家接受世俗命运问题上的命定论立场，但对生命的本质，提出价值追求的理想，而完成生命的意义，就此而言，便完全不受命定论影响。就算有命限，也是一样要追求理想，则命限便只是对现实的艰难的一种理解而已，生命就是有意义的，有目标、有价值的，那就是人的一生的出路。在所禀受的赋命中，既有气禀命运的一面，也有天命降受的一面。

附带一谈的是，儒学史上对于宿命的讨论走得比朱熹更远的就是邵雍。邵雍的《皇极经世》把历史和个人的运数轨迹都做了界说，可谓对命运之结构做出了详细的说明，因此在邵雍的理论系统中，他是可以推算命运的。但依前文所说，知命运之命是一回事，知天命之命是另一回事，两者不相妨碍，并不因此就陷在命限中，使人生没有出路。

四、道家融合命定与自由的智慧

自由与命定论的问题涉及人生哲学的核心问题，这在道家老子的体系中并未充分处理，只有在庄子的理论中可以充分见到。故而本节以庄子哲学为道家意旨的对象。庄子是先秦哲学中，最早也最清晰地拥有完整哲学体系的一家，他有气化宇宙论，有价值意识的本体论，有身心修炼的工夫论，有理想人格的境界论。因此，人的生命形成，以及命运的问题，在他的系统中都有明确的表述。

庄子的气化宇宙论主要说人的生命的形成，就是气的聚散，并且人都会死，除非修炼成神仙[①]。不过，庄子哲学更大的贡献却是在人间世的普通人的生命自由观：就在气化聚散的生死流行中，直接把生命的价值从自我崇高上拉下来，指出生命来去一遭，没有特定的目的，故而以道逍遥自适为尚，这就破除了人在社会体制内的角色荣辱之矜持。一旦放下社会礼俗的人生目标，生命就自在了。若要追求更高的境界，那就做身心修炼的工夫，终极境界是神仙；若同时成为统治者，那就是采取放任无为的治理方式。这一套理论，是中国哲学中唯一一套明确的出世主义哲学，意思是不把生命的目标放在社会体制的理想化的追求上，而是以个人生命境界的提升为目标，既是个人性的，也是自由性的，这一套哲学对于自由与命定论的问题，是有鲜明的立场的，形式上也是站在命定论的立场追求生命的自由性。

庄子的生命观中，作为人，只是造化集气而成的存在，没有赋予特殊的目的性。而人的生命形态，种差类别，甚至有残疾病苦之人。然而这就是命

[①] 庄子文中充满了不死神仙的文字，《逍遥游》言："藐姑射之山，有神人居焉，肌肤若冰雪，淖约若处子。不食五谷，吸风饮露。乘云气，御飞龙，而游乎四海之外。其神凝，使物不疵疠而年谷熟。吾以是狂而不信也。"这是说明神仙的智能。《大宗师》言："南伯子葵问乎女偊曰：子之年长矣，而色若孺子，何也？曰：吾闻道矣。南伯子葵曰：道可得学邪？曰：恶！恶可！子非其人也，夫卜梁倚有圣人之才，而无圣人之道，我有圣人之道，而无圣人之才，吾欲以教之，庶几其果为圣人乎！不然，以圣人之道告圣人之才，亦易矣。吾犹守而告之，参日而后能外天下。已外天下矣，吾又守之，七日而后能外物。已外物矣，吾又守之，九日而后能外生。已外生矣，而后能朝彻，朝彻而后能见独，见独而后能无古今，无古今而后能入于不死不生。杀生者不死，生生者不生，其为物无不将也，无不迎也，无不毁也，无不成也，其名为撄宁，撄宁也者，撄而后成者也。"这是针对修炼成不死神仙的工夫论。

运，不管造物者怎么对待你，都谈不上对个别人——我——的特殊设计。只要不从社会人为的角度去看待生命，这些命运之不齐，也都没有尊卑高下之别。王公与百姓平等，美丑与寿夭无别，只要不进入社会世俗的价值观中去思考，人人都是生命平等的。给什么样的命运就有什么样的人生，但一切不同的命运类型都地位平等，都不影响个人自由的追求，因为世俗眼中的好坏，根本不是造化的目的。于是，追求个人精神境界的超升就是人生的去处，可以说艺术家、科学家、修炼者等就是庄学形态的自由人。于是，人们虽有命运，但是命运是什么，则只是从世俗的眼光去看的分别而已，归根结底，人人都是一样的，只要懂得尊重每个人自己生命超升的去向就好。既是社会世俗生命形态的命定论，又是个人自由生活立场下的自由论，庄子哲学就这样完美地解决了命定和自由的问题。

首先就世俗价值的破除说，《齐物论》中有"道通为一"之说：

> 故为是举莛与楹，厉与西施，恢诡憰怪，道通为一。其分也，成也；其成也，毁也。凡物无成与毁，复通为一。唯达者知通为一，为是不用而寓诸庸。庸也者，用也；用也者，通也；通也者，得也。适得而几矣。因是已。已而不知其然，谓之道。劳神明为一，而不知其同也，谓之朝三。何谓朝三？曰狙公赋芧，曰："朝三而莫四。"众狙皆怒。曰："然则朝四而莫三。"众狙皆悦。名实未亏，而喜怒为用，亦因是也。是以圣人和之以是非，而休乎天钧，是之谓两行。[①]

人的美丑，能力的高下，这些，在造物者的眼中，都没有分别，都不是造物者创造人物的目的。于是，世人就应该放下这些从社会价值的眼光来看待自己生命的角度，而与道合一。否则，就像猴子们"朝三暮四"的故事一样，实际上没有差别的事情，只因为名相的不同，而喜怒有别，这不是很可笑吗？

---

① 《庄子·齐物论》。

所以智者不为，尤其是对于人间的是非好恶，都不当真，这样，生命就可以逍遥自适地追求自己的适性发展了。

《齐物论》又有"天地与我并生"的观点：

> 天下莫大于秋豪之末，而大山为小；莫寿乎殇子，而彭祖为夭。天地与我并生，而万物与我为一。既已为一矣，且得有言乎？既已谓之一矣，且得无言乎？一与言为二，二与一为三。自此以往，巧历不能得，而况其凡乎！故自无适有，以至于三，而况自有适有乎！无适焉，因是已。①

从天地一体的角度，连万物的差异都算不得什么，至于人生的寿夭、贵贱、贫富、美丑这些世俗的标准，更是没有分别的意义在。若要分别，无穷无尽，却毫无意义。"无适焉，因是已"，就是要人放下这些分别，这些分别就是人生的命运好坏，但是从造物者的眼光去看时，一切并生为一，于是世人也无须进行这样的分别了。这就是说，命限固其然也，但那根本不是造物者眼中的价值，而是世俗的观瞻与自我的认知而已。若是因此造成生命的矜持，而自我设限，那就没有自由了。能放下这些无谓的矜持，采取与造物者并生为一的人生态度，则生命的出路是无限宽广的。原来，命定论的观点只是个人狭隘眼光下的自以为是而已。

《齐物论》又有言于仁义是非"樊然淆乱"之说：

> 且吾尝试问乎女：民湿寝则腰疾偏死，鰌然乎哉？木处则惴栗恂惧，猨猴然乎哉？三者孰知正处？民食刍豢，麋鹿食荐，蝍且甘带，鸱鸦耆鼠，四者孰知正味？猨，猵狙以为雌，麋与鹿交，鰌与鱼游。毛嫱、丽姬，人之所美也，鱼见之深入，鸟见之高飞，麋鹿见之决骤。四者孰知

---

① 《庄子·齐物论》。

天下之正色哉？自我观之，仁义之端，是非之涂，樊然淆乱，吾恶能知其辩！①

以世俗标准来看问题，人间是非不知凡几，但所说皆无实义，都是说错了。于是去看各种不同生命的类型时，岂有共同的价值标准在，都是各人的自适其性而已。若以社会价值看人生意义，许多仁义是非的争执，绝对是多余的。

《人间世》讲了"支离其德"的观念：

> 支离疏者，颐隐于脐，肩高于顶，会撮指天，五管在上，两髀为胁。挫针治繲，足以糊口；鼓筴播精，足以食十人。上征武士，则支离攘臂于其间；上有大役，则支离以有常疾不受功；上与病者粟，则受三钟与十束薪。夫支离其形者，犹足以养其身，终其天年，又况支离其德者乎！②

支离疏的形貌当然是天生使然的，不是后天人为惩罚的结果。若以世俗眼光视之，他简直不能活了，应自卑、无自信，且失去生命的斗志。但是庄子笔下的支离疏则不然，他找到自己生活的轨迹，却不受社会体制的任何羁绊，他的生命自在昂扬，一派轻松。之所以能够如此，就是不以社会价值评价自己的天生命运。这个支离其身的形貌命运，却在支离其德的自由智慧中被超越，所谓支离其德就是把社会眼光给解构。所以，其形体被支离的命运，一点也不碍事，在他自由适性的生活中，解消了世人以为的枷锁。

《大宗师》讲对生死的两忘化其道：

> 死生，命也，其有夜旦之常，天也。人之有所不得与，皆物之情也。彼特以天为父，而身犹爱之，而况其卓乎！人特以有君为愈乎己，而身

---

① 《庄子·齐物论》。
② 《庄子·人间世》。

犹死之，而况其真乎？泉涸，鱼相与处于陆，相呴以湿，相濡以沫，不如相忘于江湖。与其誉尧而非桀也，不如两忘而化其道。夫大块载我以形，劳我以生，佚我以老，息我以死。故善吾生者，乃所以善吾死也。①

此段讲死生有命，是"天也"的结果，人力无法干预，这就是常情而已。于是活着的一生，就是顺此生命之流的自然来去即可，不需要在世俗的打滚中，是此非彼，誉尧非桀，而是放下世俗价值的好恶，纯粹以与造物者合一的姿态生活与处世。造物者以气化聚集给了我生命，让我为了照顾生命而劳动一生，又因为把我变老而可以稍事休息，最后把我从人间抽离进入死亡。这就是人的一生的写照。懂得活着的时候化除矜持的人，就能够轻松自在地接受死亡。因为生死都是造化的拨弄而已，不是我私之可以介入的。所以，生死是有命限的结构的，但人的自由却在随顺生死之流中崛起而出，而不是进入社会的喜怒好恶中坚持争抢，这样反而使自己陷入人欲贪求的罗网中，结果就是在社会的制约中受束缚，不得安宁，无法自由。放下社会世俗的是非，人生才得自由。

其次就生命的限制说，《养生主》中把人在世间的命运视为天之所为：

公文轩见右师而惊曰："是何人也？恶乎介也？天与，其人与？"曰："天也，非人也。天之生是使独也；人之貌有与也。以是知其天也，非人也。"②

道家人物右师是一位介者，介者必是在社会上犯罪而受刑之人，故而被砍断一只脚。但是有道家庄子心态的右师，宁可将此视为上天的安排，故说是"天也"，而不是人为的。意思是说，人为的社会结果，本来就没有意义，右师并不认同它，所以自己没有受罚悲苦的感受，也就因此超脱了社会世俗的视野，把被砍断了脚的事情接受下来，然后就有了自己的生命去向，而不生活在悲苦愤怒悔怨之中。这就是说，在社会冲撞下的命运，不当它是一回事，

---

① 《庄子·大宗师》。
② 《庄子·养生主》。

而只是命运，命运就是"天也"所造成的，生命要活在自己赋予的意义与目标的追求中，这样，人生就自由了。

《大宗师》谈生命的安时处顺：

> 子祀、子舆、子犁、子来四人相与语曰："孰能以无为首，以生为脊，以死为尻，孰知生死存亡之一体者，吾与之友矣。"四人相视而笑，莫逆于心，遂相与为友。俄而子舆有病，子祀往问之。曰："伟哉！夫造物者，将以予为此拘拘也！"曲偻发背，上有五管，颐隐于齐，肩高于顶，句赘指天。阴阳之气有沴，其心闲而无事，跰𨇤而鉴于井，曰："嗟乎！夫造物者，又将以予为此拘拘也！"子祀曰："汝恶之乎？"曰："亡，予何恶！浸假而化予之左臂以为鸡，予因以求时夜；浸假而化予之右臂以为弹，予因以求鸮炙；浸假而化予之尻以为轮，以神为马，予因以乘之，岂更驾哉！且夫得者时也，失者顺也，安时而处顺，哀乐不能入也。此古之所谓县解也，而不能自解者，物有结之。且夫物不胜天久矣，吾又何恶焉？"俄而子来有病，喘喘然将死，其妻子环而泣之。子犁往问之，曰："叱！避！无怛化！"倚其户与之语曰："伟哉造化！又将奚以汝为？将奚以汝适？以汝为鼠肝乎？以汝为虫臂乎？"子来曰："父母于子，东西南北，唯命之从。阴阳于人，不翅于父母，彼近吾死而我不听，我则悍矣，彼何罪焉！夫大块载我以形，劳我以生，佚我以老，息我以死。故善吾生者，乃所以善吾死也。今之大冶铸金，金踊跃曰'我且必为镆铘'，大冶必以为不祥之金。今一犯人之形，而曰'人耳人耳'，夫造化者必以为不祥之人。今一以天地为大炉，以造化为大冶，恶乎往而不可哉！"成然寐，蘧然觉。①

这段文字首先说明生命本来是不存在的，之后有了生命，然后又会死了，所

---

① 《庄子·大宗师》。

以，生死的命运不过是一连续的历程而已，都不要有情绪地去对待。理解了这个道理的四个朋友，莫逆于心。其中子舆有病，他一出生就长得像支离疏一样难看且怪异，临井一照，感叹造物者把自己生成这样。但是他却不会拒绝这个形貌，他知道身体不过是造物者借气而予的存在而已，尔后这些形体的材质，也可能变成任何东西，到时候就随它而去就好了，这就是"安时而处顺"。接受它，就不会有哀乐之情，这种智慧的态度，就是"帝之县解"，也就是生命获得自由了。否则若要抱怨抗议的话，也不会有什么结果，因为人与万物都不能胜天。后来子来有病将死，妻子在旁哭泣，他却斥责他们妨碍他的身体即将进行的变化历程。死后可能会变成其他的动物、植物等等，而死亡则是造化在指挥的事件，自己必须无异议接受。若一味拒绝死亡，主张自己生命的特殊，这样反而是不祥的。完全接受大自然对自己生死的安排造化，天地之间无处不可来去，不过是寤寐之间的小事而已。

生死是命定而不可自主的，生命的形态是无缘由而有差别的，也是只能接受的，这是命定论的立场。至于人生，只要懂得接受造化的安排，安时处顺，便获自由。若是抗拒，反而自受束缚，而不自由。

对于命运和生死是命定的立场，在庄子文中仍有多处，以下再简单引用一段以为结束。《大宗师》谈"命也夫"：

> 子舆与子桑友，而霖雨十日。子舆曰："子桑殆病矣！"裹饭而往食之。至子桑之门，则若歌若哭，鼓琴曰："父邪母邪！天乎人乎！"有不任其声，而趋举其诗焉。子舆入，曰："子之歌诗，何故若是？"曰："吾思夫使我至此极者而弗得也。父母岂欲吾贫哉？天无私覆，地无私载，天地岂私贫我哉？求其为之者而不得也。然而至此极者，命也夫！"[①]

子桑一生贫穷，又有病在身，想：这是父母造成的吗？还是老天造成的？还

---

① 《庄子·大宗师》。

是别人造成的？结果认为都不是，就是自己的命而已。这又是命定论思想的明证。

总结道家庄子的立场：生死是命定的，美丑是命定的，贫富是命定的，社会价值是虚妄的，人间是非是多余的，"安时而处顺"才是生命自由的出路。这个出路找到了之后，人在社会上的角色扮演便只是暂时的，不涉入社会是非争斗之中，如庖丁解牛般，"以无厚入有间"，游刃有余，而保住生命的全真。就现实的应用而言，就是追求适性自主的生活，不与社会争斗，安贫乐道，却追求高级的精神境界，在艺术、科学、文学、修炼的领域中发挥长才，让自己的生命自在逍遥，任何社会的争斗都从中退出。自己无世俗的贪求就是"无厚"，化除矜持逍遥自适就是"入有间"，人生自此无入而不自得矣。

因此，是天生的就是命定的，即便是社会加诸我的限制也是命定的，只要不去在意，只管自己个人性的境界提升，生命就是自在逍遥的，自由就因此获得了，而这正是与造物者游的完成。庄子以其特殊的进路，统合了自由与命定论。

五、佛教轮回受命与造命的理论

中国佛教起源于印度，传播并发扬于中国。佛教僧人的出家作风，显示了佛教不同于儒道两家的世界观。佛教世界观十分复杂，简言之，世界起起灭灭，许多不同的世界之间是此起彼灭的，而任一世界则皆在一系列成住坏空的历程中。这就是一个缘起的世界观，意味着世界生灭不已，并不永恒。人类所居住之世界，只是这重重无尽的世界中的一个部分，而人类的生命，则是一个生灭不已的轮回历程，死后复生[1]，且在地狱、恶鬼、畜生、人、天、阿修罗六道中轮回[2]不已。轮回的去向决定于此生的行为，善行入善道，恶行入恶道，下三恶道[3]是地狱、恶鬼、畜生，上三善道是人、天、阿修

---

[1] 《法句经·生死品》："识神走五道，无一处不更，舍身复受身，如轮转着地。"
[2] 《观佛三昧海经·观四无量心品》："三界众生，轮回六趣，如旋火轮。"
[3] 《法华经·方便品》："以诸欲因缘，坠堕三恶道。轮回六趣中，备受诸苦毒。"

罗。但这都不是生命的终趣，原始佛教以超出六道轮回为生命的理想，而提出"三法印""四圣谛"之说。"三法印"者，诸行无常、诸法无我、涅槃寂静。"无常"指生命中的一切都是来来去去，不会永恒，切莫执着，否则必生痛苦，如爱别离、怨憎会、求不得。"无我"指一切以为是我所、我有的事物都不是真正属于我的，若是以为我必须是如何，则又是自造其苦，又是要承受爱别离、怨憎会、求不得的后果。"寂静"指的是生命中有无来去的只是现象，根本实相是涅槃寂静的，意味在永恒的智慧之流中默观一切，放下一切尘劳执着爱恨情仇，最终则能脱离轮回受生之苦，而得永恒寂静的生命。依原始佛教言，即是要发出离心，以苦行得解脱，终于离苦得乐而得阿罗汉果位，进入涅槃。

原始佛教的"四圣谛"言"苦、集、灭、道"。"苦谛"说有漏皆苦，意指生命之苦来自欲望，欲望就是有漏，无漏即无欲，无欲则不苦。"集谛"就是说明生命之苦的形成原因，生老病死本是无常，错误执着即是造苦，且在轮回生死中受苦不已。观现象世界，都是因缘起灭，"集谛"就说这所有因缘起灭的历程，也就是造苦的原因。"灭谛"是追求离苦得乐的解脱境界，入于涅槃寂静的境界之中，永离痛苦。"道谛"是正确的生活方式，是使人们从执着痛苦中抽离出来的方法。有八种正确的行为，谓之八正道："正见、正思维、正语、正业、正命、正精进（正方便）、正念、正定。"无论是"三法印"的涅槃寂静，还是"四圣谛"的灭谛，都是要追求生命的永恒归趣，解脱生死轮回之苦，也正因此，明讲了生命的现象就是生死轮回的历程，在尚未开悟解脱得阿罗汉果位之前，生命就在轮回中生灭不已。

轮回的生命观在大乘佛教中依然继承[①]，没有改变，改变的只是修行的观念。重点在大乘佛教强调要发菩提心，上成佛道下化众生，在阿罗汉果位之上，再度入世修行，以菩萨道行救度众生之实，让一切众生得离苦，而非自己解脱就算完了。佛教的世界观和生命哲学是一烦琐的知识论丛，涉及问题

[①]《法华经·譬喻品》："三界无安，犹如火宅，众苦充满，甚可怖畏！"

太多，本节无须展开，重点是关于自由与命定论的问题，在上述世界观和生命观的基础上，已可展开讨论。

原始佛教固然讲轮回，但对轮回的历程与主体的情况没有深入说明①，这就在部派佛教时期被大量地讨论，最终在大乘佛学的唯识学中有了系统一致的理论建构。世界究竟有多少个，以及生命发生发展的历程究竟为何，这还是佛学理论本身的大问题，本节亦予跳过，重点在直接借唯识学的理论以说轮回，要言之就是阿赖耶识的概念。阿赖耶识在生死的过程中承受了主体的意识，生命中的感受性经验都被储藏在此，轮回中或染或净的意识经验都被含藏在其中，因此也就有了个人不同的种种业力。生命依自己的自由意志而发展种种态度，形成习惯，变成习气，建立个性，轮回不已，导致命运，命运就是业力的力量所成。命运好坏随人感受，若是觉得命运不好，就要改变为人处事的态度，什么样的态度就形成什么样的个性以及命运。借由轮回的生命史历程，一切的态度都在阿赖耶识中蕴藏储备，时时发出，受限于个人习气的影响，以及业力的因素，有一些命运就不能脱逃了，这就是命定论的立场。然而，生命既然在轮回不已，有了新的一期的生命就表示有了新的创造生命的机会，只是他必须是在前期业力的基础上进行。业力会导致自由意志实践时的阻碍或助缘，但是自由意志才是今生生命的主调。许多业力固然在发挥它们的影响力，因而使得主体有命定的遭遇，但个人处理的态度，才决定生命发展的方向与结果。因此，处理自己的人生态度就是生命找到自由的出路的关键做法，态度就是执着在爱恨情仇中还是净化心灵自度度人。业力只是一些态度的习惯性，以及事件的必然发生，但它既是一种力量，就有力量的边界，不会无远弗届、永恒不灭。除非顺着习气继续作为，那么原有的业力就是造作不已，若是自我克制，改变个性，难忍能忍，则旧的坏的业力的力量就不会扩大，而新的好的个性的力量就开始酝酿，茁壮成长，而形成新的命运。过去的态度及对此生的影响就是业力，也是命运，但命运及业

---

① 《增一阿含经·卷第七》："吾是神识也，吾是形体之具也。"

力都只是影响力，至于今生的最终结果，都是任一时刻当下的自由意志在做决断的，关键在于有无理想。理想意指上成佛道下化众生的菩提心，或是行八正道的意志，有此意志及理想，业力就是障道因缘而已，障道固其然也，坚忍不拔的实践动能就能突破障碍。若无此理想及意志，那就还是在原来的习性所成的生命形态中轮回不已，制造种种善恶诸业，承受种种好坏命运，进进退退，随人自取。

就此而言，业力所成之我就是命定论的，但它只是有一定的力量，亦即它只是在今生生命中的某些时空、事件、对象、事业上出现影响力。自由意志的柔弱或坚强，决定了主体的承受能力。若能建立新的生命事业方向，采取不同于以往的处事态度，就创造了新的业力，而越过了以往业力的影响力，这就是自由的发生。所以，轮回的生命变成学习成长的历程，新的一生就是新的学习历程，宿命固有其实，自由更是本质，否则轮回何益？何须以一期之生命只在承受其苦？承受其苦是学习新态度的起因，知道要改变态度而不能一如故往，则以往的业力当下承受，今生的理想坚持实践，不再执缚造作，以般若智破除往昔的执着，以菩提心建立新的生命，生命就既是命定的也是自由的。

禅宗达摩祖师的《二入四行论》就是最简易清楚的对自由与命定论的解说，以下介绍其说以为总结：

> 夫入道多途，要而言之，不出二种，一是理入，二是行入。理入者，谓藉教悟宗，深信含生同一真性，俱为客尘妄想所覆，不能显了。若也舍妄归真，凝住壁观。无自无他，凡圣等一。坚住不移，更不随于文教，此即与理冥符，无有分别。寂然无为，名之理入。行入者，谓四行。其余诸行悉入此中。何为四耶？一报冤行；二随缘行；三无所求行；四称法行。[①]

---

① 达摩祖师：《二入四行论》。

"理入"是讲众生本有的佛性，只缘后天习气染污，应做工夫以恢复之。而其做法有四项，这四项，正是基于佛教世界观与生命观而发展的。首先是"报冤行"：

> 云何报冤行？谓修道行人，若受苦时，当自念言我从往昔无教劫中，弃本从末流浪诸有，多起冤憎，违害无限。今虽无犯，是皆宿殃，恶业果熟，非天非人所能见与，甘心忍受，都无冤诉。经云：逢苦不忧，何以故，识达故，此心生时，与理相应，体冤进道故，说言报冤行。①

"报冤行"就是接受宿命的安排，对于受冤之事不予报复，对于人生旅途中的无谓的横逆、阻碍，要直接把它视为过去为恶的业力成熟，来到今日为求报偿而已，个人为了解消了却恶缘，便对之甘心承受，不以为冤。若能不去冲撞反击而更造新的恶业，则旧业便随之消除。这个说法，就等于把旧业视为命限中的必然了，接受即可，便无烦恼。当然，也会有与自己的恶业无关的横逆之事，此时一样要甘心承受，目的在坚忍心性，甚至化导众生。其实，恶缘之事不论是否宿殃，除非是有神通之人，否则自己是不知道的，总是以善意忍受之，这就是佛教的忍辱工夫。

通常，命限中有坏的部分，但也会有好的部分，它也会业力成熟而影响至今，这就是"随缘行"要处理的：

> 二随缘行者，众生无我，并缘业所转，苦乐齐受，皆从缘生。若得胜报荣誉等事，那是我过去宿因所感。今方得之，缘尽还无，何喜之有，得失从缘，心无增减，喜风不动，冥顺于道。是故说言随缘行也②。

"胜报荣誉"就是因为各种因缘，而突然碰到的好事。对此，要能不过度兴

---

① 达摩祖师：《二入四行论》。
② 达摩祖师：《二入四行论》。

奋，视为平常，并借此福报，更加精进，而不是耽溺于享乐，这就把福报用光了。"胜报荣誉"等事就是福报来临，若非今生努力而得之事，或是稍事努力即得成功之事，这都是命运中的善业成熟才会有的好事，所以佛教因果业报论正是命运有定数的理论，且是有因论的命定论。既然业报不爽，那么生命的真正用意何在呢？那就是理解这个道理，发觉自性的智慧，超越业力的束缚，追求更为自由的人生，这就是"无所求行"：

> 三无所求行者，世人长迷，处处贪着，名之为求。智者悟真，理将俗反，安心无为，随形运转。万有斯空，无所愿乐。功德黑业，常相随逐。三界久居，犹如火宅。有身皆苦，谁得而安。了达此理，救舍诸有，息想无求。经云：有求皆苦，无求乃乐，判知无求，真为道行。故名无所求行。①

轮回的生命观是佛教业力观的前提。轮回于欲界、色界、无色界中的六道众生，若不理解这个生命的真相，恐怕都在欲望牵染中追逐，并且受苦；舍离欲望，安心无求，加上"报冤行""随缘行"的实践，就能逐步走出这个迷惘的三界，获得智慧的生命。但是，大乘佛教的精神，就是自度度人，所以还要帮助其他有情众生亦得智能，这就是"称法行"：

> 四称法行者，性尽之理，目之为法。信解此理，众相斯空，无染无着，无彼无此。经云：法无众生，离众生垢故。法无有我，离我垢故。智者若能信解此理，应当称法而行。法体无悭，于身命财，行檀施舍，心不悭惜，达解三空，不倚不着，但为去垢，净化众生，而不取相。此为自行，复能利他，亦庄严菩提之道。檀施既尔，余五亦然。为除妄想，修行六度，而无所行，是为称法行。②

---

① 达摩祖师：《二入四行论》。
② 达摩祖师：《二入四行论》。

修行的旨趣除了自净其意之外，还要净化世界，净化众生，这正是大乘精神，落实此一主旨，就是六度修行法门的目的。但要无相，不可复为执着，这才是佛教菩萨道行的真谛。

总结而言，佛教的命定论是有因论的，相比于儒道两家的无因论命定论，有因论的殊胜之处在于提出轮回的生命观，终极地解释了命运形成的原因，从而也清楚地说明了善恶命运的去除及追求的方法。可以说，面对命运的问题，儒道两家有良好的态度，却无深入的知识，而佛教则是有良好的态度之外，更有清楚的知识交代。

六、三教比较及如何选择与应用

就自由与命定论问题而言，在中国哲学的大传统中，竟然没有一家学派是将两者对立而论的，三教都是从特定的命定论立场而说出生命的出路，亦即找到了自由。这就表现了中国哲学的一个特质：各家学派都是找寻生命意义、确立人生目标、追求人生理想的哲学形态，借由对生命艰难的描述，站在命定论的立场上，都要找到生命的方向，搁置宿命限制的部分，尽情追求理想，理想达到就是生命的完成，也就是自由的获得。这就是说，命限如何是一回事，确实存在，但不是根本的限制，生命的自由与出路还在于人生的理想价值上，此事无可限制，且有必然可及的条件。理论上说，儒家以性善论保证追求理想而成圣的可能；佛教以心真如、佛性本具保证成佛的可能；庄子少谈人性论，但只要能以智慧观解，破生死、去矜持，一样可以成为至人、真人、神人。于是，命限就只是对于生命现象的了解，它不会在生命的所有面向上封锁人生，自由意志才是决定人生的真正主宰。至于自由意志的选择方向，儒释道三家则有不同的意趣。

就此而言，三家论述命定论的意旨尚可比较。庄子哲学就是对于人生必有死亡的命限之理解而建立生命意旨的去向，这也包括对于美丑、寿夭的命限的理解。面对此境，超越的做法就是"安时处顺"于生死流变而已，对于社会礼俗造成的限制，要自我超越，而追求自在逍遥的人生，千万不要再自我束缚而受限其中。儒家对命限亦有认识，亦是接受。儒家关心的命限包括寿夭、贵贱、贫富等，社会角色地位上的命限意义较重，但也认识到口目耳鼻的生理本能的限制。不过，儒家更为关心道德实践能力的命限，就是智愚、贤不肖，但是因为有天命之性在，故而更应积极向善向上，且有人人可为尧舜的立场。简言之，儒家对命限的讨论，不论是生理本能还是社会角色地位，都是以气禀述说之。道家庄子则未深入原因的探讨，只作为一个事实接受。佛教则不然，不仅有命定论，且有命运形成的原因之说明，关键就是习气所成。而更关键的是，有轮回生死之说："欲知前世因，今生受者是，欲知来世果，今生作者是。"虽然此说过于简略，但已经彰明命运形成的原因以及其发挥影响力的方式之宇宙论理由。儒道两家仅就经验现实说此命限，唯佛教便要进入轮回生死的超经验知识以为理论的基础。超经验的轮回生死观对于命限及其影响之说有其理论的深刻性在，但其说尚有知识论上的问题。不过它也不缺乏验证的可能性，问题是验证者需要有工夫修行的境界才能知道，若无修行，便只能当成理性的信仰。然而，能否验证是一回事，理论的认识以及生活的指导及运用是另一回事，佛教的因果业报轮回说，可以说是将命运之事做了最完整的理论说明的系统，关键只在信或不信而已。

七、结论

总结而言，命定论在中国儒释道三教中都是承认其义的，但中国哲学都是讲人生理想的哲学，理想的追求在生命的实践中是更重要的事情，找到理想，勠力以赴，生命就有了自由。自由与命定论的问题在中国哲学中竟然没有一家是停留在矛盾对立的辩论中，而是找到面对与超越之道。但是，超越也不是容易的，而是要辛苦做工夫的，儒者要格致诚正修齐治平，庄子要心斋坐忘堕肢体黜聪明，佛教要八正道六度，否则一样停留在命限中不能超脱。了解了三教的自由与命定论的意旨，便可有效响应选择与适用的问题。选择的问题没有标准，唯任人各自决断。适用的问题则是：儒家追求社会体制的圆满；道家庄子追求今生个人生命的自由；佛教思想要求获得超越生死的永远自由。若要深入其说，就要进入各家细节，则已是新的议题了，本节暂结于此。

第二节　论道家道教对儒家的调适与上遂[*]

一、前言

本节将讨论儒家和道家道教的理论互动关系，将指出老子哲学、庄子哲学和道教哲学在互动的立场上与儒家的关系，企图借由理论意旨的厘清，将儒道关系界定清楚，以为弘扬中国文化、发挥儒商精神、结合宗教信仰，做出理论的框架。儒家是体制内的哲学，以及经验现实世界的哲学，或曰世间法哲学、此在世界的哲学，关心人文建设及国家体制，关心百姓的生活以及良好的国家政策，是中国文化的中流砥柱。而道家道教则是从各种不同的面向对儒家产生调适与上遂之助。道家老子与庄子意旨不同，老子也是体制内的哲学，人文性多于宗教性，与儒家形成相辅相成的效果。庄子便是体制外的哲学、自由主义的哲学、个人主义的哲学，其间亦有神仙思想，对儒家的作用就是在"不达"的环境中找到心灵的出路。道教却是既有出世间法的鬼神系统，却又十分入世地交涉人间，有他在世界观却又积极涉入体制内的事物，与儒家的关系就是以鬼神信仰与法术、神通协助儒者治理国家以及教化社会。

二、先秦孔孟哲学的理论特点与现实疏漏

儒学向来以中国文化主流自居，此亦不假，儒家作为文化主流的要点在于：维护社会体制以及个人修身养性的理想，而个人的修养以成为维护社会体制的官员或教育家、知识分子为目标。从国家的需要而言，这个理想是正

---

[*] 本节曾发表于2017年海峡两岸道教文化与台商精神家园研讨会，昆山，江苏省道教协会、玄天上帝研究会主办，2017年8月。

确、必要且根本关键的,但是,就个人的生命与生活而言,人生还有许多面向,这时就有道家道教以及其他学派理论的重要角色扮演了。这些面向以及需要是些什么呢?首先,维护社会体制的儒家价值观,追求为社会服务的理想,理想的实现,就要有角色扮演,最简单明白地说,就是要做官。然而,官位人人想要,坏官又几乎永远比好官多,那么士君子在做官的事情上,作为一个儒者,就会碰到应对进退的问题。对于这个问题,孔孟都有对策,关键就是懂得谦退之道,但是,把谦退之道的话说得明白,把道理讲得透彻,就是道家老子的智慧所长。其次,应对进退是一回事,有时候,根本没官可做,这时候该怎么面对?这就好在又有道家庄子哲学的思想可为去处,就是追求个人境界的超升就好,不必一定要留在体制内寻找个人生命的出路。此外,传统上,墨家非儒,认为儒家的礼乐教化是多余无用之事,应以百姓生活所需为重。墨家只是因为站在平民的立场发言,希冀君王"尚贤",君王若"尚贤",百姓必"尚同"。君王若不能尚贤甚且残害人民,则百姓"明鬼"以申告,诉诸"天志"以惩罚,于是有了宗教的涉入。宗教始终存在于传统中国的政治与人民的生活中,儒者如何面对呢?儒家自然是知识分子的社群,达则入仕为官,穷则独善其身、著书立说。一旦进入政府,掌管礼仪祭祀,则宗教与政治的关系必须和谐,这就又有了宗教的角色扮演了,而中国的道教,可以说就是墨家宗教组织形态的不间断发展。因此,儒者在治国平天下的事务处置中,个人的修身齐家事业与群体的治国平天下事业,在在都需要道家道教的在旁辅助。本节之作,即以道家老子、道家庄子、道教哲学三个脉络讨论道家道教对儒家的调适与上遂。当然,儒家还应该与法家、佛教有其会通,此待后文。

三、儒者刚强的形象在角色扮演上的争议

历史上的儒者图像众多,先秦孔孟是个大图像,宋明朱王也是大图像。依据儒者自己的标准,管仲是孔子心目中的仁者,虽然孟子对管仲批评不少,仅依孔子的定位:

子贡曰:"管仲非仁者与?桓公杀公子纠,不能死,又相之。"子曰:"管仲相桓公,霸诸侯,一匡天下,民到于今受其赐;微管仲,吾其被发左衽矣!岂若匹夫匹妇之为谅也,自经于沟渎,而莫之知也。"①

然而,历史上的孔子、孟子、朱熹、王阳明都不是管仲这般的图像。管仲掌一国之大权,侍奉了孟子口中的霸王齐桓公,子贡亦议论其不能死忠于先君子,这些都不是孔孟愿意做的,但孔子却称许其仁,关键就是管仲真正照顾到了天下百姓。在齐桓公受其辅佐而称霸天下期间,确实国际之间没有重大的战争,没有多少百姓因战争而死于沟洫。这就是孔子心目中最大的价值追求与事业成就。但是,这样的事功,是必须站在高位上才能做得到的,而孔孟的人生之中,虽都不是没有机会站上类似那样的高位,却都自己辞官而去,没有持续这个角色,总希望能再遇明君,但两人都没有成功。唯一成功的是,立德与立言,留下了巨著,教导了弟子,延续了儒者的命脉,建立了儒者为官的典范理念。但是,这个理念中,是有些不足的。也就是说,孔孟究竟是要培养出像他们自己这样的刚强的君子?还是希望能有多一些人才能像管仲一般,真正地协助了君王,治理了国家,使百姓受到他的施政的照顾呢?

分析孔孟不能长久在高位为官的原因,孔子是因为鲁国主政者懈怠于政事,对孔子的礼数已经不够,又在三桓把持国政下,事事受制于权臣。孔子的理想是"导之以德,齐之以礼",让百姓受到教化,让朝廷施行礼乐,而鲁君竟放逸于女乐,孔子自感不受重视,不能施展,自行辞官而去矣。孟子则是屡屡倡言高论,期许齐君以"行仁政、爱百姓、一统天下"为己任。然而,战国的齐王已非春秋的齐王,格局国力不能比拟,虽然孟子称许其地大人多,但齐王心中所想就是自己的享乐与对周边小国的侵略欺凌,孟子"望之不似人君",也罢官而去了。孔孟都是自己罢官,都同样地周游列国,都同样地失望而返。可以说,他们都理想崇高,也都立论明确,只是,稍有昧

---

① 《论语·宪问》。

于人性的现实，不解国君的品格，以致有了错误的期待。退而求其次，孔子只好期许他的弟子好好协助各国的君王施政，孟子也是期许各国的君子好好劝说君王行仁政、爱百姓，在朝为官仍是孔孟心系之大事，然而，他们自己却扮演不了这样的角色。从历史的结局来看，孔孟的角色其实就是超越了做官的格局，而是儒家圣贤的角色，重点就是把儒家君子的形象清楚地建立起来：穷则独善其身，达则兼善天下，注重公私义利之辨。得志，入仕为官服务百姓；不得志，著书立说教育子弟。而教育子弟的目标，还是如何入仕为官。这些都是他们说到也做到的事业。可以说，做官、效忠君王、服务百姓就是儒者永恒的标记。

既然如此，超越了这个格局的孔孟，固然为万世的儒者建立了价值的目标，但究其实，却未建立在生活世界里的行为典范，为了弟子以及后代儒生，建立如何在官场上服务与生存的智慧。笔者之意就是，孔子并未为他称许的管仲之徒，建立清晰的价值信念，亦即并未让儒门弟子清醒地认识到如何成为管仲。管仲侍奉齐桓公，不论桓公如何荒诞，天下还是治理得好好的，建立了不朽的事功，不仅于齐国有利，对整个天下都有大利。孔子在事功这方面的作风就与管仲不同，孔子却弃鲁定公而他去，关键就是齐人的"废置"之策，借由女乐以迷乱君心。孔子对于季氏，言："八佾舞于庭，是可忍也。孰不可忍也？"季氏不是鲁君，竟然僭用鲁君特有的八佾祭天子之礼，此事孔子痛责不可忍也。同样地，孔子对于鲁定公荒逸政事而亲近女乐之事也是不可忍也，结果就是自己辞官。

孔子的作风遗传给了孟子，孟子亦是去齐而不为官，而且孟子的去齐，更是一套治国理念的攻防辩论之事。许多人和孟子辩论应不应去齐，孟子的理由多是国君不能真心实施我的政策，所以必须离职。孟子不是不以拥有高官之位为施展抱负的必要途径，只是他同时还要君王完全理解、支持、尊重、敬爱他的理念以及他这个人本身，就像孟子说的子思受到鲁国君王的尊重一样。孟子这些要求也不是不对，只是君王难教，如同庄子的譬喻："颜阖将傅卫灵公太子，而问于蘧伯玉曰：'有人于此，其德天杀。与之为无方，则危吾国；与之为有方，则危吾身。其知适足以知人之过，而不知其所以过。若然者，吾奈之何？'"对孟子而言，孟子不管这些储君或君王好不好伺候，孟子根本就是要他们来伺候自己。孟子讲"君子有三乐，而王天下不与存焉"，讲"我得志弗为也"，讲"说大人则藐之"，孟子根本就是没把君王看在眼里，根本就是要君王乖乖来找自己做宰相。君王不来就算了，要孟子去求君王，那就不叫仲尼之徒了。然而，秦汉之后，儒者已无辞官他去的道路可走了，并无其他的国君可以想象了。若有，便是外邦夷狄而非中国了。那么，除了辞官，就是死赖在职位上了。辞官教书育人没问题，仍是入世服务的儒生。可是留在官场朝廷里的儒生呢，如何生存？如何福国？如何利民？这就要有不同于孔孟的智慧了。

儒者不是一定要做大官，但要照顾百姓。在任何的时代背景下，照顾百姓都是大官该做的事情，更是政治领袖的职责所在。王阳明修炼道教工夫，却弃之不用，不就是因为关心天下百姓之故吗？那么，如何留在官场？如何做官又做事？这件事情可以说就是千古以来的所有儒者的最大问题。孔孟不做大官而立德立言，朱熹做小官一样立德立言，王阳明官是不小了，却是外臣，不是朝中大员。王阳明是真有事功的大儒，是真正敉平叛乱、剿灭盗匪而照顾了百姓的官员，但面对朝廷要员们的狡诈虚伪，也必须辞功避位求个自我保全，所以，儒者如何在朝为官，就是儒者的大哉问。

孔子说："贤者辟世，其次辟地，其次辟色，其次辟言。"儒者为保清誉，可以一切皆避，但百姓安危呢？为了百姓必有不避之时，汉以后的儒生就都必须是如此了，只有被迫辞官、被害贬官、被辱丢官。若非如此，总是必须稳住阵脚，站好位置，以为百姓谋福利。孟子说儒者可以不为稻粱谋，若真为稻粱谋，而当理想不能实现时，孟子说：可以做个小官。反正把眼前的责任尽好了就好，至于朝廷的言责，不在其位就算了。做个小官，这样至少可以养活一方人。但是，孔孟看不惯的朝廷官场，其他儒生就看得下去吗？答案是，看得下去才能日子过得好。这是因为，汉以后的儒生，当皇权浩荡，想做大官、想做小官、不想做官都是未必能如愿的，儒者就像被绑架在官僚体系上的人物，想做官却没有做什么官以及怎么做官的自由。最后，到了民主共和时代，皇帝不在了，所谓的官员就是公务员，至于儒学，便成为公民教育及道德教育的教材。现代人仍然可以自诩为儒者，但是这社会并没有以儒者身份而能站上高位的实务联结，这不要紧，上了高位而欲为儒者之作为时，除了爱百姓、重公义之外，如何与小人权臣周旋还是一样的大问题。这个问题，永远伴随爱百姓的儒生，要对付这些问题，道家道教确实是提供了全然新颖的思维。

四、道家给儒家的第一课：向庄子学习看破体制的虚妄性

儒者要经略天下，这没问题，但必须皇帝给你机会，必须政党给你机会。一旦有了机会，就别再像孔孟一样，只因君上不似人君，就决然地辞官他去，务必留下来为民服务，但这以后，就是老子的智慧擅长了。但是在此之前，必须先看破社会体制的虚妄性，才能明白你也可能根本没有机会站上高位。有机会或没有机会和自己有没有道德能力是没有绝对的关系的，它倒是和最高领袖及高位者的德行及能力有绝对的关系的。因此一旦自己有了机会，就要好好把握这个机会，就算有了机会，也不等于最高领袖及其他高位者是有道德的，因此在这样的环境下，是必须修养老子的智慧才能稳住自己的职位的。

现在，先来谈谈体制的虚妄性。这是庄子给予世人的重大领悟。

这世界究竟是个怎样的世界呢？有了人类，有了人群的组织，有了君王，君王统治群体的秩序以及分配管理种种资源，世人因此都生活在群体里了。然而，君王及上位的领导者族群，却总是紧握资源，控制人民，以供自己享乐。儒者则不然，提起天生的仁德胸怀，关怀百姓，总希望为世人谋福利，在既定的社会体制之内，设法谋求百姓的福祉。但问题是，身份和机会是最高领袖及高位集团给的，至于谁是君王或如何成为高位，这是一个权力取得的课题，儒者从未勘究之。儒者只是提出理想，甚至美化了远古的君王，略去了他们取得权力的过程，只管美化他们治国的功绩，以形成未来追求的典范，这就是孟子言于尧舜禹汤文武的圣王道统的理论。可以说，儒者一开始

就是在既有社会体制的事实上去理想化之以面对这个问题的。简单地说，儒者的立场就是仁民爱物的君王才能成就他的帝位，如若不然，迟早会被推翻。这当然也是事实，只是等到那时候，百姓就更苦了。至于推翻的力量与机制，儒者没有定说，不过就是《尚书》之所云"天听自我民听，天视自我民视"及孟子之所云"闻诛一夫纣矣，未闻弑君也"。前者说明了有天志，天是有福善祸淫的权威的，此旨与墨家同，但儒者依然没有明确地说出天志赏罚的运转机制。这可以说是借由天的意志而赋予人民或其他诸侯推翻王朝的合理性依据。后者则是说明了君王之所以为君王有其必要的角色职责，若是不然，不过是匹夫一个，人民得而推翻之，但孟子也没有明讲会是什么身份的人以什么方式得以明确而有效果地推翻之。于是，在君王不能仁民爱物、利益百姓的时期，儒者能做什么？

孟子之言是在高位者宜劝诫君王，劝诫不成宜自己去职，也就是其实是没有办法的。若是宗室之臣，则可以撤换之并取而代之，这是较为积极的思路，但宗室之臣得其君位之后，多半一样地荒淫，更何况，儒者还时常谴责"臣弑其君"的事件。又，孟子赞成齐国以吊民伐罪的理由惩罚燕王，变置之，代之以燕国其他的宗室君子为新王，可惜齐国打败燕国之后却是霸占了人家的土地，导致诸侯要联合讨伐齐国。这样看来，谁可以为君？这件事情儒者还真是没有定见。舜似乎就是百姓出身，禹也似乎就是百姓出身，但汤和文、武本身都已经是诸侯了。春秋战国各个国家领袖也早都是诸侯了，宗室也是诸侯，可以说多半还是诸侯替代诸侯。总之，必须等到汉高祖、明太祖这样的时代，才再度有人民可为君王的机会，但那也都是以武力征伐而来，天命的理论或许仍然可以再次套用，但是没有武力、没有战争，何来推翻之、掌握之的结果呢？如果儒者成为武力集团的带头人，企图以武力推翻暴力政权，那么不论自己是宗室还是平民，战争攻伐的成功就成为最核心的目的性价值；这时，没有哪位以战争开国的领袖脑中装的首先是儒者仁义治国的政策与理念，可以说全部都是法家所言之法术势的谋略了。因此，这些并不是儒者在做的事情。以汉为例，高祖得天下之后才有"汉家儒宗"叔孙通的舞台，秦末楚汉相争之际，是没有什么儒生的角色可说的。当然，不能说在那个征战时代中的英雄豪杰的心中没有仁民爱物的胸怀，但是能让他们运筹帷幄、决胜千里、勇冠三军、克敌制胜的聪慧，并不是儒者的东西。那么，国家的建立，朝代的更迭，开国的伟业，这些涉及根本上的政治权力取得的大事件中，儒家的角色是什么呢？先天而言，儒者以国家的存在目的在于照顾人民的生活作为推翻不适政权的攻伐理由。后天而言，一旦国家建立、政权稳固，儒者以德治理想作为新君天命取得的合法性理由，进而由儒生自己进入官僚体制协助君王治理国家。然而，新朝建立之前有理论合理性的角色，之后有官员扮演的角色，但就是这个中间过程中没有什么角色。

因此，谁为君王而胜出，几乎不是儒者全以儒学立场可以置喙的。事实如此，君王其事成功的关键，主要是法术势的胜出，因此究竟有多少道德仁义的意涵在呢？可以说，这并不是决胜关键。因此，儒者的角色就是事前的价值高举以为攻伐的合理性，以及事后的粉饰有理以为掌权的合法性；真正可以做的，就是待机受命而协助治理天下，若机之不得，亦无可奈何，因为自己不是政权拥有者。既然如此，掌权者是以什么心态治理国家，这件事情就是不在儒者的控制范围之内的。天底下没有什么国家创建的道德必然性，纵然可以有假设性的天志受命之说，但是在具体的历史经验中，在个别的儒者生活世界中，就当下的处置而言，理想和现实总是脱钩的。简单地说，像孔孟两位老人家到处求一个看得上眼的君王以期望获得受命治国的想法，变得不是很切合实际了。也就是说，政权和道德不是永恒地并生的现实，开国君王是如此，继位的君王更是如此，威权时代是如此，民主共和政体亦然。取得权力的关键是法术势，道德可以决定日后的发展以及掌权的时效，但就当下的取得权力而言，仁民爱物的儒者理念并非关键。既然如此，权力的掌握者并不必然等于道德的实践者，至少在其取得权力之时。唐太宗不就是最好的案例吗，虽然他同时也是中国历史上的一代明君？那么，追求福国利民的道德理想的儒者，究竟应该如何看待政治体制的存在逻辑以及政权掌握者的角色呢？

就此而言，孔子是"知其不可而为之"的心态。见到隐者时，孔子还自诩为同道，只是不忍天下百姓而已，就如子路之所言：

> 不仕无义。长幼之节，不可废也；君臣之义，如之何其废之？欲洁其身，而乱大伦。君子之仕也，行其义也。道之不行，已知之矣！①

子路说"君臣之义"这段话中，君王取得权力的事情必定不是重点，君子对天下百姓的仁义关怀才是重点。为了百姓的福祉，有机会做官就要去做官，也要给君王机会找自己来做官，而不是根本就逃掉了，这才是讲君臣之义的关键。但是，这段话中，对于施政的成功，显然是悲观的。虽然悲观，但总比不做的好。由此可知，道之不行，几乎是历史的常态。那么，或许可以追问的是：儒者心目中的道，是否本来就不是历史的常态，而只能说是儒者自己的理想？笔者以为，确是如此。但是，历史的事实和理论的理想不必等同，这又是儒者可爱的地方了。但既不是历史的事实，那么对待的态度就必须有现实的考虑了，而在现实世界中，怀抱淑世理想的儒者，面对不理想的社会与自己心中熊熊的理想心境，又当如何？参见孔子自己的话：

> 阳货欲见孔子，孔子不见，归孔子豚。孔子时其亡也，而往拜之，遇诸涂。谓孔子曰："来！予与尔言。"曰："怀其宝而迷其邦，可谓仁乎？"曰："不可。""好从事而亟失时，可谓知乎？"曰："不可。""日月逝矣，岁不我与。"孔子曰："诺。吾将仕矣。"②

孔子被阳货给说服了，这点孔子跟孟子仍有不同，孟子就从来没有跟别人讲话时被别人占上风过。孟子去齐，自己知道在干什么，多少次地被约谈讽刺

---

① 《论语·微子》。
② 《论语·阳货》。

批评,也被不少人劝请回齐,孟子都没有回头,还把道理大大地讲了一番。但孔子却接受劝请为官,由此可见,在以为可为之时,儒者还是必须出仕为官的。至于孟子,是因为他已经看透了齐王的无心,不欲浪费时间在该国,故而毅然决然地离去,离去之时,还稍微慢慢地走,期望国君有改变心意的时候,只是最后还是没等到,就真的走了,这一走,任何人的劝说都失效了。上文中的孔子则不然,所面对的是阳货,阳货自己就是掌权者,面对掌权者的问话,不论是虚与委蛇还是确有其想,孔子点头认了,可见做官本就是儒者的所想,只是看时机合不合宜而已。而孔子也确实有在鲁定公时站上了高位,因此要做官不是问题,问题是孔孟竟然有官做也会放弃。因此,政治与道德的分离实在是儒者永恒的课题,一旦政治不能实现道德理想,儒者是没有一定要去做官的。

孔子去鲁、孟子去齐,就说明了面对政治不可为之时,儒者需有自己的去路。不过,若可为呢?儒者这就不会做隐士了。做隐士是彻底对当前政治失望才走的路,这一点,儒者知之。但有机会作为时,儒者仍会站出来为官,只不过,所谓的机会并不就是百分之百地道德正确的,就如阳货欲孔子入仕,孔子本不欲与之为伍。孔子后来在鲁定公朝中为官,面对的也是权臣的凌夺,实际上,三桓依然是宗室,只是非嫡传之君王而已,本质上是宗室内的权力争夺。如果政权的取得与道德不直接等同,那么,君王之位的合法性、正当性何在?这其实也是没有对错的,关键还是法术势的运用致令孰人掌权。而三桓与鲁君同是文王子孙,孰人当家不过就是实力的倾轧而已,只是披上了宗法封建的合理性、正当性时,三桓当权变成陪臣执国命,其实都是他们一家子弟的权势财富的父兄叔伯之争而已。面对这样的处境,孔子用力于"必也正名",直接等于替鲁君取回政权①,但这不也等于替自己获得政权吗?当一切的努力颇有斩获之时,正是显现了孔子确实有政治才能之时。齐人的女

---

① 这也正是法家重势思想的落实,在这一点上,孔子想的和韩非想的是一致的,就是君王必须集权于手中。

乐一招就让孔子去职，孔子这样的选择恰当吗？孔子不算是被炒鱿鱼，而是自己辞官，孟子也是，在孔孟的心中，政权及政治领袖简直就是一场荒谬的闹剧[①]，根本谈不上道德理想性。

孔孟皆潇洒地去职，正显示他们不是为自己稻粮谋及为资产争夺而为官的，这是真正的儒者本色，心中只想的是百姓的福祉。政府是该为百姓做事，如若不能办到，儒者也不必留在政府里了。这就务实地说明，政府是时常不能为百姓办事的，儒者固然欲为官从政，却不能一事无成而还恋着官位，既然做官了，就要有所表现。只是，如何衡定是尚有可为之时，还是毫无可为之时，是该坚忍图成之际，还是该挂冠求去之时？伯夷、柳下惠就有不同的作风，孟子说："伯夷，圣之清者也；伊尹，圣之任者也；柳下惠，圣之和者也；孔子，圣之时者也。"孟子当然是要高举孔子的，实际上孔子事功不及伊尹，温和不及柳下惠，始终一致地清高不及伯夷、叔齐，孔子的特长在于话说得明白，随势而为，永远中和，因而建立了儒家哲学理论的最高典范。其他几位，也有种种的争议。如果伯夷、叔齐是圣人，就说明了武王伐纣有道德上的瑕疵。以柳下惠的和气，就是不管君王清明还是昏庸，都要服务百姓从政做官。伊尹先是咸庆得主，但伊尹后来处理商汤子孙为君的事迹，真是惊险至极，只是最终还政于商，证明了他的儒者性格，而非权力之徒。但是，伊尹的政治地位，超越了孔孟为官时的地位，伊尹仍能舍权放下，真圣之任者也。从这些儒家圣贤面对的各种不同的艰难来看，这就不断地说明了，国君者，真不等于道德崇高者。这种理想与现实的落差，永远是儒者在面对的实情实事。

放下，离去，跟政权说再见，这就是道家庄子的智能模型。孔子去鲁，孟子去齐，根本上他们所看到的跟庄子所理解的是一致的，就是各国的国君根本就不是个仁民爱物的主公，甚至可能只是欺凌百姓、压迫人民的恶徒，

---

① 王阳明擒下宁王之后，明武宗欲其释放之，重新打仗，自命主帅。这也是绝无仅有的荒谬事件，但叫明朝一代大儒王阳明给生生碰到了。

政府与国家的组织有时正是国君伤人的工具。只不过，儒者仍心存期待，并且相信历史上仍有圣君贤王，因而期望在有生之日得遇明君，可以说，眼前的事实尚且不能让他们完全失望，心中仍怀抱一丝希望，期望在别处获得理想的满足。但是眼前的事实对他们而言确实是失望的，而这个失望，正是庄子的永恒立场，也是《论语》中隐士们的立场。

就此而言，孔孟大儒，对于眼前不可为的政权，自己就没有采取效死坚守的做法，而是心中明白，因而弃它而去。那个国度已不可为，拿起手中自己可以作为的事情去做就好了。在朝任官成为中央大员的结局不必奢求，就像王阳明，明朝的君王就不用说了，竟然要他把好不容易用了多少士兵百姓的鲜血性命换来的宁王放掉重来，这不是荒谬什么是荒谬？朱洪武打下的江山，他的后人竟是这般地乱来，这样的国度能不毁灭算是万幸的了。对于这样的朝廷实在也不必去中央担任大员了，实际上也不容易去得成，因为别人会排挤他，因此只好继续置身江湖，与大盗斗，在第一线做些对百姓实有效益的剿匪事业。至于国运，已经不能奢求了。荒谬，政权的高层就是荒谬，这是庄子看到的真相，这是儒者看到却仍不放弃理想的现实。看破社会体制的虚妄，能使孔孟弃国他去，能使王阳明躲避入京不去领功。体制就是虚妄的，高层多是权臣把持的，国君多是无能的，这也正是使得朱熹被朝廷宣告成为伪学的原因。孔孟朱王，谁碰上了圣君贤王？一个也没有。他们都没有跻身高层做一个中央大员，可以说他们就跟庄子也差不了多少，只是庄子是看破了就全部放下，转身追求自己的技艺去了。孔孟朱王是看破了就找自己还可以独立自主地做的事情去做，仍然是为天下百姓做，至于体制的虚妄，对于孔孟朱王而言都是眼前的事实。当然，孔孟朱王都没有就此放弃，庄子才是放弃，孔孟朱王对于自己的人生还是有出路的，但对于当时的政权，都看不到出路。王阳明事功再大，也不过是帮助了百姓免于宁王叛变、盗匪抢夺之苦，对于朝廷，对于大明王朝的命运，是没有改善的能力的，说是任由它腐烂也不为过。对此，儒者几无可为之事，大明王朝也不是王阳明建立的，鲁国也不是孔子开国的，齐国也不是孟子开国的，宋朝也不是朱熹开国的，这些大儒却自觉地要去承担国家民族的政道与治道，真是一颗仁民爱物之心使然。但是自己既非权力型人物，也不愿像古来一干权臣般地把持朝政，糜烂国君与国家，而是想要有所作为，但其结果：最巨大的儒者图像之孔孟朱王四人，都是自己成了圣贤，但是对于自己眼前的时代都没有施力的实效，可以说在对国家的看法上与庄子无异了。只是那颗理想的心使得他们找到自己可以奉献的使命，但社会体制是虚妄的这件事情，恐怕四位儒家圣贤所见皆是一致的。

此处，笔者要申明的是，恰恰是这个与庄子一样的心态，才使得这四位儒者成就了儒家巨大身影的圣贤图像，差别只在：庄子进入个人超升的思想创作的哲理世界，孔孟进入立德立言的圣贤世界，朱熹进入著书立说整理思想的哲学家世界。立言，王阳明进入第一线为百姓谋幸福的实战演练中；立功，他们对于高层都是放下的，一方面没有权力的野心发动革命推翻王朝自立为王的帝王心态，另一方面却都在绝对究极圆满的高度上找到自己生命奉献的去向而成就了自己。

如果不是这个看破的视角，如果一心还为了这个政权，希冀保存，那么在更大的绝望之际，难保不会再度出现像屈原这样的悲壮事迹。然而楚国仍亡，自己的一死更无所贡献于家国，只让世人徒呼遗憾而已了。虽然有《离骚》的文学之美，但毕竟并非儒者的事功，从事功的角度而言，立德立功立言的孔孟朱王，仍是有其巨大的事功的。

经由以上的讨论，笔者要提出一个观点：每个儒者的心中都要住着一个庄子。唯其有庄子的看破世间的智慧，儒者承担天下的使命感才不至于将自己逼入绝境。因为根本上，理想是一回事，现实是一回事。儒者尽可提出理想定义国家国君大臣百姓，但在现实差距的面对上，必须有荒谬至极哑然失笑的距离感，唯其有此距离感，才能让孔子"知其不可而为之"。重点是"知其不可"，因此其所为者乃仍有可为之事，而不是去碰撞那绝不可为之事，否则必是一事无成，也不会在历史上留下立德立功立言的影响了。儒家与道家庄子的不同，是庄子就把力气用在个人的才情超升上，而成为个人主义的哲学，但儒家仍是用于淑世理想的追求上，因此依然是群体主义的哲学。但是，社会体制通常是极不理想的，这一点，智者没有误判，孔孟老庄所见皆同，只是面对的态度、处置的方案不同，背后是个人价值选择的不同。但如果这个社会体制的虚妄性没有被勘破，多少悲剧便将发生，多少事功无从建立，这就是本小节最重要的发现。

五、道家给儒家的第二课：向老子学习给而不取的为官之道

在宋明儒者的著作中，老子哲学常是被批评的对象，然而，这显然是误解。《周易》之作中，其卦爻辞的精蕴，便已是孔老共同的价值，而宋儒周敦颐的哲学中，有言于"一为要，一者无欲也"之说者，王阳明甚至还说："吾辈用功，只求日减，不求日增。减得一分人欲，便是复得一分天理，何等轻快洒脱，何等简易！"老子之言"损之又损，以至于无为"就是这里"日减"的意思。可以说，先秦孔老的思想本就可以互补，宋儒的作品里面也多的是老子哲学智慧的话头。只是俗儒不察，责人入老，互相攻击而已，如象山与朱熹有冲突时就互指为老。实际上老子哲学可以与孔子哲学互补，老子的智慧可以让秦汉之后的儒生在朝为官，而不必辞官他去，这就是笔者欲建立的观点。但是，这个立场的出现，必须先看破社会体制的虚妄才有可能做到。老子智慧的特点在于：一切勿与人争，本分做事，一直给，最终成就事业而自己成为圣贤。这样的智慧态度，就是不与人争，因为别人比你更好争，这就是社会虚妄之处。人与人之间为什么要争？其实都是争自己的私利。那老子又为什么不争？因为做官了，而且是做大官了。做大官就是来做事的，不是来争权力、争荣誉、争资源的，是来给的而不是来要的，所以勿与人争，广结善缘，做好事业。然而，多少做大官的人能进入这等的境界？显然极少，不都是继续争，继续抢，继续像小孩子要糖果一样地在争夺？他们心中没有百姓，只有自己的利益。这也就是为什么社会体制是虚妄的原因之一。另一个原因是最高领袖本身就不是个明君，主上无能的结果，下必纷争。小人权臣当道，体制的高层黑乌鸦似的，这时候，任何好不容易挤上高层的人，也

是一样地争斗好胜,有人能一日用心于治国吗?有人能仁民爱物吗?并没有的。老子的智慧就是了解到在这种现象中,政治上的高层一旦要仁民爱物就必须知道周遭的权欲熏心之徒的想法,他们很简单,就是资源要争、权力要争、利益要争、荣誉要争,就是事情不想干,只想抢别人的功劳,又怕抢到的功劳又给别人抢走了。问题是,一旦体制内没有人做事,一旦体制没有因为做实事而有所改善增进,体制必然崩溃,到那个时候就变成要有人革命起义以推翻体制了。但无论是体制崩溃还是战争起义,都是人民百姓在受苦,为了不使百姓受苦,体制需要被维护,这就是儒者的心胸,儒者的信念。

但是,为体制服务,却功劳被抢走,却荣誉被夺走,这样的体制,还有必要为它服务吗?这时候,老子的无为智慧就出现了,这就是无我,不需要有私我之念,只需要想到社会大众的利益,"生而不有,为而不恃,长而不宰"。社会体制和道德不能直接等同,这在高层就是如此,但是没有道德的社会是会崩解的,百姓的生活世界必须依赖道德信念的维系,所以高层必须有人主持百姓的日常生活,让道德信念成为维系社会的共识,务使社会不致失序崩坏。也就是说,必须靠高层官员来维护社会正义,但高层本身未必服膺正义是非,这样的话,所有在体制里的儒者却要争取平民百姓的生活福祉,这怎么可能呢?是的,首先就要看破体制的虚妄,这是庄子深知的事实,先建立这一步的了解,随后就是与狼共舞、虚与应对。高层就是威权的机制,唯权力是问,唯利益是问,老子的智慧就是看破这一切,同时也看破自己的权力名誉,"后其身而身先,外其身而身存","不敢为天下先","弱者道之用",一切的作为,都只是求一个天下人的公益而已,自己的什么都不求了,这样一来,儒者就可以有留在体制里做事的心理基础了。

这一点,也是孔孟与老子不同的地方,孟子是绝不委屈自己的,话语中没有一丝的退让,国君对自己无礼,就一定是弃他而去,孟子言:

陈子曰:"古之君子,何如则仕?"孟子曰:"所就三,所去三。迎之致敬以有礼,言将行其言也,则就之;礼貌未衰,言弗行也,则去之。

其次，虽未行其言也，迎之致敬以有礼，则就之；礼貌衰，则去之。其下，朝不食，夕不食，饥饿不能出门户；君闻之，曰：'吾大者不能行其道，又不能从其言也，使饥饿于我土地，吾耻之。'周之，亦可受也，免死而已矣。"

孟子的态度是，国君是必须重用我的，一切言听计从，若不听从我的政策意见，又对我不礼貌，则一定是挂冠求去，除非我混不下去快饿死了才死皮赖脸地接受奉养。但是，老子的态度则不如此，人性多是为恶的，此事早已深知，但百姓不能没有人照顾，社会体制不能崩解以致战乱，因此就需要有人在各个岗位上挺住。但是人家又要来抢好处，于是你就通通要给，这就是"无有入无间"。高层资源都被卡位光了，无间，但你一件也不要，无有，故而是"无有入无间"，反而可以有所作为。你的功劳推给君王，你的资源和权力与群臣共享，你的利益分给属下，百姓当然是什么也没有，但是没关系，因为你在做事，因为没有人会掣肘你了，因为你所有看得见看不见的利益资源都给了周围的人了。周围就是高层，一群嗜欲之徒，但是他们会给你治国的机会，因为你什么利益都不要，你只是来做事的，因为你做事，你就创造了新的资源，这一部分，才有百姓获得的一份。至于原来就在高层的权力利益荣誉，你都留在高层送人了，一件也没留给自己，这就是无我，这就是人家会给你机会的原因。这是老子的做法，因为政治的现场还是要有人进去操作的。孟子去国去仕，孔子亦然，他们两位成就了千秋万世的思想资源，成了哲学家，但是没有能具体在体制内好好做事。老子当然也是哲学家，但是老子的智慧让所有的儒者在官场上找到了生存之道。这个智慧就是首先要看破体制的虚妄，这是庄子的结论。高层不是道德的族群，而是嗜欲争夺的杀戮战场，想要在此处生存，就要留下买路财，方式就是一切看得见的利益都要送给别人，不断地做事而创造资源给社会百姓，至于高层能够分配的利益就要留给周围的人，"宠利毋居人前，德业毋落人后"，就如其言：

> 江海所以能为百谷王者，以其善下之，故能为百谷王。是以圣人欲上民，必以言下之；欲先民，必以身后之。是以圣人处上而民不重，处前而民不害。是以天下乐推而不厌。以其不争，故天下莫能与之争。①

老子这样的思维，就是一套给的哲学，要给之前，当然是自己充满了理想。欲上民、欲先民，就是有自己的理想，想带领大家一起，要大家跟自己一起走一条理想的道路，那就要先对大家好，先满足别人的欲望需求。因为每个人的需求被满足了，所以你的服务大家就都能接受了，而儒者在位子上的权势就稳固了，也再没有人能夺走他的职位了，于是也就可以永远地在这个位子上服务了。关键就是从来都必须满足周围上下所有人的私心欲望，使得人人乐于他在这个位子上，以至于他可以招集众人一起来为大家做大事。为什么既要为百姓创造资源，又要留下各种利益给周围的人？这就是体制的虚妄造成的，体制中的高层高位者，没有他们的默许，国家的大事业是办不成的。孔、孟、朱熹完成的都只是个人性的立德立言之作——哲学思想的创作以及个人人格典范的影响，并不是全国性的政策施行。王阳明的事业倒是有全国性的影响，但王阳明干的是苦差事，是外地征战的事业，不是朝中大员的角色。王阳明的武功若不是朝中有人硬要他做，他也不能长期担任其职，还不早早被人拉下马来。也就是说，朝中有人扮演了老子的角色，给了英雄儒者一个实际为人民百姓做大事业的机会。而这个朝中的大员，却没什么盛大的荣誉，只是对好的人才给他好的机会以为百姓做好的事情而已，在这个意义上这个朝中大员使用的就是老子式的智能。

人在高位，就要好好做事，为百姓做事，但是不能有功劳荣誉权力之心，因为周围的人会忌惮，会忌妒，一旦遭人忌惮忌妒，位子就不保。儒者在高位，眼中容不下沙子，处事见不得小人，就要时时与小人为敌了。实际上，"休与小人仇雠，小人自有对头"，你把力气放在与小人斗争上以后，你的正

---

① 《老子·第六十六章》。

事就都办不了了，良好的政策，实际的实务，在在需要正人君子去投入，因此不能把力气用在与小人斗争上头。要了解，体制就是荒谬的，小人就是有机会站上高位的，这不是圣贤的错，这是最高领袖有私欲或是无能的结果。但是，对付小人不是儒者的使命，不让小人为恶以及拯救弱势百姓才是责任。小人不要让他伤人就好，你不要去伤他，他要利益你要给他，他不干活光享受你要让他，他能不对你的事业扯后腿你就有机会成功，他扯后腿掣肘你的话你的事业就不会顺利。要知道，事业成功才是唯一的目的。小人被惩罚以及你的功业被宣扬都不是什么重要的事情，这两件事情都比不上国家社会的重大政策被落实，都比不上你实实在在地为百姓做了一件好事、大事、有用的事。就如王阳明戡平了叛乱、收服了盗匪，但不必因此在朝中站上大位，不必因此被君王大大奖赏，后两件事情，都是会有人忌妒的，反而招惹灾难，因为朝中多小人。所以，做大官要学老子的哲学，老子的哲学就是只要给就好了，自己是个创造者，创造资源给百姓，推动事业让大家得利，自己不要利益，而让大家都得到利益，这样的大官人人乐其为之，事业就可成，连小人都来赞颂此事，因为他们也有间接的贡献及功劳了。

　　对付小人及权臣是国君的事情，是最高领袖的事情。因为，首先，一切的人事权正是最高领袖的权力，否则他就是被架空的失去权势之傀儡。其次，之所以会有小人及权臣，都是国君许可才有的，小人是国君欲望的代言人，权臣是国君无能的发言人。这是其他官员无从置喙的领域，只能是国君自己处理。国君不对付小人权臣，最后就是他自己被害死，但这是他咎由自取的下场。国君不是一般人可以扮演的角色，肯定是人中之龙、人中之凤才能做好的事业。一般人训练未及就登上层峰之位，既不能遏止自己的私欲，又不能控制朝廷的官员，则小人纷纷献媚取悦而掌握大权，权臣纷纷挟持蒙蔽而掌握大权，这就是高层的组合。儒者一旦有机会站上这个平台，就必须看清局势，要不以法家严峻之威力扫荡奸邪，要不以老子虚圆之智慧肆应其间，但这都不是孔孟的最高智能形态。因此笔者主张，在这个意义下，儒者要向道家老子学习圆融的智慧，既然已占高位，又不是要去做孔孟这般的哲学家，那就是要尽己一生之力让百姓过好日子，保住权位，多做实业。因为不忍百姓受苦，就要尽量创造资源给百姓，再把自己的私人的资源给百姓，而自己站在此位，还要照顾那些没有理想没有爱心又利欲熏心的小人权臣的利益，看得见的都给了，看不见的也将其台面化地给了，天底下再没有人看你不顺眼了。至于小人权臣，留给君王去面对吧。有小人权臣也是君王自己的作为所致，成也君王，败也君王，天下安危就是系于一人之身，这一人，就是最高领袖。君王是什么样的等级，天下人就是什么样的生活格局。至于大臣，高位之臣，只能选择自己要做什么样的人，或为圣贤，或为贪官，或为君子，或为小人。若是儒者，就应该学习老子的圆融智慧，做个对百姓有用的人，成为君子，甚至圣贤；只是因为君王的格局之故，而有好坏不同的命运而已，如同邵雍所讲的四六、三七比例。一旦君王格局不足，为圣贤者就只能走老子的路，要走孔孟之路就得丢大官，宋儒伊川、横渠都是如此。明道多半在基层做小官，有一段不长的时日在朝中，然而时日尚短，但其实也已经呈现了老子式的作风，如其言："学者今日无可添，只有可减，减尽，便没事。"减就是减欲望，这就是老子式智慧。

当然不能说这种无欲减损就只能是老子而不能是儒者的智慧，这确实可以是儒者的智慧，儒者确实是需要这样的智慧，只是，将这种智能形态的理论发挥到最极致，又标举到最高的理论地位的就是老子。至于这种智慧对于儒者而言，却不是最初的目标，儒者要成就家国天下，也要成就自己。孔子言："邦无道，富且贵焉耻矣。"但这是春秋战国时代，此邦无道或有他邦可去。秦汉之后，邦多无道，关键就是国君无能贪婪而朝纲不振，因此，正直之臣多在无道之邦中。若是都弃职他去，朝中便都无人了，则体制的崩解便极快速，因此必须有做实事的人。要做实事，必须有权有位，这一部分就是君子与小人权臣共处下才会得到的，如果君子为官，事事都要争个是非对错荣誉名位，便无法待在此位了。儒者要争天下也要争荣誉，老子式的智慧就是只争天下而不争任何荣誉私利："夫唯不争，故天下莫能与之争。"私利都不要，只要天下事能办成，小人权臣要的利益都给他们，只要不来妨碍，都可以舍可以让，这样要做的大事就必然可成了。儒者固然要做大事，但都不免在过程中碰到道德上的是非对错，一旦在此坚持，事情就耽搁了。当然，这时就要分辨个大事小事，得天下未必是大事，实务实业才是大事，百姓有饭吃、有路走、有衣穿、有车坐才是大事。为此，必须团结人力，实事实干，创造资源，才能成事。成事之时，任何人都来分享功劳利益也没关系，下次有大事可干时能继续干才是重要的。抱持这样的态度，则"天下莫能与之争"。说到争，是争什么？没有不是争私利的，名誉也是私利，莫怪乎庄子《人间世》曰"德荡乎名，智出乎争"，庄子这里就是看破了的智慧表述。荣誉是重要的，但百姓的福祉更重要，得不到荣誉或被毁坏荣誉都不重要，重要的是事情办成了。"放得功名富贵之心下，便可脱凡；放得道德仁义之心下，才可入圣。"《菜根谭》的这种智慧就是老子式的智慧，真要为百姓着想，这是必需的态度。

不争千秋而争一时，不是自己的一时，也不是自己的千秋，而是百姓的一时。百姓就是日日生活中的平民，为了日日的生活，朝中大员必须做出正确的政策和事业。为了利益百姓，就是协调各种资源人力而圆满此事，要照顾的方面太多了，自己反而是最不需要被照顾的，这就是"损之又损，以至于无为""无为而无不为"的老子式智慧。儒者争千秋，老子争一时，都是为百姓。千秋的事业孔孟已经做够了，百姓的生活就需要各个时代的儒者在日日的生活中为其奔走了，争一时就好，无我，无为，就能掌握当下的资源，做出事业，创造资源，成为名副其实的圣贤。

总结而言，孔老的智慧本来就是互补的。儒家谈服务的精神，重承担；老子谈处世的技巧，重谦退。在时机可为之时，站上高位，但依然要谦虚让利予人，这是老子的智慧对儒家的调适。在时机不可为之时，或是舍官他去，或是忍辱潜藏，前者是庄子的智慧，后者是老子的智慧，都是对儒家的调适与上遂。永远不要幻想一劳永逸、天下太平、圣君贤相仁人君子的时代出现在你眼前，永远不要交给自己承担天下永远太平的任务，自己只能走一小段路，为百姓服一小段务，为天下尽一小段力。天已生仲尼，万古非长夜，你只要点燃自己生命有限时光的那一盏灯就好，点亮了，百姓因你受惠了，你就是儒家的君子、老子的智者。一个有儒家理想的君子之所以做不好事情，就是因为要这个社会立刻马上永远变好，一旦不能，就冲撞对立，结果把自己给消灭了，而百姓也依然困苦，没有被帮助到。社会只能上上下下进进退退，历程中个人自己净浊有别而已，不求人知，只求天晓，这就近乎宗教的立场了，下文转入。

六、道教给儒家的第三课：敬畏神明

　　鬼神进入中国文化的天空是一个古老悠远的事实，远的不说，就春秋战国时期而言，墨家就是有鬼神信仰的代表性团体，理论上以鬼神之功能助人间之正义。而他们的视角真正是人民百姓的视角，"节用、节葬、非乐、兼爱、非攻"等皆是。他们为保住生活也主张"尚同"，但为自己日子好过更希望"尚贤"，如果君王做不到，就人民百姓而言，那就只有依靠"天志"了，究其实就是"明鬼"，也就是有鬼神。也就是说，作为平民百姓的墨家，除了依靠鬼神的制裁以外，没有任何其他的管道可以帮助自己不受暴君权臣的欺凌。至于鬼神是谁，似乎不是关键。确实，中国历朝历代的人民团体，多的是有鬼神信仰的准宗教组织，鬼神不断更换，几乎没有固定，这也和中国宗教是多神形态似乎直接关联。无论如何，只要是纯属人民的团体，有宗教信念是多数现象。人民团体和社会体制最大的不同就是，社会体制是社会国家的正式编制的组织，亦即政府的层级。而民间团体中的领导者，在政府的层级里面却根本没有任何地位。儒者就不然，儒者就是要入仕为官的，所以有任何想法就在官僚体系里面解决。墨家就不然，一个民间宗教团体，对政府有任何想法，只能诉诸祈祷，诉诸人民的心声，而不像儒者，自己直接就是官员，可以面对处理的。

　　作为儒者，如果有对政策的意见，就该在正式场合上表达出来。至于政策意见的产生，就应该是自己的专业素养，自己就有足够的知识设想政策，决不会问告于鬼神。若是何种政策较好这种事情也要问告鬼神，这就不是儒

生知识分子了,这只能是无能的人了,甚或就是神棍了。也正是因此,孔子说:"未知生,焉知死?""未能事人,焉能事鬼?""敬鬼神而远之。"这些话语的意思,都是说人要靠自己,不要靠鬼神。但是,这些话语也并不等于否定了鬼神的存在。虽然如此,关于鬼神存在的问题,到了宋儒,便产生了在理论上否定鬼神存在的努力。这就是张载的"鬼神者,二气之良能也"之说的意思所在,也就是说要以概念定义的方式涂抹掉鬼神概念的存在意涵而谓之只是阴阳二气的别名而已。朱熹继承这条思路,却说魂魄二气,魂者人死轻清上扬,魄者人死重浊下降,魂魄也就是鬼魂和尸体,但尸体会坏散,鬼魂也是暂时的。朱熹此说,固然不让鬼魂有其永恒存在的地位,却也让鬼魂有了暂时存在的宇宙论地位。这就让我们再次反思孔子所说的"敬鬼神而远之",究竟此话何义。

笔者以为:首先,并未否定鬼神的存在;其次,国家大事要靠专业知识。这就是儒家对待鬼神的终极立场,掌握住这两条,就掌握住了儒家的基本态度。然而笔者以为,儒者对待鬼神的态度,要有更深入的思考。鬼神是一远古的信仰,古今中外皆有宗教团体与鬼神信仰。宗教与鬼神在一件事情上是人类绝对会探究的课题,那就是人类自身的生死问题,人类不问生死问题则已,若要探问,必然涉及鬼神及宗教。为何是宗教?因为对于主张人有死后生命的人而言,他们的主张并没有在经验上可以被简易直接地证明的方式,因此只能说是相信;因为态度是理性的,因此称许为信仰。对于这种不能实证的知识,以及连带而来的活动,政府的态度在历朝历代中都有不同。但是归根结底,儒家的立场才是关键,因为儒家是官僚体系的价值意识,而儒者的态度只能是敬鬼神而远之,就是不否定它。因此可以祭祀,但是政策不依赖它,因此不能事事问告,要是事事问告鬼神,那么知识分子的治国专业就不必要了,官员便成了废物。且鬼神意旨难明,朝廷议事还有个争执的机会,鬼神的宣告就是一翻两瞪眼,听是不听都不是很理性的态度。关键就是,一定要分辨清楚什么是可以问告鬼神之事,什么是不宜问告鬼神之事。

远古先人之所以需要问告鬼神,是由于知识不足而导致计虑不能周全。

但是，人类不断地累积了历史与科技的知识，愈来愈多的事情就是在人类的理性客观知识的范围之内的事情，面对这些事情，自然是依靠客观知识、专业知识以为决断的依据。若是尚有未知的领域，涉及国家大事，还是谨慎为好，若是个人利害之事，不妨问告鬼神，古人卜筮就是如此。然而，问告是一回事，祭祀又是另一回事，不论是祭天祭地祭山川社稷之神还是祭祖，都是祭，子曰："祭如在，祭神如神在。"论及祭祀，孔子没有不赞成的，这是尊重与虔诚。论于问告，孔子亦非不为，只是不是事事为之，若是事事为之就是迷信了，就是自己不够专业了。若就有所不知、计虑不足的事情虔诚焚香以问之，此事，孔子是不会反对的。只是，历史上的真正的儒者，仍然是以自己的专业知识提出政策的计虑，而不是依赖问告鬼神而决定作为的去向。荀子根本就说，"雩而雨，何也？曰：无何也，犹不雩而雨也。日月食而救之，天旱而雩，卜筮然后决大事，非以为得求也，以文之也。故君子以为文，而百姓以为神。以为文则吉，以为神则凶也"，摆明了并不相信问告之事的。其实，只要细为厘清，就可以分辨何者该问、何者不该问。但更重要的是，有鬼神存在是一回事，祭祀就行了，问告是另一回事，光祭祀而不问告就是一种理性的态度。就此而言，当然不必否定鬼神的存在，朱熹就是如此。但是，一旦要问告，个人私事问之无妨，国家大事就要谨慎为之，还是要以更多的专业知识来选择并决定为好。光祭祀而不问告就像"神道设教"一样，只是尊敬虔诚而已，并没有侥幸投机的心理，如《周易》言："观天之神道，而四时不忒，圣人以神道设教，而天下服矣。"

其实，鬼神的存在虽然不易明确证明，但也不能简单地否定。"敬鬼神而远之"确实是个理性的态度，尤其是针对国家大事而言，祭祀是一定虔诚的，但问告就不必了。你礼敬鬼神，鬼神有知，自然庇佑你。中国的道教，其实跟中国的儒家有着几乎完全一致的价值信念，唯一不同的是，明确地申明鬼神的存在，从而有祭祀的宗教活动。祭祀可也，办事就不必了。尤其是国家大事，任何人都很难在绝对可信赖又准确的脉络下进行国家大事的问告甚至法术的施行而有实效的，这一部分还是远之为妙，以免引来更多无谓的大麻烦。但是，对神明的敬仰与祭祀，这是可行的，也是值得做的，毕竟相信它们的存在是更为理性的选择。

总之，中国的道教，在与儒家有几乎完全一样的价值信念的前提下，增加了对他在世界存有者的信仰。作为儒者，尊重之祭祀之即可，事事问告求助鬼神就不智了。不是鬼神的存在是不可信之事，而是问告与求助的动作都充满了太多的变量与危险性在，不如专心依靠自己的专业知识。既然鬼神与道德是一致的，这总比社会体制的高层与道德总是不一致的要靠谱得多了，因此你只要去信它就好，不必去多做什么，这就是儒者与道教团体之间最好的相处方式。至于道教团体或神明本身而言，自然会去做他们自己认为该做的对的事情，也许这时就会与国家大事或个人安危之事有所交涉了。

七、结论

本节之作，站在儒家的立场，讨论道家道教的思想和儒学的互动关系，主张庄子与老子所看到的官场图像，都应该是儒者自我修养以调适上遂时必要的视角。儒者不可因为理想崇高就变得天真无知。社会体制固然是必要存在的架构，但它在许多的历史时机中多半是虚妄荒谬的，重点就是体制的高层是缺乏道德信念的。看破体制的虚妄，不可为之时还是要把命留给自己，不做无谓的牺牲。一旦可为，必须理解到高层依然多半仍是虚妄荒谬的，这时就要懂得让利，才能让自己稳住高位，以为百姓谋福。儒者为官就是要为百姓谋福的，孔孟去国是因为时代许可，也是因为他是超越官员角色的哲人。秦汉以后的儒者，要不效法庄子，自在民间，做些独善其身的事情，要不效法老子，逐步跻身高层，永远不强出头，保住自己以照顾人民。如果儒者改变心态，想要抢夺大位，那就是变成权力型人物，这时就需要使用法家的智谋，法术势兼用。但是，这样等于已经不是儒者了，虽然如此，这并不是不可以有的选择。至于鬼神，经验上难以验证，但理论上也难以否证。"敬鬼神而远之"是最好的态度，就是只祭祀，不问告不求助，相信鬼神自然福佑善人，这样就可以了。以上，借由老庄及道教的基本信念，辅助了儒家的基本作为，使得儒者的进退应对，有了更为圆融且入世的技巧，才能面对更多的世局变换，以及承担更大的社会责任。操作之时，不妄想有永恒的改变社会的事功，只要想着有我眼前可以为社会所做的事业。

以上所论，最终目的在让中国哲学各学派的精粹要旨得以互通运用，全体有效。

第三节　论老子的圣贤智巧对庄子和孔孟的超越*

一、前言

探究了儒道佛解决生命困境的问题，又处理了儒道两家的交涉互补现象，此时，便是可以融会贯通各家的时刻了。本节之作，先统贯各家，再深论儒道；下节从佛教切入；下章从儒法入手；最终归本于儒家。

先秦哲学以政治关怀为各家理论的主要出发点，各家都是关怀社会的入世心态，提出种种理想与做法以改善社会。唯各家出发点不同，因此意旨有别。其中，墨家关怀基层百姓，主张皆以为百姓发声为格局。儒家关怀百姓也关怀国家体制，深知唯有健全的官僚体制才能造福人民，于是期许自己承担社会责任，但时常受到挫折。庄子认为社会体制只是束缚人心的牢笼，主张个人自由，不涉入政治管理事务。老子哲学既有儒家的服务的理想，又有庄子看破社会体制虚伪的认识，提出真正能够放下自己名利的做法，无为而无不为，是以超越了孔孟与庄子，真正是圣贤的智慧。为何圣贤必须如此舍己以为人，只服务却不受益呢？这是因为权力世界多恶人，不如此不足以成事。至于权力世界多恶人之原因，这点，只有法家的学说才讲清楚了。以上，都是世间法的思维，若从出世间法的角度来看，佛教哲学才真正彻底地说明了生命的历程、人生的意义和世界存在的实况，因此就更能理解社会现实的

---

* 本节曾发表于第二届老子与道教文化国际学术论坛，亳州，中国人民大学哲学院道教文化研究中心主办，2018年3月。

发生原因以及自处之道。唯佛教哲学涉及信仰，不能人人相信，在没有佛教信仰的前提下，从世间法的角度说，一般知识分子的人生境界，就是以老子的圣贤智慧为最高境界了。此即本节之写作主旨。

孔子，圣人也，老子呢？孔子之所以为圣人，不只是因为他留下的《论语》中的智慧宝语，而且《论语》中的话语就是他自己的行为写照。他实践了他说的话，扎扎实实地带领了众多的弟子，奠立了中国历史上的儒生族群，这个族群，世世代代为国家民族的事业奉献己生。孔子确乎圣人矣！老子呢？他没有明确的事迹，历史上传说为老子者甚至不止一人，但唯独就是有一部著作流传，且媲美《论语》，开启了中国历史文明中在孔子思想之外的另一番思维气象，强调守柔、守弱、无为，同样引领世世代代的知识分子衷心服膺。显然，孔子是圣人，而老子是智者，然而，恰恰是老子的智慧，才真能让孔子的理想获得落实。老子的智能正是实现圣贤人格的路径，圣人建立理想，但经由老子的智慧，而将其操作完成。本节之作，即在揭示这个观点。关键就是，儒家讲理想，而道家深入人性，唯有掌握人性，理想才得以落实。人性不是建立了性善论就了事，性善论建立了人人可为尧舜的可能性，但治理天下稳定秩序，还须从人性之恶下手，这就需要儒道合作。

这么一来，孔老可以互补了，本节之作，便是在整合学派思想的立场上，界定各家的适用范围，指出它们特别的强项，但也有不及之边界。了解各家的特长，准确地应用之，而不要是此非彼，这样才是学习中国哲学的良好做法。本节之作，将对比庄子哲学和孔孟思想，提出老子哲学的超越之处。最后，要说明老子形态的圣贤人格，为何要如此艰辛作为的原因，关键就在法家思想里所谈到的君王。君王多有闯祸丧国者，法家强迫自己面对的问题，就是让君王得以有效治国的技能。反之，一位无能多欲的君王，正就是造成圣贤的原因，因为他既要匡正天下拯救百姓，又要受制于君王及其身边的权力之徒。从儒家到老子到法家，庄子除外，这些都是世间法。两千年来的中国智慧，固然家家都有道理，但这个民族始终浮浮沉沉，如同全球的人类命运一样。想要终极地看清世道，还有待佛学。然而，佛法是出世间法，人多不信，因此在世间法中，掌握老子哲学的智慧，正是人间圣贤的最高理想。

二、学派理论的认识方式与互相攻击下的误区

历来中国哲学各家各派都有互相攻击的现象。儒道之间，有《论语》中儒者和隐士之辩①，有《庄子》中讥讽孔子之语②。儒法之间，有《韩非子》"难"诸篇之辩儒。③儒墨之间，有《墨子》非儒的文章。④这是先秦之时，迨至汉末，又有道佛之争，至宋明，又有儒佛之争。这些争辩，伸张己意，正本清源，原本是理所当然；然而，却在批评他派学说时用力过度，导致各家水火不容，更令各家理论的真正价值被淹没在攻防争执之中，导致后学者产生学习上的阻碍。这种现象，是到了应该被正视并且澄清的时候了。

三、整合诸子思想的理论努力：从参照中知己知彼

对于中国哲学的学习，笔者认为，一方面要深入原典，另一方面要参照各家。这是因为，儒道墨法佛各家，都是讲人生理想的哲学，但有其各家的切入面向之不同，观点也就互异，从自己的面向以及关切的问题来说，各家的理论都是成立的。只是，碰到不同学派间的彼此批评的时候，就会因为失去焦点而致错解。要解决这个问题，势必要互相参照，找到各自的特点与差异，就不必互相非议了。当然，中国哲学各学派都是建立在有理想的人的思想上，既然是有理想，就是要宣传推广以为世人所用，碰到意见不同时自然要争辩一番。然而，意见之不同不一定都是立场的对立，通常是有不同的问题，甚至是有不同的职业身份，如《汉书·艺文志》中记载先秦学派的来源：

---

① 参见《论语·微子》"长沮、桀溺耦而耕""子路从而后，遇丈人"两节。
② 参见《庄子·人间世》"孔子适楚，楚狂接舆游其门曰"一节。
③ 参见《韩非子》的《难一》《难二》《难三》《难四》《难势》诸篇。
④ 参见《墨子·非儒》。

> 儒家者流，盖出于司徒之官……道家者流，盖出于史官……阴阳家者流，盖出于羲和之官……法家者流，盖出于理官……名家者流，盖出于礼官……墨家者流，盖出于清庙之守……从横家者流，盖出于行人之官。①

既然职业身份不同，所论问题必异，各种主张只对自己的问题是有效的，但就在学派争议中，往往看不清楚别人的问题，攻击别人的同时，就把别人给错解了。古人如此，也就罢了，因为他们自己是学派的创建者。但今人的学习，就不能如此了，不能读了一家就只有这家是真理，而是应该综览各家，互相参照，便能见出各家的特点，也不必再有学派意见之争，只要用各家特长的优点就好了。

四、架构诸子哲学的视野：六爻的架构

笔者近年对中国哲学各学派整合的问题，提出了一个架构，借由《周易》六爻的阶层关系，将墨家、儒家、庄子、老子、法家、佛教列入这初爻到上爻的社会阶层的视野中。墨家是初爻，代表基层百姓的心声，提出节用、节葬、非乐、天志、明鬼等观点。儒家是二爻，代表基层干部的心声，提出仁义礼智的价值观，实际上就是服务的人生观，倡议君王要行仁政、爱百姓，而儒者自己扮演专业政治管理人的角色，而不是权力型的人物。庄子是三爻，在体制中没有实权实位，自己选择做个自由人，以追求自己的兴趣爱好技艺为目标，以达到个人技艺的最高境界为人生的理想，不负社会建设的责任。老子是四爻，中央的高层管理人，权力大，能做大事，但时常处于权力斗争当中，所以要学习无为、守弱、谦下，这样才能团结人心，促成美事。法家是五爻，专注于君王权力使用的问题，谈御下之道，重赏罚，谈君权至上，此为势，须慎用，又谈严守法令，谈外交攻防之术，而有法术势三项应用的

---

① 参见《汉书·艺文志》。

技巧。佛教是上爻，已与人间社会体制资源管理运用之事无关，只重自己的生死问题，求永生，在人间唯给而已，自度度人，自觉觉人。

以上架构根据《周易》六爻解释社会阶层的理论架构，将中国哲学各家各派的理论形态，借由初爻到上爻的六个阶层予以区分，以彰显学派思想的特色。目的是讲清楚各家的差异，究其原因，关键是视野的不同。六爻由下而上是基层百姓、地方官员、自由业者、中央高阶官员、国君、高阶退休享福之人。笔者认为，各个学派理论的提出，与其自身所处之时位有直接的关系，从而提出理论主张，意见都是合理的，只是多不全面。人生问题无数，个人处境多端，借由六爻的六个阶层，恰能彰显学派理论所处位阶不同的特征，从而合理化各家的命题意旨，但也破解了各家争辩的合理性。当然，从社会体制的阶层对比各家的形态，并不就能等于是各家理论成立的合法性基础，也不就能限制了各家理论的适用范围。然而，借由这样的架构，对各家进行的对比研究，确实对各家理论的合理性能有适切的说明，同时就在这对比的视野中，各家意旨更容易了解，同时也取得了互不冲突的理论立足点。这就是适用性问题的落实。读者在认识各家学派的理论时，若能以这六个不同位阶人物的心灵去观照，就更能理解它们，也同时解决了理论合理性的问题。每个理论都有出发点，有智慧观点，也有照顾不及的地方。不强求全面，不对比高下，各适其用是最好的。

基于以上的架构定位，笔者将展开儒道各家理论特质定位的讨论，从中见出老子哲学思想在庄子与孔孟之间的特殊定位。

五、孔子哲学的特质和边界

《论语》中的重要价值观以孝、仁、礼三个观念为主，《弟子规》中所引的"弟子入则孝，出则弟，谨而信，泛爱众，而亲仁，行有余力，则以学文"，也正是孔子思想的大纲要，可以见出孔子追求的理想，是每个人都应该要培养自己，以为社会服务，而且是在体制内的服务角色。孔子教诲弟子如何从政，就是要培养为体制服务的君子人格，从而成为基层官员的价值指导原则。孔子自己的身份本来几乎就是一个平民，借由努力学习，获得政治人物的肯定，从而被拔擢为官。然而，不论位阶多高，毕竟不是王公贵族出身，始终不能掌握根本性的最高权力，这使得他在国家体制的社会实践上，不能终究成功。《论语》中有言：

> 陈成子弑简公。孔子沐浴而朝，告于哀公曰："陈恒弑其君，请讨之。"公曰："告夫三子。"孔子曰："以吾从大夫之后，不敢不告也。君曰'告夫三子'者！"之三子告，不可。孔子曰："以吾从大夫之后，不敢不告也。"①

齐国本是姜子牙的封地，世代为姜姓国君，后为田氏权臣所篡，其间发生弑君事件。就礼法而言，这是各诸侯国必须共同讨伐的政治大事，以维护周王朝封建体制的尊严与法度。然而，在鲁国从政的孔子，所面对的鲁国，本身也是为三桓权臣所挟持。孔子面君报告此事，国君要他直接找三桓讨论。孔子也知道三桓不会理会此事，但为礼法的维护，孔子硬着头皮去报告了，结果可想而知，无人搭理。这就看出，孔子对于政权拥有者，是无可奈何的。虽然自己有崇高的理想，想维护周王朝的礼法，但是他的位阶就是中高层官员，而非上层统治阶级，关键的政治事件，依然要听命于人，且无反抗的想法。

可以说孔子对于掌握鲁国政权以至一统天下的理想是有心无力的，空有品格理想，却无实际做法，也没有关于如何操作的理论。孔子思想的特质，是让每一个人成为君子，且应为社会服务，这样的品格，是社会体制中所有的人应有的基本修养，唯有如此，社会才会进步。然而，体制是有阶层的，权力是自上而下的，最高权力的掌握者才是真正决定体制良莠的关键。孔子的理想当然是整个国家社会都变好，但他自己在鲁国的实践就不能成功，以至离鲁他去，周游列国，但依然不行，最后回到鲁国以教学为主。理想是留

---

① 《论语·宪问》。

下来了，弟子也教育成才了，但各国的政治依然不堪。关键还是权力的问题，没有掌握好高层的权力，始终不能给人民百姓真正美好的生活。

孔子自己主张"不在其位，不谋其政"①，从礼法的角度，这是对的，但若为了天下百姓，则在位是重要的。而更重要的是，能做好事情，能建设社会，能服务国家，造福百姓，而这一切，不与权臣谋划是不能成行的。然而，如何为之？老子有办法，且是站在官员的角色讲述的办法。韩非也有办法，且是站在国君的角色所讲的办法。而孔子是知识分子从政的角色，从他的位阶眼光来看，却是没有办法的。孔子的思想，固然成就了知识分子的人格，且建立了中华民族的道德价值观，但对如何掌握权力这种极为现实的问题，孔子的思想是没有构筑的。孔子的思想只能是在体制内管好自己，能够清楚地分辨谁是君子谁是小人。然而一旦与小人为伍，却只能自己避去，而不能掌握之。笔者以为，这一部分就是老子哲学对儒家思想的有所贡献之处。孔子如此，孟子亦然。

六、孟子哲学的特质和边界

相较于孔子，孟子在政治哲学方面着墨更多。孔子可以说是从个人的角度，说明人生的意义，而以服务为人生观，重君子小人之辨。孟子则是更多地以官员及君王的角色出发，说明为官之道以及为君之道，一样是赋予高度理想性的要求，将中国政治哲学中的国家存在的目的、国君与百姓的关系、国君与大臣的关系、官员与百姓的关系，都做了规范：基本上就是国家以照顾百姓为目的，而国君则应行仁政、爱百姓，官员则是负责执行，做不到或国君不听从建议，则应辞官。此外，孟子提出性善论的人性论，讲仁义礼智，也建立了工夫修养论，为君子人格的建立，提出了修养论的普遍原理，即尽心知性等理论。这样，就可以对比于老子哲学思想的特色了。就儒家而言，在政治理论方面，儒者固然培养自己要有从政的能力，且要求国君要尊重自

---

① 《论语·泰伯》。

己的专业，但是，作为在体制内服务的角色，是否能够成功其事，仍然是要等待明君。明君在上，正是孟子的期许，也是孟子所谈国君言论之所指。然而，君王英明与否，孟子没有办法处理，只能言语规劝，不合则自己求去。大臣做不好事，孟子也只能不与之相处，自己办自己的事情。也就是说，孟子一样是知识分子性格，大道理讲得清楚，具体实践时的操作技巧却是缺乏的。国君不行、大臣不行的时候，为保持自己高洁的理想，也只能选择自己离开权力场合。这样，自己的高洁品格是保住了，但是天下百姓却照顾不及了。

孟子道性善，言必称尧舜，但众人多半时间是活在私欲横流之中，君王大臣莫不如此，除了讲道理给他们听之外，就不能多做什么吗？除了自己辞官他去外，就没有别的路可走了吗？孟子的逻辑就是，枉道事人，未有可成的，此话诚然。孟子想的是理想的完美实现，但是，不可控制的变量太多，如何达到完美？物质建设如高铁、机场都是一点一滴建设起来的，社会建设、政治改革何尝不是如此？没有一百分也不能就连十分都不要了，仅仅是十分，都能拯救很多老百姓的。因此，孟子哲学一样有其边界，有其不能有效处理的面向。孟子谈的是国君与大臣应该如何作为的问题，孟子期许自己是协助君王治理国家、一统天下的大臣，但是，国君以及众多大臣如何作为，孟子是没有管控的办法的。而自己这个大臣职位的取得，以及是否受到君王的尊重，孟子也只能依赖国君本身的英明，却无法在他的理论与实践中有所贡献。也就是说，孟子没有把知识分子从政的各种问题处理完全——如何顽强地实现理想，如何操作，有没有什么技巧，孟子并没有搞清楚这些事情——这样一来，理想就只能是理想了。这个问题，老子的哲学才真正面对了。

七、儒家面对问题的解决之道

面对人性自私贪鄙的问题，面对君王如此、大臣如此、一般基层官员如此、百姓如此时，儒家的做法就是，教化全民。孔子自己是大教育家，孟子亦有弟子围绕，儒家的君子，孔孟之徒，纷纷以教育为己任，企图在广大百姓的基础上，重建人生的价值，厘清生命的意义，落实以君子人格为典范的教育理想。此一道路，可谓根本解决之道。然而，依然是不足以成效于当下一时之间，因为再怎么教育百姓，也不能保证这些弟子将来都能从政，且占据上位，再怎么教育官员，也难以阻挡眼前的权力斗争局面。而儒者能做的，或是在野办教育，或是在朝坚守正义。问题就是，坚守正义往往与群小为仇，两相争斗的结果，没有不是君子受刑戮的命运。儒者都是要从政的，就算是办教育也是在培养从政的官员的，但是，政治毕竟是体制的事业，体制的资源便是小人觊觎的货财，体制的权力又是君王与大臣最为看重的事情，权力与资源引起无数的贪欲来争夺。儒者教人孝悌忠信，尽忠职守，这一正一邪之间的拉锯，就一位真正的君子儒而言，不论他的位阶是在基层还是高层，都是十分艰困的局面。那么，儒者该如何应对呢？历史上有儒家理想性格的大臣，他们都面对了，也应对了，而他们面对及应对的技巧，却有许多是道家的智慧。并不是他们已经不再是孔孟的信徒，而是以孔孟的理想为志向，以道家的智慧为操作的技巧，如此才能肆应贪鄙的人性，以及艰困的局面。

其中，道家尚有老庄列三型。列子专注个人身体修炼，对儒家帮助不大，因为整个人生观的方向是不一致的。庄子的人生方向也与儒者不一致，但是庄子的形态毕竟是悠游在人间，这却对儒者有莫大的参考价值。至于老子，才真真正正是儒者从政的关键助力。老子的思想，深入人性黑暗的一面，根本性地关切了人际关系变化的律则，提出了掌握人际关系变化的应对之道，正是儒者从政所需的操作技巧。列子就不论，以下先论庄子，再论老子。

八、庄子哲学的特质与对儒家的功用

庄子哲学追求个人的自由，不参与社会体制的建设，这主要就内七篇的主旨而言，外、杂篇就不然了，此处以内七篇的庄子原型之思路为准。庄子可以说是体制外的哲学，出世主义及个人主义的思想，《齐物论》中就说出了社会议论的不可信，都是个人成见之致，因此任何人主张的社会理想都是不值得信赖的。《人间世》中则提出应世面对之道，基本上都是避开传统社会性角色的扮演逻辑，不以掌管天下、治理国家为思路，彻底看清政治人物的暴虐性格，对于社会体制的角色扮演都采取了退避的态度，也就是角色的存在是不得已，如"天下有大戒二，其一命也，其一义也"①一般。但扮演角色的原理可以是逍遥，也就是不投入，不以社会世俗的眼光处理自己的生活，摆脱社会评价的束缚，看破社会体制的虚妄，只求个人自己的适性逍遥。脱离了社会性的角色之后，个人的兴趣爱好技艺成了追求的重点。

这样的人生态度，对儒家而言，是有其价值的。关键就是，庄子可以看清世俗的虚伪，儒者何尝不能看清？问题只是，儒者有社会使命感，使得自己不得不艰辛地在体制内挣扎。问题是，确有不可为之时，若尚有可为，当然应该尽力一搏，假如时不我与，势不我利，在不可为的时候，也应该知道这不可为的边界已经出现，那就应该选择退出，退出在体制内积极建设的角色与心态。事实上，孔子和孟子的去鲁和去齐，就是这种退出的行为，放弃了在体制内建设国家社会的角色扮演，走出一条以个人专业教育子弟的体制外道路。若非有这种对世俗虚妄的透视，孔子和孟子岂能离开实现理想的舞台？这一点，正是孔孟与庄子同调的地方，很可惜，《论语》中的隐士却不能了解孔子。参见：

> 桀溺曰："子为谁？"曰："为仲由。"曰："是鲁孔丘之徒与？"对曰："然。"曰："滔滔者，天下皆是也，而谁以易之？且而与其从辟人之士也，岂若从辟世之士哉？"耰而不辍。子路行以告，夫子怃然曰："鸟兽不可与同群，吾非斯人之徒与而谁与？天下有道，丘不与易也。"②

桀溺以为孔子的周游列国只是"辟人"，而他们作为隐士则是整个"辟世

---

① 《庄子·人间世》。
② 《论语·微子》。

了。其实，孔子也谈"辟世"，其言："贤者辟世，其次辟地，其次辟色，其次辟言。"①差别只在：隐士之"辟世"，避开政治，再也不回头；孔孟之"辟世"，只是暂时离开眼前这个舞台，却希望有机会再回来，或是培养弟子回来。当然，这个差别是巨大的，已经显示了终极人生方向的不同，也就是道家庄子和儒家思想的价值立场是根本不同的，一者出世，一者入世。出世是指不以社会体制的建设为人生的意义，不以社会体制的角色为生命的价值。世是世间，有管理众人之事务的社会体制，儒家就活在这样的结构里，期许君王大臣行仁政、爱百姓。庄子就不活在这样的体制里，他的看破是彻底的看破，最终追求的是个人的适性逍遥，或是技艺的超升，或是神仙的境界。

本节讨论到，儒家的理想，确乎是人类社会体制根本需要的价值观，唯人性浇薄，贪欲横行，儒者的理想通常难以在社会现实中完美落实。为了避免与暴君恶人相斗而丧生受戮，接受庄子出世的思想是有必要的，这是保身、全生、养亲、尽年之道。②《论语》中的"贤者辟世，其次辟地，其次辟色，其次辟言"，其中的"辟世""辟地"，就是出世思想的方向。有不可为之时，就宜避开，若不能避，必身死牢笼，或者，就同流合污了。儒者洁身自爱，讲公私义利之辨，自然不肯同流合污。庄子何尝不然，《逍遥游》中的大鹏鸟，心志比天，何肯与蜩、鸠为伍③，只是他一去不返，甚至祈求神仙的境界，社会体制的良好建设绝非他要追求的方向，这就跟儒家分途而为了。

孔孟及庄子都能看破社会体制的虚妄面，又都洁身自好，不肯与污秽为伍，在势不可为之时，都是离开舞台。那么，天下大势怎么办？百姓福祉甚至是国家安危怎么办？一旦有机会，或本来就在位，一定要离开舞台，追求自己的兴趣技艺吗？孔孟是离开了，但是又找到新的角色了，教育树人，所以不是投身个人技艺，而还是在追求淑世理想，只是换了个教育舞台罢了。更何况，孔孟是大哲学家、大思想家，在理论上建立了万世不朽的价值观，

---

① 《论语·宪问》。
② 《庄子·养生主》。
③ 《庄子·逍遥游》。

则是更上了思想的舞台。且孔孟的时代，知识分子与政权的关系尚有其自由在，因为是多国时代，所以其实还有去处，只是他俩的时代就没有明君而已，当然以孔孟的标准，还真是举世难求。至于秦以后的儒者，没有他国求官的空间，除非是三国、南北朝等乱世，但既是乱世，本就不是大有可为之时。然而就算是大一统的时代，依然是高层权势斗争激烈的格局，心系天下关怀百姓的儒者，想要照顾人民，清理政治，则将如何自处，以及与小人权臣相处，与暴君或是暗主相处？这时候，待在体制阶层中，有个一官半职，便是儒者不能不扮演的角色。当然，在体制外做儒商、做教育家也是很好的，但体制内仍然必须是儒者最终的舞台。此时，老子的智慧就真正派上用场了，因为他深透人性，对负面的人心了解深刻，对人事变化的规律掌握正确，知道如何应对，既能生存于体制的诡谲风云中，又能适时地为百姓做出贡献，既能保身，又能应世，还能有所贡献于人民的需求。

但是，老子这种智慧的展现，归根结底，仍是依据孔孟及庄子的两套重要思想的认识：其一是儒家的道德信念，为人民服务的胸怀；其二是庄子的世局观察，追求自性逍遥的精神。老子哲学是有仁爱胸怀的，但是，政治场合终是虚妄不实的，小人权臣昏君总是时时掣肘的，因此，理想固然高远，做法必须务实，不求十分圆满，只求多做一分是一分，就在这样的夹缝中，发挥了处世应变的高度智慧，关键就是对人性的了解以及对规律的掌握。

九、老子哲学的特质与对儒家的功用

老子是讲求规律的哲学，所谈"有无相生""反者道之动""天下万物生于有，有生于无"，是说明人事变化的规律，掌握了规律，就掌握了应变之道。老子是谈领导者的哲学，所谈"无为而无不为""取天下""天下莫能与之争""善有果而已""功成事遂"，说明了他就是要积极掌握世界，他有创造事业、建设社会的理想。老子又不只有理想，老子还有实现理想的智巧，就是"弱者道之用""损之又损，以至于无为""取天下常以无事""夫唯不争""果而勿骄""身退""功成而弗居""生而不有，为而不恃，长而不宰"。可以说，老子的哲学，就是既有儒家治世的理想，又有庄子看破社会体制的虚妄的认识，进而有如何在虚妄的世界为人民服务的工夫修养。既要追求理想，照顾人民百姓，又要知道权力世界之无情与残酷，因此必须"无有入无间"，唯其"无为"，故能"无不为"，也就是"非以其无私耶，故能成其私"。无私、让利、给而不取，正是老子待人处世以及治事的智巧。既然权力世界多嗜欲之徒，就把利益让给他们，满足了人心无厌的欲望，就能够掌握自己的作为。满足他人的关键就在于自己能够无私而让利，这就是无有、无事、无为之意，既然自己都不有、不恃、不宰了，那当然也就能够生、为、长了，如此则小人权臣昏君的掣肘都不会起作用了，因为他们的私利都获得保存了。无私就是无事，无事就是无有为己私利之事，如此便能取天下，取天下就是掌握改变世界的权柄，从而创造事业福利人民，这就是"以无事取天下"。想掌握改变世界的权柄，此事谈何容易，因为人都好争，但所争的都只是私利，若私利都让给他们，权柄就掌握住了，这就是"夫唯不争，故天下莫能与之争"。天下人都为了巩固自己的私利而来维护你做事的权利，因为你做事，他获利。这样的思维，确实有超出孔孟之道之处。

　　此中的无为，是要"无"掉什么呢？孟子已经说清楚了儒家的君子就是要有公私义利之辨，显然为公无私是儒者的基本修养。但是在儒家这里谈的主要是财货的利益，财货的利益儒者多半可以"无"掉，可不去争夺，但是有一样东西是儒者不易放弃的，那就是名，而名又常锁在位里，有位才有名。但有位而无法做事时，儒者宁可放弃此位，弃位而留名，留个清名，留个不与小人为伍的清名，这才是儒者所要的名。孟子一方面称赞柳下惠是"圣之和者"，但另一方面却也批评他的做法："伯夷隘，柳下惠不恭，隘与不恭，君子不由也。"[1] 柳下惠就是"不羞污君，不卑小官；进不隐贤，必以其道；遗佚而不怨，厄穷而不悯"[2]。显然，柳下惠保位而不在意名声，实际上不是

---

[1]《孟子·公孙丑上》。
[2]《孟子·公孙丑上》。

为了位，而是有机会做事情就做事情，不论位高位低，不论君王明暗。保位而不重位，其实就是不重名，名能放下。与污君卑位共伍而不在意，却能谨守直道做事，这就是儒家有时候难以达到的境界。孟子如此批评，孔子也一样批评——"降志辱身矣"①。孔子也认为柳下惠这样的行径虽然"言中伦，行中虑"②，却仍是"降志辱身"，既是"降志辱身"，肯定孔子不为也，这就是重视自己的清名。

如果太重清名，那就是伯夷、叔齐的情况，坚决反对武王伐纣的事业，确实留下清名，但于百姓无所帮助，于建设无有贡献，这就是重名的结果。儒者以孟子为心志高傲者之最极，其言，"故将大有为之君，必有所不召之臣"③，然而，战国时的国君多傲慢粗鄙或无能多欲，如何将大有为？如何肯下臣？依照孟子的期许，则所有有理想的儒者君子，也就遇不上明君、站不上高位、掌不到权柄、做不了大事了。名，于老子哲学中，则是要放下的东西："名与身孰亲？身与货孰多？得与亡孰病？甚爱必大费，多藏必厚亡。故知足不辱，知止不殆，可以长久。"④名声确实重于一切，这是儒者的信念，但这是公私义利、是非善恶之辨下的名声，而不是是否当位、在位、得位的名声。再深一层，一个人是否有道德，那是重在自己的身心言行，而不是在他人的评价。儒者爱惜声誉，不齿与小人权臣为伍，怕污了自己的清名，但这不就像子路回答丈人之言意吗？"欲洁其身，而乱大伦。君子之仕也，行其义也。道之不行，已知之矣。"⑤这一段话就是主张不宜自洁其身而放弃社会责任的意思。然而，君子入仕固然是儒者的大义，但如何入仕而能治事，如何治事又能处世而保身全生，如何在乱世而据高位以保民安国，这就不是孔孟之儒者太在意的事情了。事实上这一段话还是发生在孔子周游列国的时候，

---

① 《论语·微子》。
② 《论语·微子》。
③ 《孟子·公孙丑下》。
④ 《老子·第四十四章》。
⑤ 《论语·微子》。

也就是自己也不在位的时候，子路主张君子宜入仕在位，但他的老师却为了选择更好的环境而去国他求。当然，这是在春秋战国时期，而且孔孟皆如此。但是孔子的弟子中有官做的人，他们的行为，就多少有老子思路的影子了。真要做事，名也不重要了，不只是利益不重要而已。名与利皆不是真正重要的，重要的是为人民服务。

此处讲的儒者之好名，不是一般的好名好利，好名好利就不会辞官了，因此这不是庄子所说的"德荡乎名，知出乎争"，有德者好此名，于是为名而用智争夺。儒者所做的，却是去职不争，然而，这正是小人权臣之所以可以如此肆无忌惮的原因，既然你好美德之名，那权柄我就不客气全部吃下了。这种好名之举，对儒者而言确实高阶，但还有更高的境界，就是儒者之好有德之名要再加上老子之去名之美德。《菜根谭》就发挥了这方面的见解："放得功名富贵之心下，便可脱凡；放得道德仁义之心下，才可入圣。"这样的观点，正是深谙老子处世智巧的名言。文中的超凡入圣，是指真正能为百姓做到事情谋到福利的人的作为，他们必须是能够放下自己洁身自好的心态，才能真正做到的。又如其言："辱行污名，不宜全推，引些归己，可以韬光养德。"把自己的光耀遮住了，就有了与小人权臣暗主肆应无穷的身段了，一旦自己道德高尚形象完美，则只能被冷冻排挤了，如果还要指导是非，那就等着被诬陷凌辱了。自己身命都不保了，谈何照顾百姓、福利人民呢？这就是柳下惠的"降志辱身"。而孔子是不愿意"降志辱身"的，孔孟都还在祈求明君，道家都没有这个念想了。所以儒家还求个清名，或许也就得名了，如孔孟之高举伯夷、叔齐；道家不求名，"大权似奸而有功"，反而落得个奸名，于是都没名声了。

笔者之意即是，孔老是互补的，儒家提出理想的目标，老子提出处世的智巧。关键就是对人性的了解，儒家主张性善，认为人皆可以为尧舜，于是透过教育，讲究孝悌忠信以为立国之大本。老子深知人性之负面心理，在具体治国理政时，懂得如何应对进退。儒家的最高价值是仁义礼智的道德信念，老子的最高价值是无为的信念，无为即无私，无私即为追求仁义礼智，但了解世人的俗粗鄙，于是更看重操作的智巧。可以说，儒者不能过去的关卡叫老子给破译了，关键就是放得下这道德仁义之名，"绝圣弃智，民利百倍；绝仁弃义，民复孝慈"①。当所作所为能够不是为了自己得到名声时，才真正落实了作为。做事只在目标的本身，善有果而已，而不在自己的荣誉。老子言："善有果而已，不敢以取强。果而勿矜，果而勿伐，果而勿骄，果而不得已，果而勿强。物壮则老，是谓不道，不道早已。"②过度在意自己的贡献的结果，而又身在高位，这是会让别人容不下你的。高层的资源权势之争，是"无间"的，没有空隙让别人钻进去，所以要"无有入无间"③，没有任何自己的名誉利益在，才能跻身高层，做点小事。然而，当儒者怀抱着淑世的理想，高举道德仁义的大旗，要来救国救民，改革吏治，惩治贪腐时，自己道德崇高，别人就小人权臣了，这样，岂能站上高位？岂能掌权治事？君子要有理想，要洁身自爱，这是当然，但若要为民服务，就还要舍弃名声，不是去为恶，而是不舍弃与恶人为伍，否则如何入仕治事、服务人民？这样，在尚有可为之际，不因形象而种下败因，在不可为之际，不因行为而败亡受戮，永远保持可进可退的空间，这就是老子的智巧对儒家的补充。当然不能说儒者就没有这样的智慧，而是说这样的智慧主要就是老子哲学才讲清楚了的，老子哲学就是身在高阶管理层者的体悟，领悟世人多欲，知道如何处事面对而发展出来的智慧。

那么，这样的智慧，在什么意义上超越了庄子，超越了孔孟呢？下文论之。

十、老子对庄子及儒家的超越

老子对庄子是超越的，但这是世间法意义上的超越。世间法的目标就是建设社会，落实事业，照顾人民的生活，就此而言，庄子等于是没有世间法

---

① 《老子·第十九章》。
② 《老子·第三十章》。
③ 《老子·第四十三章》："天下之至柔，驰骋天下之至坚。无有入无间，吾是以知无为之有益。不言之教，无为之益，天下希及之。"

的管理哲学的。虽然不能说庄子没有政治哲学，但他的政治哲学实际上就是放任政治："汝游心于淡，合气于漠，顺物自然，而无容私焉，而天下治矣。"[1]当然，这肯定是不行的、无效的、过于天真的，等于不负责任的。庄子看透了高层的虚伪，认为人民的痛苦就是源于政客对人民的伤害，因此只要君王不伤害人民，人民各自生活，必然就和乐安康。然而，这是讲话给自己听的，若是自己是君王就这么办了，问题是：庄子形态的隐士怎么可能天上掉下来一个君王之位给他呢？就算他真是这样办了，下民大臣就能不违法作乱吗？就能天下治吗？所以，庄子与老子的差别，就是"没有有效的政治哲学"与"有有效的政治哲学"的差别。至于相同的地方，就是对人世间的不天真，知道世间不是幸福美好，知道政治多是污秽肮脏。庄子选择弃世而出世，只做自己，对于世俗的荣誉利益都不看在眼里，不受任何世俗评价的束缚，如王骀、哀骀它之行为[2]，自己自由了，便可放手去追求个人技艺的无限上升，这是庄子的形态。老子则不然，念兹在兹的还是人民与天下，于是谦下、守弱、无私、让利，委曲求全，顾全大局，团结众人，成就事业。庄子的理想一人为之即可，超高的技艺就是天才的类型，因为这是不关乎体制建设的个人才华之展现。老子的理想却须众人合作才能成事，因为做的都是体制内的社会建设事业，所以没有众人齐心协力是不可能的。而众人之中既有干练的部属，也有小人权臣昏君，如何让后者不掣肘，让前者能放手去做，就是老子哲学的智慧展现了。其中，额外的利益都要分给别人，功劳是君王的，权力要与权臣共享，资源要分给小人，酬劳要给予干部，只有这些在位的角色都愿意事业成功的时候，才有君子可以领导指挥的格局。一旦成事，便是创造了新的社会资源，这才有百姓可享的空间在。在这样的作为中，儒家淑世的理想才能获得落实。

究竟是什么样的因素，使得老子哲学中的智慧可以成就儒者认为不可为

---

[1] 《庄子·应帝王》。
[2] 《庄子·德充符》。

之事呢？关键就是放下了名利——自我价值感的名与自己应得的利。在儒者的眼光中，这名与利是实在的，名非虚名，而是实至名归之名，利非不当之利，而是自己努力所应得的报酬。但老子哲学告诉我们这些也可以放下。庄子放下的是世俗的名利，但都是虚名假利，因为他也没有对社会做出贡献，甚至以自己的潇洒之姿，高超的技艺，还可以获得丰厚的财货，只是他的作为无关乎社会世俗之名利，也无关乎人间的道德是非，只是自满自足逍遥自适而已。老子哲学则不然，损之又损，所损的，就是自己应得的名利，但是老子已经明言，就是要"损之又损，以至于无为"，也就是完全没有了名利，才能成就社会的事业，才能"无为而无不为"。这是因为，老子所论都是高阶官员的处事原理，你办成事，而得名利，则天下好事尽叫你得去了，别人岂不忌妒得很？高层就更是好名、好利、好权、好表现，且见不得别人好的，也就是会争权夺利的，因此老子深知要让利，所有人心的贪欲都在自己所得的让出中获得了满足，别人就再也没有忌妒你、与你争斗的必要了。这就是老子哲学所提出的圣贤的智慧。真正成为圣贤的人，是在操作中落实了天下大利的人，要得天下大利，就在自己让利，否则权小之徒不会给你机会成就大事业。儒者并非不能让利，但就在荣誉心的坚持中，不肯"降志辱身"，因而错失了为民服务的实际。儒者这种荣誉心的坚持，适合在基层为官。基层官员尽可以英雄主义，受人民感念，扬名天下，表扬于朝；但一旦跻身高层，除非不怕忌惮与忌妒，否则都是要去掉荣誉、低调行事的。

社会世俗的虚名必须看破，这是庄子的胸怀，但服务人民的理想必须落实，这是儒者的价值。然而，唯有老子哲学的智慧，才能真正结合两者，而超越庄子与儒家。这种智慧表现在一条一条的老子语句中：

> 是以圣人处无为之事，行不言之教；万物作焉而不辞，生而不有。为而不恃，功成而弗居。夫唯弗居，是以不去。[①]

[①] 《老子·第二章》。

是以圣人后其身而身先，外其身而身存。非以其无私邪？故能成其私。①

上善若水。水善利万物而不争，处众人之所恶，故几于道。……夫唯不争，故无尤。②

何谓贵大患若身？吾所以有大患者，为吾有身，及吾无身，吾何有患？故贵以身为天下，若可寄天下；爱以身为天下，若可托天下。③

故善人者，不善人之师；不善人者，善人之资。不贵其师，不爱其资，虽智大迷，是谓要妙。④

天下之至柔，驰骋天下之至坚。无有入无间，吾是以知无为之有益。不言之教，无为之益，天下希及之。⑤

名与身孰亲？身与货孰多？得与亡孰病？甚爱必大费，多藏必厚亡。故知足不辱，知止不殆，可以长久。⑥

为学日益，为道日损。损之又损，以至于无为。无为而无不为。取天下常以无事，及其有事，不足以取天下。⑦

这些被老子看透彻、讲清楚、说明白的道理，之所以成立，就因为是针对高阶层权力人士所说，高层的坏人太多，所以高层的好人更难为。但是，为何高层坏人多呢？此暂不表，下文谈法家时说明。面对坏人，庄子哲学选择离去出世，儒者选择"辟世、辟地、辟人、辟言"。儒者也是避开，只是还在寻找其他可以奉献的可能，而不轻易出世，因为还有大伦在。然而老子的智慧告诉儒者，再怎么样都还有可为的空间，只要自己懂得再让，让利、让名、

---

① 《老子·第七章》。
② 《老子·第八章》。
③ 《老子·第十三章》。
④ 《老子·第二十七章》。
⑤ 《老子·第四十三章》。
⑥ 《老子·第四十四章》。
⑦ 《老子·第四十八章》。

让形象、让功劳、让权力、让资源，这就是"损之又损"。自己完全"无为"了，就能"无有入无间"，那时就能"无为而无不为"了，也就是"夫唯不争，故天下莫能与之争"。不争私利，则造福天下公益的权柄就在手中紧紧握住了。这就是圣贤之所以能够成就事业的道理，也正是老子的哲学超越了儒家与庄子的道理。

这个道理，总结而言，就是老子哲学掌握了人际变化的智巧，从而得以落实儒家的圣贤理想，关键在于庄子看破世俗的洞见深入其心，但庄子放弃了，而老子却仍不放弃。在哲学史的发展中，也许孔老是同时，而庄子晚出。然而，在思想的世界里，孔子之所见，人生之理想，庄老皆见之，然唯孔子坚守之且讲明白了圣贤的理想。庄子之所见，世界之虚妄，孔老亦见之，然唯庄子一往无前地走上了弃世出世之思路。老子之所见，既重理想亦见虚妄，孔庄亦见之，然唯老子提出的处世治事之智巧，既坚守理想又顾及现实，真正超越了庄子与孔孟的类型，在世间法中出类拔萃，可谓在好人群中的应世宝典。

那么，回头来处理为何高层多坏人的问题，以及试探解决之道，这就需要从法家的智谋中寻求了解了。

十一、法家哲学的特质与对儒家的功用

本节以《韩非子》为对象而论法家。法家与老子的关系，在《韩非子》书中有《解老》《喻老》两篇。《解老》论理，语气不似韩非，冗长叨絮，但直以继承老子为宗旨，实际不然，所谈仍是法家思想。《喻老》以史事证说老文，意旨皆同于其他篇章，当为韩非之亲作无误。重点是，《韩非子》等于是明讲继承老学的发挥，唯《韩非子》重法、重术、重势，法与势者皆非老学重点，可以说韩非所发挥的老学思想，成为重术的智谋了。老子掌握事变的规律，故有应世之智巧，谓其有术，并不为过，唯仅以行术见之，未免偏歧了。以上说法家与老子哲学的关系。

法家思想，面对战争及小人权臣当国之时，思考如何强势掌握国家体制，

以追求富国强兵之局。从对比的角度视之，孔子思考生命的意义，指出人生以服务为目的，于是进入体制，成就君子人格。孟子思考人性的本质，提出性善说，支持孔子君子人格的理想，建构人性论；又思考服务社会的终极理想，便是寄望于国君之行仁政、爱百姓，以及官员之勇于负责，建构了政治哲学。孔孟思想奠立了做人的根本道理以及国家社会体制存在的根本目的，可谓理想性哲学。唯对现实问题，所谈不多，理想在现实中如何操作，现实有些什么困境，孔孟一旦面对这种问题，都只是以理想的贞定为思考的出路，却不能在现实问题的解决上明确地提出对策。王阳明讲"致良知"也是这一路，道德意识精实，直承孔孟。但是阳明又有别的能力，他精通兵法，运用计谋，面对战争，他是有办法的，只是面对中央的权力，他也只能退避。至于孔孟，面对战争，就没办法了。庄子的思考，直接跳出国家社会的存在目的与意义的问题，只管个人生命的伸展，洒落世俗的羁绊，直上青云，甚至炼成神仙。这毕竟也是面对现实的一种出路，但说到底，这只能是天才的自我出路，而不能是全民的共同理想。老子的思考，为全民找出路，将孔孟的理想内化入心，对庄子的见识洞察明晰，却更有见于人事变化的规律，找到知识分子应世治事的智巧，解决了在体制内生存艰难的问题，也掌握了建立事业照顾百姓的方法。然而，以上，都不是法家面对的问题。

　　法家面对的是国家在征战中的败亡之局，奋思有以挽救之道。关键就是，权臣当国，挟外自重，窃国自肥。于是君王须有御下之术，首应保势，其次重法，借赏罚以明威，从而保势。至于肆应国际，以及管理臣下，则有多方之术。可以说，法家才真正是最重视现实的思想学派。孔孟见现实而提理想，庄子见现实而出世，老子见现实而掌握之。但是，儒道所见之现实，都不及法家所见之现实之惟真实、惟残酷、惟关系重大。孔子避世，孟子去齐，庄子出世，老子避小人权臣昏君，然而法家则是敌国当前，君位不保，权臣窃国，可以说是现实中之最重的现实，因此便有当务之急。关键就在君王的角色扮演上。这一点，孟子所提亦不少，但重点在期许君王行仁政、爱百姓，谈的是角色的理想。而法家所提重点在君王御下以保位，重法以治国，用术以胜敌，谈的是角色的操作智巧，从而权柄在手，富国强兵。其中当然预设了福国利民的理想，只是御下之际，深知众人皆为名利而来，所以必以赏罚约束之而已。虽然不重德性，但只是说空有品德却无能力亦是于国家无用之人，并不是否定德性的价值。《韩非子》如此现实的思考，可谓务实，文中不见一残民以逞、欺压百姓的思想，只是为面对危急存亡之局，而提出的强势管理之道。唯一有理论上的问题的，是与儒家辩论时也是误解儒家，此事见于《韩非子》的《难一》《难二》《难三》《难四》诸篇。这倒也是法家自己缺乏对比的视野所致，一味申明己意的同时，却是误解而贬抑了儒家。

《韩非子》中多有精彩的理论建树，其现实，都是因为国君贪鄙无能、群臣作乱于下所衍生的思考，对此，韩非都提出了解决的方法，关键还是要求国君须是大有为之人。此理点明，就能回答圣贤之所以艰难的原因所在了。因为现实中，国君一旦贪鄙无能，导致群臣作乱于下，这就是为何高层多坏人的原因，也正是孔子所面对的鲁国政情、孟子所面对的齐国政情，以及老子所思考的圣贤智巧之所以必须如此操作的原因。关键就是国君多欲以及无能，多欲则群小为其代言人，无能则权臣为其发言人，高层充斥着小人及权臣，一旦知识分子当朝救国，就没有能够不面对小人权臣的。能够面对且应对得当小人权臣的知识分子，才能建设事业，造福百姓。不能面对应对的话，要不出世如庄子，要不避世如孔孟，更有甚者，就是与其对立而身遭刑戮，如子路之被剁成肉酱。在这样的时局之中，知识分子从政，便只有老子哲学中的智慧之道才能面对，故而《韩非子》亦以继承及发扬老子思维为宗旨，而并不肯定儒家。

可以说，法家又比老子哲学更加务实，因为他要面对的是高层多坏人这个更根本的政治现实的问题。如果国君贪鄙多欲又无能昏庸，那么小人及权臣的存在是必然，孔孟去国，庄子出世，唯有老子哲学提出了应对之道。莫怪乎圣贤难为，势必如此委曲求全，方可"无有入无间"。因此对法家而言，国君必须被改造，必须成为保位御下、富国强兵的强人。只不过，谈何容易。韩非自己都说了，"有道术之士"时常被权臣阻隔于外，不能面君，就算面君了，又有多少国主真有英明之才而能善听并堪造就的。①有当然是有的，但从历史上算来，比例低得可怜。然而，不只是法家的理想难以实现，儒家认为百姓必须被改造，要教之以孝悌忠信，天下才会太平，这当然也是谈何容易。庄子认为不需要改造什么了，自己逍遥出世就行了，但有几人真能放下世俗评价的束缚，这也谈何容易。老子认为就改造自己吧，像变形虫一样适应任何艰困的环境就能救人，但除非是真圣贤，凡人说说而已，谁真能不要利益、不要荣誉、不要形象，只为顾全大局，这一样谈何容易。

法家提出的解决之道就在君王角色扮演的具体操作上，可惜依然只是一本理论堂皇的巨作，国君也不会深入阅读而获得智谋，于是历史依然如故，一家朝代兴起了又衰落。儒者在基层依然充满了理想，希望改变这个世界，并且自己成为英雄。自由派人士依然逍遥自顾，追求神仙不死的永恒境界。圣贤依然必须委曲求全，顾全大局，牺牲小我，完成大我。人间的世界似乎循环不断，各家的理论都有道理，但都不全面。理论上各家其实彼此需要，现实上各家谁也顾不了全局，王朝兴亡，历史更迭，人心依然。因为所有美好的理论与优秀的人品都难以一时汇聚。那么，政治哲学的最终出路为何？个人生命的最终出路为何？笔者以为，就前者而言，古代圣贤思想的提出，都是在王朝体制下的思维，或许，现代民主共和政体能够缓解这个问题，因为问题的关键都出在最高领导人本身：一方面，政权拥有者有家天下的观念，难免自私；另一方面，政权的继承者来自宫廷内部，难免贪鄙无能。对于今日的共和政体而言，至少最高领导者不至于是无能之辈，国家强盛与否的重点变成政策的方向及治国的策略，相比于古代的国君，问题已经改善很多。当然，衡诸今日的世界各国，民主共和政体也还未达到最终理想的境界，这个问题，眼前是没有答案了。那么，个人生命的终极出路呢？笔者以为，这就可以参考佛教的意见了。

---

① 参见《韩非子·难言》："此十数人者，皆世之仁贤忠良有道术之士也，不幸而遇悖乱暗惑之主而死，然则虽贤圣不能逃死亡避戮辱者，何也？则愚者难说也，故君子不少也。且至言忤于耳而倒于心，非贤圣莫能听，愿大王熟察之也。"

十二、佛教思想对儒道法的超越

本节讨论老子哲学对儒家与庄子的超越，意旨已明。为文继续讨论法家，是要说明圣贤之所以必须具有如此智巧的原因。关键就是主上无能，大臣奸恶，而这个问题，是法家更为直接面对的，解决之道也已提出，就是要君王适任其职，而现实的效果如何则是另外的问题。也就在法家的说明中，能清楚看到知识分子面对的体制高层的真实面貌，莫怪乎圣贤难为。法家的思考是直接对准君王本身的作为而发言的，首先指出君王的过错而有亡国之征的种种事件[①]，避免了这些个人的过失，便可保位强国。然而史实是，封建政体的君王，一个个还是无法避免这些过错，人类的历史也就无止境地政权更迭、王朝兴衰。关键就是人心的贪欲，以及各种条件不能一时齐备。法家的智谋固然有效，但仍无法摆脱封建君王无能贪鄙的先天结构，就算是民主共和政体了，依然有人心险恶的问题，人类建立的社会，距离理想大同世界尚是十分遥远，此时，是必须借由宗教哲学来重新理解这种种的现象与问题了。

宗教固然十分众多，本节仅以佛教哲学说之：一方面，佛教是中国传统文化中的三大学派之一，早已内化于民族心灵之中；另一方面，笔者个人认为假使有信仰的话，佛教的世界观及人生的路向之说明，是最能彻底解决问题的理论了。

要认识佛教，关键在它的世界观，基本上就是原始佛教提出的因果业报轮回的生命观。在其理论不断的发展中，佛教宇宙论是大千世界之说：人类所居只是大千世界中的一个国土，尚有众多的世界国土以及不同种类的众生，为人所能得见或根本不能得见，且世界一个个在其自身的成住坏空之中，但因为有无数个世界，就算这个世界坏空了，还有别的世界存在，于是有许许多多的世界此起彼灭地递延着，也有无以计数的众生在各个世界中轮回流转着。有情众生因执着而有各自的业力因缘，国土中的社会，则是众生共业所成，非单一角色所能决定，其良莠清浊之状况难以绳计。佛教为人生指引的

---

① 参见《韩非子·亡征》。

出路，就在生命现象的理解与个人努力的超升中，理解一切社会个人的生命与生活状态都是无以计数的原因与条件共同构成的，谓之缘起。任何当下的状态都不必然、不固定、不永恒，因此也就不必执着，随顺即可，一旦随缘，过往业力所形成之束缚就断了，一直随缘，人就没有忧愁烦恼了。生死、贵贱、贫富、寿夭、美丑、善恶、好坏，一切都不必执着，当知诸法皆空，因为万法唯识，因为都只是自己以为如此而自我执着而已。小乘佛教主张舍离而解脱，舍离欲望便解脱痛苦；大乘佛教主张理解而救度，理解诸法且帮助他人。能理解生命现象的终极来由，便能不执着而无烦忧，自己不烦忧了，别人还在烦忧，所以应予救度，自己理解就是自觉，救助他人就是觉人。大乘佛法自觉觉人、自度度人，终于为所有的生命找到最终的出路。毕竟是彼岸永恒的智慧生命，所以出路在彼岸。然而，众生都是在人间的众生，一旦生命的视野打开，此岸亦即彼岸，生命是无穷的绵延，好好净化这个人间的国土，此处就是永恒的彼岸了，这是《维摩诘经》中所说的菩萨净化国土即是佛土的意思。①

　　回头来面对老子哲学，老子哲学以圣贤的智巧面对世间体制的种种虚妄与难堪，为了照顾百姓，以知识分子的身份跻身高层，以无私的付出供应所有阶层人物的所需，他自身的生命境界是圆满无缺的，也无所求于天地之间了。问题只是，世界永远有那么多的不圆满，智者永远都必须如此无私地奉献以改善之，这世界会变好吗？本节提出法家的思考，不是说法家的理论能终极解决这些问题，而是法家点出问题的关键在领袖，但这可以只是封建王

---

① 参见《维摩诘经》："尔时长者子宝积说此偈已，白佛言：'世尊，是五百长者子，皆已发阿耨多罗三藐三菩提心，愿闻得佛国土清净，唯愿世尊，说诸菩萨净土之行。'佛言：'善哉，宝积，乃能为诸菩萨，问于如来净土之行，谛听，谛听，善思念之，当为汝说。'于是宝积及五百长者子，受教而听。佛言：'宝积，众生之类，是菩萨佛土。所以者何？菩萨随所化众生，而取佛土；随所调伏众生，而取佛土；随诸众生，应以何国入佛智慧，而取佛土；随诸众生，应以何国起菩萨根，而取佛土。所以者何？菩萨取于净国，皆为饶益诸众生故。譬如有人，欲于空地，造立宫室，随意无碍；若于虚空，终不能成。菩萨如是，为成就众生故，愿取佛国；愿取佛国者，非于空也。'"

朝的关键问题，现代共和政体可以没有这个问题了，或者问题不再那么严重、那么关键了。当然，私人企业、民间公司行号团体还是会有这个问题，那就用法家的智谋协助解决就好。至于国家体制以及国际社会，显然没有因为人类共同走向共和政体就变得完美了，这就说明，人类对于世界的美好的思考还要有更深的层次。这个层次就是对宇宙运行真相的究明。然而，宇宙的真相是超越经验感官知觉的能力的，科学的研究固然有跃进的发展，但未知的尚且多于已知的。佛教的宇宙观之所以提出，并非依据科学研究，而是感官能力的直达，感官能力是可以提升的，这就是修行工夫的结果。这是知识论的问题，笔者已讨论于本书第二章，此处不再深入。重点是，佛教提出的世界观、宇宙论、生命哲学的意见，说明了这一切社会国土世界的发生演变，都是有情众生的自我构作而来的，当下理解了就不再做无谓的构作，从而导致伤害与痛苦，终至烦恼不已。那么要做什么呢？就是帮助别人理解觉悟，停止痛苦。但这也是谈何容易啊。佛陀于印度教化众生，佛教经典于全世界弘扬其说，佛教团体不断改革发展，时至今日，提出人间佛教之说，就是要在当下的世间，借由佛化生活的拓展，举凡饮食、阅读、旅游等行业，林林总总，都在佛教事业体内进行，让更多的人以缘起性空、自觉觉人的智慧生活与实践，这就根本地安顿了人心。

　　世界本来就是有情众生共业所造，无论是帝王的贪鄙无能、小人权臣的犯上作乱，还是盗匪的横行、人事的斗争，都是众生执迷下自然的结果。很正常，但其实也是无常，看破了，看透了，就放下得更彻底。真放下了，荣誉、地位、权势、财富、健康、美貌也就更不需执着了，自身生命的自我饱满也更加充实了。没有缺欠，就不再外求。觉悟了，就只剩与人相处，且不断给予而已。这个看破，比庄子的看破还要看破；这个度人救人，比儒家的仁民爱物更深更久；这个无执，比老子的无私无为更透更明。但是这一整套的智慧却是有他在世界的出世间法的背景的，若无这个知识上的信念，是得不到这个智慧的好处的。没有这个信念其实也无妨，那就在世间法中以老子的智慧用世即可，因为老子哲学已经是世间法中最终极圆满的智能形态了。

尚要提出佛学以为思考的基地，是因为世间法追问究极之后却有太多的未解。一是逼入最现实的政权问题而有法家把状况讲清楚了，二是逼入生命最根本的问题而有佛教把真相说清楚了。然而，没有掌握国家机器的人是无法处理根本政权的问题的，一般的人，哪怕是最有能力的知识分子，也只能定位自己的角色在老子式的智者状态中应变处世。而没有佛教的宗教信仰的人，也无法真正地接受因果业报轮回的生命观，但那也无妨，以老子式的智慧生存在世间，一样是圣人之位。

十三、结论

本节之作，以世间法与出世间法的架构，讨论老子的哲学思想，主张老子哲学是世间法中最究极的人生智慧，它预设了儒家的仁爱胸怀，也领受了庄子的逍遥精神，却入世而治事，既免于儒者无可为时的困境，又不尚庄子出世逍遥的路向，是以谓老子超越庄子与孔孟。就此而言，老子哲学的智能形态是圣贤的形态。圣贤者入世救人，以孔孟的儒家为原型，但老子哲学有其超越之处，关键在智巧，关键在人心的理解与规律的掌握，可以说是仁民爱物的胸怀加上无为守弱的智巧以完成圣贤的角色扮演，这是不同于庄子的天才的形态的。天才者个人完成就是完成了，文学家、艺术家、武术家、特技专家等都是，个人做到了自己技艺的最顶尖的境界就是天才了。天才是个人的事件，圣贤却是众人的事业。天才很好，能够安顿个人的心灵，圣贤更好，能够安顿众人的心灵。因为他无为，也就是无私无我，因此能"无有入无间"，在夹缝中帮助这个世界，以服务于人民百姓。

老子形态的圣贤之所以必须如此扮演角色，是因为国家体制的问题。古代王朝体制，万事取决于国君一人，天下安危系于一人之身。虽然有时候这句话讲的是忠臣良相，但这只是讲好听的，归根结底，还是系于君王，法家把这个艰困局面的根本原因说清楚了。儒家要做官，所以不敢批评君王，但是还是有孟子敢于直接说出来。庄子要做隐士，根本无畏君王，所以也是直接说出来。法家爱国心切，必为君王谋，而提出许多的策术。然而，话都说了，君王依然故我，那么儒者淑世理想的出路在哪里？正人君子该怎么作为呢？两千年的王朝体制下，有理想的知识分子若是真要为人民服务，无不须以老子哲学的智能形态应世治事，否则无有能成其功者。因此，笔者要指出，世间法中要解决在社会体制里造福人民的问题，以平民知识分子的角色身份来说时，老子的圣贤智慧就是最究极的了。

当然，如果角色本身是生在帝王家的可能继承者，那自然可以有不同的形态，那就是《周易》乾卦的形态，一路以主角形态扮演，是董事长、理事长、国君、领袖的形态，使用的是儒法并用的哲学。只要不是帝王世家，而是平民百姓或官吏阶层，就只能用老子哲学，老子哲学是坤卦形态，平民担大任的形态，是秘书长、总干事、总经理、执行长的形态。又如果所面对的是没有体制的战乱时期，角色上是要做人民的英雄，那就要去革命起义，做开国的君王，这又可以是别的智能形态了，这就需要兵家法家哲学用于具体事物，也要儒家哲学作为根本目的。《人物志》"英雄"篇谈项羽、刘邦的优劣高下之说可以参考，此处不宜深入。老子哲学中的智慧是给身在体制内部的角色人物适用的，是要说给不是第一号的人物听的。并非开国君王不需要谦下无为，而是他的角色根本关键是开创性、指挥性的，是意志坚定地提出方向的人物，否则不足以为开国君王。至于那些忍辱负重、委曲求全、任劳任怨、不敢居功的角色，才是老子哲学这种形态的圣贤在作为的，否则何以"弱者道之用""非以其无私耶，故能成其私""不敢为天下先"。当然，追求帝王事业者在尚未成功达阵之前，也需要这些智慧，然而这恰恰说明了，只要不是天下最有权势之人，都需要老子形态的智能。例如"高筑墙，广积粮，缓称王"之说，就是老学的应用，用的是"柔弱胜刚强"之道，但这也正是在自己并非实力最强的时候的作风。若是汤武革命、楚汉相争之势，何来"柔弱胜刚强"？文王时候是"柔弱胜刚强"，尚未形成楚汉相争局面之前的刘邦是"柔弱胜刚强"。一旦到了武王，到了楚汉对决之局的刘邦，柔弱是胜不了刚强的。老子哲学中的"弱者道之用"是要掌握之而不是要消灭兼并之，开国帝王的"弱者道之用"只是一时的隐匿之策，最终必然是要将对手消灭兼并的。一味地将老子视为帝王术之诠释，不仅将帝王术说偏了，也说偏了老子哲学的圣贤形态。圣贤不是帝王。当然，圣贤可以为帝王，一旦圣贤为帝王而为圣王，那就是百姓之福、万民之庆、国家的最大礼赞了。可惜圣王者少，于是就需要有圣贤。老子哲学就是能完成圣贤形态的哲学智能，宜予厘清，因为任何时代都需要有具备这种智能形态的平民知识分子出来拯救百姓。

此外，黄老道家对老学的发展提出君王亦要无为，但那已经是老学发展下的新思维。《韩非子》中的法家思想也讲这种无为，这是隐匿自己的意图以完全掌控部属的意思的无为，而不是老子哲学原意中的"无私"意思的无为。历来多有以帝王术诠解老子文句意旨的做法，但这是黄老道家和法家的形态，不是老学原旨。笔者既不是反对无为概念可以这样使用，也不是反对黄老道家和法家的理论，而是要还原老子哲学思维的原型。只有原型确定，才能在使用到它的时候清楚方向，知道它的适用边界何在，否则，包含太多诠释可能性的理论，一定不是建构严谨的理论。

圣贤难为，世间法就是如此，想解脱世间的束缚，那就只有出世间法了。佛教思想是出世间法的哲学，但涉及他在世界的信仰，信与不信没有定然之数，有缘分的人信了而有以用为生存之道，若是无缘于此信仰的人，而本身又是有理想的人，对世间怀抱热情与胸怀的人，那么老子哲学式的圣贤思想，就是这个生命的最高旨趣了。

第四节　论中国儒释道哲学之间的关系[*]

一、前言

佛教思想于汉末传入中国，迭经魏晋南北朝的译经事业，直至隋唐时期的中国大乘佛学的创作而大放异彩，八宗并呈。随后宋元明清时期变成禅净

---

[*] 本节曾发表于亚洲传统与佛教会议，韩国清州，忠北大学主办，2018年1月。

二家收摄全体，中国佛教的晚进，可说在教派的传承上非禅即净。意思是说，所有的佛教修行团体，非归禅宗门下，即是净土宗门。当然，在教义的研习上，传统八家的学派理论皆未尝消失，只是徒有理论研究，未能蔚成教派运动而在现实上有动能而已。并不是理论已经消失了，甚至可以说就理论的研究而言，天台、华严、法相等宗的理论研究与讨论，更是历久不衰，禅净二家，亦非否定其说，而更是吸收其说以入己说，作为修行理论的更坚实基础而已。时至今日，则禅净亦衰，振起的是人间佛教。

在这个漫长的过程中，中国佛教却也不曾减少了与中国传统儒道两家的辩争，尤其到了明末，三教辩争炽烈，佛教明末几大高僧都有重要的理论辩论之作。同时，道家道教与儒家学派，可以说从魏晋以来，就与佛教争锋不断，有的是道教与佛教的宗教势能之较量，有的是儒家与佛教的教义理论的辩争，宋明儒学即是莫不以与佛学教义辩争而建构其说的。宋明新儒学如此，现代新儒学更是如此，几乎所有当代新儒家的大家，都是在运用西方哲学的研究框架，而在教义上辩证儒佛，而成其为新儒家学说的。

但这又只是在学术辩争的舞台上的呈现，论于具体生活世界，地球上的中国人，无论海内外，无论历史政治氛围，在庶民价值意识上，在百姓日常生活中，在风俗习惯节庆俚语上，都是三教同用的生活实况。可以说，百姓日用而不知，唯有读书人、知识分子或是有宗教威权的心理需求的好胜之人，才在那里做三教意旨高下的辩论。读书人、学者之间的辩论是其任务所需，宗教中人之间的辩争也是他的角色上的不得不然，但一般人民就各有因缘，无可无不可了。然而，知识分子以及宗教人士之间的三教辩争，毕竟影响了教义的认识，影响了人们的价值选择，宜有正本清源、框正模棱之事。

本节之作，即是要简述中国大乘佛教的思想要义，并以现代哲学理论建构的专业术语，讨论三教辩争的问题，提出笔者的意见，归根结底，就是要彻底解消三教辩争的理论可能，以及提出三教互用的融通思想，以使中国儒释道三教哲学，皆能为世人所共珍共惜、交互运用。

二、分析三教关系的架构

处理三教辩争问题的重点，首在儒佛两家。就道家而言，老庄为个人修养的哲学，本就清淡无为，少有义正词严、正本清源的宏论以为辩论之态势，且不形成团体，没有什么个人上的利害关系。就道教而言，有团体，有教义，有利害关系，本应与儒佛大力辩论，但道教理论的价值意识同于儒家，道教中人莫不以他在世界观的知识技能投入此在世界的社会国家建设运动之中，本身就入世得很，这就与儒家少有严重的价值冲突及利害关系了。至于与佛教的辩论，道教中人又失之于教派分歧严重，教义繁多甚至杂乱，人人创立新教，以致难以形成累积两千年绵延不断的教义教旨，这就难与佛教有一长期深入不竭的辩论了。

只有儒家，本身就承担建设社会礼乐教化的强烈使命，又长期进入官僚体制，形成庞大儒生团体，为延续家国天下的命脉，莫不以佛教出世的价值意识为其价值立场上的敌论，因此势须一辩。宋明儒者如此，当代新儒家亦然。所论唯在批判缺乏现世事功，然此事在方法论上有其不可能之处，关键在世界观的差异上。

至于佛教，教义深奥，佛教中人搞清楚佛学理论就已经很不容易了，而且还必须躬行实践，且实践而能有证量者寡。虽然历史上饱受儒家的攻击，但教理的目标本就在他世而不在此世，教义的宗旨本就以慈悲为怀，强调结善缘而不在导冲突，因此真正佛教高僧却也少有与儒家展开大力辩争的行事作风，本就与世无争，莞尔一笑便可带过。然而一旦佛教高僧学僧建立理论展开辩争，其理论系统的宏大深入，世界观的特出与态势，又往往不是儒学理论可以一搏的对象。这就表现在传统华严五祖宗密的《原人论》，或是当代印顺法师与熊十力的辩论中。当然也有并不真切认识儒道哲学而力与辩争的佛家僧人之说，如永觉元贤禅师之作。同样也有儒生自己吟咏于佛书而又意欲与佛家一争高下的儒学体系，在其辩争之际，竟不自觉地将或多或少的佛家教理形式涉入儒学义理建构之中，如王阳明的哲学与熊十力、牟宗三的哲学。庄子言"辩也者，有所不见也"，诚哉斯言。

为根本解消这长达千百年的中国儒释道三教辩争的理论问题，宜有现代的哲学专业技术来进行，这就是以系统性的理论澄清各家学派的要旨。也就是说，介绍中国大乘佛教的理论，乃至介绍中国儒道两家哲学的理论，宜有一共同的解释架构，大家在共同的认识框架上，表达不同的意见，形成各自的理论形态，解决各自哲学的大哉问。这就好像不同的公司生产不同的产品，但各个公司都必须有共同的公司组织部门，以完成公司的业务。产品是不同的，组织部门是相同的。从相同的组织部门说不同的产品，就明白不同公司的差异。从共同的哲学问题说不同的哲学主张，就能了解不同学派的差异。哲学有众多学派，社会有众多公司，各公司大家都追求最好的服务，以获最大的利润，但是各公司产品不同，只是各公司有一样的组织架构。不能因为组织架构相同，就以为公司卖的产品是一样的。就公司言，找出各组织部门的不同业务，就能说清楚不同公司的产品的用处及卖点。这些不同的组织及业务就像一个公司的工厂部门、业务部门、财务部门、人事部门等等，这些各个公司都是一样有的，所以殊途同归，但这完全不是重点，因为工厂生产的和业务贩卖的东西根本不同，这里就无从比较了。两个公司产品不同，却发现两个公司的人事部门的人事制度和财务部门的财会制度是一样的，这也是没什么好说殊途同归的，因为这根本不决定一个公司的产品为何，也就是说非关公司产品特色的重点，尽是些不相干的问题。其实，三教辩争中的同异之间，常常都是这些不相干的问题，白做了学问。所以笔者主张三教辩争可以免矣。

可以说，如果大家的产品根本不同，则提出不同的观点也就没什么好争的了。就像在问一个卖猪肉的公司和一个卖汽车的公司谁的产品最好，这根本是没有什么高下可言可辩的。要争辩谁的厂房最大？这也没什么意思。要争辩谁的产品的重量最重？这也没什么意思。要争辩谁的员工最多？这还是没什么意思。只有争辩谁的汽车性能最好，谁的猪肉最好，这才有争辩的意思。但这就不是刚才这两家公司之间的问题，而是两家卖汽车的公司或卖猪肉的公司之间的问题了。

就好像中国哲学都是追求理想完美的人生，都觉得自己的理论是最终真理，但是各家意旨不一，各学派所提出的观念与方法都不相同，只是有共同的基本哲学问题以为发言的框架。因此，找出共同的问题就可以厘清差异。所谓基本哲学问题就是这样的意思，找到共同的问题，就容易发现大家谈的不是一样的事情。大家都有工厂，直接去看工厂生产的是什么，产品之不同就一望便知了。有工厂、有会计、有业务、有人事是相同的，但产品是不同的，基本哲学问题是相同的，但各家理论意见的要旨是不同的，若是发现大家要的东西不一样，这样三教之间也就没有什么好争辩的了。这就是笔者讨论三教辩争问题的方法与立场。

这样的共同的基本哲学问题包括宇宙论、本体论、工夫论、境界论。儒释道三教都发展出了回答这几个基本哲学问题的意见主张的理论。宇宙论谈时间、空间、根本物质元素以及人的生前死后问题，本体论谈价值意识、终极意义的问题，工夫论谈人的修养、修炼、修行的实践活动，境界论谈理想完美人格的理论。借由这四大基本哲学问题可以将中国哲学的儒释道三教的理论说清楚讲明白。这四大基本哲学问题就像各个公司的各大部门一样，内部协调一致，任一部门都是最重要的。只要生产的不是同样的产品，工厂和业务以及员工的技能就一定不相同，就不需要比较以及论争高下。笔者以为，从以上基本哲学问题的四方架构来看，大家都谈宇宙论，但宇宙观不同，大家都谈本体论，但是价值本体不同，大家都谈工夫论，但实践方法不同，大家都谈理想完美人格的境界论，但圣人、神仙、菩萨与佛境界各自不同，这样三教之间还要辩争什么？

以为可以辩争的都是以为我们分享了共同的宇宙观，必须追求共同的价值观，因此要有同样的工夫操作的方法，从而成圣于同一种形态的理想完美人格上。问题是，宇宙观的认识基于不同的感官能力与知识体系，价值观的不同基于不同的理想的选择，工夫论的不同依据不同的宇宙论与本体论的观点而来，境界论的不同则是不同的宇宙观、价值观的必然结果。这一切都是起源于认识的不同，而且是认识能力的不同，认识能力的不同又是在于实践工夫方法的不同，总是各家系统内部自成一家之言，自成一圆满的理论系统，根本谈不上共同的视野与共同的关切，于是就不可能有共同的工夫方法与共同的人格理想。因此就学界的研究而言，便应该在深入了解各家思想形态的前提下，正确理解，准确诠释，从而恰当地运用之。然而，各家理论都是繁复深奥，各家的圣境都是艰难无比，学者的研究都未必透彻入理，一般人要同时深入且正确地了解三教又谈何容易，不能了解时又如何能恰当地运用呢？不能恰当地运用时，又在有太多的学者及宗教人士在大谈三教辩争，是此非彼的状况下，三教的选择问题真成了世人的梦魇难题。面对这样的难题，也只能还是在理论上予以澄清，既说明三教的大不相同，也说明三教的理论根本无有冲突，更说明世人宜在生命的世界中如何选择、如何应用。当然，选择与应用还是事在人为，还是在于大家自己的价值选择，甚至是相信与信仰之内的事情，因为在宇宙论的知识体系上，儒佛之间的根本问题，就是有其不同的宇宙论的知识，而此一知识就佛教世界观而言，并不是常人感官所能知及的，因此对佛教意旨的接受，便是有信仰的层面在。

以下，本节便以原始佛教、大乘佛教、现代人间佛教、道教哲学、庄子哲学、老子哲学、儒家哲学的脉络，借由上述基本哲学问题的四方架构，予以界说展示，展示之后，说明其不可共在的理论形态，或可以融通的意旨关系。最后，对于世人的选择与应用，提出建议。

三、原始佛教要旨

原始佛教建立在对印度传统宗教的改革上，破除至上神的宰制观点，人生以解脱生老病死的痛苦为目标。世界就是欲界、色界、无色界的三界架构，生命是不断轮回的生死过程，欲界六道上下轮转，端视有情生命自己的善恶造业，能超出六道，再继续升进，得到须陀洹、斯陀含、阿那含、阿罗汉四果位而终于解脱便是目标。四圣谛的苦、集、灭、道正是基本哲学问题四方架构的写照。苦谛说苦，其实是要追求离苦得乐，就是追求简朴无欲的价值，正是价值意识的本体论。集谛说苦的形成原因，就是十二因缘说，背后就是三界、六道的世界图式说,这是宇宙论。灭谛说寂灭,入涅槃,就是得阿罗汉果位,不死不生,再也没有有情生命的执着与痛苦了,这是境界论。道谛说八正道,八种正确的生活态度,这是工夫论。这一套理论简易且清晰地再度重现在达摩祖师的《二入四行论》中,"二入"是理入与行入:理入主张众生皆有同一真性,也就是后来大乘佛教所说的佛性;行入说报冤行、随缘行、无所求行、称法行。这是在因果轮回观下的报冤行及随缘行:有苦事当作过去恶业现前,接受就好,是报冤行;有乐事当作过去善业福报,莫过度兴奋,是随缘行。生活,做好眼前事就好,莫贪求多欲,是无所求行,这样也就不再造恶业了。一旦有闲适,就勇猛精进做佛家修行工夫,是称法行,大乘佛教以六度、四摄说此称法行。

这一套理论的前提是宇宙观中的因果业报轮回说,无有此一世界观或不接受死后轮回之说者,自然不必接受这套理论以及它的生活目标。若要否定之,便要否定这套生命观与世界观,但否定这套世界观在知识论上也是无法成立的。以经验主义说,这虽不是普通人可有的经验,却是有能力的佛教修行者能够具备的经验,旁人可以不接受,理性上并没有可以否定之的论证可能。

四、大乘佛教要旨

大乘佛教以般若学、唯识学、如来藏思想三系为教义教理的发展。般若学为本体论,讲述一切现象的感知意义是空,这是有漏皆苦的原始佛教的认识的高度抽象的发挥。错误的认识是执取欲望,以为永恒。殊不知一切变换不已,眼前的现象既不必然,也不固定,更不永恒,无可执取,即是诸行无常、诸法无我之意。既是无常及无我,就不能执着它,它的意义便是空,这才是正确的智慧的认识。于是一切现象任其来去而不执着于心念之中,这就是智慧,以般若说之,故而是佛教的本体论。唯识学为宇宙论的理论,谈诸苦的现象是如何发生演变的。十二因缘说从无明说起,一切的有情生命缘起于一念的无明,无明造作形成轮回不已的生命及其命运,生命便是无明自我构作、分化、执取而有的历程,在内外色心诸法中,以五蕴说之,以八识说之，以五位、二十五法、百法等说之，这就说的是个人生命世界的结构。至于这个世界的图式，根本上而言都是无明意识的自我分化变现而有的，故曰唯识。世界都是自己的世界，内外世界就是根身、器界，根身以五蕴、八识说之，器界就是山河大地以及他人。生命现象的构造说明白了，成佛的过程便是转识成智。智慧当然是般若智，但此一智慧须有圣言量及无漏种子才有可能，也就是得遇佛陀的教诲，自己的意识心田中又恰好有无漏种子，无漏种子就是智慧的无有欲染的种子，种子现行而成智慧。但无漏种子是偶有的、非必有的，佛陀在世的圣言也是偶遇的、非必遇的，于是唯识学在成佛的可能性问题上不能终竟其旨。虽然此说更加符合现象世界芸芸众生的实况——恶业多端，成佛艰难——但是这并不能让佛学的意旨获得圆满无缺的效果，于是有如来藏思想逐渐于各种佛经中出现。可以说，唯识学是为解说有漏皆苦的成因而建立的现象论的理论，目的已达。但为求更圆满的理论体系，亦即必须为成佛的可能性找到必然的理据，于是如来藏思想的系统便是必需的。如来藏思想是佛教的宇宙论、本体论、工夫论与境界论的理论圆成汇聚之学，尤其是境界论，把成佛的境界说清楚，把成佛可能性的本体宇宙论说清楚，把成佛的工夫论说清楚，其意旨在《大乘起信论》中即有其圆满的建构。

《大乘起信论》以心、佛、众生三无差别起端，众生之心即是佛，即是佛性本具，这就与唯识学以染污性说阿赖耶识的托子功能有所不同了，于是提出如来藏。从宇宙论的功能说，如来藏即是阿赖耶识，演化展现了生命宇宙的全幅，只其根本清净，是为心真如门，门是展现的通道，永远清净的佛性作用力能。另有一通道以一念无明的染污有漏以至生灭不已，这就是阿赖耶识负责的生灭门，此处，宇宙论交代了。前面根本清净的心真如门则是同时交代了宇宙论与本体论，因为真如伴随生灭，真如不在生灭之外，生灭门升起有情生命的轮回历程，这是阿赖耶识的作用，但阿赖耶识根本清净，依托于如来藏而生出，故而不能说是根本染污以生有情及其世界，只是心真如之有觉忽而不觉因而生灭而已。因为根本清净，所以心生灭之忽而不觉而致辗转的历程，最终还是会重回始觉、究竟觉的成佛运动之路，因为佛性本具，也就是心真如本具。佛性就是般若智与菩提心，这正是如来藏的本质特性，本体论交代了。于是，以四摄、六度说工夫论，以菩萨与佛说境界论。成佛必然性保住，这是如来藏思想中的本体宇宙论的功能及贡献，这里讲清楚，工夫论及境界论就不是难题了。

当代新儒家的熊十力和牟宗三之所以辩争儒佛的关键，就是借由理论上忽视如来藏思想的功能，才找到辩论的利器的。他们以支那内学院坚守原始唯识学思想否定如来藏角色功能的佛学为框架，如来藏不缘生现象世界，现象世界始终是阿赖耶识的作用变现，既不能根本成佛，又不能必然变现，所以不能保住世界，而批评之。但是，一旦有如来藏思想，则必然变现世界，因为这是佛性的演化，且必然成佛，因为佛性本具。不过，现象世界本就成住坏空，故而根本无须保住，但现象世界又是此起彼灭，故而不会有有情众生无处可居的理论漏洞。佛教本就不主国土世界永恒之说，但是佛教世界观有其佛性之演化，故而又是必然有各个不同的世界之存在。只要佛性是实有，世界就会存在，世界众多，成住坏空、此起彼灭而已，而佛性本来就遍在，于是众生也就可以在无始劫的轮回中辗转造业于各个世界而为其自我染净，但真如本在，故而最终成佛。

可以说，大乘佛教的如来藏思想已经包摄了般若学、唯识学的所有理论，补足了前说的所有漏洞，自成一家之言，圆满完整。但是，对于世人，在认知上，这却是难以理解的整套学说，具有他在世界及轮回生命观不说，义理的深奥繁复更是不言而喻，理解已不易，沟通更困难，加上学派的偏见，儒佛辩争便难以止息。笔者以为，研究佛学的关键就在于相信之而理解之，借由好的研究工具而诠释之。最后，当然可以自己选择接受与否，接受是一种态度，不接受也是一种态度，都是合理的、可以的。至于辩争，如果不相信佛教的他在世界的理论，笔者不认为这样的辩争有其理论上的可能性与现实上的必要性：辩争看不见的世界在理论上的不存在是不可能的，辩争不接受的理想在现实上的不可行是不必要的。

中国大乘佛学就是如来藏思想孕育下的各种不同路径之教派的开展，内部亦是别异甚大，但是，虽有理论的辩争，却仍在佛教世界观共识下为之，因此都是必然可以融通的，蕅益智旭禅师就是这样的形态。这是与儒佛之争不同的，儒佛之争是在于佛教世界观的认可与否，既然是在不认可的前提下，那就互相欣赏，和平相处，不必辩论了。

五、现代人间佛教要旨

中国佛教发展至今日，有一新形态的理念与做法，谓之人间佛教。这是太虚大师倡导的人生佛教的发展与落实。目前，华人世界的佛教，莫不在以走出山林，进入社会，主动服务人群，积极与百姓民众结缘的方式弘扬佛法。这种做法的开展，缘起于二十世纪上半叶的佛教中人在佛法衰疲现象下的自救之道。理念还是原来的大乘佛教，也就是行菩萨道，做不请之友，主动服务，以弘化一方、两方、三方、千方、万方的目标为修行的程途，而不是一方面高高在上地等别人来才弘法，另一方面自己走入山林寻一僻静之处静静修行。菩萨道的修行宗旨与解脱道的不同之处在于：解脱道重视舍离欲望、摆脱执着、斩断过去习染、超出三界束缚而成阿罗汉果位；菩萨道之修行在于自度度人、自觉觉人，并主张菩萨的境界比阿罗汉的果位要高得太多太多，以至不可思议之境。菩萨道作为一般人的修行法门，是在当下虽然尚未有任何果位的状态中，就以度人为自度的勇猛法门，自己仍保持原始佛教的简朴舍欲的生活态度，但在面对众人之事的时候是积极主动的。实际上人间佛教没有什么理论的翻新，只是配合时代的演变，从原有的佛法中找到伸展的做法而已，但也正是因为适合时代的机运，人间佛教正是目前中国佛教大开大合之际的必走之路。

六、讨论道教之学的思路

道家之学原应包括道教之学，道教在历史上与佛教有过竞争、冲突与辩论，然而，时至今日，道教已少有公开与佛教辩争的事件了，似乎确是找到各自安身立命之道，但重点是，理论上有无一辩的可能。道教与佛教相同，都有超越感官经验的认知以为知识世界的真实，笔者于谈佛教时主张此事无有理论辩论的空间，只有实践检证成否的可能，故而儒佛之间无须一辩，同样的道理，道佛之间亦无须一辩了。超感官的世界幅员辽阔，人心之所向即有其所感知，道教的修炼工夫得其感知的世界，佛教的修行工夫得其感知的世界，人皆可自证，独不能否证他说。道教与佛教中人可以各自以自己的感知经验定义对方的感知经验，但是对方必不接受，就像儒家可以否定佛教的他在世界观，但是佛教徒必不接受一样。总之，道教世界观、价值意识与修炼方法皆与佛教不同，因涉及他在世界及超感官能力，故难以辩争。此外，道教系统多端，不成一家之言，人各执其所执，难以定位，故而不好做总体的讨论。要言之，有天师道教与神仙道教两型。前者类似世界各大宗教，有创造神，有教团组织，有仪轨，有神职人员的修炼生活及其神通法术以为人民禳灾祈福之事。重点是，有他在世界的世界观，却追求此在世界的道德目标，而与儒家的价值意识相同。神仙道教追求自己修炼成为不死的神仙，类似原始佛教，主出世主义，与天师道教不同，属庄子哲学系统下的发展，与儒家价值观不类。

七、庄子哲学要旨

庄子哲学起于对世间的失望、放弃，与追求自我生命的超升，超升之途有人间的个人技艺之超升，也有为不死神仙之修炼者。它的世界观明确地就是气化宇宙论：现象世界就是气的聚散所成，个人生死也就是气之聚散生死。既然一气通流，生死必然，人生一段时日就是与造物者的气化通流，同其逍遥即是，而不必在自然造化之上之外认取个人之所欲求，这些都只是世俗的价值立场，一切终将于死亡之际消泯，故而是无可追求的价值。唯一值得努力的，就是个人技艺的升进，也就是游戏于天地之间，像列子书中的许多民间高手一样，以现代的语言来说就是音乐、美术、雕塑、游泳、登山、气功、科技等领域的大玩家，而绝不是政治家及教育家。因为，庄子认为社会体制是人为的虚构，在上位者本应以放任自然为统治的原则，任人自适，无奈现实上、历史上都成为压迫人民的体制，于是在现实政治及人类社会便采取出世主义的立场。总之，宇宙论是气化流变，涉及神仙的世界。本体论是逍遥、自适、无目的、有巧妙，就是一个出世的立场。工夫论是心斋、坐忘、忘仁义、忘礼乐、外天下，追求自我技艺的超升甚至成为神仙。境界论是至人、真人、神人，而绝非现实世界的能人。庄子哲学是中国哲学传统中唯一且健康的出世主义哲学。唯其对社会不负责任，故而不能为中流砥柱，唯其于社会不去主导，故而能为千千万万受难的知识分子找到心境的出路。将庄子哲学置于所有中国入世主义哲学——儒、墨、法各家之中时，便更见其弥足珍贵的价值了。

八、老子哲学要旨

老子思想透视人性善恶诸面向，对人事变化的规律掌握精准，对社会历史变迁独能于浊流之中找出定律。他所关切的是这个世间的事物，看透了人性的负面心理，越是有才能的人越是好权、好名、好利、好表现，且见不得人好，人都有私心，这种人当上领导者的时候，这些私心就是害民祸国的大毛病。于是真正想要为人民服务的知识分子，就必须对付自己的这些不良心态，只管把为人民做的事情做好，铲除自己的一切私心，但同时，却得满足周围所有的人的私心，让其得到所欲之满足，不过就是私利，包括荣誉、名声、权势、财富、资源等利益。周围的人包括上位者、同层者及其部属，都需要给他们各自的所需。于是所有的人乐于接受你的领导，因此你也就成为大家的领导。老子哲学就是经验现实世界家国天下的有智慧、有技巧的领导者哲学，宇宙论就是此在世界的家国天下，本体论就是无私而以无为说之，工夫论就是守柔守弱，境界论就是在人间领导一切事务发展变化的圣人。老子形态的圣人不一定需要是君王，但多半必须是高层管理者，领略老子智慧，可以永保权位，就是做大官的哲学。但绝非贪大利、抢大权、揽大功的领导者，而是做大事、让大利、领众人的领导者。

老子哲学绝对是儒家哲学的正面辅助系统，身居高层的大儒知识分子无一不是领略个中三昧的老子形态的智者，否则不是重者身遭刑戮，轻者辞官他去，就是只能待在基层当人民的英雄了。

九、儒家哲学要旨

从世界观的角度，儒家就是此在世界经验现象家国天下的世界观，关切的是百姓的生活福祉，落实在国家的公共政策及社会建设上。价值意识就是仁义礼智，目标就是利益社会。工夫论就是《大学》八目、《中庸》"慎独"、《易传》言"善"，直接是利他主义的生活方式。境界论就是孔子所言之圣人，或是君子，是人间社会体制的维护者、照顾者。儒家视野不出家国天下，眼见百姓疾苦，不忍之心丰沛而出，修养自己以仁德的胸怀关切百姓，努力学习专业技能，进入社会国家体制成为官员，协助国君治理天下。儒家是体制内的哲学，庄子是体制外的哲学。儒家的学说及儒者的事业是一个社会国家之所以能够顺利运转、有效治理的关键因素，无怪乎成为中华文化的主流价值。鬼神不可见，死后无可知，儒家着眼于现实世界，依赖自己的专长服务社会，深知人性丑陋，却以教化为事，敬鬼神而远之，不求他在世界的超越存有者，也不仰赖神通法术，只以一己之仁德服务社会，并努力学习以建设家国。儒学之须一辩于道佛者，都是道佛中的伪道、伪佛，其行径确有危害社会之实，既有影响社会人心的事实，就须法治以为管理，虽然儒家重礼乐教化，但亦不废刑罚，端正治理之就是必需的，因此问题不在这里。唯儒学对道佛之批判，却多上升至理论批判，然而，世界观无从批判，唯赖经验，价值论也无从批判，唯赖选择，工夫境界依据世界观而来，自然不同，亦无从批判。儒学多肯定道佛之个人修养，却否定其世界观与价值立场，这就是对基本哲学问题系统性少知的谬误，这对道佛的理解就是把人家给解体了。又，儒家多以其不入世、无事功而责之，实则道佛另有其理想：大乘佛教是出世而入世的，人间佛教是入世而出世的，唯原始佛教及庄子哲学是纯出世主义的，但他们也有疗愈人心的价值功效。尤其是当事不可为之时，儒者也讲避世、避时，此时就须有出世主义的胸怀才能避而得宜。儒者当然可以不避，刚烈而死，这也有许多共见的史实。但死者易死，活者难活。若要活着，没有庄子自由逍遥、否定现世的情怀是办不到的。此时只是儒者入世的情怀暂时隐去，并非死去。就道教言，儒家虽不重他在世界，却也有宗教情怀，儒家谈神道设教，故多能与道教共事。

十、论三教辩争的不可能

谈论中国哲学的基本哲学问题之四方架构，能够让儒释道三家的理论被清楚地呈现。就宇宙论而言，佛教、道教、庄子都有他在世界，老子与儒家则是主经验现实世界的人间事务。佛教、道教也是处理人的事务，但世界观中有他在世界以及死后生命的知识，于是在人的事务的处理上就有不同的方向与方法。可以说各家都有其各自理论的内部一致性，只是就经验而言，谁家的经验更真实呢？其实这是无从比较的，就像不同公司的不同产品，谁家的产品更好呢？卖猪肉的产品是无须跟卖汽车的产品比高下的。儒家追求的是家国天下的人民的幸福，庄子追求的是个人的精神生命的上扬，老子追求的是团结人才创造社会建设的功效，其中的儒道之间就无从辩争了。事有可为之时，则君子可以大做儒者，不可为之时呢？能不暂避于庄子的心灵中吗？当然也可以不避，那就是身死于恶法、酷吏、暴君、国难之中，这是个人的选择，但不能说庄子的出世逍遥之目标是不对的。儒者疾恶如仇，视民如伤，但若跻身高层，偏偏君王就不是个仁君之才时，周围小人成为其欲望的代言人，权臣因其无能而成为国家的发言人，知识分子为了百姓福祉，只能弱者道之用，只能损之又损，必须生而不有、为而不恃、长而不宰，才能保住权位以为民服务，则一切的荣誉利益都要舍弃与人，这才真真正正是胸怀如海的大儒。哲学史上的儒道之间固互有批驳，可以说都是没有在基本哲学问题的四方架构上，善用这个研究的工具，澄清各家意旨的关键，从而导致的误解下的互相批判，笔者甚愿尽力为其澄清之。

就儒佛之间，儒者爱民如己，菩萨亦视民如己，儒者关切人民在社会上的生活，菩萨关切众生在生死历程中的种种，所关切的宗旨不同，则关切的做法自然有别。儒者的关切立足于他的世界观与价值观，佛教亦然。儒与佛辩，多在不入世、无事功上说，唯佛家的世界观不止于此世，佛家是于其世界观的所有范域救度一切众生的，因此就有事功。所以，关键是信不信的问题，佛教的事功是着落在这个此起彼灭、成住坏空、十法界、三界六道的世界里，以及轮回的生死历程中，若信，佛教与儒家一样地入世关怀，若不信，佛教却是逃了父母家国天下的责任了。但真理的问题不是一家对一家信不信说了算，而是不信就算了，而没有否证的可能的。只能各安天命，各自努力。

十一、当代中国哲学家的辩争儒佛

当代中国哲学的创作是中国哲学奋起与西方哲学较劲辩难的一部史诗，但在中国哲学现代化的创造中，与西方较劲是一回事，中国哲学内部的三教辩争课题却才是史诗的主轴。与西方哲学较劲的重点在于将中国哲学系统化地建构起来，使其理论性灿然大备，即成其功。中国哲学就是人生哲学，追求人生的理想，故而有实践的要求，因而也是实践的哲学，有别于西方主求真理的思辨哲学形态。然而，西方也有人生哲学、实践哲学，只非主流。中国也有思辨哲学，只不成大宗。故而在中国哲学中找到类似西方的思辨议题及其理论是容易的，如墨辩、名家、老子道论、程朱理气论。同样，在西方哲学中讨论人生哲学的也是不少的，如士林哲学、当代存在主义哲学。至于将整个中国哲学以西方哲学的范式予以诠释而谓其同类的做法，其来有自，却不能终竟其事，故不恰当，因此必须有相应于中国哲学特质的理论工具以为理解与诠释的进路。此一事业即是当代中国哲学家一家继着一家的理论努力工程，笔者提出的基本哲学问题的四方架构亦是为此而作，并且就是当代中国哲学家的工作成果的改良版而已。因此中西之辩可解，唯三教辩争难解。反观二十世纪的理论创作，儒佛之辩就是主轴，以下简说之。

梁漱溟先生站在以佛教哲学为宇宙人生终极问题的终极真理的理论立场上，提出中西印三大文明的发展理论。西方面对物质的问题向前寻求解决，发展科学精神，成就斐然，使得二十世纪之初，西方与东方在科技成就上直如巨人与侏儒，东方中印两民族势必全盘学习科学精神，将物质建设急起直追不可，否则必将亡国灭种。然而科学精神并不只是科技，而是包括哲学、宗教与政治都走科学精神之路，于是哲学只剩知识论，形上学便式微，宗教亦几乎舍弃，因其不科学，政治则追求民主，故而早早推翻皇权体制，此其斐然之成就。

中国面对人心的问题，折中于己，向自己的道德修养寻求解决，发展儒家哲学，追求天下为公，倡导国际和平，良善美矣。可惜忽略物质文明的科学精神，一切技艺只停留在个人手工艺上，未能深入科学原理，将技艺发展为科技，导致与西方实力悬殊。为今之计，必须全盘学习西方的物质文明与科学精神，但仍必须坚定地提起中国儒家的政治哲学之路，同时西方也必须走这一条路，否则各国穷兵黩武，走帝国主义之路，最终只能将全人类都趋向毁灭。事实证明，梁漱溟有生之年就有两次世界大战的发生，以今日观之，倘若还有第三次世界大战，后果不堪设想，因此全人类都应立即走儒家天下为公的大同政治之路，诚其睿智之言。

物质的问题是可以解决的，依赖人为的努力奋斗即可解决，如毒蛇、猛兽、寒风、暴雨等自然灾害，累积经验创造科技必能解决。但是人心的问题是不一定可以解决的，小至人际关系，大至国际政治，只有改变自己待人的态度才能解决，自己以和平及利他主义的态度待人，才能使他人接受我的想法，这就是儒家思想的高明之处。然而，人类生活问题中尚有绝不可能解决的问题，那就是宇宙定律的问题。当物质生活丰裕富足，当人与人之间互助友爱，人类还有一个问题尚未解决，那就是生而仍有老病死的痛苦的问题，但这是宇宙定律，人类都无法解决，只有根本上解决无生的问题之后才能免除老病死的问题，于是有印度文明采取向后走的方向而面对问题寻求解决。原始佛教的阿罗汉果位就是针对这个问题的终极解决，阿罗汉不死不生、住动天地、飞行变化、自由自在，获得永恒而不死的生命，没有老病死的痛苦，彻底解决人类生命的生死问题。但是，这个问题应是人类文明发展史上最后一个问题，印度人没有把第一条路及第二条路走到极致，就率先走上第三条路，结果就跟中国一样，眼见亡国灭种，所以策略上也是跟中国一样，必须将物质文明、科学精神全盘拿起，同时也要以天下为公的儒家思想主导政治。但是，梁漱溟坚信，面对人生的终极生死问题，佛教之路向是其中的最终路向，所以当人类三大文明都在物质问题、政治问题达到圆满的境界以后，世界上的所有人类文明都要来面对生死的问题了，这就是佛教文明将要大擅胜场之时，所有的人类都将成为佛教信徒了。

可以说，面对中国危亡，他选择走儒家之路，面对宇宙人生终极问题，他选择走佛教之路，但在梁漱溟的心目中、生活中及理论中，从来没有儒佛辩争的问题，他是二十世纪中国哲学家中第一位也是最有智慧的透视者。

熊十力学习唯识学，学习反对如来藏理论的唯识学，后来自己站在儒家的立场，于是对佛学大力攻击，认为般若学不涉宇宙论、唯识学两重本体，唯有儒家意识形态本位的大易哲学才是哲学真理的最终解答。熊十力的世界观中并没有接受轮回生死的知识，而把佛教理论当作哲学建构的参考数据，取其有利、去其弊端，建立一套结合形上学、知识论、工夫论、境界论的混合系统，并为牟宗三先生全盘继承又再发挥。此说，即是当代新儒家最大宗的创作系统，也可以说是二十世纪中国哲学最大宗的创造系统。熊、牟之作，前者有印顺法师以佛学专业予以批驳，关键就是所说究竟是否佛说，后者迄今无佛教学者问津，影响力虽然贯串所有中国哲学研究学者，却不能对佛学研究撼动分毫。熊、牟二人皆以面对真理的哲学创作为怀，融摄西方哲学的理论精神，面对经验现实世界以其为真、为实、为永恒、为必然、为有目的、为有价值的立场，两人在思考问题、建构理论时并不将佛教宇宙观知识纳入理解诠释的系统，直接是以默认于儒家意识形态及世界观的立场而发言。如此之作，尽是一厢情愿地驰骋思辨，于儒佛之辩并无实功，于儒学建设则有创作。然其所创建之儒学理论，亦不可谓无收摄佛教唯心主义的世界观立场，即是以圣人境界即是形上道体，即是本体翕辟成变的本体宇宙论之说者，主以个人修养工夫而成之圣境竟然被说为本体宇宙论的全体大用，则此说不是唯心论是什么？佛教必是唯心论的，但儒家是否必须成为唯心论？孔子之圣境有可能化为天地之精灵而遍在宇宙吗？此一唯心主义的儒学视野始自阳明，由熊十力、牟宗三继承而发挥扩充其说。

新儒学是建立了，但究竟还是不是儒学？儒者尽伦尽职于有生之世，死后还诸天地，敬鬼神而远之，不知死后生命，不论死后生命；直面现实世界，只以家国天下百姓生活为怀，对越在天，体贴天道，其天人合一是以人的成就彰显天道，并非人即是天道。人性即是天命天理诚固其然，但人身非宇宙，圣人境界非是本体宇宙的大化流行，圣人境界是彰显大化流行的终极意义，两者不能同一。熊十力和牟宗三在这个问题上都说得过溢了。如此之辩佛，只能说是不知佛者之自我标榜了，又因标榜过度，甚至已经脱离了孔孟立足世间的仁义精神了。

唐君毅排比儒耶佛三教，以归向一神境说基督教哲学，以我法二空境说佛教，以天德流行境说儒家。以教化之次序宜以儒为先，儒是正面提出人性之善，以此教化，成则人成。人若为恶，则教以耶佛，耶佛皆是人在为恶之后才须提出的教化哲学，依其审判与业报而有遏制之效。故依教化之次序而言，儒教为先为优，耶佛次之。人若得为儒家教化之所成，则此人死后必与基督同在、菩萨共行。唐先生之所说，依耶佛世界观而言，诚其为是，只尚有艰难，但若依儒家立场而言，可谓非儒。可以说唐先生是在理解耶佛为真的前提下倡说以儒为优的哲学立场，颇似梁漱溟以佛为终境的前提下倡说以儒为始之立场。其竟有辩乎？竟无辩乎？可谓同置无辩矣。唯依一教化次第之视野，高儒于耶佛而已。然而高亦非高，只先而已。唐先生尚有护守儒学的情怀而已，却并不是真在理论上高儒于耶佛。

方东美实是信佛的哲学家，晚年皈依广钦老和尚，但他主要是爱国哲学家，高儒释道三家于西方哲学，其信佛但不做儒佛辩争，而是儒佛双美，甚至是儒释道三美。依其理论内容来看，他把西方哲学的理论以佛教哲学的视野来认知、比对并比较之，谓西哲有上下两层隔绝之说，有内外两重分离之说，而佛教哲学上下双回向，主客不分，故东优于西。此说，亦有所误。柏拉图两层世界之说谈的是形上学问题，方东美以柏拉图之理型世界是现象界永远无法升进之域，而大乘佛教菩萨修行向上却尽在凡间救度众生，上下不隔，以此高东于西。笔者以为，这根本谈不上比较，比起儒释道三教的比较更不能比较，这是西方形上学跟东方工夫论、境界论的比较，完全不是一个问题，不能相较，更不能以高下说之。方东美以西方知识论立主客二元，于是内外有别，以中国哲学尽心尽性知天而主客合一、天人合一，于是主客不分，以此高中于西，这又是知识论与工夫论、境界论的比较，又是无从说起的较劲。总之，于方东美哲学中只有中优于西的民族大义，没有儒释道三教辩争的自我厮杀，儒佛之间，稍有言及佛教世界观较为广大之说，但无有高儒高佛的对勘之语。

劳思光先生以佛教心性论为优，儒家亦根本上是心性论，于是双美儒佛，但是他的哲学关怀中却是坚持以建设性的文化肯定论视野三教，而谓只有儒家肯定文化建设，道家只观赏，佛教无建设。劳思光并非不知佛教世界观的他在世界之说，其以唯识学是佛教现象论说之，即是正面此事。然虽深知此一套知识系统，却因为文化建设的关怀而只肯定儒家。可以说劳思光先生的整个学说是以心性论、形上学、宇宙论的解释架构诠释中国哲学的理论体系，再复以建设性的文化肯定论平议中国哲学史，其只认心性论不认形上学、宇宙论的立场，恰与牟宗三以动态形上学的本体宇宙论说儒学的视野相对立。劳先生谨守康德家法，以成德之教的心性论建构、言诠儒学，不谈形上学。但是，牟宗三却越过康德，而以儒释道三学皆能有智的直觉以突破康德所谓物自身不可知而唯上帝知之的鸿沟，因而建立了一套绾合形上学、知识论、工夫论、境界论的混合体系，从而牟宗三以创新的理论体系高儒于佛，而劳思光却是在理论体系之外以文化建设的视野高儒于佛，此其别异。

由上可见，儒释道三教辩争谈何容易，笔者主张废之可也。各家理解自己、选择自己，了解别人、尊重别人，相信自己、搁置别人，这样就可以了，理论辩争无门，说服不可能，统贯之作从来不成其功，因为无人承认。然而，说来说去这些都还只是知识分子、学者、教派中人的文字口水。就在现实的人生中间，儒释道三教是各行其道，皆有成效，也皆为世人所共识共享的，下文论此。

十二、面对三教的选择与应用

儒家入世，老子入世，庄子出世，原始佛教出世，大乘佛教出世而入世，人间佛教入世而出世，入世与出世既是价值选择也是世界观知识，此事既是独立的选择，更是坚实的信念，人在什么场合做什么选择，只能依赖人自己的见识智慧，当然还有本性的驱动。儒释道三家都是有理想的人的选择，无理想者，不必思考这个问题，思考了也不会去做，一旦要去做，不论选择哪一家，都能走出一条人生的坦途、大道。人生苦短，不能做成许多事，只能终其一生完成一件像样的大事。儒者大丈夫事业，不易为也，若别人做不成儒者，自己便以道佛理论立场戏弄嘲笑之，此非大丈夫之所为。但要做个儒者，首先要有能力，那就得勤奋学习，并积极服务。然而，服务是与众人共谋之事业，人心恶劣多端，特别是有资源可以争贪之时，为众人谋之事业亦是资源掌握之事业，故必与小人争。然儒者不为阴谋损人之行，真与小人争之，无术必败。术者法家、兵家之长，儒生须习之，不肯习者，就只能做位卑之事，资源稀薄，小人都看不上眼的事情，才轮得到你去服务。在既有能力又有实力的历程中逐上高位，资源更多，斗争更凶。儒者深知必须感之以教化，于是积极教育，但只能教育子弟，不能教育身边凶猛好斗的权势中人，故而必须有以周旋，则老子无为、守弱之智必须用之，为其可为，利益让出，完成任务。同时，看透世间的不堪，不要争取功业盈满，心中必须有庄子道遥出世之胸怀，则庄子必学。由此可见，有淑世理想的知识分子儒者，要成就自己、成就社会与国家，是谈何容易。不能入世应变，只能夸夸议论，高下道佛，非智者之举。更何况理解错误，胡乱解读，连学问都做不好了，谈何做事。

就算儒者战战兢兢、如临深渊、如履薄冰，始终掌握高层权位，亦必深知时命不可违，则何来时命？时命必有原因，此事只有佛教因果业报轮回之说能言之成理、说得透彻，但尚在位者，不宜事事以佛教修行者形象现身，也不可能走小乘寡欲舍离之路，只能是以人间佛教菩萨道的心境来处世应变。

除非大彻大悟，放得下世俗的身份，才能勇猛精进，现学佛者出家僧人之像。否则，但依己能，随顺因缘，正派做人，圆融处世，积极做事，造福人群，亦是人生康庄大道。

若要现学佛者僧人形象，那必定是深信因果业报之知，看透世间之短暂，眼光在更大的世界。眼前生命所系的世界何其短暂，家国天下更是刹那之间，唯心、佛、众生三无差别，尽形寿众生无边誓愿度，以此为生活的轨迹，简朴度日，结缘度人，这方是佛家大丈夫本色。走到此处，方能说帝王将相不能比拟。未到此处却说此话者，乃无能不堪之人。

唯人多不堪，学识不深，意志软弱，虽喜好三教，但也只是闲谈而已，这样的人庸碌一生，为其习气所引，蒙眬度日，只能追求感性生命的满足，谈不上理想的追求，理论建构及三教辩证都与其无关了。

十三、结论

本节之作，不在深入佛教理论体系，而在讨论三教如何认识与选择的问题，归根结底，不同的世界观以及不同的价值立场，理论上无法辩争，现实上人也不可能一生之中同时成就三家的巨大形象。最简单可以成就的，只是将各家的理论讲清楚，至于要成就大儒、大和尚或道家的修炼士，那都是终生勠力才或可成者，并且，只能成就一种形态。至于庸俗的世人，当然可以三家都学，三家都做，但成就必然有限。只不过，尊重三教，都愿学习者，毕竟就是有理想之人，比起一般世俗中人，已经好得太多太多了。笔者以为，每个人终其一生只能于世间法中逐层升进其能力与社会地位，最后去接触出世间法。这就像是菩萨道的十地升进之途一般，这事当然十分艰难，除非大彻大悟，舍弃世间角色，否则不可能于佛教的修行中登其高峰。这些中国各家哲学学派的创造者与实践者都是有理想的人，人若无理想，这些理论也是对其无用的，只是无论如何，人们只要好好学习，都能利益人生，但前提必须是，自己是个有理想的人。

第四章 中国哲学的儒法辩证与会通

本章在前章的基础上，加入法家，结穴儒家。第一节"论法家的基本原理及其与儒道的辩证与汲取"，把《韩非子》做了全面的重点意旨摘录，从而获得明确的对比儒道的角度。第二节"论儒家与法家的会通"，直接指陈两家的必须互相借鉴之处，以及各自对对方的误解。第三节"论儒家为会通中国哲学的最大公约数"，就是要明确提出，中华文化以儒家思想为根本基底，把儒学风范落实好了，加上道家、佛教、法家的有用智慧，则人人都是最高境界的人物了。

第一节 论法家的基本原理及其与儒道的辩证与汲取*

一、前言

韩非著《韩非子》一书，世谓集法家思想之大成，以法、术、势三个原则定之。实际上，首先是势，也就是君王的权势，这是韩非认为国家衰弱的根本原因，就是国君无势，大臣夺国，只顾私家之利益，于是国弱兵疲，只能等待被瓜分或歼灭而已。国君要有权势，就需要有御下之道，关键是行法，统一各种事物的做法，并附之以严格的赏罚，赏罚二柄在手，这是术，国君就有了虎豹之势，而臣下人民只能听命于他，则一事权，统百官，摄国力，便无畏强邻环伺了。《韩非子》中有不少对儒家的批评，但笔者认为，法家对儒家的批评，都是概念上的错置与误用，假仁假义假贤假儒者多，但不能以现实上的伪儒为真儒者与真儒学而批判之。儒法两家都是国之利器，必须互为融通。《韩非子》中有对老子的吸收，事实上，道法两家性格不同，法家依君王说，道家依臣下说，君王之"无为"为不显露己意之隐匿之举，老子之"无为"为不驰骋私欲而关爱众人以团结人心而成就大事，实有别矣。儒法有正面冲突，但可实际融通。道家庄子与法家就绝对背道而驰，道家老子与法

---

* 本节曾发表于"传统文化的传承与创新"国际学术研讨会，北京，华北电力大学主办，2018年5月；后以《论〈韩非子〉法家思想的内在理路及其与儒道的关系》为题，发表于《管子学刊》2019年第1期。

家也是性格不同,但可相融。史上有"黄老道家",实际上是老子的臣下谦和之道,与法家的君王御下之道的结合,也就是把老子臣下的无为智慧,转化为法家君王的无为之术,是为道法家。可惜,历史上的韩非,对于真有黄老智慧的政治家行为反而不契,对于伪儒又多批判,因此行文中显出了许多有待商榷的观点,本节则一一予以澄清。

《韩非子》一书集法家思想之大成,通常以法、术、势三个概念代表的纲领说之,本节之作,企图落实这三个概念所代表的观念意旨,借由一定的文本解读以及问题讨论,明晰化它们。在这个过程中,法家与黄老道家有千丝万缕的关系,与儒家又几乎势同水火,本节之作,亦将针对法家与儒道两家在观念立场上的关系,进行讨论。以上,不论是文本解读还是学派对比,都是环绕《韩非子》中的法家观点予以哲学解读的目的而做。笔者的基本立场是,韩非言法、术、势三点,首先为势,势者君王之威势,不可旁落。其次为法,一天下之虑,借之以赏罚二柄,二柄者术也,而术则是包括一切帝王御下之术以及外交攻防征战之术,而其中最关键的还是帝王御下之术。术中还包括不可让臣下测知帝王心思之无为之术,这就进入了黄老道家,其实只是借由老子的概念术语而说的是法家君王御下之术的观点而已,并非老子真的有此思想。至于儒家与法家的冲突,根本上是概念没有厘清所致,问题不同,重点不同,刻意制造的意见对立,理当消除。解消之后,儒家、道家、法家都应该是中国政治哲学中的优良思想,都应该要运用。

二、《韩非子》各篇章要旨及其与法术势的关系

要了解韩非著书是如何集法家思想之大成,宜先针对《韩非子》中各篇章主旨做一解析,则其意旨所重尽现其中。《韩非子》专书,历来几种版本中,有篇章次序不一之现象,书中原文亦有许多考订上的异同,以下,借由《新译韩非子》[①]书中章节次序为之。

[①] 《新译韩非子》,赖炎元、傅武光注译,台北:三民书局,2013年。

第一卷

《难言第三》

首先，第一卷有《初见秦》《存韩》两篇，主要处理说秦王之事，与法家思想主题关系较少，暂不论。《难言》篇，隐喻自己的处境，以及向君王分析大臣难言之实况。实际上，从这篇文章中就可以看出，韩非不谙官场逻辑，缺乏隐匿自己藏身政坛的阴柔身段，满腔爱国的热情，满腹治国的策术，却苦于不能面君尽言，实际上跟儒家知识分子的状态差不了多少。韩非言术，跃然纸上，自己却未必能操作运用，实知识分子个性使然。关键就是，韩非整理的典籍中充满了兵法之术、臣下之术，以及君王之术，但是他所论的术，主要是为君王御下之势服务的君王御下之术，而这些东西又正好与权臣势同水火，这就是他的命运多舛的根本原因了。韩非自己不是国君，却深思力探国君御下之术，而忘记了作为臣下的自己的保命侧身驰骋之术，莫怪乎身遭刑戮，留下一幕历史的悲剧。

《爱臣第四》

《爱臣》篇，讲大臣太贵，则危君王："爱臣太亲，必危其身；人臣太贵，必易主位；……是故诸侯之博大，天子之害也；群臣之太富，君主之败也。"本篇一是强调君王之势，不可分割，故是重势思想；同时也说明，君王必须有驾驭臣下之道，故是重术之思想；文中也提出了不少君王对臣下禁邪之道。

《主道第五》

《主道》篇讲君王御下之术："明君无为于上，群臣竦惧乎下。"对付群臣，"散其党，收其余，闭其门，夺其辅，国乃无虎"。总之，君王勿现其欲，免臣测知，勿现其能，由臣自现，以此掌握臣下之效忠而不敢犯难，从而巩固君权。

第二卷

《有度第六》

《有度》篇重法，亦是以法为术、以术守势之文。开题言"国无常强，无常弱。奉法者强，则国强，奉法者弱，则国弱"，即是重法之谈。篇末言：

故以法治国，举措而已矣。法不阿贵，绳不挠曲。法之所加，智者弗能辞，勇者弗敢争。刑过不避大臣，赏善不遗匹夫。故矫上之失，诘下之邪，治乱决缪，绌羡①齐非，一民之轨，莫如法。厉官威民②，退淫殆，止诈伪，莫如刑。刑重则不敢以贵易贱③，法审则上尊而不侵，上尊而不侵，则主强而守要，故先王贵之而传之。人主释法而用私，则上下不别矣。

严刑重罚以维护法令，则国主安而国家治，等于是以法为术了。但是，法纪之荡然，首先是君威之瓜分，其次是人主之私意，此两者，都需要君王自己的意志决断，君王自己不能忍住私意欲望，就是自己败法。一旦奸臣夺了君权，私法利家而国主危时，国君如何夺回其权势？此事，韩非几乎从未明言，可见权力争斗之事，尚未真正进入韩非脑中。不过，这仍不妨碍重法思想的合理性，只是，重法与重德仍有一辩。但是笔者以为，都须依据个别具体情况而论，法一统万必有不及细节之失，德重修己必有救助法失之处，此事，本篇尚未触及。

《二柄第七》

《二柄》篇是用法之凭借，等于是施行法令的技术："明主之所导制其臣者，二柄而已矣。二柄者，刑、德也。何谓刑德？曰：杀戮之谓刑，庆赏之谓德。为人臣者畏诛罚而利庆赏，故人主自用其刑德，则群臣畏其威而归其利矣。"此处所谓德，不过就是赏，并非儒家修己以德之德。守法之道，在明赏罚，此君王治国之具，臣下则不然："故世之奸臣则不然，所恶，则能得之其主而罪之，所爱，则能得之其主而赏之。今人主非使赏罚之威利出于己也，听其臣而行其赏罚，则一国之人皆畏其臣而易其君，归其臣而去其君矣，此人主失刑德之患也。"此说指向臣下夺了施法治民之权，实际上讲的是重势的思想了，势不可失，君失治法之权，等于虎失其爪，则国主危矣。所以御下

---

① 绌羡，过多者减之。
② 厉官威民，国君整饬官箴威吓百姓。
③ 易贱，轻视地位低下的人。

之道，在赏罚二柄，甚至，公共政策也不必自己提出意见，只须让臣下自己提出，效验之以赏罚即可。

>人主将欲禁奸，则审合刑名，刑名者，言与事也。为人臣者陈而言，君以其言授之事，专以其事责其功。功当其事，事当其言，则赏；功不当其事，事不当其言，则罚。故群臣其言大而功小者则罚，非罚小功也，罚功不当名也。群臣其言小而功大者亦罚，非不说于大功也，以为不当名也，害甚于有大功，故罚。

此"循名责实"之法，与"君匿其欲"之法，则与黄老道家的治术一致了。后者即是"无为"，但已不是老子"无为"之无私欲的意旨了，而是黄老道家，亦即被法家转化的道家的隐匿君王意志的"无为"意旨了。"循名责实"也是黄老道家"无为"的治术，一切责成于臣下，只借赏罚御之即可。配合"循名责实"，则是反对任贤妄举："人主有二患：任贤，则臣将乘于贤，以劫其君；妄举，则事沮不胜。故人主好贤，则群臣饰行以要君欲，则是群臣之情不效；群臣之情不效，则人主无以异其臣①矣。"韩非之意，孰贤非贤，此非君王圣智所需费心之事，且中人之君常不辨贤否，若以为贤则举之，便成为妄举，避免此过，非"循名责实"不可，诚其言也。

  关键就是，人智有限，不必自恃眼光独到，而是借由按部就班的考核，一步步升官重用，这样，中人之君就可以把国家管理得很好了。可见，中人未必中人，更可能是大智之人，只是不妄用私智臆测而已。中人之君是韩非一向所论之君王品格，只要按部就班用人，就能成就大治。然而，就算没有奸臣瓜分大权，而能独揽大局，则君王之以一己之好恶任贤举能之事，实不可免，虽妄举败事而悔恨不已，实已难挽矣。一旦大权已经旁落，任免之权亦不在己身矣，则中人才具之君，如何夺回政权？韩非无术矣。可以说，国

---

① 异其臣，分辨臣子的好坏之差别。

家一旦积数朝之弱主，则国分于家已难挽回，如周天子，如晋国六家，如姜齐之末，如鲁之三桓，此事，就连《论语》中的孔子也屡屡言之。韩非徒叹其哀，已无济术矣。故，中人之君之论，可废矣。关键是，能按部就班选用官员就是上智之君，能于权柄被瓜分后重掌政权更是上智之君，能在大权独揽之际还不纵欲辱国更是上智之君，韩非所说的中人之君，只能说是不任意妄为、自以为圣智之人者，但笔者以为，此人之为君，能不标榜己智，则不仅为中人之君，实际上已是上智之圣君。

《扬权第八》

《扬权》篇，或为《扬榷》篇，文气不同于他篇，或非韩非本人之作。但意旨尚同，主要还是御下之术，而且是黄老之道术。主上无为匿情而赏罚御下，否则，"主上不神，下将有因"，"主失其神，虎随其后"，必"主施其法，大虎将怯；主施其刑，大虎自宁。法刑苟信，虎化为人，复反其真"。篇末言："为人君者，数披其木。""其木"则是臣下、公子、宗室等等，告诫君王要不时地削弱这些臣子的权势，不可使其过重，这都是重势的立场，做法上则是御下之术的申说。

《八奸第九》

《八奸》篇讲臣下向君王夺权之术，防治之道即是君王的御下之术。"凡人臣之所道成奸者有八术：一曰在同床。……二曰在旁。……三曰父兄。……四曰养殃。……五曰民萌。……六曰流行。……七曰威强。……八曰四方。……凡此八者，人臣之所以道成奸，世主所以壅劫，失其所有也，不可不察焉。"以上八种臣下盗权之术，韩非言之精辟，对于君王防治之术，亦皆肺腑有道之言，亦即君王若尚在位掌权，则须用此防治之术。然而，八奸乖戾，除非国君为英明上人之资，孰能避之？故能成明君，守位保国，进而富国强兵者，非上人之资不可矣。首先在于自己要克制欲望，否则必为旁人夺权而不知；其次在于智慧明达，对人心了如指掌；再次在于意志坚定，不犯错误。如若君权已被劫夺，则难追回矣。总之，本篇非常实用，即便在今日之社会，亦十分有可以借鉴之处。

第三卷

《十过第十》

《十过》篇举出十种君王可能常犯的错误，以提醒君王不要犯错，导致亡国，可见韩非念兹在兹关切的都是君王守位保国的事情。十过包括：

> 一曰、行小忠则大忠之贼也。二曰、顾小利则大利之残也。三曰、行僻自用，无礼诸侯，则亡身之至也。四曰、不务听治而好五音，则穷身之事也。五曰、贪愎喜利则灭国杀身之本也。六曰、耽于女乐，不顾国政，则亡国之祸也。七曰、离内远游而忽于谏士，则危身之道也。八曰、过而不听于忠臣，而独行其意，则灭高名为人笑之始也。九曰、内不量力，外恃诸侯，则削国之患也。十曰、国小无礼，不用谏臣，则绝世之势也。

《十过》篇，有些地方文体过于铺排，"好音"一节所述无据，有违韩非实事求是的原则。又，"不听忠臣"一节，立场与《难一》篇相反，《难一》篇力驳忠臣的功效，而此节则强调不听忠臣之过。笔者以为，《难一》篇确实符合法家立场，但是言之过头，推论过甚，反而失之轻浮。《十过》篇之文，却都是佳作，不仅值得一读，更宜由君王理解并守护。总之，《十过》篇记取历史教训，都是给君王上课的佳作，与《八奸》篇相同，皆为君王之教育培养而作。

第四卷

《孤愤第十一》

《孤愤》篇说法术之士，也说权臣、重人、当涂之人，亦即抢夺君权之人，此二类人，势同水火：

> 智术之士，必远见而明察，不明察不能烛私；能法之士，必强毅而劲直，不劲直不能矫奸。人臣循令而从事，案法而治官，非谓重人也。重人也者，无令而擅为，亏法以利私，耗国以便家，力能得其君，此所为重人也。智术之士，明察听用，且烛重人之阴情；能法之士，劲直听

用，且矫重人之奸行。故智术能法之士用，则贵重之臣必在绳之外矣。是智法之士与当涂之人，不可两存之仇也。

法术之士与当涂之人，既然立场互相对立，而权臣又多君王的公子宗室，掌握种种资源上的优势，故有五胜也，因此，"法术之士焉得不危？"若非君王自己明智坚毅，法术之士无能逃于权臣之奸术。篇首指出，法术之士需要有明达之智与坚毅之志，否则无以用术行法；实际上，君王更需此种品格，正因为缺乏此种品格，所以让近臣、宗士、公子夺去大权，也造成像韩非这般法术之士遭受刑戮。笔者看来，韩非等法术之士，简直就是儒家的忠臣，易于遇权臣而遭害，关键就是人主不明："万乘之患，大臣太重；千乘之患，左右太信；此人主之所公患也。且人臣有大罪，人主有大失，臣主之利与相异者也。"而人主之不明，主要就是为左右所挟，势为瓜分矣，则不仅自危，亦危法术之士。

其实，韩非忽略了两件事。其一，法术之士为何不好成为重人、当涂之人呢？显是重德之结果，虽然法家不主张授官以德，但法术之士一心为国为君为民而不为家为私，这就是儒家有德者的具体形象。因此论于政治管理，不可忽略重德。其二，此处韩非明指君王有大失，就是不能明奸禁制却又多欲无能，结果权为人夺，而韩非之类的法术之士便遭受欺凌排挤了。本篇之愤，指的就是法术之士，像韩非这种人，就会有愤，因为没有机会登上舞台。至于像商鞅、张仪、苏秦等知识分子，能登上政治舞台都非常不容易了。笔者以为，道家老子的智慧必须运用进来，才可能登上政治舞台，不若韩非，没有实际掌权过，只能是知识分子、历史名人，不像商鞅、苏秦、张仪、管仲等政治家。韩非之愤，愤于权臣重人。国君之失，失于权臣重人。有时候，知识分子不能一味依赖国君之英明，如儒家者然，要不辞官，要不小官，要不刑戮，都不能真正改变国家命运，能改变者，管仲之作为也，则其有道家老子智慧乃无疑也。亦即，法家之人，其法其术其势必须皆能知能行，而儒家爱民之念亦早系胸中，又有老子知所进退、让名让利之智巧，才能稳居高位，掌握实权，扭转国运，造福人民。如此，则国君为"中人之才"者可也，但这不是光靠"中人之才"之国君能创造出来的局面,而是具备儒家的爱民胸怀、法家的治国策术、道家的潇洒豁达与无私让利之智者方能有为也,但这样的人却是臣下,而非国君。因此,就臣下而言,若仅有法家策术,不愤奈何?因为没有机会在庸碌的君王面前站上政治舞台,则其心之孤愤与儒家狂者之心态又有何异?所以,韩非明于国君"御下之术",却忽略了大臣、法术之士须有"跻身高层之术""臣下之术""忠臣之术",这是他理论上尚有严重缺失而应补足之处。

《说难第十二》

《说难》篇从臣下的角度谈游说君王的困难,可以说是法术之士如何跻身政坛的自明之术,所说以获得重用、施展才华为目的。文中以百里奚和伊尹为例,自己的形象不重要,至于近君之后,言辞上必须窥测心思,掌握情绪,了解私欲,明白利害,这就更是万分不易之事了。这一部分,就确实是韩非为法术之士如何掌权得势的技术之论了。不过,这指的是近君之后,且近的还算是明君,一旦有强权重人横阻于前,如何与之委蛇、转进得势之术,依然未言。但是,这一部分的技术言谈,已经十分珍贵了。关键就是,必须加上道家老子的智慧,也就是懂得退让一些外在的名声,这是因为,掌权者必为好猜疑、好名、多欲、暴戾之人,一旦近身相处,得以面君对谈时,伴君如伴虎,真正不易,要十分小心,又非常聪明才可。还有,与权臣互动,同样艰难,必须避其权势之欲。然而有时候,法术之士为了价值理想,不能妥协,不是得罪君王,就是得罪权臣,则亦无站上政治舞台的机会了。这正是儒家常碰到的情况,法家法术之士依然,除非能够接受道家洗礼,才比较能够释怀。看来,对于韩非而言,他还是过不了权臣、重人、当涂之人这关。然而,对付暴戾、多欲、贪鄙、好名的国君并不成问题,因为他肯定了百里奚、伊尹的作风,以《说难》这篇文章之所述,面君对谈之难关,韩非已深知其中奥妙之术了。

《和氏第十三》

《和氏》篇谈法术之士多有生命安全之虞,关键就是国君一旦施行法术,则对大臣百姓的私利无益,但对国家与国君的大利有益:"主用术则大臣不得擅断，近习不敢卖重；官行法则浮萌趋于耕农，而游士危于战陈。则法术者乃群臣士民之所祸也。人主非能倍大臣之议，越民萌之诽，独周乎道言也。则法术之士虽至死亡，道必不论①矣。"既然以法术治国，大臣不再能专擅，人民不再能安逸，全国的力量都调动起来为农战之事，故当其未行，人多自由，当其施行，不再自由。但是，国力陡升，能应战乱，能止国亡，利岂小哉？故为公益而止私利之法术之行，若非国君明智于上，坚定执行，则法术难行矣，而法术之士只能永远淹没于权臣之揽权与百姓之糜烂中了。由此再证，韩非脑中对于法术之士如何站上政治舞台之事，一如孔孟之望赖明君，而无自己之智术。若所言伊尹、百里奚求得君王重视的故事为真，则韩非缺乏此智矣，亦即在权臣揽权以及君王不智的情况下，法术之士如何晋身高层之登龙术，韩非阙如。因此，道家老子之智，法家是不具备的，能具备的，就成了道法家，也就是黄老政治。可以说，就帝王之术而言，黄老道家的重点在君王隐匿其智，这是韩非言之甚伙的，也就是为君王计，韩非知道要使用黄老智能；但是，就大臣之智而言，黄老道家的重点就是臣下的谦虚无为，这是伊尹、百里奚的大臣之智，韩非虽能言之，但自己未能做到。

《奸劫弑臣第十四》

《奸劫弑臣》篇，谈劫弑君王的奸臣："夫奸臣得乘信幸之势以毁誉进退群臣者，人主非有术数以御之也，非参验以审之也，必将以曩之合己信今之言，此幸臣之所以得欺主成私者也。故主必欺于上，而臣必重于下矣，此之谓擅主之臣。"国君智慧不及时，奸臣必定伪饰以符合己意，从而骗取信任，进而夺其大权，戮其忠良，这也是君王自己不能断然实行法术的结果，则权臣必定结党取利，而国主则危矣。至于法术之士则不然："夫有术者之为人臣也，得效度数之言，上明主法，下困奸臣，以尊主安国者也。是以度数之言得效于前，则赏罚必用于后矣。人主诚明于圣人之术，而不苟于世俗之言，循名实而定是非，因参验而审言辞。"如果国君能够重用"有术"之士，而"有术"之士能够施展才华，那么，我们将看到韩非的理想简直就是儒家的面貌：

---

① 虽至死亡，道必不论，就算老死也没有机会陈言奉献。

而圣人者，审于是非之实，察于治乱之情也。故其治国也，正明法，陈严刑，将以救群生之乱，去天下之祸，使强不陵弱，众不暴寡，耆老得遂，幼孤得长，边境不侵，君臣相亲，父子相保，而无死亡系虏之患，此亦功之至厚者也。愚人不知，顾以为暴。愚者固欲治而恶其所以治，皆恶危而喜其所以危者。何以知之？夫严刑重罚者，民之所恶也，而国之所以治也；哀怜百姓、轻刑罚者，民之所喜，而国之所以危也。圣人为法国者，必逆于世，而顺于道德。知之者，同于义而异于俗；弗知之者，异于义而同于俗。天下知之者少，则义非矣。

这一段文字是少数韩非把法术之士的治国理想从人民利益的角度说出来的文字。笔者主张，重势以尊君，重法以强国，重术以御下，其结果，必是富国强兵，而富国强兵的结果，必然百姓得利。至于得利的意旨，即如本篇之所言，则其与孟子之言有何不同？法家与儒家之辩难，重在无功不赏，君以为贤者未必真贤，必验之以事、"循名责实"，而后授之以权柄，若主智暗弱，自许圣君，委权贤者，则必遭分权夺势身死刑戮矣，是以不重贤人政治，而重法术政治。说明白，只是文字定义的问题：法家所反对的重贤政策，所指的贤人，只是愚君误判以为的贤臣；但是，儒家所谓的圣贤君子，却是孔孟之徒，以仁义自居，受到长期的师友之教导培养，并自我约束，一心为国，决不叛主，鞠躬尽瘁者也。如此之贤人，岂能不用？因此，韩非反对贤治而主法治，关键只是主张发掘贤人之法宜有明定，须经"循名责实"之途，则其说与儒家不必冲突，实应互相为用。至于强大国力之途径，则是法治的管理，全国一法，则收效迅速，此诚其然。而儒家的德治，重在教育人民百姓以及知识分子的品德，孝悌忠信、忠君爱国，虽是旷日废时，然而一旦成功，却是收效宏大，绝非法治可比。总之，两相为用，不分高下，审时度势，儒法并用，以德育人，以法摄人，圣智之治矣。

然而，此一美好的局面难以出现，关键是君主多半不行，其结果，法术之士就没有发挥才智的一天了："处非道之位，被众口之谮，溺于当世之言，而欲当严天子而求安,几不亦难哉!此夫智士所以至死而不显于世者也。……然则有术数者之为人也,固左右奸臣之所害,非明主弗能听也。"等于说,《奸劫弑臣》不只奸臣劫弑君王,同样亦阻碍法术之士晋升、展才了,理由就是,国君被包围了,所以篇末说"厉怜王"[①],君王常遭权臣控制,有能力之宗室亦不易被拥立为王。"谚曰:'厉怜王。'此不恭之言也。虽然,古无虚谚,不可不察也。此谓劫杀死亡之主言也。人主无法术以御其臣,虽长年而美材,大臣犹将得势擅事主断,而各为其私急。而恐父兄豪杰之士,借人主之力,以禁诛于己也,故弑贤长而立幼弱,废正嫡而立不义。"其实,此局之出现,表示君王之势早已为权臣所夺,则继位之君必为暗弱之主,实无力反抗,只能任人宰割,宗室中有能有才的人物,绝对被监视监禁甚至被刑罚、被杀戮,这就是政治残酷的地方。国君已遭夺权的国家,恐怕是没救了,嗜欲之徒多求一己此生之利益,结果必定断送国家长久之利益。是故,法术之士不能只待明主,必须自己兴起,要不学管仲、晏婴有道家智巧者,而以大臣之位强国助君,要不就自任汤武以王天下,而不能永远只是以知识分子的有待明君之心态,仅能发为"孤愤""难言"之论,此韩非所论不足之处矣。

第五卷

《亡征第十五》

《亡征》篇谈能让国家灭亡的一些不当做法,列举了四十七种行为,国君若陷入这类行径之中,积渐既久,必亡其国,而有为之明君,乘他国之亡征,为之风雨摧残,则能兼并天下矣:"万乘之主,有能服术行法以为亡征之君风雨者,其兼天下不难矣。"本篇也是教育君王的材料汇编,其内涵总括法术势之救亡原理。

《三守第十六》

《三守》篇讨论国君治理臣下要注意的三项原则,重点是权柄不可丧失,要点在下情能上达,赏罚能做主,事务能自理。而臣下夺权的方法也有三项,

---

[①] 厉怜王,麻风病患犹怜惜君王。

重点是尽收其利而去其弊，关键在捆绑群臣，只听己令，这也就是说明国君之权已为其夺矣。本篇是重势思想下主张君权不能被瓜分之旨，针对此事，讨论保位守权之术。

《备内第十七》

《备内》篇告诫君王必须小心面对自己最亲近的家人——妻子、妃子、儿子、兄弟、宗室等等，因为自己的死亡对他们有利："利君死者众，则人主危。""故后妃、夫人、太子之党成而欲君之死也，君不死则势不重，情非憎君也，利在君之死也，故人主不可以不加心于利己死者。"这真是一记重棒，令人心寒，这也是最违背儒家思想的一幕，儒家重孝，教之以孝悌忠信之道，若教育有成，何能至此？今事已至此，也不能不刻意小心了。这是重势思想中的谆谆告诫，除了谈臣下之"八奸""三守"，还有后宫妻子之君死有利，得无慎乎？再言之，中人之君能胜任乎？

《备内》后文谈如何防止臣下夺权之术，重点在于不要有太多劳役人民的事情，事多则奸臣借事夺利侵权："徭役多则民苦，民苦则权势起，权势起则复除重①，复除重则贵人富，苦民以富贵人，起势以藉人臣，非天下长利也。故曰徭役少则民安，民安则下无重权，下无重权则权势灭，权势灭则德在上矣。"其实减少臣下乱政夺权是多方有术的，此说只是其中之一，关键在于国君自己好大喜功，大兴劳役，处置之际，臣下必从中夺利，等于君王自己予人可乘之机。其实，事非不宜，只是御下之术不讲，处处被人劫权而已。

《南面第十八》

《南面》篇讲君王御下之术，首先讲不要利用彼此仇视的臣子互相监视对方，这会造成亲者结盟、仇者相诛，结果君王还是会被蒙蔽。有效统治的关键在"循名责实"，继以"赏罚"，臣子欲赏畏罚，则前言无敢不实，后行必收成效。治国之术唯依效果而言，不关乎是否改变古制。至于以法治国，一开始人民必然抗拒，但君王不可不坚定执行。可谓法、术皆论，术的部分讲具体条目，法的部分讲原则以及态度。这一切，还是为了君王权位之势的保住。

---

① 复除重，免除繇役的代价重。

《饰邪第十九》

《饰邪》篇是一篇重法思想的文章，要国家强大，首在重法治。本篇首先讲依赖卜筮之为祸："龟筴鬼神不足举胜，左右背乡不足以专战。然而恃之，愚莫大焉。"其次讲依据他国的外力也不行："故恃鬼神者慢于法，恃诸侯者危其国。……故恃人不足以广壤，……此皆不明其法禁以治其国，恃外以灭其社稷者也。"至于如何依赖自己呢？当然就是以法治国："臣故曰：明于治之数，则国虽小，富。赏罚敬信，民虽寡，强。赏罚无度，国虽大，兵弱者，地非其地，民非其民也。无地无民，尧、舜不能以王，三代不能以强。""故曰：明法者强，慢法者弱。强弱如是其明矣，而世主弗为，国亡宜矣。"关键就是事权统一于君王，明赏罚，则国强，而非分力丧权于臣下。至于法治，如何操作呢？法令的推出其实就是"循名责实"而已，君王也不劳费心："明主使民饰于道之故，故佚而则功。释规而任巧，释法而任智，惑乱之道也。乱主使民饰于智，不知道之故，故劳而无功。"君王不必驰骋自己的私智，明赏罚，依法令，臣下治事自己承担责任，循名责实之后，事必办成。

最后，韩非强调，君臣以计合，非为私义：

> 明主之道，必明于公私之分，明法制，去私恩。……私义行则乱，公义行则治，故公私有分。……君臣也者，以计合者也。至夫临难必死，尽智竭力，为法为之。故先王明赏以劝之，严刑以威之。赏刑明则民尽死，民尽死则兵强主尊。刑赏不察则民无功而求得，有罪而幸免，则兵弱主卑。故先王贤佐尽力竭智。故曰：公私不可不明，法禁不可不审，先王知之矣。

亦即臣下效死非有情义，乃公职所在，至于公职，赏罚明确，故臣下皆愿利己利国。此处，即有儒法之辩，儒家重仁义，重道德人格，重个人荣誉，不认为自己为功利而来。儒有人品，讲道德，不违法，故罚不足以加之，但赏亦不足以劝之，法家就认为这样的人对国家是无用的。实际上，法家从国君的角色思考治国原理，儒家从知识分子角色思考治国原理，故而儒家重视荣誉，没有道德荣誉，不能成就自己，若屈从暴君，只是为虎作伥，若听任君王，则为妇人之行，儒者不为。罚既不下儒者，赏又不劝儒者，法家之治术真拿儒者没有办法了。其实，这是需要梳理的。儒者讲的是个人的修养，并不是要废止国家的法令，法家讲的是对所有儒者与非儒者和君子与小人之为臣下子民的管理，并不是不需要人民有品德，而是更需要臣下的治事之能，以及百姓的守法之行。所以，儒家不需要否定法家的法治原则，法家也不需要否定儒家的德治主义，《人物志》就说一国的人才既要有清节家，也需要有法家和术家，清节家就是有道德人品的儒家了。

　　认为臣下只为赏罚而效忠君王，这诚然是法家论说过溢的地方了。国君若无理想，若不爱民，儒者能力再强，也不愿意为国效忠，但当然也不会违法乱纪，所以国君可以重用儒者，有过亦罚，儒者亦无怨。但若儒者违法，国君必不讲私情，这更是对的，因为违法之儒者也不足以当儒者了。除非，是恶法、扰民之法，这就需要国君自己斟酌了，所以说需要变法，把无益于国家人民且不合时代之法废除，则儒者绝不违法。儒者有事请命，国君循名责实，上下以计合谋，当无不可，公平合理，儒者何须否定法治呢？儒者可以不否定法治，但儒者并非为求赏畏法而来，倒是为了自己的理想荣誉而来。若是国君也有理想，儒者必倾力相助，国君有法家之术亦无妨，重点在能爱民强国，只要能爱民强国，儒者必投效。赏罚不足以笼络儒者，但荣誉可以，爱民可以，强国可以，理想可以。儒者对国家绝对是重要的，问题是，君非明君时，儒者亦无缘站上高位，这与法家法术之士的命运是一样的，若有权臣、当涂之人在位，儒生也好，法术之士也好，都得靠边站。如何可以不靠边站呢？需要老子形态的智慧，这就是儒法二家不及的地方了。儒家希望国君行仁政，法家希望国君有法术势，但国君身边都有强臣、权臣、重人、当涂之人，儒法两家都是知识分子性格，理想很崇高，理论也都讲得通，但是面对这些权臣人物，自己都是没办法的。

第六卷

《解老第二十》

《解老》篇以义理脉络疏解老子文句，对老学诠释之功效不大，因为不甚准确，此外，对韩非阐释法家思维也收效不大，因为论述过于缠绕，要了解韩非思想，不必透过此篇。

第七卷

《喻老第二十一》

《喻老》篇以历史故事解读老子文句，故事在别的篇章中都出现过，意旨不必即是老子文句意旨，比喻也未必准确，对老学的理解无助，但对韩非的宗旨有了解的帮助。不过，读者不必在此处过度用力，看其他篇章更为准确。

第七卷《说林上第二十二》、第八卷《说林下第二十三》

《说林》上、下著录了古往今来社会政治军事外交上的许多关键谈话。借由只字片言可以活命，可以灭国，可以尊爵，可以受戮，这是兵家、法家和纵横家的专长，可以归于法家言术的范畴，但又有所不同，法家言术最重君王御下之术。《说林》上、下对于君王御下之术所论不多，反而是战争攻伐、个人进退之术，若依《人物志》中的法家与术家之分，则此处宜属于术家之智巧，而非法家御下之术为主，谈法家御下之术，则是《内储》《外储》的主旨。这两篇是非常好的兵家、法家及纵横家之术的教材，只能用作法家智术的参考材料，倒不是法家理论主张的重点。

第八卷

《观行第二十四》

《观行》篇讲识人于势。察人之能否，亦须观其所处之势，有势助之，其事易成，无势索之，等于不识。这篇也是法家认识世界事务的佐助教材。

《安危第二十五》

《安危》篇讲治国之道有使安之道七，有使危之道六，然所论重点飘忽，韩非之法家的若干特征不明确，所论当然亦言之有理，只是不太像是韩非惯常强调的重点。本篇于认识法家特征不甚重要。

《守道第二十六》

《守道》篇一文，直探法治思想的宗旨，论旨宏大，几无瑕疵，即便是儒者，亦无能与之辩，可谓是韩非论法中，最成功的一篇文章。"圣王之立法也，其赏足以劝善，其威足以胜暴，其备足以必完法。治世之臣，功多者位尊，力极者赏厚，情尽者名立。善之生如春，恶之死如秋，故民劝极力而乐尽情，此之谓上下相得。"开宗明义之所论，理想性极高，具体如何做到，有一些原则："古之善守者，以其所重禁其所轻，以其所难止其所易。故君子与小人俱正，盗跖与曾、史俱廉。"此说不免严刑重罚的意味多了些，但法之所立，本不为防君子，君子自不乱法，乃为防小人，小人不罚则继续为恶，其言："人主离法失人，则危于伯夷不妄取，而不免于田成、盗跖之耳可也。今天下无一伯夷，而奸人不绝世，故立法度量。度量信则伯夷不失是，而盗跖不得非。法分明则贤不得夺不肖，强不得侵弱，众不得暴寡。"可见申明法治，确为惩治小人。关键就在，执法者是否过于苛察以致滥捕滥刑，这才是法之恶处，但这是酷吏而不是恶法，防止酷吏是另一种原则。在御下之术中，务于申明法纪，是有它管理社会必要的功能的：

服虎而不以柙，禁奸而不以法，塞伪而不以符，此贲、育之所患，尧、舜之所难也。故设柙非所以备鼠也，所以使怯弱能服虎也；立法非所以备曾、史也，所以使庸主能止盗跖也；为符非所以豫尾生也，所以使众人不相谩也。不独恃比干之死节，不幸乱臣之无诈也，恃怯之所能服，握庸主之所易守。

由是观之，申明法治的立法精神本无可议，法治的弊端在执法者的人病，所以徒法确实不足以自行，即便是良法善法犹有酷吏以坏法，何况是严法。儒者所与辩者，非在立法，而在教人，没有优秀的官吏，法律正成了恶人的刀斧，砍向善良的忠臣良民，所以法家还需要有君王的御下之道，致使官员不敢为非。又，没有良善的百姓，立法再严，犹有违法之念，所以儒家重德治，重教化，期许天下人皆曾、史。法家有其理想，儒家也有其理想，宜互取所长，不宜论争辨异，只重一家，必有所失。然而，光就法家重法思想而言，宜无可议之处，儒家亦不能废法，则法治亦为护国保民之良政矣。

《用人第二十七》

《用人》篇讲以法治国之道，其实还是法治主义的原则之探讨，重点在明确官员的职责，不兼官摄事，以苦官吏，申明罚则，不使同功而废怠：

> 治国之臣，效功于国以履位，见能于官以受职，尽力于权衡以任事。人臣皆宜其能，胜其官，轻其任，而莫怀余力于心，莫负兼官之责于君。故内无伏怨之乱，外无马服①之患。明君使事不相干②，故莫讼；使士不兼官，故技长；使人不同功，故莫争。争讼止，技长立，则强弱不觳③力，冰炭不合形，天下莫得相伤，治之至也。

必须说，韩非在此处讲的依法用人的原则，确实是高明的设计，充满了理想性，理论上是没有问题的。但是，这似乎是承平时代才能有的做法，若开国之际，实难施行，因为有太多权衡利害之境，但就春秋战国各国之状况而言，国已立，君已位，则宜尽速实施此依法用人之原则，切勿停留在重用贤人的做法中："释法术而任心治，尧不能正一国。去规矩而妄意度，奚仲不能成一轮。废尺寸而差短长，王尔不能半中。使中主守法术，拙匠守规矩尺寸，则万不失矣。君人者，能去贤巧之所不能，守中拙之所万不失，则人力尽而功名立。"此处，以中拙之君论之，笔者可以同意。君未必中拙，但刻意任智用贤，就是自以为智，其结果，几乎就是造成权臣当国，所以有智之君，亦不逾法而任用官员，这就是守中拙之所以能万无一失之故。因为所谓的贤，都

---

① 马服，赵括，长平之战死赵士四十万。
② 不相干，不相抵触。
③ 觳，音绝，较量。

无现实的保证，只是君王自己以为眼光独到而已，一旦试用，常常遭致大败，故明主不任贤用智而以法取人。文中又讲了用官的原则：

> 明主立可为之赏，设可避之罚。故贤者劝赏而不见子胥之祸，不肖者少罪而不见伛剖背，盲者处平而不遇深溪，愚者守静而不陷险危。如此，则上下之恩结矣。……古之人曰："其心难知，喜怒难中也。"故以表示目，以鼓语耳，以法教心。君人者释三易之数而行一难知之心，如此，则怨积于上，而怨积于下，以积怨而御积怨则两危矣。明主之表易见，故约立；其教易知，故言用；其法易为，故令行。三者立而上无私心，则下得循法而治，望表而动，随绳而斫，因攒而缝。如此，则上无私威之毒，而下无愚拙之诛。故上君明而少怒，下尽忠而少罪。

这就说明了治理官员的原则宜公开明示，则官员易于遵循，君主也不劳猜忌用计，在官员的管理上便轻易可为了。当然，这还是不够的，否则何须用术？《内储》《外储》就是为君王御下之术设计的原则，但术是为防弊而设，法是为明治而设，两者不必冲突，都是君王必要之具，韩非没有主张仅法而勿术，更没有主张仅术而勿法。法术兼用，则用人之道尽矣，特别指的是权大势大的君王之位之治国御臣的原则。法用于约定明白，术用于侦知防弊，术不废法，法不废术，君王必圣明。又言："闻之曰：'举事无患者，尧不得也。'而世未尝无事也。君人者不轻爵禄，不易富贵，不可与救危国。故明主厉廉耻，招仁义。……人主乐乎使人以公尽力，而苦乎以私夺威。人臣安乎以能受职，而苦乎以一负二。故明主除人臣之所苦，而立人主之所乐，上下之利，莫长于此。"本篇中韩非所论之君王，实是为国、为民、为官员而尽心尽力的圣王了，让官员好做事，让国家强大，又让自己免除难题，则有如儒者之仁心仁术矣。本篇还有一些用人设官除患的原则讨论，都十分深刻，限于篇幅，不再细论。本篇是韩非发挥法治原则，讨论用人设官原则的佳文，值得细读品味，并与之对谈掘发。

《功名第二十八》

《功名》篇讲国君之功业如何而成，但讲了一些大原则，并未落入细节中："明君之所以立功成名者四：一曰天时，二曰人心，三曰技能，四曰势位。"内容强调了名实相符，名实相符的最具体落实的做法就是"循名责实"，而"循名责实"是用于政策制定上。政策的制定者即是任务的执行者，加以明确的赏罚之威，如此言不妄发，事不乱为，严格地控制了臣下的才能与职掌，这才是具体落实了名实关系。

《大体第二十九》

《大体》篇讲理想时极尽高远，但讲具体原则时又十分细腻："不以智累心，不以私累己；寄治乱于法术，托是非于赏罚，属轻重于权衡；不逆天理，不伤情性；不吹毛而求小疵，不洗垢而察难知；不引绳之外，不推绳之内；不急法之外，不缓法之内；守成理，因自然；祸福生乎道法而不出乎爱恶，荣辱之责在乎己，而不在乎人。"这是讲君王治理国家、驾驭群臣的重要原则。重视法治，则人臣知道一切靠自己，只要依法守法完成法令就好，这样君王与臣下都能安于其位了。"上无忿怒之毒，下无伏怨之患，上下交顺，以道为舍。故长利积，大功立，名成于前，德垂于后，治之至也。"显然，追求大治之世是韩非的最大关切，关键都在君王的知治术与否，故而《韩非子》全书都在申明此道。

第九卷

《内储说上第三十》

《内储》《外储》之说，都是讲给君王听的御下之术，可谓法家之术，即便谈法治，也是以治术的角度说法。韩非可谓上下搜罗，苦口婆心，唯愿君王醒悟，真爱国之臣也。《内储》《外储》诸说，可以说真正奠立了法家言术之大纲要旨，术之在法家就看《内储》《外储》就对了。

《内储说上》篇讲七术："主之所用也七术，所察也六微。七术：一曰、众端参观，二曰、必罚明威，三曰、信赏尽能，四曰、一听责下，五曰、疑诏诡使，六曰、挟知而问，七曰、倒言反事。此七者，主之所用也。""参观"

讲信息的管道不可被堵塞。"必罚"讲犯错惩罚绝不可少。"赏誉"讲有功之赏绝不可诬。"一听"讲询问臣下要分开来问。"诡使"讲分派一些臣下不明了意思的任务，就可以达到自己的政治目的。"挟智"讲垂问臣下信息细节的时候，先以自己深知之事吓唬他，他就不敢隐瞒了。"倒言"讲故意讲些反话，激出臣下的真话。

第十卷

《内储说下第三十一》

本篇讲六微："六微：一曰、权借在下，二曰、利异外借，三曰、托于似类，四曰、利害有反，五曰、参疑内争，六曰、敌国废置。此六者，主之所察也。""权借"讲君王之权不可让臣下使用。"利异"告诫君王，臣下的私心想要的东西，与君王治国的目标是各不相同的。"似类"提醒君王不要因类似的事情被臣下诬骗而害了忠良。"有反"提醒君王在事变结束之后，要看看谁得利、谁受害，这样可以知道事件真正的主使者。"参疑"告诫君王，臣下若有势均力敌又为死敌的时候，自己也很危险了。"废置"讲战胜敌国，首先废了敌国朝中的忠良，扶持它的奸臣，办法当然是收买奸臣。

第十一卷

《外储说左上第三十二》

君王对待臣下有六个要点：第一，君王不要听信甚至接受一些荒诞不经的无用之言与事。第二，听臣下讲话，若所说没有能够实际验证，就不必重视。第三，一定要看清楚事情的原委，不要受到表面现象的迷惑。第四，赏罚必依实际，否则无力御下。第五，君臣分职，切莫以臣道为君道。第六，君主平日要守信于民，临大事时才能役使群臣百姓。

第十二卷

《外储说左下第三十三》

本篇讲六种君王对臣下应有的做法：第一，法令明确，执行规矩，百姓便真心接受。第二，君王要掌握好自己控制臣下的权术，而不是依赖臣子的忠心。第三，君臣尊卑贵贱之等，永远必须讲究。第四，毁誉和赏罚要一致，否则赏罚又要失效了。第五，深入了解人性，使君王不被臣子凌驾其上。第六，杂录了一些具有参考价值的史料，重点分散。

第十三卷

《外储说右上第三十四》

本篇讲三组君王对付臣下的观念：第一，以权势御下则易，不符君意则早除之。第二，自己的私意切莫为臣下所知，否则便受臣下宰制。第三，身边所爱的人反而成为阻挡自己权势的拦路狗。

第十四卷

《外储说右下第三十五》

本篇讲五个御下的原则：第一，大臣和国君都有权力行赏罚时，国君的意志就无法贯彻了。第二，依法令行赏罚，则君不必私仁，臣不必私忠，一国之意志形成，而国势壮盛矣。第三，大政方针必须与时俱进，适合自己，不要随意模仿。第四，治理国家、管理百姓的重点，就在整饬官箴。第五，聪明要用在知道事情的隐微，才不会招致祸患。

总和《内储》《外储》诸说，都是在具体的案例中提炼的御下之术，但具体情境事各不同，每一次的处置还是要斟酌实际，意见也不就是绝对，只是适合当下而已，但是能适合当下，就能事事成功。术是不能没有的，但既是术，就是千变万化，唯变所适，切不可执一不变，否则亦将伤到自己。关键就是聪明、智慧。

第十五卷、第十六卷

第十五卷《难一第三十六》《难二第三十七》、第十六卷《难三第三十八》《难四第三十九》

韩非著《难一》《难二》《难三》《难四》诸篇，以与儒者及众家辩论。从行文中见出，韩非过度重视法的效用，忽略了有些情境是从臣下的角度跟君王相处的时候自己应有的智慧，只为保住自己而已，因为此君亦非韩非所说之明君，属于大臣对付国君之术，确实并非国君御下之术，但这是无可奈何。韩非却不能分辨，一味批评，许多对人对事的批评，只在君王之位思考，对于儒家知识分子道德教育的本质不能理解，对于老子圣贤谦让的智慧不能领会。尤其是对管仲极尽批评，殊为可惜，管仲明明是最成功的政治家，言行中许多智慧技巧在，可谓黄老道家，集儒老法之智慧于一身，正是知识分子谋国最佳的方略。韩非学富五车，唯以法论事，只在君位思考，论辩失之单薄。本篇最能见出韩非的法家思维的缺点，哲学家批评别人的时候正好暴露了自己的缺点。

前于《内储》《外储》诸篇中，笔者即言，术以当下情境之适当处置为最高智巧，不可硬生生地套用，此处《难一》《难二》《难三》诸文之辩术，就是犯了标准僵化的错误。其一为硬生生套用法术势的原则，以评价世事；其二为只能以君位的出发点思考问题，而不能以臣下的智慧为出发点讨论问题。《难四》篇的讨论，正反俱呈，反而看不清楚韩非自己的立场，其实多方意见都有道理，意必固我之后，反现思考的盲点了。

第十七卷

《难势第四十》

本篇辩论势与贤之得失："慎子曰：'飞龙乘云，腾蛇游雾，云罢雾霁，而龙蛇与蚓蚁同矣，则失其所乘也'。贤人而诎于不肖者，则权轻位卑也；不肖而能服于贤者，则权重位尊也。尧为匹夫不能治三人，而桀为天子能乱天下，吾以此知势位之足恃，而贤智之不足慕也。"以下即展开贤势之辩论，其实这里的辩论颇不得要领，只能是无谓之争，厘清重点及语义即可无争。论势，乃君王不可失去之法宝，君必依势而成治。君自己贤不贤不是重点，意思不是君可以不贤，而是不可以任用私智，且必须是依法假势治国。至于臣下，无贤无能如何任官？故贤亦不可无，臣下必须在君王御下之术中依法任职，要任职也必须有能够胜任之贤能。本篇混淆于君贤、臣贤之争，进行了重势、重贤的无谓争执，有些可惜。重势是无疑的、正确的，就是君王不可以让自己的权势旁落而已。

《问辩第四十一》

本篇重点在讲君王应禁止臣下人民无谓的言辞:"明主之国,令者,言最贵者也,法者,事最适者也。言无二贵,法不两适,故言行而不轨于法令者必禁。若其无法令而可以接诈应变生利揣事者,上必采其言而责其实,言当则有大利,不当则有重罪,是以愚者畏罪而不敢言,智者无以讼,此所以无辩之故也。"笔者以为,禁止臣下人民以言乱政,重点在于,法令既下,不许议论辩争,讨论政策,必责其实践,循名责实,则朝廷议论,臣下不敢妄议,如此以禁臣下为自己利益妄议政令可也,而这才是韩非思路的清晰表述。

《问田第四十二》

《问田》篇讨论了两个问题,首先谈任用官员还是必须从基层干起,一步一步考核他的能力,不可以国君认为是贤能者,就一下子擢升高位。此诚其然,论之有理,符合任官考核的法家基本原则。其次谈法家人物如吴起、商鞅,最后身遭裂刑的命运。人问韩非:何不隐藏智慧求保身安?韩非答:

> 臣明先生之言矣。夫治天下之柄,齐民萌之度,甚未易处也。然所以废先王之教,而行贱臣之所取者,窃以为立法术,设度数,所以利民萌便众庶之道也。故不惮乱主暗上之患祸,而必思以齐民萌之资利者,仁智之行也。惮乱主暗上之患祸,而避乎死亡之害,知明夫身而不见民萌之资利者,贪鄙之为也。臣不忍向贪鄙之为,不敢伤仁智之行。先王有幸臣之意,然有大伤臣之实。

韩非不惧吴起、商鞅之前例,不担心再度碰到不明之君,只一心认为以法治国绝对有利于人民百姓,若是为了自己避免灾难就不推行法治,韩非认为这是知识分子自私自利的行为,绝不可取。此种豪情,岂非孟子精神,毫不多让?且为救韩国而身死秦狱,岂不更为可歌可泣,令人动容,万分敬佩?本篇是心境自述,面对可见的灾难,挺身而赴。对于这样的民族思想豪杰,理应将他的思想优点好好阐述,去芜存菁,努力发扬。

《定法第四十三》

《定法》篇定义"法""术"两观念的要旨："术者，因任而授官，循名而责实，操杀生之柄，课群臣之能者也，此人主之所执也。法者，宪令著于官府，刑罚必于民心，赏存乎慎法，而罚加乎奸令者也，此臣之所师也。君无术则弊于上，臣无法则乱于下，此不可一无，皆帝王之具也。"此处，简明扼要地把法的要点和术的要点都说明了，法为臣设，术由君用，其实都是君王治国之具。本篇韩非讨论了申不害有术却不知法，旧法新法俱用，结果臣下选择于己有利的条文，法遂难行。商鞅明法，但他留下的富国强兵之法所实现的国家利益，却被大秦强臣夺去，表示他留给秦王的，有法无术矣。韩非析论甚当。

《说疑第四十四》

《说疑》篇讲国君与臣下之间的法术运用关系。"有道之主，远仁义，去智能，服之以法。"在韩非口中的仁义，多为已被扭曲的假仁假义，君王自己虚假，臣下更是虚假，还谓之用仁义之道治国。既不能用法重术，国君则无法驾驭群臣。接着讲述了几种不同类型的臣子：第一，"亡国之臣"；第二，自我道德崇高不受王命之"不令之民"；第三，以为自己是王者师，而对君王疾言厉色之"王师之臣"；第四，朋党营私、逼君乱国之"乱国之臣"；第五，强能、爱国、遵君之大臣，是为"霸王之佐"；第六，自私自利，为己损国之小人之臣，谓之"谄谀之臣"。这些臣下，非圣君无法治理，至于乱主，除了第五类以外，必受其害，故而圣君必须知道臣下之奸，同时也不能犯了治国管理之过。本篇甚佳，厘清了法家心目中的良臣以及圣君形象。唯独对伍子胥责骂夫差之事也不苟同之立场，值得商榷，史实是，确实夫差有过，若听子胥之言，何至败战丧命？韩非只管他的尊君用术之原则，不重视臣下的智慧运用以及道德立场，标准固然一致，所论未必全面。但若就君王而言，只要是圣明之君，依韩非之法及术，只要再碰到"霸王之佐"的人才，则确实有用，著录其名于此："后稷、皋陶、伊尹、周公旦、太公望、管仲、隰朋、百里奚、蹇叔、舅犯、赵衰、范蠡、大夫种、逢同、华登。"好在有管仲的大名在此，否则参照韩非于他处批评管仲言行的话语，真要怀疑韩非的识见了。

《诡使第四十五》

《诡使》篇讲国君虽能立法，却不尊重立法的精神。法令的施行，就是要统一人民的行为，让全国的能量集中于对国家有利的事情上，结果，一些过去的风俗价值依然盛行，而国君竟不知禁止，甚至在态度上呼应，就等于破坏了自己的法纪：

> 夫立名号所以为尊也，今有贱名轻实者，世谓之高。设爵位所以为贱贵基也，而简上不求见者，世谓之贤。威利所以行令也，而无利轻威者，世谓之重。法令所以为治也，而不从法令、为私善者，世谓之忠。官爵所以劝民也，而好名义、不进仕者，世谓之烈士。刑罚所以擅威也，而轻法、不避刑戮死亡之罪者，世谓之勇夫。民之急名也甚，其求利也如此，则士之饥饿乏绝者，焉得无岩居苦身以争名于天下哉？故世之所以不治者，非下之罪，上失其道也。常贵其所以乱，而贱其所以治，是故下之所欲，常与上之所以为治相诡也。

当人民为了个人的名声而行使违法轻刑的行为时，国君的有效控制就有所不足了。当然，此处尚有可以议论之处，人民所重的价值若是普世价值，就不应该有法令的规范与之违背。显然，许多当时的法令，是只为管理者个人方便，甚至是私欲而设的，当然人民就顾不上守法了，只为个人声誉的伸张，他就要违法，那么，该修改的是法令。但是，法令本是为国家利益计度而设的，它是有道理、有价值的，法令既定，就应该清楚申明，让百姓都知道它的意义与价值，那么就没有理由再为了过去世俗的观瞻，而不守法令，只求个人快意。如果此行是百姓也不认同的作为，则他的行为既违法又不能得到其他的荣誉，自然会慢慢失去吸引人们的力量，则法令得以情理兼顾了。

《诡使》篇所说，是在法令初颁之际，人民价值观尚未统一，国家又不能有效宣传，加上国君自己认识不明而有的现象，就是人民另有价值标榜，而国君竟也跟着肯定，这就等于是自打嘴巴，确实需要改正。此处之"诡使"与《内储》说的"诡使"用法意思并不一致，宜注意。

第十八卷
《六反第四十六》

《六反》篇之所言，与《诡使》篇意思接近，都是讲国家的法令与百姓的价值观，甚至国君自己的价值观都不一致：

> 此六民者，世之所誉也。……此六民者，世之所毁也。奸伪无益之民六，而世誉之如彼；耕战有益之民六，而世毁之如此；此之谓六反。布衣循私利而誉之，世主听虚声而礼之，礼之所在，利必加焉。百姓循私害而訾之，世主壅于俗而贱之，贱之所在，害必加焉。故名赏在乎私恶当罪之民，而毁害在乎公善宜赏之士，索国之富强，不可得也。

这样，国家是不可能强盛的，因为等于国君自己都不认同法令所指向的价值观。要改变这种窘况，就必须严格执行法令，以及接下来的毁誉要一致，受赏者誉，被罚者毁，然后，只要是授官，就一定是经过历练而有实功者：

> 故官职者，能士之鼎俎也，任之以事，而愚智分矣。……故无术者得于不用，不肖者得于不任，言不用而自文以为辩，身不任而自饰以为高，世主眩其辩、滥其高而尊贵之，是不须视而定明也，不待对而定辩也，暗盲者不得矣。……明主听其言必责其用，观其行必求其功，然则虚旧之学不谈，矜诬之行不饰矣。

让官职成为有能力的人的鼎俎，这是必须君王有十分坚毅的性格才行的，授官既不徇私，功过明确赏罚，否则，徒有法令亦不足以强国矣。本篇申明法治的施行原则，已经和术的要点结合了。而御下之术的要点，还是"循名责实"的原则，就是官员说了什么，就要做得到，做不到，就要罚，这样就再没有乱说话的臣下，也再没有无能的官员了。只是韩非不断指出，破坏这条原则的正是人民的价值观，但这本来就是要去纠正的，真正的关键是君王也随其附和，这样就自己败坏了法纪的功效了。

《八说第四十七》

《八说》篇所论，与前两篇皆类似，在讲对国君有利害关系的事情在人民的需求上常常正好相反："此八者匹夫之私誉，人主之大败也。反此八者，匹夫之私毁，人主之公利也。人主不察社稷之利害，而用匹夫之私誉，索国之无危乱，不可得矣。"所论八说意思与前两篇类似，就不再介绍，关键都是御下之术没有落实，而御下之术的落实重点，也还是同样的几点原则："计功而行赏，程能而授事，察端而观失，有过者罪，有能者得，故愚者不任事。智者不敢欺，愚者不得断，则事无失矣。"显然对于官员的有效管理，就是韩非最为关切的问题，也是御下之术探究的要点。

《八经第四十八》

《八经》篇谈八个治理国家的原则，所论之要旨与《内储》《外储》诸篇多半相同，反而从主题上不见得看得出来重点何在。第一，"因情"，讲借人情之好恶而行国家之赏罚，则赏罚有效。但还有很多细节，等于《内储》《外储》的许多重点都在这里了。第二，"主道"，强调君王要用人之智以治其国。第三，"起乱"，讲了种种从国家内部造成政治纷乱的途径，讲国君失势丢权的形态，里面的观点也差不多是《内储》《外储》《十过》中的所述。第四，"立道"，讲的是君王侦查臣子言行的种种手段，属于御下之术的领域。第五，"周密"，讲君王因为势重之故，则己意不可外泄于人，否则就败坏了自己的管理。第六，"参言"，强调对于臣下的意见要多方查核。第七，"任法"，谈法在施行上面的种种重点技巧。第八，"类柄"，谈国君权势的失去，以及补救之法。本篇的观点，在前面诸篇中都出现过，但是意见的表述更简练，并且，主旨只是个开场，内容所述，常常包含韩非法术势观点的全部。批评地说，本篇行文有缺点，就是系统不明晰。

第十九卷

《五蠹第四十九》

《五蠹》篇开头强调不要一味想要回到古代的治国观点，因为时代不断演进，这个观点是有道理的。《五蠹》篇就提到五种类型的人物：

> 是故乱国之俗，其学者则称先王之道，以籍仁义，盛容服而饰辩说，以疑当世之法而贰人主之心。其言古者，为设诈称，借于外力，以成其私而遗社稷之利。其带剑者，聚徒属，立节操，以显其名而犯五官之禁。其患御者，积于私门，尽货赂而用重人之谒，退汗马之劳。其商工之民，修治苦窳之器，聚弗靡之财，蓄积待时而侔农夫之利。此五者，邦之蠹也。人主不除此五蠹之民，不养耿介之士，则海内虽有破亡之国，削灭之朝，亦勿怪矣。

以上五种人物，韩非都认为是他的法治观点之下难以驾驭的人物，因此宜予除去。实际上，他们就几乎是百工技艺各行各业了，则韩非几乎要除去所有的人民百姓了。重点应该是他们身上的一些不合时代需求或是违背当时法令的做法应该予以整饬，而不是所有这些类型的人物都不应该存在社会之中，否则，社会上多数的行业都不见了。

《显学第五十》

《显学》篇行文反对儒墨两家："世之显学，儒、墨也。儒之所至，孔丘也。……无参验而必之者、愚也，弗能必而据之者、诬也。故明据先王，必定尧、舜者，非愚则诬也。愚诬之学，杂反之行，明主弗受也。"儒为文人以及仁慈之政，墨为侠客、为义士，他们都以尧舜为典范，以证明自己的思想正确，但尧舜远古之事，已不可考，谓之验证，必是诬人，故韩非信今而不好古。且儒墨之所重，皆非现实具体有效益之事："磐石千里，不可谓富；象人百万，不可谓强。石非不大，数非不众也，而不可谓富强者，磐不生粟，象人不可使距敌也。今商官技艺之士亦不垦而食，是地不垦与磐石一贯也。

儒侠毋军劳、显而荣者则民不使，与象人同事也。夫祸知磐石象人，而不知祸商官儒侠为不垦之地、不使之民，不知事类者也。"韩非认为儒侠在社会上对于国家富强没有什么功能，这样说是有些过溢了，儒侠是官员以及战士的社会阶段，儒侠培养了官员以及战士，所以并非百无一用的角色。儒侠没有对国家有利的作用则不任官即可，但他们还是有其他社会角色功能的，法家治理下的国家，可以不去重视标榜儒侠，但也无须诋毁。韩非之所以批评，是在有些儒侠，在谈不上对国家有有益的功效之前，他们就被授官，结果并未展现治理之长才，等于是用错了人才。因此，关键绝非是儒侠者就须禁其存在，因为他们确实有其功能，只要君王不要无谓地标榜于上，人民就不会犯死以坚持形象，关键还是君权的运用了。

本篇还谈了许多治国原理："夫圣人之治国，不恃人之为吾善也，而用其不得为非也。恃人之为吾善也，境内不什数；用人不得为非，一国可使齐。为治者用众而舍寡，故不务德而务法。"这也算是与儒家辩论的文字了，以法可以统众，以仁则只能约束极少数人，非仁无益，而是功效太低，治理国家，还是必须以法。笔者以为，法治与仁治都是重要的，重点是要弄清楚在什么情境时是法治至上，什么情境是仁治至上。这是要有智巧以为落实的，不是仁治就一路到底，不是法治就一路到底，都是一路到底就需要大辩一番，不去一路到底，而是交互运用，就要讲究何时重用何理。韩非都是非法即仁，故而有是有非，非辩不可。

第二十卷

《忠孝第五十一》

《忠孝》篇非议儒家忠孝观点，认为舜犹夺了尧的帝位，因此臣贤危君，于是不宜重贤，而应重法、术与势。其实，此处之贤者之定义，儒法不同，儒者指有德性有能力的人，法家只以能力说之，去其德性义。就儒家之德性而言，则绝无夺位弑君之事。然而，韩非以汤武夺权弑君说儒家，以证儒家的德性不足恃。实际上，尧舜禹汤文武之事，究竟真相为何，韩非于前文《显学》篇中已经说了，尧舜不复生，任何理论立场以尧舜之事为其明证之说者，皆是诬言，早已不可考证。现在，韩非采取跟孟子完全不一样的尧舜形象以为忠孝之不可恃的理论立场，岂不也是诬言？孟子的诠释或有美化之嫌，关键在于他是在建立他自己心目中的圣王形象，以为对所有国君治国原则的要求；至于韩非表述中的尧舜形象，理论上也没有证据显示就是舜以其贤者在下而夺了尧的君位，故而结论出贤不可恃。可以说，以尧舜形象辩论忠孝是难有共识的，但是讨论贤人的概念约定以辩论忠孝是理论上可行的。

韩非讨论的贤人就是有才干的人，而非儒家的有贤德的人："今夫上贤任智无常，逆道也；而天下常以为治，是故田氏夺吕氏于齐，戴氏夺子氏于宋，此皆贤且智也，岂愚且不肖乎？是废常、上贤则乱，舍法、任智则危。故曰：'上法而不上贤。'"这里所讲的上贤就是尚贤，而尚贤就连带着是并未经过试炼就授官授赏，以致国亡君死。尚法就是对于官员的任用，首重按部就班，经过考验，有功赏升，有过罚降，建立政策时则是循名责实。其实，经过授官任职试验之后的能人就是贤者，既是贤者，从而尚之，有何不对？关键还是定义的问题，以及政治现场中的君王之睿智与否，是否易为忠孝荣名所蒙陷，以致任意授官。所以说，问题在用官的程序，而非贤者不能被用，尚贤是必要的，但贤者之任用在尚法的脉络中进行，则无弊矣。

《人主第五十二》

《人主》篇谈君王御下之术，重点多已重复。文中言"法术之士"和"当途之臣"之别，就是"法术之士"是能运用法术协助君王成势而强国的知识分子。其实，韩非从来没有说明这种人物是如何可以出现的，也没有讨论他们是如何被训练的，好像人世间就是会有这类人物而将与"当途之臣"对立。其实，韩非自己就是这类人物，其对立面就是"当途之臣"，也就是权臣，权臣瓜分君王之权、钳害"法术之士"，只为私利，竟不知"法术之士"为何不为私利而只为国家之公益。其实，这就是爱国心，也就是和儒家的情怀是一致的。问题只是在治国方法的不同观点上，法家的思想更为前卫，但不能否定儒家的忠孝之教，关键就是，儒家讲个人修养，法家讲国家管理，无论如何，必须两种思想都取其强项而用之。韩非每把儒家说得假忠孝而不忠不孝,把德治说得就不要法治了,这样过于简单化问题。简单二分法,不能是问题的有效解决,只是粗糙的辩论而已。

《饬令第五十三》

《饬令》篇讲法治原理,懂得用法,国力必强。用法就是用法管理官员,管理官员就是封官任事,必以实功授官,必以功绩行赏。法令实施愈严格,人民违法就愈少,这反而是真正的爱民。

《心度第五十四》

《心度》篇讲国君治国的用心,也讲管理百姓要真知百姓的心态:"圣人之治民,度于本,不从其欲,期于利民而已。故其与之刑,非所以恶民,爱之本也。"以法治国,一开始绝对会让人民不舒服,但其目的是为了爱民。不论本篇是否真出自韩非之手,就法家治国原则而言,国强确实有造福百姓之实效。至于如何坚强法治,实现国家强盛:

> 故明主之治国也,明赏则民劝功,严刑则民亲法。劝功则公事不犯,亲法则奸无所萌。故治民者,禁奸于未萌;而用兵者,服战于民心。禁先其本者治,兵战其心者胜。圣人之治民也,先治者强,先战者胜。夫国事务先而一民心,专举公而私不从,赏告而奸不生,明法而治不烦,能用四者强,不能用四者弱。

这些原理前面都说过了,但其中"赏告而奸不生"到了下一篇就有连坐法的发展,此真违反人性的法令,若非为了军事争战的目的,实不宜实施,若是用于政治斗争,这肯定会是残酷威权的政治。

《制分第五十五》

《韩非子》的标题都下得不太好,很难从标题中准确地知道内容要点,《制分》篇还是在讲法治的技巧,其最特别的就是连坐法的提出:

> 是故夫至治之国,善以止奸为务。是何也?其法通乎人情,关乎治

理也。然则去微奸之道奈何？其务令之相规其情者也。则使相窥奈何？曰：盖里相坐而已。禁尚有连于己者，理不得相窥，惟恐不得免。有奸心者不令得忘，窥者多也。如此，则慎己而窥彼。发奸之密，告过者免罪受赏，失奸者必诛连刑。如此，则奸类发矣。奸不容细，私告任坐使然也。

笔者认为，用于战争剿匪时，施行连坐法则可，王阳明剿匪时就实施过，十家牌法，基本类似；但若是用于政治斗争的话，必定会造成政治迫害，法也是一个两面刃的。

以上，将《韩非子》中各篇的重点大致提要，这样便能准确地看出韩非思想的脉络及其体系。

此外也可见出，《韩非子》各篇文章的内容，其实不断重复，也略有不同，显然是不同时期不断写作的汇集，而不是一时间一次性的计划性写作。同时，篇名的意旨难以明白，必须阅读了内容才易于了解，至于内容的要旨，则是法家思想的交错出现，常常是法术势三者混同于一文之中不断提出。

以下，依法术势三点，以及与儒道两家的关系，进行讨论。

三、《韩非子》中的重势思想

韩非重势，势者君王之势，君王去势即失其国，君不成君矣。在君王体制之下，君不成君，则国不成国，君权旁落的结果，大臣专断，只顾己利，不顾国力，则国将衰亡矣。是以韩非重势，即君王如何保位守权而威行天下之势。既是重君，同时仍然是爱国，希冀国力强大，而国富兵强，也正是成全了百姓。因此，不能简单地以韩非重势就以为是重君甚于爱民，实际上巩固君位与爱民利国就是一体两面而已。一国之君，自己安危权势不保，则何人保国？何人爱民？韩非不多谈爱民，但必定谈富国强兵，一旦国富兵强，如何而民不保？强国之下人民必受保护，其结果也能爱民了。韩非论学，最重国君之角色，许多篇章直接针对国君而说，《十过》《亡征》,甚至《内储》《外储》等篇都是讲给君王听的治国御下的术与法。为何要重视国君的权势之掌握呢?因为政治哲学中最大的力量就是君权,天下安危就是系于一人之身。在君权体制中,此人就是国君,国君言而成法则国强,愚而乱法则国亡,所以国君不可愚、不可乱、不可悖,更不可被分势夺权,因为如此一来,国家事权不一,种种力量用于分割国家的总体利益,其势不亡难矣。

韩非于《难势》篇中盛言势重于能,有能无势不能成事,只要有势,非必能人而中人即可治国。此一论点,亦延伸至重法思想中,只要重法,中人即能成治。这一点,笔者以为是韩非言过了,中人也是无法用势与用法的。要富国强兵,要挺立于战国时代的诸侯争战之中,韩非看到的君王问题确实是问题,也确实严重,所提出的办法也确实有其立即性的速效。但是,除非是意志坚强、智慧过人的君王,否则不足以用势,也不足以用法与用术。首先要高度克制自己的欲望,其次要能充分利用儒家、道家的智慧,再次要修炼好韩非提供的法术势的智能,这确不是一般中人之资者可以胜任的。

总之,韩非对于君王之势的强调是极为正确的,因为这谈的就是君王之权势,其势过大,人皆争抢,这就是君王要彻底认清的事实。君位是国之宝,但众人要抢夺,主要就是其势在万民之上,因此首须保位,其次就是好好用势,其实,用势就是以法与术用之。在法上,就是一切明法绝对要严格执行,且附之以不打折扣的赏罚。至于术,细目就太多了。以下论法与术。

四、《韩非子》中的重法思想

法家自是重法的,法者明令公告于天下,全民守之,官员与人民皆不外于法之要求、禁令与奖赏,如此才能统一国家力量。然而,法的内涵应该包括公共政策以及执行当否的赏罚命令,法不能只是赏罚。为何赏?为何罚?必定是因为符合了国君意志而赏,违背了国君意志而罚,因为有赏罚,故而国君意志得以贯彻。但意志为何?意志即是政策,意志即以政策的书文展示,所以法家之法就是对政策执行的要求以及执行得力与否的赏罚。

就赏罚而言，必须有正确的信息，即是臣下执行之当否，但君王如何得知，这就涉及术的问题了。关键就是下级可以告发上级，则无奸隐矣，甚至，实施连坐法，则无有隐匿之情了。又，法之行于天下，就赖赏罚，赏罚亦即是术了，术即为使法能有效执行的操作技术。

韩非论法，强调的是法的有效管理性，但是《韩非子》全书并不是一部律法宝典，书中涉及律法的只是一些管理上的案例而记载的，可见韩非是谈观念的，并不是真正建立律法的法家，如商鞅。

韩非所论之法多为应该重法的原因，以及法应如何执行落实的做法，还有法对人民百姓生活的意义、施行法治与国家强盛的关系等等，可以说是一种"法哲学"的讨论为主，而不是"法律条文"的讨论方向。

五、《韩非子》中的重术思想

韩非重术一如其重势与重法，势者唯君王之用，术者则君王与大臣皆可使用，其中有多种类型，有君王侦查臣下的御下之术，有君王控制臣下的御下之术，有官员治理百姓的管理之术，有战争攻伐的心理作战之术，有战争攻伐的阴谋诡计之术，有个人利害的人际互动之术，这些观念，分散在《说林》《内储》《外储》诸篇中，可以说是韩非一生为学研究的大宗。可以这样说，韩非最关切君权被瓜分的问题，所以重势，但他认真研究的则是君王御下之术，所以重术，这一切也正是他为了避免君权被瓜分而做的研究。但是，这些都是过去的案例以及正确的观念，如何针对眼前的某一位君王协助他夺回君权以强大国家，这是需要有国君自己的个性、能力、才华、条件的配合，以及教导者自己丰富的人生阅历才能奏效的。就韩非个人的才情而言，实难担此重任，故而只能讲述理论，却不能为君王治病。笔者之所以这样判断，主要依据就是他在《难一》《难二》《难三》《难四》各篇中对管仲等人言行的批评意见，表面上是儒法之辩，其实是对于有道法家色彩的人物的应对智谋缺乏认识，也就是说，不能明了是君王之术还是臣下之术，由此可以看出他自己的人生经验还是颇有不足的。也就是说，韩非对于君王如何守势之术是谈得最多的，但是给君王开药单以夺回权力的具体作为，韩非自己是没什么能耐的。这倒是他的理论与实际上难以沟通而脱节的地方，表示他自己也只是理论家，而非实践家。一旦涉及实践，任何人都须保住自己的势与位，不论是大臣还是君王，此时，道家的智慧与儒家的道德意识就要派上用场了，可惜，韩非就不是很能把握了。关键就是对老子智慧的把握有落差。

六、韩非对老子的吸收与转化

《韩非子》中有《解老》《喻老》两篇，其他文章中也偶有引老子之言以为所论之事的意旨定位，可以说对老子之书是用之甚勤，自觉继承了。其中《解老》之文，长篇大论，论述为主。《喻老》部分，引史事以晓谕老文。《解老》之文，语气缠绕，颇不似《韩非子》中的其他篇章之文，所论老子意旨，亦未必准确。至于《喻老》之史事引用方式以及所重之要旨，则与《韩非子》中的其他篇章风格一致，笔者以为确为韩文无误。

老子讲"无为"，"无为"者，无私也，无私即能让众人真正与己同心，而团结力量大。但是老子的"无为"，在黄老道家的思想中，却转化为政治统治者的御下之术，强调"无为"即是强调"隐匿自己的心意"。一方面，君位高高在上，自己所决定的政策在尚未施行之前，若是消息泄露，侦知者就能从中取得巨大利益，而君王管理的威势也就为人所夺了，因此必须隐匿。另一方面，君王个人任何的私意好恶，不能泄露，一旦泄露，臣下即会投其所好，因此也就暗中掌握了君王，以致剥夺了他的权势的影响力，这就是黄老政治的要旨之一。实际上讲，这不是老子思想，只是以老子的无为概念说的君王御下之术。御下要隐匿，但这指的只是君王个人私意方面，以及尚未颁布的政令赏罚的决策，而不是说所有的政策都不能明白昭示。至于政策的形成，也有无为的意旨，那就是君王自己不必费心表意，而是让臣下自己提出意见，并且为防止臣下乱言，所讲述的意见就是自己要执行的政策，施行结果，成功则奖赏，失败则惩罚。这又是隐匿己意的政治效果，直接与"循名责实"意旨相合。

可以说，《喻老》篇中的案例，是韩非诠释老子话语的实例，但是，这只能说是韩非自己的理解，与老子思想距离颇大，不能说是老学思想的真正继承与发展。

七、韩非与儒家的辩争与解消

韩非论法、论术、论势，却颇有与儒家较量的意味，其中《难一》《难二》《难三》《难四》《难势》各篇，可以说就是直接以儒家德治主义的立场为辩论的对象，立场就是对法术势三点原则的坚持捍卫，面对的都是治国的问题。然而，许多讨论显示，韩非对于近距离政治现场的人物行为，不能有准确的体会，且常会误判，过度坚持法家的原则，不能理解政治人物在政治关键时刻行为反应的真正用心所在，他的评论反而犯下了不少的错误。关键一点就是他只站在君位思考评论，而不能理解臣下的智巧，并非法术势的原则有误，而是他对人物行为的评价不能深入人心、掌握情境，只能以抽象死硬的法家原则套用批评。可以见出韩非仍是一位年轻的学问家，读书、整理、发表意见的能力甚强，具体人际互动的精准厉害度则十分不足了。

韩非对儒家的认知，就是这些儒者光会讲仁义之道，但自己时常是虚假的，标榜君王要重贤人，但贤人却不效忠于君王，而且会夺权叛变。韩非对尧舜之间，以为是舜夺了尧的权柄，对汤武革命，以为是汤武以大臣而夺了君王的天下，可以说整个价值观都直接与儒家对立。但是，韩非追求的富国强兵，岂非即是为解救百姓于亡国丧命之境？根本也是儒家的理想，只是做法讲究的重点不同而已。此外，韩非对于仁义之道以及贤人政治的解读，都失之偏颇，都是以被世俗污名化了的"仁义"和"贤人"为例，而为对儒家的非议，持论偏颇，激化两极对立，以简单的二分法制造意见的对立，时常是为反对而反对。可以理解韩非救国忧时的心情，也可以理解时代假仁假义伪饰贤人的做法，韩非因此提出重法思想，十分合理，也极有价值，但不必对儒家进行猛烈的攻击，因为在儒家这里有韩非自己未能见到的重要价值。儒者要求国君行仁政、爱百姓，法家以为须以严刑使民不犯法才是爱民，表面上与儒家重教化之旨不同。但衡诸事实，置诸战争动乱之时，则法家之见确为殊胜。教化还是要进行的，但是重罚的实施，是有其立即效果的。并非要对君子用罚，君子又不犯法，实为对小人行罚，《周易》蒙卦初九《小象传》都讲"利用刑人，以正法也"。对于冥顽不灵者，确实需要用刑，这个立场儒家是不会反对的，只是针对国家长治久安以及朝堂能为有德重臣之所守，故而必须教化百姓，培养君子，追求仁义政治。可以说一在长久目标，一在眼前实效，两说必须借由极有智慧的掌权者极为艺术地结合实施，而不需要在理论上针锋相对。

韩非常讲的用势用法而不用智任贤，其实都需要再做语义的澄清。用势就是守住君王自己的权柄，此说毫无疑问是对的。用法就是统一国家管理的原则，此说亦是毋庸疑义。不用智是说不要自以为聪明，能看清情境，其结果就是用错了臣下，害死了自己。用智任贤是一回事，不依据过去从基层累积的能力，而因为有人推荐就拔擢升官，赋予重任，其结果，以失败收场。如此说来，韩非所反对的并不是重用真正的贤人，而是反对不经过验证就以为自己可以看清楚臣下的才能，因此其说仍是与儒家并无根本性的不同。

八、结论

本节讨论法家思想的内在理路及其与儒道的关系。法家的思想，完全是政治哲学的进路的，面对国家战争时期的治国问题，不讨论形上学问题，不讨论个人修养论的问题，只关心君王如何守位，如何御下，如何用法，可以说是唯国家发展为目标的哲学，转化到现代社会的管理思想上谈时，可以说是唯组织为目标的管理哲学。韩非没有追究他自己的思想的最高终极价值，究竟是为了君王，还是为了国家，还是为了人民，其实，这是必须厘清的，韩非不思考这个问题则已，越思考这个问题，他就不能不和儒家越走越近了。法家的治术，就是为了国家强大的目的而用的，而法术之士，就和儒者一样都是专业的政治管理人，他们一心为了国家的强大，希望国君能够好好守住国家，保住自己的权位，提出好的政策，铲除权臣、重人、当涂之人。法术之士时常不惜自己的身命，但是国君若是无能，牺牲的就是法术之士，所以法家人物和儒生何其类似呀，都是一心为国而忘己身命的人。两家只是治国的策略方案不同，竟然书生辩论了起来，而这里的辩论，实在应该有以解消，从而融会贯通，使得儒而有力，法而有度。

韩非对道家老子的自觉继承，其实只是各取所需，并没有深入老子的思想精髓。老子不是君本位思考，仍然是大臣甚至是圣贤的思考，并非手握大权的国君智慧，而是位居高层的大臣智慧。大臣为了应付颠顶的国君，以及嗜欲的权臣，又要照顾弱势的人民，必须无为，亦即无私，以成大业。韩非接受了道法家的思路，也就是黄老政治的思路：君王须隐匿自己的政治理念。但这并不是老子无为思想的正确解读，这只是御下之术。国君的私人意欲不泄露，国君赏罚的决策不外泄，实际上就是权柄不旁分，至于政策推行中的御下之道，就是"循名责实"，则国君也不必表示治国的想法了，臣下自动请缨而立军令状，成功大赏，失败诛罚。这是对老子无为思想的解读，其实都是君王御下之术，并非圣贤自我修养的无私胸怀。所以，韩非自觉继承老子，此诚其然，但确实并没有真正继承到。韩非自觉与孔孟不同，这其实是意气过甚造成的误解，实际上他的性格却多与儒家相同，都是想要承担天下重任的知识分子，却苦于没有实权，恨于国家被权臣掌握。于是，法家讲理论给国君听，告知御下之术，儒家讲理想给国君听，告知爱民之道，两者都是根本重要的，实不可废一兴一。

法家重视法术势的政治原理，关键就是为了富国强兵，原因是面对国际争霸，一旦战败，皆是身死国亡的下场，故法不能不严，术不能不密，势不能丧失，实在有其真实合理之处。总之，理解它的特点与优点，修饰它对儒家的批判，厘清它和道家的关系，就是把法家说清楚的方法。

韩非谈术，但只重君王御下之术，却忽略君王夺回权柄之术，也忽略臣下应付昏君之术、应付权臣之术。他自己就不懂得应付，只能"孤愤"，虽然《说林》篇中已有及之，但自己发表观点时却都忽略否定了，难怪乎韩非自己没能站上政治舞台，只能是知识分子议论而已，可见，老子之学并不深入，甚至黄老智慧也多只能言论，却不及应用。

本节之作，企图彰显法家思想的合理性，更企图谋合法家和儒道的智慧。笔者以为，这样才是对中国传统智慧研究的突破之点，而不是仍陷于各家的辩论或历史文献考据之事而已。本节暂结于此。

第二节　论儒家与法家的会通*

一、前言

《韩非子》中多有对儒家的批判，标榜治术，否定用人唯德，而儒家也强调重礼而非重刑，可谓儒法两家进行了德治与法治之争。然而，德治有教化人心的价值功效，却对严峻的形势与险恶的环境不能及时改正；法治有震慑罪恶的功效，但不能实现长治久安的理想。可以说儒、法各有特点，也各有不足。本节将指出，两者应该互相学习，接受对方，补足各自的不足；并且，再加上道家对人心之恶更为透彻的认识，三者会通，便真能锻炼出坚实强干的士子，如此，才是活学活用了中国古代的智慧。

本节之作，将讨论传统儒家与法家思想的会通问题，要谈儒法会通，主要眼光便是在政治哲学问题上。对于国家的管理，君王对臣下的领导，法家有积极的意见，儒家也有深刻的思维，但两家却意见不同，甚至有理论的攻防，材料就在《韩非子》的《难一》《难二》《难三》《难四》《难势》诸篇中。笔者以为，这个攻防是可以解消的，是以展开讨论。为了讨论能聚焦且明确之需，儒家思想以《论语》《孟子》中的政治哲学精神为基础，法家思想则以《韩非子》中的观念为主。这个议题的产生，一方面是传统上儒道两家就有许多的争执，这些争执的内涵及解消的可能，极有理论研究的必要。另一方面，由于笔者近年来一直致力于先秦诸子各家的义理会通问题，认为各家都

---

* 本节曾发表于第九届海峡两岸国学论坛，厦门、厦门筼筜书院、厦门大学国学研究院、台北"中研院"中国文哲研究所等共同主办，2017年11月。

有不同的问题意识以及发言的层面，宜有各家义理会通的框架可见。是凡考虑治国之道，都应该好好利用儒法两家的优良传统，才能引领国家，奔向富强繁荣和平发展的盛境，因此处理儒法两家的会通问题，便是其中的关键环节。本节之作，将以儒家和法家的思想特质，以及不足之处和值得互相学习的重点，展开讨论。最后，中华国学中尚有一些宝典，也涉及治国之术的问题，如道家老庄以及《人物志》。在讨论完儒法会通之后，治国之术尚未备齐，老庄著作中有对个人进退的透彻思考，而《人物志》中则是结合了儒道法三家的治国之术的理念，更为完备，当然，思路的细节还是要回到三家文本中落实。

二、儒家特质

就儒家的特质而言，不论是《论语》还是《孟子》，都是以自我修养培养德性以承担重责大任的角色自许，也因此呈现了以下与法家极为不同的价值观。

（一）强调国君及国家要行仁政、爱百姓

儒家对国君的角色，就是认定是要照顾百姓的。《孟子》中所建立的尧舜禹汤文武的圣王形象，不论与史实是远是近，都说明了孟子心中的理想君王的形象。这等于是以知识分子的期许而建立的信念，君王就是要行仁政、爱百姓，若能做到，便是王道政治，便能一统天下。一统天下的合理性来自近悦远来，来自天下君王的效法学习，可以说更多的是精神上的一统天下，而未必是武力与政治权力上的意义。一旦一统天下，结果就是四海升平，百姓丰衣足食、安居乐业，而这正是儒者的理想。可以说儒者就是站在知识分子理想的立场上，期许国君行仁政、爱百姓，目标都在人民生活的追求上，而儒者自己则是扮演协助君王治理天下的专业政治管理人角色。

（二）重视人才培养与德性教育

儒家这个王道政治的实现，却是需要有知识分子的自觉的，这个自觉，

当然需要师友的引导，于是儒家重视教育。孔子就是至圣先师、大教育家："子曰：'默而识之，学而不厌，诲人不倦，何有于我哉？'"而其所教者，便是德性、品德。

（三）强调个人道德修养：五伦八德

儒家就是如此重视个人的德性，可以说这就是知识分子的品格，也正是君子小人的分野，这正是《论语》中陈述最多的价值分辨。被《弟子规》奉为圭臬的"弟子入则孝，出则弟，谨而信，泛爱众，而亲仁，行有余力，则以学文"，便是个人品德教育的最佳目标。《孟子》中的"父子有亲，君臣有义，夫妇有别，长幼有序，朋友有信"便是儒家五伦。还有"礼义廉耻"之四维，"孝悌忠信礼义廉耻"之八德，都是儒家培养个人的道德信念。儒家由个人的德性培养做起，当老师的就是要教育这些品德，品德完成之后，就协助君王治理国家，这正是儒家由个人知识分子的身份以承担天下的价值理想。

（四）儒者能以一人之心志承担天下之重担

正是因为儒家有这样的胸怀，于是一个自觉的儒者，一旦学而有成，不论何时何地，不论时局如何，都是能够独立地承担天下责任的大人。《论语》中即言："曾子曰：'可以托六尺之孤，可以寄百里之命，临大节而不可夺也。君子人与？君子人也。'"这样的儒者，哪里有危难，哪里就有他的身影，他们的角色就是扛起重任，主动承担。这样的人物，岂能不是国之大士，岂能不是一位心怀天下人民百姓的理想圣王的左右臂膀？儒者的这种主动承担的精神，也正是中华民族两千年文明与文化以及民族血脉得以维系不断的真正力量的来源。因为不论家国如何艰难，时局如何危难，愈是艰困的时候，愈是有儒者挺身而出，以承担天下，不需君王任命，不需国家的桂冠，只要有良知的血性知识分子，就会出面承担。这正是儒者的特质，也是儒家的角色。

然而，在法家的眼中，法术势才是最重要的治国御下之道，且对儒家多有否定，以下，先说明法家的特质。

三、法家特质

以《韩非子》书为主要对象的法家价值观，重视法术势，而不重道德品格，可以说法家面对战争攻伐的决断，聚焦君王的强势领导，所重视的价值几乎皆与儒家对立，那么，它的合理性为何呢？笔者以为，它的合理性在于人性之恶，以及战争的残酷现实。缘于此事，于是建构出以富国强兵、巩固君权为主的法家治国思想。以下先述其特色。

（一）强调领导者要牢牢掌握权力，因为势重于山

法家重势，势也者，权在上而万民俯受之。于是，谁掌握了权势，谁就能影响天下，盛用之，称霸天下，一统江山；若罢其势，则身死国亡。国君就是一国之中权势最高的掌握者。于是，人人欲夺之，亲人欲夺其王位，大臣欲夺其权势。国君若是不懂得守住自己的权势，不仅无法有效分配国家资源，更可能自己受制于人，甚至丧失生命。因此保住君位其实是国君第一要务，君权不保，生命受危，谈何治国？谈何富国强兵？至于君王守势之道，就在善用法、术。法术势是法家之所重，法与术人皆可为，但势就只有得君位者能有之，法家重之，关键在于他所思考的就是权力的取得与使用的问题。相对而言，就儒家而言，国君的权势是看不上眼的："昔者鲁缪公无人乎子思之侧，则不能安子思。"[①] "说大人，则藐之，勿视其巍巍然。堂高数仞，榱题数尺，我得志，弗为也。食前方丈，侍妾数百人，我得志，弗为也。般乐饮酒，驱骋田猎，后车千乘，我得志，弗为也。在彼者，皆我所不为也；在我者，皆古之制也。吾何畏彼哉？"[②] 凡此皆说明，儒家忽略了权势的要命之重，只重价值理想，轻视现实利害。其得乎？其失乎？

（二）强调管理人事与政策要重视法治，并辅以循名责实

法家重法，法者悬于上而众共守之，众共守之则法令通行，君民一齐

---

① 《孟子·公孙丑下》。
② 《孟子·尽心下》。

则国力跃升。法者还有公共政策之意在，国家的政策，由大臣提出，君王"循名责实"，办成了大赏，失败了重罚，则政策必可落实。但若是成而不赏，其他人便不再尽心办事；败而不罚，其他人则更是有样学样，不必认真干活了。所以，法者除了政令宣达于上之外，法的运用，必须媒之以赏罚二柄，不能赏罚，徒法不能顺成，权势不能发挥，君权也就失灵了。可以说，法家看清楚国君是法律、法令及政策的最后一道防线，君王自己不要求、不落实，则如何要求臣下守法重法呢？而一个不重视法令、不执行法条的国家，如何强大兴盛呢？内部的腐化就可以致命了，何须敌人来夺？就此而言，不能说儒家不要法治，但儒家却更为重视君臣的品德操守，希望透过德性教育，使人民"有耻且格"，认为一切依赖法令的话，只能"民免而无耻"了。但法家却是认定，不依赖德性，而是依赖臣下百姓畏法而不敢为乱，这样管理才会有效率，一味等待教化，成果太慢，不合效益，这就是重法思想。

（三）强调法与势的运用，要结合现实，随机应变，以为有术之士

重势守法就是有术，韩非不止一次地说自己这种人就是"有术之士"，就是有治国之术的知识分子。当然，术的概念不只法治而已，还包括各种临危应变的策略，《韩非子》的《说林》《内储》《外储》诸篇，就是从古到今所有术士应变的策略大全，整理成篇，以待谋士领略要旨。然而，"有术之士"只是有治国之术的知识分子，就韩非本人而言，却未必有机会操作使用，莫怪乎他时常讲"有术之士"不能得君王的信任及重用。关键就是韩非所讲的术是战略攻防之术、外交纵横之术、君王御下之术，独独缺少了"有术之士"自己如何晋升掌权之术。而现实是，君王身边多权臣及奸小，而法家仍是理想浓厚的知识分子，在这点上差不多和儒者一样了，只能待价而沽，却不能掌握青云之道，没有为自己设想晋升之阶，依然是有待君王自己的清醒。可以说法家人物性格刚烈，知识分子孤傲的特质，比起儒者，甚至有过之而无不及。因此，若不能辅之以道家的圆融，亦将无有救国拯民的机会。

（四）不依赖个人品德操守，不依赖个人亲力亲为，视人性皆为利益而来，认为以利相诱无事不成

韩非在论述法家的思想时，对于君王选派官员的原则，认为不依赖官员的品德操守，而是他自己的能力条件；对于官员的管理，认为不依赖官员的道德自律，而是君王的赏罚二柄；至于官员治理国家的原则，认为不依赖个人亲力亲为的奉献，而是法令悬于上，众人务相守；对于君臣之间的关系，不认为臣子会真心爱护君王，而都是为着自己的利益而来的，因此君臣之间就是利害关系的结盟而已，于是赏罚二柄的御下之术就是最必要的原则了。这一部分的立场真可以说就是最对立于儒家的了。这一部分的讨论多见于《韩非子》的《难一》《难二》《难三》《难四》《难势》诸篇。当然，衡诸史实及人性观察，韩非所说为是，但是赏罚之术就真能一劳永逸、长治久安、富国强兵吗？惩罚于乱纪之时，拨乱于大难之际，诱之以利，威之以害，确能成一时之功业，不可否认。但人心向背，须"常无欲以观其妙"，就长久言，徒法是不足以贞定于恒久的。

四、儒家的不足

儒法皆有其特色，但也皆有其不足之处，本小节讨论儒家的不足，以便见出法家对儒家的功用。

（一）人才培养旷时久远，临时应变非常之才

儒家培育人才，重视德性及治国方略，至于应变之道，便少谈及，而于名物度数之知，则认为德性纯熟之后，这类知识自然会去了解的，王阳明就是这样的态度立场。治国依靠人才，也依靠教育培养人才，更依靠教育教化人民，使成孝悌忠信之民。孟子就认为儒者能教育子弟使其孝悌忠信，就是他们对国家社会最大的贡献，此诚其然。儒者教化人心的贡献确实巨大，一整个国家的人民皆是守礼好学之士，国家岂能不强大？文明岂非丰盛至极？然而，治国的人才难得，培养守法好礼的百姓也非一蹴可及。一旦国家衰败，兵临城下，治安混乱，人心动荡，此时，无严刑重法及严格御下之术，危局

是不可挽回的。看王阳明于惩治盗匪时的连坐法，岂非法、术？其与宁王两军对峙时的"退后者斩"之军法，岂非严刑？因此，借由教育而无盗贼乱臣是儒家的终极理想，但时代骤堕而有盗贼乱臣时，没有法家治术、兵法严刑，儒者又如何挽狂澜于既倒？更有甚者，若非时代板荡，大厦将倾，何来儒者掌握军权、治权、资源而能成其中流砥柱之地位呢？儒者想透过人格教育，建设长治久安的社会，但天下太平时，儒者却被奸小排挤，只有天下大乱需要英雄救治的时候，才有儒者上场的机会。孔孟皆辞官于国家非处于战争之时期，其实就是没有机会终掌大权，但最后却成为万古不可或缺的思想巨人，诚圣贤之典范，非常人之所能及。至于秦汉以后千千万万在朝为官的儒者，是不可以轻易辞官的，都是得待在官场上奋战到生命的最后，越有才华者越无法脱身，既然无法脱身，那就等待机会大显身手，而机会总是在乱世中才会有的。拨乱反正，正是儒者尚有可为之事，孔子不也说先庶之、再富之、再教之的话吗？不戡乱成治，完成庶、富，如何教育培养呢？但，不与君王权臣周旋，又如何掌握权柄呢？儒家强调教育，绝对是正大光明之道路，指的是教育百姓使成为礼教文明下的国民。但是儒者自己要掌握教化的权柄，却非得跳出道德教化的思维不可，因为有太多他们未及考虑或不能解决的问题在，这些，只有融会了法家和道家才能把话说清楚，也才有办法处理。

（二）道德操守严明，对治奸邪无术

"严于律己，宽以待人"，"操守要严明，而不可激烈"，凡此种种，都是儒者自我要求的德性之道。面对个人利害冲突的时候，儒者都是自己退让的，甚至面对他人为恶时，也是讲究婉言相劝，而非纠举示众、惩之以罚。这是因为，儒者始终相信人性之善，总是以教育者的姿态在面对世人，总想以自己的德性感化恶徒。此思此想、此举此措，诚高贵美极，根本就是宗教家的情怀了。孟子所言恻隐、羞恶、辞让、是非之四端之心中，其中的"是非之心"就指的是"公是公非"。面对众人之是非，面对家国天下之大是大非，即便作为儒者，不可不挺身而出，主持正义，济弱扶倾，惩治奸邪，但是，就在微恶筑成大奸的过程中，就在"浸润之谮，肤受之愬"的处境中，儒者的方案仍是律己而不责人为主，于是错过时机，大祸铸成，奸邪势力茁壮，儒者只能"我为鱼肉"了。也就是说，儒者对现实上的人性之恶，处置的办法太少，连庄子都明说了，"美成在久，恶成不及改"。儒家不务于改恶，却勤力于美成，这就是对治奸邪无术，任其掠夺资源、残害忠良。待其羽翼既丰，奸人自己撕开了邪恶的真面目时，儒者早已经沦为阶下囚了。对治奸邪，必须有术。而法家御下之术，严刑重罚之治，岂非即是对治于此？宜有所重，宜为所能矣。简单地说，就是人性固然可以是儒家所说的先天地是善的，但人会为恶，对治必须惩治的恶人恶事，特别是属于为恶于社会大众国家天下的恶事时，孔孟的理论谈得太少，等于不重视，儒者必须惩奸，这就要向法家的学说找道理了。

（三）平时久安有术，战时杀伐无断

儒者追求国家长治久安的目标，以孝悌忠信教化人民，以行仁政、爱百姓期勉君王，以协助君王治理国家为自我期许，确乎大中至正之良法。然而，诚如庄子所说，"世蕲乎乱"，在面对乱世的时局，似乎孔孟亦无良方了，只好诉诸教育以待来世。但是，此举诚过于消极，也非所有的儒者在面对世局时都能采取的方案。方案为何？自是术有多端，但方向是一定的，那就是戡乱止恶、恢复秩序。此事，或需以战争为之，或需以惩罚为之，不是兵法就是治术，这都不是仁义道德之教能直接面对的问题。因此，儒者需要治术，需要兵法，否则乱局纷至，儒者岂能束手无策？儒学诚天道大法，但现实处境残酷，儒学等于没谈，处置多是无能为力，只懂儒学的儒生就应付不来了。王阳明就熟读兵法，这才是他能剿匪治军的原因。

五、法家的不足

法家重法，但法治仍有不及之处。

（一）上位者不信任属下、不爱护属下，只以功劳能力决定重用的程度，寡恩不足以得效死之臣

法家徒重法治，上下之间缺乏感情的系属，并且从不以此为经营的重点。

当然，有了感情可能导致身边的人违法难惩，但缺乏感情，以利相交，最终君王有危难时，无人可救，无人效死，这也是重大的不足。关键是没有忠爱之心，而忠爱之心是个人的品德，是教化培养以及亲爱臣下所致。《韩非子》论证"爱臣"是会造成君王自己的重大利益受损的，以为臣下坐大，必夺君权，力量更强大之后，便弑国君。说到这里，也可看出儒学的重要性了，儒家所重的教育，就在讲究孝悌忠信礼义廉耻，臣下个人品德有了，国君又能爱护臣下，则必定君臣一心，共渡艰难。法家之所论，必在局面已经控制，君王大权在握，内外无乱的承平之时，为了继续建设及富强，用人唯才，而不论其德。但天有不测风云，人有旦夕祸福，国有大威将至，没有忠爱的臣下，对国君自己而言，一样是危机重重的。

（二）下位者视自己为工具性人才，如何跻身高层亦非所论，空有治国之术，没有晋升之阶

依《韩非子》之所述，法家为法术之士，但仍遭厄于权臣、小人、奸佞之徒而不得面王受命，由此看来，这是依韩非自己的亲身遭遇而说的。就他的理论世界中的法术势而言，说的都是君王必具的能力与方法，而不是臣下自己的进退之道。就个人进退之道而言，法家思考得最少，儒家次之，道家就不同了，个人进退看得最透彻。庄子根本不主张入仕为宦，老子则主张知所进退、谦下守弱，已知不可为时即退下一步，若有可为，必谦下无为，与人为善，以"善有果而已"成就事业。这些都不是法家头脑中的智慧，因此法术之士还是会困于无权，这是法家太天真，而又不通人情世故的缺点之显现。

六、儒以法互补

经由以上分析，儒法皆有缺点，且可互相补足，以下论之。

（一）对治奸邪必用重法

对治艰难困苦的局面，同时又有奸佞乱政之时，国家危在旦夕，此时非

讲教育之时，而是必须采取立即性措施以挽危亡，那就是要动用刑罚，惩治罪犯。当然，必须在自己还有权位之时，若是平日徒以教育感化，小人早知与你不同道，霸住君王，一定早早让君子远离中央朝廷了，则儒者君子也不会有机会惩治罪犯了。关键还是君王，君王重用什么人说明了他自己的格局。假使儒家的君子早得君王信赖，在有可为之际，在有权力可以屏退小人、惩罚恶人之时，就不能还是抱持教育感化之心，必须立即铲除，因为国家大政瞬息万变，国际局势一夕数变，没有那么多的时间等待教化。教化前要先撤除恶徒的权柄，不能使其有机会见缝插针，这是儒者为国爱民必须建立的重要治国信念。对百姓，尤其青年要施予教化，但于为官者要严予统御。儒者以爱百姓之心对待奸臣，这就是错误的处置了，这一点，儒家要向法家学习。

（二）面对征战必用兵法

有明一朝多有儒生臣子上场杀敌战功显赫之事迹，王阳明就是最佳显例。他从小研习兵法，本来想依此建立赫赫事业，后来有了良知教后，竟然兵法之运用更加出神入化，欺敌之术可谓神出鬼没，刀兵未动，却在政治作战方面已占尽先机。然而一旦两军交锋，王阳明对待士兵仍是最严厉的军法治理，临阵退逃者斩，没有一丝犹豫，否则战局崩溃，无从收拾，便无至今奉为圣人的阳明名号了。教育诚恒久事业，所以阳明一边用兵一边讲学，而不是以讲学废军务。天将降大任于斯人也，必是艰难险困诸方并击的，作为大臣，没有一定可以信赖依托的君王，没有一定遇到蒸蒸日上的政局，教育是每天要做的事，但眼前棘手紧急的政务军务更多，不是守住图书馆、教学楼、研究室就是治国，而是同时要能运筹帷幄、决胜千里才是治国。

七、法以儒互补

法家看到国家灭亡的近因，图思富强之术，儒家看到覆亡的远因，提出釜底抽薪的方略，都是爱国爱民的知识分子心声。儒有必须向法学习的要点，法也有应该向儒学习的课题。以下，谈法家应该补上的儒家功课。

（一）不废法治，重视教育

法令固然要伸张，犯罪一定要惩罚，但教育之功不可免，而且要全面地、持久地、不间断地执行。而所谓的教育，就是儒家的成人之学，亦即是以品德教育为经，辅以治国之知为纬。在无人可选的危急之时，固然以能力为尚，但若有人品高洁之士，更宜委予重任。

（二）缺乏忠心，法令徒具

臣子忠于国君与国家是国君之福，但国君不能以德化人、行爱民之治，又如何能得臣民的忠心呢？此事孟子已言之明白，因此对国君用人的建议，不能只重能力，也勿只顾品德，而是品学兼优、才德兼备，否则徒有御下之术，却无忠爱之臣，则国君如何治国强国？

八、《人物志》的儒法并重

中国古代的人事管理宝典《人物志》中就结合了儒法甚至道家治术的精粹，强调了许多重要的核心价值观，以为治国之需。

（一）清节家、法家、术家并重

《人物志·流业》举出十二种朝臣的类型，其中基本型三型，就是法家、术家，还有清节家。若能一人兼具三型，便是国体之臣，亦即可为宰相的人才。这就说明了，要有行政管理长才的法家，还要有出谋划策的术家，更要有能以德服人的道德家、清节家，这才是稳住国体的真正栋梁之材。这三型，总有儒家、法家、兵家学术的精华。

（二）爱敬并重

《人物志·八观》提到了八种看人才的角度，其中能用人待人的大臣之才，是必须对属下爱敬并重的。有爱，部属会效忠效死，有敬，部属会遵守法纪，这样才能带出一个强大的治国团队，也是战场上攻无不克的强大军队。

（三）主上无为，臣下效命

《人物志·材能》指出，领导者以决断政策和任用人事为其职责，事情要让臣下去办。主以听为能，臣以言为能，主以赏罚为事，臣以尽责为务，这样才是君臣的正确角色扮演。而这又是黄老道家的智慧所在。

九、道家对儒法的补充

在中国政治哲学的光谱中，除了儒法两家之外还有道家，儒法两家就是最入世的世间法，道家出世得多，但也不仅是出世而已。庄子是出世间法，老子是入世哲学，两人都有对于有理想、有抱负的儒法两家极有贡献的处世智慧。

（一）庄子看破世局，飘然求去

道家对儒法之士的提醒与贡献，首先就是庄子的智慧。庄子的政治思想中，已经完全放弃对君王的信赖以及对人性的肯定，"世蕲乎乱，孰弊弊焉以天下为事"，于是追求个人自己的超越的技艺的成就，因此对政治是绝不涉入，就算主政，也就是放任政治，因此庄子政治哲学非此所论。但是，庄子对世局的绝望之心，确有可为儒法两家吸收之长处在。那就是，先看破，看破人性，看破处理众人之事的政治，看清楚政治事务中的人心之恶，以及理想之难为。看破了，自己就放下从政之想了，如果时遇所在，有机会上位任职，则处置的态度就会大有不同，会从人性出发，不求过高的理想，但求手边爱民的事业能够遂行。甚至，能够以他不求名不求利，但求宽心舒适的心态，化解政客的揪心，"以无厚入有间"，悠游其中，让朝堂减少暴戾愤争之气。有了这样的心理素养，才可进而追求治理天下的实效。

（二）老子无为而无不为的睿智

老子和庄子不同，"取天下常以无事""天下莫能与之争"都说明了老子哲学是法术之士的哲学，就是已经站上高位且有权责在身的臣子，对于治国、待人、处事的智慧。道家老子对儒法两家的补充，就是看清人性的贪婪多欲。君王多欲且无能，权臣好胜且颟顸，奸佞贪鄙而无耻，如何在朝为官？只有让利。人皆为利而来，这是韩非的卓见，因此他建议君王与臣下以利相约，这也不坏。但是君王对于能臣之功常常能罚而不能赏，对于佞臣之过常常能赏而不能罚，导致朝堂之上人心虚伪，政局诡谲狡诈，有志之士，处于高层，如何肆应对付？老子的智慧就是自己让利，权臣让利于他使其弄权之术不施于己，佞臣让利于他使其馋进之言不施于己，高举君王的功业德行使其好妒忌才之念不施于己；保住自己的权位，实事求是地为百姓干活，事业有成，人民受益。若是事业不济，百姓就受苦了。法家的法治之术固有奇效、迅捷之势，但若无君王的信任、权佞的配合亦无从落实有效，唯有搞定上下众人，才能有权做事。一旦做事，亦不求功业太盛，须是逐步缓进，不惊扰睡狮才是上策。这是老子"损之又损，以至于无为。无为而无不为"的治国之道，关键在于处理人事。

（三）黄老道家不依赖君王而依赖治术

黄老政治在中国文化传统中由来已久，既有法家的法治精神，又有儒家的爱民之德，更有老庄的治国心术，以及养身之法，其实应该是中国文化传统中最成熟的政治哲学。从《黄帝四经》《管子》到《吕氏春秋》，已经吸收了中国知识分子思考政治问题的大要精粹。问题只是，儒者巨大的德性身影，往往忽略了对现实艰难的耳提面命，而法家热切救国的急功之心，又忘记了自己同国君一样是身处危险的艰难之局。一倡德治一倡法治，都忘记了自己身心性命的安危之虑，这一点顾不上，固然德治也对，法治也对，但权柄不在己身而能行理想之实者，确乃世所未见。黄老政治正是在这些复杂的众多因素中找到了大臣处世治国的进退之道，关键就是对人性之恶看得比儒法两家还透彻。不依赖君王的德性，不希冀权臣的善意，不幻想佞臣的真心，只依自己的智慧，肆应多方，真儒法二家宜有之心术。试观古来朝中掌权的能臣，伊尹、管仲、百里奚、晏婴等等，不高己德，不耀事功，忠心为国，成就事业，岂非儒法两家宜为效习的典范？

十、结论

古代中国，幅员辽阔，即便是邹、鲁、韩等小国，亦是看着周王室的天下版图而思由以治国奋进的。儒法两家的人物，出于大小不同的诸侯之国，都是爱民爱国的知识分子的思想，只其方略不同，但只要能够不无限上纲自己的思想重点，不强烈反对他家之思想，而能够与时俱进，审时度势，面对现实，经略天下，便都能是治国的好人才。若只是将书房里的理论无限扩充，只坚信己家学派之能，不能灵活运用他家的智巧，则反而成了迂腐冬烘之人。

就法家言，法家关切君王一人的智能，法术势皆为君王所用，但是，领袖毕竟只是一个人，精力有限，因此需赖人才，而人才实以品德为尚。此外，就法家言，国家毕竟广土众民，政令下达层层交付，毕竟容易中断精神，徒剩形式，必须有公忠体国的忠臣护持，法令才能盛行，而这些，都是儒家所重的德性教育才能获得的。

就儒家言，国是如麻，人心叵测，有过必罚能遏止事态扩大，故须重法。而且，战争攻伐，固宜避免，一旦临事，不能无兵法术数以图胜战，故须重兵重法。

就儒法言，个人进退，毕竟在群狼之间周旋，没有道术，必自受伤，固宜有道家老庄的智慧护身。

综上所述，儒法皆不必坚持己见，批判他教，而是应该互相学习，再济之以道家的智慧谋略，则知识分子救国有术，个人福报可享，岂非真正融会贯通的中华大士？

第三节 论儒家为会通中国哲学的最大公约数[*]

一、前言

儒学作为中华文明最强势、最主流的学派，一直以来以自己的道德意识与承担精神辩证三教。然而，站在他教的立场上，儒家亦遭受批评：墨家批评孔

---

[*] 本节曾发表于"十年来儒学变迁之大势与发展之展望"嵩山论坛，登封，北京大学高等人文研究院、中国国际文化交流中心、中国文物协会和河南华夏历史文明传承创新基金会共同主办，2018年5月。

子的人格，庄子批评孔子的智慧，法家批评儒家的无用，佛教批评儒家为世间法。面对这些批评，应该如何回应？摆脱了批评之后的儒学，与他教的异同关系是否有所修整了？又，儒学在今日又有复兴之趋势，除了官方的倡导、儒家学者的助力，以及儒学爱好者的推动以外，儒学在今日世界究竟有何功能可以成为人类价值观的标的？我们应如何认知此事？这是本节要讨论的问题。

二、从儒学的理解与运用谈儒学在方法论上的新突破

儒学在当代的哲学课题，首先是当代新儒家对西方哲学的吸收消化与回应。重点是建立儒学为一合理合法的哲学理论，但结果却做成了建构儒学是最为真确最为圆满且超越世间一切哲学的任务，换言之，把儒学说成古今中外世界第一的哲学。这等于是在打辩论赛，自己下定义判决自己胜利，而不是在做严格的学理思辨。要谈论儒家的哲学合理性，首先要指出它的理论形态的特点，亦即东方实践的哲学而非西方思辨的哲学，但实践的哲学亦须有其思辨上的合理性，否则就不能成为西方意义下的哲学。就此而言，东方学者或者规避这项要求，企图以国学的生活实际而绕开此问题；或者以更为强势的思辨体系，超越西方，如新儒家之所为。笔者以为，实践哲学的学派理论可以系统性地建构，儒家、道家、佛教都可以建立自圆其说、系统一致的理论体系。只是，谁也无法否定了谁。因为理论上系统一致，经验上实践有成，故而各家皆是真理体系，无须辩证，不能否定，只是一套套理想不同、规范有别、目的各异的实践哲学体系而已。既然如此，儒家与各家都可以安住于自己的理论的系统性及合法性中，以此回应西方哲学理论思辨的需求。再者，系统一致性是一回事，经验的现实性证成是另一回事，但经验的现实性证成的重点是后人的实践是否符合创教者的境界，这就是检证性的问题了。检证性的问题才是儒学最具突破性的前沿问题，可以说是实践哲学的知识论课题。讨论这个问题的重点在于真切了解学派理论体系的宗旨，就其实践找出检证的特殊模式，从理论上予以解说，毕竟不是直接操作，而是对于一切实践操作及印证授记的活动之是否成功予以理论的解说。接下来，要处理的就是学派之间的辩争之解消，以及

个人在具体实践上的选择问题了。本节之作，重点在于各学派争议的消解，以及实践现场的选择与应用问题的讨论上。

三、儒家与墨家冲突之消弭

墨家有非儒之作，《墨子》中对儒家的批评与书中晏婴对孔子的责骂，已经是人身攻击了，失之浅薄，可以不辩。但是墨家的一些基本立场，是否就跟儒家有针锋相对之冲突呢？墨家讲兼爱，孟子辟之，关键是无父。儒家从天命人性出发，讲亲亲仁民爱物，爱有差等，此诚其然，最终也是要天下为公。墨家的兼爱是连着非攻而说的：天下征战，应非攻，盗匪横行，宜兼爱。墨家的兼爱和儒家的天下为公是一致的，儒者的推己及人之结果，就是兼爱。墨家讲话比较粗糙，说爱邻人如爱自己的家人，就不会伤害别人了，这也等于是了解了爱自己的家人是人性的本然，所以为了避免盗匪横行，主张要像爱自己家人般地爱别人，仅是此义；并非在临在情境时，选择爱父与爱邻人是等同的，这是孟子对墨家兼爱的强行解释，并不准确。孟子在太强调自己的性善论立场时，忽略了墨家的发言层面是不同的思路，因此兼爱与爱有差等可以并存。爱固有差等，但差的也是要爱的，天下为公就是爱天下人，这是儒者的自己的理想，与最终的实践结果，墨家就是直接讲最后一阶段，如此而已，所以孟子不必一定与墨家辩。墨家讲节用，讲节葬，讲非乐，其实都是因为站在百姓位阶上的生活要求，生活都过不下去了，还要保持厚葬、礼乐，这岂不是奢侈之风？然而，儒者的立场就是庶之富之教之，先让百姓生活好起来，然后要教化，教化中就有礼乐教化。所以，百姓生活不好，就是儒者的责任，一旦将百姓的生活都照顾好了，则百姓就不必太强调节用、节葬、非乐的价值了，就会走上儒家的礼乐之路了。

又，墨家讲天志、明鬼，这也跟儒者讲"敬鬼神而远之"的立场不同。一旦国君不能好好照顾百姓，则人民只能诉诸超自然的力量以祈求改变命运，这就是墨家讲天志、明鬼的来由。儒者不然，他们有学识，有能力，可以做官，可以改变政治现象，所以努力于社会建设，而不是只能以百姓的身份祈求天志的好善恶不义，而是一切靠自己，所以敬鬼神而远之。因此，儒者不必否定墨家的天志、明鬼说，只是儒者不诉诸天志、明鬼就好了。儒者是要透过自己的努力，改善社会，追求理想的家国天下，对于鬼神之说搁置即可。又，墨家主尚贤与尚同，尚贤的重点在于厚禄、高名、实权，目的在避免官员贪渎乱法，有其硬道理，尚同是上同于天子。尚贤与尚同，儒者都不必反对。

总之，天志、明鬼部分并非儒者重心，因为儒者要靠自己拯救天下，而不诉诸鬼神，因为自己是有专业治国能力的。节用、节葬、非乐等，在社会发达后就不是最关键的价值了，礼乐教化更有作用，不铺张就好，丧礼、典礼、祭祀还是要隆重的。鬼神存而不论，不依赖鬼神的社会才是成熟的社会，鬼神信尽可开放，但参政的儒者是不依靠问告鬼神与鬼神的赏罚而为治国之思路的。所以儒者不必否定鬼神存在及作用，与之可以并存，只是自己不依赖之而已，一切靠自己，因为一旦依赖鬼神，就不是专业政治经理人了。以上，儒墨之间是有冲突对立的，但是都可以解消，儒家把社会治理好了，墨家就消失了。问题只是，国家治理得好不好，这不是儒者一家能负责任的，而是一时代所有的知识分子、有权之人要共负其责的。显然，两千年来的中国政治始终未臻完美，于是两千年来的民间会社也就一直存在，结合鬼神信仰的民间宗教也就是墨家团体的灵魂也不断再现，这不是儒家的责任，而是整个民族的责任。至于儒家，笔者以为，要同情墨家的立场，并且解决墨家理论中所预设的问题，那就是民不聊生、百姓流离的社会现象。解决了百姓生活困苦这个问题之后，墨家还有宗教的面向，尊重就好了，只要人民生活美满，宗教这个面向就不会对社会产生重大的改变。总之，墨家的需要，儒家可以满足，墨家是需要儒家的，儒家是要照顾墨家的。

四、儒家与道家庄子冲突之消弭

《论语》中有隐士与儒者之辩，《庄子》中有讽刺孔子之言，儒庄之间有明确的立场对立。但是，笔者主张，两家却须是各安其位，谁也不需要与谁势不两立。隐士讽刺儒者，自去做隐士，也不去现实上冲撞之。儒者与隐士的对谈，说完就算了，仍旧干活去。其实，儒庄之间，都是恶劣时代下知识分子的自我选择，可为时前进为儒，不可为时退后为庄。只是，是否可为，始终莫衷一是。这是因为，个人判断不同，个人机遇不同，个人个性不同。所以，两家的根本价值立场，不必互相非议、菲薄，其实彼此都是自己的内外两面而已。当然，庄学的言于高处，已进入了神仙向往之境，这却非儒学之所论，亦非儒学愿意接受的立场，张载就为文批评[①]，但这是形上学、宇宙论部分，永远无法达成共识。儒家所重在现实世界，现实世界儒庄立场不同，但只是个人选择，都没有觉得对方是罪大恶极、危害社会的。因此，儒庄互相不往来就算了。但是，社会不能一任其崩解，这就需要儒者的角色。庄子不认同儒家的作为，是因为认为无效。但是，社会是不能没有儒家的，庄子是不能没有儒家的，大动乱的时代，隐士也不得安宁了，且内心绝对是痛苦的。同时，儒者是必须有庄子的逍遥心灵的，以避免自己的生命受到严重的创伤，在不可为时，逍遥去之可也。

五、儒家与道家老子之互补与融合

老子之学，向不为儒者所真正认识清楚，关键就是误以为是法家阴柔之术，或以为老子之学是消极避世的，这是就价值立场上说。若就哲学理论建构说，张载批评老学"有生于无"之说，是指控落入根本无的立场，而张载为儒学建立的是永恒实有论的立场。又陆象山批评朱熹讲太极之无形之说是老学，这是存有论上的争议，事实上一切的根本原理都不是物质性的存在，因此必然是无形的，何必就说是老学？可见，儒者多是未明就里就对道家予以批评攻击。然而，周敦颐讲的"主静立人极"，其主静者，无欲故静，主一就是无欲，这就与老子之"无为"之说是同一回事。程颢和王阳明都讲过工夫在日减的话，这就是老子"损之又损"的意思。儒者自己已经使用了老子之学竟不知矣。老子之学，从操作的智巧面上补足了儒家的道德理想。儒家

---

① 参见杜保瑞：《北宋儒学》第二章"张载体系完整的儒学建构"。

讲理想，重荣誉，却在高层权力争斗中每每败下阵来，关键就是不肯虚与委蛇。这一点，老子看明白，舍得放下，告诫知识分子"不敢为天下先""弱者道之用""无为而无不为""取天下常以无事""夫为不争故天下莫能与之争"。老子之学从来积极入世，只是态度上要圆融，可以说理论上与儒学直接互补。思想史上的儒老之争，都是误解老子的错误之见。老子的智慧就是儒生当高阶大臣时的虚圆之相，身处权力斗争的高阶官场，能够生存甚至能办成大事者，没有不是具有老子智慧的高手的。儒者不应再误解老子，更不应否定、批判他，否则就是自己的智慧层次有限了。所以，老子就是一个儒者，圆熟了狡诈贪婪的世人品性之后，知道应对进退之道，目的在"绝圣弃智，民利百倍；绝仁弃义，民复孝慈""不敢为天下先，故能成器长"。不是只有高举理想者是圣人，能实现理想者更是圣人。老子之学正是教导儒生如何在现实上实现理想的智慧技巧之学。他就是一位大儒，儒老是分不得彼此的。

六、儒家与法家冲突之消弭

儒者和法术之士所设定的自我角色是不同的。儒生是遍在各个阶层的官员角色上，然而一旦站上高位，甚至侧身君王左右，面对尖锐的生死危难之际、战争亡国之交，为天下安定计，立即性的术、一致性的法、号令风行的势，绝对是当下必需的。王阳明剿匪时使用了法家提倡的连坐法，作战时前线退却的官兵必为军法处死，天下大儒正是执法最严的实践者，岂非正是为了百姓的大爱而必行之处置？儒法之间还有何可辩？当然，法家批判儒家者多，《韩非子》以为仁义不足恃，以为不应重贤人，这其实都是在讲任用官员不能因周围人的推荐就任官，否则就是虚荣地以仁义之美德而重人，称之贤人，这就是讲国君自己不依法而任智妄行了，这样任官的结果多半会犯大错误。任官必须循序渐进、按部就班、依功劳而奖赏晋升，此说无误。但儒家讲仁义且重贤人之意，并非韩非所言之旨，韩非所指是利用道德仁义的虚矫身段跻身政治高层，然后窃国夺权。但这岂是儒者之行？韩非批评有误，儒者不必受之。

又，韩非重法，其言曾、史未见，反观盗跖横行，禁制之法不为道德仁义者设，而是为盗匪横民而设，此说亦善。儒者重德重礼，不重政刑，指的是教化的目的，而非面对社会治安甚至战争存亡之际的管理。面对治安、战争，孔子也需政刑，阳明也施严法。儒者要分清楚场合情境，则法家的法术势之运用，正是保国爱民的大工具，儒者不必非法。孟子批评管仲成就的是霸术，以苏秦、张仪为妾妇之道，但是孔子盛赞管仲为"如其仁"，关键就是完成霸业的那一段时间，世间就没有战争了，此事岂非天下百姓之福？苏秦、张仪之事，但为国家意志的伸张，这就是战争攻防、国际外交之术，术家之术。不讲究术，儒者就只能干等待汉高祖取天下之后，才能干出由叔孙通带领儒生建立朝仪的事情。然而，此岂儒者之志？韩非明知吴起、商鞅的惨祸，仍要为君王之权势而谈压制权臣之法术，最终，果真遭受刑戮，但仍一往直前，此举此行，岂非儒者爱国爱民的大情操？所以韩非口中的法术之士，也正是真儒之型。只是，韩非始终不能看准仁义之大功效，总以为君臣之间就是以利为计，实际上真正的儒者是利益买不动的，若非为了国家民族的强盛，为了百姓的生活保障，儒者是不会轻易就官入仕的。所以利益笼络不到儒生，而一旦笼络不到，韩非就认为这是无用之人，此说诚为太过。马上得天下，不能马上治天下，为长治久安之计，教育人民孝悌忠信，才是国家长久大法。总之，韩非辟儒，言之太过，儒者不必受之。但法家言法术势，确为国君所需，亦为儒者所需，德治主义须结合法治主义才能肆应变局。儒家需要法家，真儒才能正法，首先是一个好儒者，才会是真正的法术之士，而不会变身为权臣。儒家需要学习老子的虚圆身段，也需要学习法家的严厉手段，位阶改变，任务不同，环境有变，岂能执于一时一地一事一理？

七、儒家与佛教冲突之消弭

儒佛之间，在义理攻防上，多是儒家攻击佛教，儒学最大家都攻击佛教，佛教最大家都不攻击儒家，但也会有些僧人学者以佛非儒，这都是不必要的。熊十力企图收佛于《易》，印顺就否定之。牟宗三继续高儒于佛，佛教界已无人理会。儒佛之争根本无须为之，就像唐君毅说的，平时吃饭，病时吃药，可惜唐先生还是以教化次第高儒于佛。儒佛之间之所以不能高下，关键就是世界观的根本不同。熊十力与牟宗三以为是在谈哲学真理，故而应有普世的必然。印顺批熊时指出，他只是在谈佛法。至于佛法，是佛陀亲证下的教诲，就算尚未发展至大乘佛学，原始教典中的业报轮回禅定次第之说，已将佛学超越而达到出世间的境界了。佛教追求的是出世间境界，虽然印顺说大乘佛教世间、出世间已打成一片，但佛教有出世间确实是事实。而儒家不求出世间的虚渺，只就现世言国计民生，出世间事存而不论，此其别异。既然别异，目标不同，何须再辩？不过好胜而已。若所辩者是现实世界佛教信徒的行为，则是人病而非法病，人病法病不能混淆，混淆者依然是人病，法仍无病。

亲证之法都是已经证真之学，这是实践哲学方法论上必须接受的立场。亦即，儒、佛、耶、老、庄、法，各家所言皆真，各自有用，互相不必非议。非议亦不成理，儒非佛是不成理，佛非儒也是不成理，关键就是世界观知见不同，感官所不能及者无法强要人信。佛法涉及他在世界的知识，不能强要人信。就世间法而言，儒学精神与菩萨道同，儒者正是佛法在人间的发言人，佛教精神普爱世人，则儒家正是佛教在人间世界的同道，无须批评，而是要互相认可。事实上，真正的高僧也不非议任何人，这是他应有的境界，何况非议儒者。真正的学问高僧也不否定儒学，印顺否定的是假佛说儒的熊十力，是否定他说佛的部分，不必是否定他说儒的部分。佛教很清楚儒家的世界观在佛教世界观下是人天乘，这是宗密与印顺共同提出的观点。但是，儒者没有这样的世界观，所以也无须强要人家认同，更不必讥讽儒家世界观。佛教徒的大悲心就是要济度众生，何来讥笑非议之事？好的佛教徒必可成为优秀的儒生，当他角色任务是人间的执事的时候。好的儒者就是有佛教的悲心的人，只是他没有佛教的世界观而已。儒佛之间在现实上没有对立的需要，在理论上没有辩论的可能；在现实世界互助就好，在理论的世界，只能依靠个人自己的理解深度了。

八、儒家是中华文明各学派的最大公约数

儒家的存在，立足于人伦，视野于家国天下，一旦人类文明进入了有体制的社会结构之后，体制的维护、个人的出处，就是儒家关切发言的范围。所以，儒家让人们在社会生活中明白角色与进退，让人们首先在社会中可以好好做一个人。这一个立足点有了之后，人生还有许多面向、许多需求，而有道、佛、墨、法等学派在面对，于是补充或扩充了人生的向度，而发挥至不可限度的范围。但是，社会体制的维护是这一切的基础。除了法家，墨家、道家、佛教都比较是个人问题的解决智慧。墨家站在基层百姓的立场讲话；老子站在社会高阶人士如何处事应世的个人智慧上发言；庄子放弃社会角色，只顾个人技艺的超升；列子完全没有社会性思维，只有个人身体修炼之学；佛教小乘追求涅槃，大乘追求自度度人而成佛[①]：这些都是个人生命中有所需要的知识、技能、智慧。但是，一切个人追求都需要在社会环境的背景中进行，因此时代的好坏影响至巨，直接处理社会国家问题的学派，有其迫切优先性。儒家和法家的价值观，正是直面社会国家安危的问题，然而法家求急效，儒家重长久，因此儒家更是文明社会首需的价值哲学系统，它能让人们对人生的意义建立明确的观念，知道如何做人，就是从家国天下的角色扮演中落实为人处世之道。

儒家是知识分子的哲学，是对四书五经六艺娴熟的专业政治经理人，在社会有一定的位阶角色，有别于墨家站在平民百姓的层面上的言论意见，所以墨家的发言，首重人民现实生活的需求，则必是儒者必须满足的项目。关键就是基本的温饱，墨家之所以如此强调节用、节葬、非乐，无非就是：生活都过不下去了，还那么重视礼乐之教吗？然而儒家以教化之需，必须重视礼乐，所以采取了不同的立场，但是对于百姓生活困苦的现实，那就绝对是儒家的职责，必须第一优先地处理好。基础稳固之后，当然要追求礼乐教化、人文化成、礼仪三百、威仪三千了。如果社会真的被儒家治理好了，百姓都

[①] 大乘的修行实际上就是既出世又入世的，但其他在世界非凡人所见，因此许多时候只被当成个人的信仰，依此，暂说其为个人性的。

丰衣足食了，肯定不会有那么多饥肠辘辘、嗷嗷待哺的百姓批评礼乐之治。所以，墨家不是儒家的对立面，而是儒家必须达到的基本面。基本面达到了，儒家还有更多的追求，就不会再被墨家反对了。

　　一个有理想有自信的人，是不会屈从于威权的，然而在社会体制的运行中，一旦小人在位掌权，则体制成为压迫人民的工具，这就有仁人志士要出来反抗了，或是温和渐进的改革，或是激烈冲突的革命。但还有另一种选择，就是潇洒地离去，不问世事，只追求个人技艺的超升，则其个人的精神生命依然昂扬，这样的人物，有其自我能力上的高门槛，有其道德修养上的自我要求，绝不自甘堕落，为虎作伥。这是庄子的形态，这个形态预设了儒家自我修养的基本格局，但对于儒家追求社会体制的健康发展之目标没有兴趣，理由可能是现实的真不可为，也可能是现实已经很好了，也可能是理论上就认定现实不可能十分美好，因此无须再多费心于此，总之就是要避世了。避世不是儒者的心态，但是，儒者常常被迫避世，"贤者辟世"就是孔子之言，孔子去鲁也等于是避世了。儒者于势不可为之时避世以自保，此时他依然是个儒者，因为他必定朝向其他有利社会国家建设的事业去进行，如著书，如教学。因此，儒者需要庄子。至于真正的庄子，一心只求个人技艺的提升，已经全然放下社会责任。但是，若社会在战乱之时，庄子形态的人物要不被逼迫必须承担救人的任务，要不完全缺乏逍遥自适的外在环境，所以庄子也必须预设儒家，要有一定的社会稳定之后，才有个人天才的成就。依此，儒庄之间可以休兵矣，并且，根本就是互相需要的，有儒之后才有庄，真庄之前必是真儒，否则其庄也伪。

　　老子的智慧始终就是与儒家互补为用的。他的思想就是要取天下，只是告诫无事无私才可能团结人心，众人助你而成就事业，达无不可为之势，所以是从操作方法的面向，与儒家仁义之道相辅相成的。他的"弱者道之用""损之又损"，都见证了老子是要治理天下、做成事业的，这岂不是儒者胸怀？"绝圣弃智，民利百倍；绝仁弃义，民复孝慈"，孝慈与民利岂非儒家价值？显见其所欲弃绝的只是僵化虚伪的圣智仁义而已。真正的儒者，应该在操作面上掌握老子形态的智慧，深透人性之恶的里层，知道应对进退的关键技巧。老子就是一个老成持重的儒家，真正的儒者才可能成为真正的老子。

　　法家重君王保位之势，目的也是希望国家秩序稳定。法家重法，为管理上的效率，这已经是人类共识。法家重术，这是就具体操作上君王对臣下的驾驭之术，因为臣下就是天下百姓，天下百姓千姿万态，种类百样，好人坏人，真诚、虚伪、温和、暴戾者皆有之，因此术是必需的，否则无以知其奸诡。在这个问题上，儒家重教化，这是因为儒家站在基层官员知识分子的立场上，认为要对所有人民进行教育，以改善整个社会风气，十年树木，百年树人。但法家是站在君王的身份立场上，看透人性之恶。君王必须当机立断，即刻处理，止恶向善，君王再不立即惩治恶人，国家社会就会受到损伤，故须有术以知奸，依法以赏罚。这是国家必须做的，是任何体制维护治安的正常手段。任何社会体制若任由小人肆虐、恶人违法而不能制止，那么这个体制不能让人们再待下去了，因为根本活不下去了，这就是法家法、术皆重的道理所在。儒家对君王的要求就是行仁政、爱百姓，儒家要君王尊重自己，把权力交给自己，但这怎么可能？所以儒者只能在基层或体制外干等。结果高层多权臣，国家多纷乱，国君多失能。韩非看透此点，只处理关键的一个人，就是君王。对君王的要求就是能重势、用法、用术，能保位、能富国、能强兵，这就是君王角色扮演的根本目的。至于完成这个目标，就要管理全国人民和官员，这就需要有权柄、有方法。势就是权柄在手，若为权臣瓜分，则不能施展矣。方法就是法与术，法术势皆做，则国富兵强，岂非万民之幸？法家是站在君王之位，追求实现儒家的理想，而从人性恶劣的角度，探讨对付的方法的哲学，是儒家的胸怀加上帝王之术才可完成的。有问题的地方只是《韩非子》中多有批评儒家的话语，混杂着概念上的歧义与观念上的误解，厘清就好了。儒法两家势必要互相为用，因为是最入世的两大学派。法家还是从儒家出身的，就是有了儒家爱民爱国的胸怀，在富国强兵的强烈需求驱动下，搞清楚了问题要从君王的能力下手，而不只是依赖百年教育大计，故而有的法家。儒家依然是法家的基础。

佛教主张出世间的永恒追求，要得到无上正等正觉，透彻宇宙生命的全貌。但在身为人身的这一期生命中，若是大乘佛教，那就是自度度人、自觉觉人，菩萨道的精神与儒家无异，有别者在世界观与生命观，现世生命的角色扮演目标是一致的，只是做法会有差别。儒家必欲建设社会维护体制，佛家就在任何阶层任何事务上，只要别人有所需求他就予以救助。可以说大乘菩萨更早就有儒者胸怀，只是目标更远；儒者以为其不重事功，其实他的理想是包括事功却更超越事功，因此不在体制内的事功上唯一用力而已。这就好比法家对儒家批评其为无用的仁义之道时，儒者肯定不能接受。同样地，儒家对佛家的批评亦类于此。用心于助人是一致的，但思考的层面是不同的，设定任务的目标领域是不同的，根本无须互相批评，而应是理解之后互相尊重就好。就现实世界的维护而言，虽然不是佛教的唯一理想目标，但也不能不是佛教的理想目标，而勠力追求此一目标的儒家，在这个问题上就是佛教的同道。佛教的转轮圣王就是维护体制、造福百姓的人间君王，在佛教中是有儒者的。

经由以上的讨论，维护体制、倡仁义之道的儒家，在各个学派中都会找到相通的价值立场。因此，做人首先要做个儒家，然后随其悟性与环境，再发展出儒家结合各家的形态，这就是在中国哲学学派中的选择问题的结论。面对这么多的学派，人们该如何选择呢？其实就是先做个儒者吧。

九、儒家在今日世界的角色功能

儒家在今日的世界，无法因科举而得功名了，因此缺乏了过往官员儒生这一个族群。但是，这样更好，儒学本是个人修养之学，是人生意义志向之学，摆脱了现实的社会阶层结构，免掉了儒学与权势、财富、地位的体制性关联，只保留其淑世的理想，则儒家的信念正好可以成为所有人的人生基本价值观。至于儒学的研究推广，这还是需要有人来进行的，但它可以不是国家体制的任务，而就是知识分子的选择，是人民的自觉以成为儒者，而承担事业的理想。这就有三类人，一是儒学研究的学者，本身有信念，就好好研究，进而教学，再去弘扬。目前学术界许多儒学学者，都是扮演这类角色的人物。二是专职儒学弘扬的知识分子，不是体制内教学机构的教习，而是民间机构的推手，兴办文化事业，宣扬儒学价值，以儒生自居，自己的工作就是读书讲学与兴办教育事业，就像历史上晚年的孔子一样。这一类知识分子，正在社会各角落中逐渐兴起，夯实国土。三是阅读、理解也认同儒学的知识分子，却身处各行各业中，自觉地承担责任，为民服务，不论角色、职务、级别。事实上，当社会上各行各业的人都自觉成为第三类人的时候，就是儒学真正兴盛的时候了，那就是，以服务的人生观，努力学习，为社会奉献自我，为公不为私，落实仁义价值，最终追求完成礼乐教化的大同社会。

十、结论

儒学是人间大道，但是它只能是有自觉的人的自我情怀，要求别人都没有用，要求政府也没有用，它只能是有自觉的知识分子的自我承担。孔子、孟子、朱熹、阳明都是自己要求自己承担起责任的。儒学在今日社会的角色功能就是有自觉的知识分子，以儒生自居，愿意这个社会变好，把握自己的角色，积极付出；在人生的过程中，随着角色位阶的转换，学习更好的应对智巧，既有庄子的潇洒，也有老子的圆熟，还有法家的法、术，这样才能道济天下；在人生的终点处，可以有佛家的出路，则一切圆满矣。

结语

研究中国哲学，就是要让中国哲学既能建立又能弘扬。本书之作，借由中国哲学真理观的四大问题，深入讨论中国哲学最新的问题，展开中国哲学前沿问题的论述。以下总结之。

一、系统性之中国哲学"四方架构"

谈中国哲学的理论体系，首须对准它的特质，既然是实践哲学，则必有实践的项目，这就是工夫论。工夫完成了，达到了理想人格，则有对此说明的境界论，境界论就是儒释道各家的圣人观、神仙观、菩萨观等。然而，为什么是这项工夫？为何要追求这种理想的境界？这就是人生哲学，这是需要有理论的说明的，理论的说明就放在形上学上说。

就中国哲学的特质而言，形上学有两型：讲客观世界结构的宇宙论，讲抽象意义世界的本体论。另外还有存有论一型，就与西方哲学的思路极为接近了。

向来有存有论之名词使用与形上学、本体论合而为一，依据笔者的研究，为使问题意识清楚明白，必须对此做出区分。"形上学"是亚里士多德的用语，谈一切普遍原理之学，谈物之所以为物的后设思考之学。亚氏的思考提出动力因、目的因、形式因、质料因的"四因说"，提出潜能、实现说，提出质料因与形式因的存有等级说，思考物之所以成物的原理，为此做出后设性的思考。

冯友兰创作"新理学"，提出"理""气""道体""大全"四概念，都是后设性的思考，本来就是谈抽象意义的问题；柏拉图讲"理型才是真正的实体", 也是后设性、抽象性的意义思考, 本来不以价值思辨为主。这种思路, 在海德格尔的理论中, 就说是"遗忘了存有"的思考, 所以他要讲"此有", 要走入人的生活世界, 于是后继的存在主义哲学就跟中国的儒家的思路很像了, 讲的是人生的问题。在讲人生问题的时候, 价值是第一优先的问题。

于是, 被海德格尔批评为"遗忘了存有"的过去的形上学, 是西方形上学的主流。海德格尔自己建立的"基本存有论", 反而接近东方人生哲学, 后者以谈价值与人生为主。在当代中国哲学界对西方哲学的引进中, 经过海德格尔的刺激, 存有论也成了形上学意旨下的另一表意词, 不过指的是被海德格尔批评的过去西方哲学史上的形上学。至于在中国哲学本身的讨论中, "本体"就是最核心的词汇, 在佛教及宋明儒学的思考中屡屡出现, 中国哲学学者习以为常, 也就把本体论当作西方形上学的相同问题在谈, 于是本体论、存有论、形上学三个名词常被混用以为一个问题。

又, 中国学者在谈形上学的时候, 重视宇宙论问题。而且, 西方士林哲学的理论中是有宇宙论的, 先苏时期的哲学也多有宇宙论进路的哲学。于是, 形上学的词汇, 在中国学者的使用中, 就有了宇宙论、本体论、存有论三个相关的问题。

中国哲学的特质是人生哲学、实践哲学、生命哲学, 不是以客观真理的思辨进路在追求的, 而是以主观价值的实践进路在追求的, 于是工夫论、境界论是其理论的轴心结论。它们是有道理的, 这个道理就是儒家的"天"、道家的"道"、佛教的"实相", 这是传统中国哲学讲道理时的问题意识的名词。转换到西方术语, 就是形上学、宇宙论、本体论、存有论, 甚至加上世界观。这样一来, 如果不对问题进行明确的问题意识的区分, 就算是使用了这些词汇, 也无助于厘清理论, 也不能深化中国哲学的研究与创造。

为此, 笔者为这些哲学词汇重新做定义与区别: 世界观与形上学是涵盖最广的两个词汇, 就搁置不去定位它; 宇宙论要明确地放在谈时间、空间、物质存在的问题上; 本体论要明确地放在谈价值意识的命题上; 存有论要明确地放在谈抽象的意义上, 而抽象的意义就是聚焦于存有范畴的词汇论述,也就是"天、道、理、气、心、性、情、才"等概念的定义及其关系的讨论。存有论的概念界定清楚，关于人生问题的种种命题就方便讨论了。以下，讨论形上学中的存有论问题。

实际上，哲学上重要的概念有三类：存有范畴的概念、价值意识的概念、抽象功能的概念。价值意识的概念依各家的不同而有不同的词汇：儒家的"仁、义、礼、知、诚、善"，道家的"无为""逍遥"，佛教的"般若智""菩提心"。这些价值意识的概念，它们的意涵都是内属于自己学派的意旨的，即便是用了传统上是他家的词汇，它的意旨还是自己学派的意义。

至于抽象功能的概念，指的是"一多、本末、体用、有无、阴阳、动静"等等，这些词汇本身没有什么独立的意旨，在讨论任何问题的时候都会出现。通常，中国哲学学者会大张旗鼓地研究它们，但可以获得的确定意思是很少的，反而是浪费了精力，说了一些怎么说都可以的无谓的话。关键就是它们是辅助表意的工具性词汇，每次的使用都依当时的文气脉络做出暂时性的形式性定位，真正核心的意思都还是在存有范畴以及价值意识的概念上。

对概念范畴的讨论就是存有论，讨论之后的意思在儒释道各家都通用，基本意思不会乱了套，例如"心""性"概念，在儒家、道家、佛教的使用都是同样的意思，"理气""道气""道物"也是一样。真正会有差异的是在基本哲学问题的讨论时，依各家体系的不同就会有不同的内涵，例如进入宇宙论的讨论，佛教的"心"的范围跟儒家的"心"的范围就不一样了，但是，"心"是人存有者的主体性的主宰这一点还是相同的。

存有范畴的使用是哲学理性向抽象思维的高度发展的必然现象，如孔子少谈"性"与"天道"，孟子、庄子就大谈特谈了；如名家的抽象性就高于儒家，而冯友兰说道家具备了名家的抽象性却又有具体的落实。孔子的抽象性少于孟子，就是因为孔子以以"仁""礼""孝"的价值意识谈个人的道德教条为主，而孟子却大量使用"心、性、情、才、气"等概念范畴谈哲学命题，这就能够形成普遍命题，而非只有具体教条。孟子的理论主要是人性论与工夫论的理论，所以孔子要在具体的案例中一句一句格言式地讲述，而孟子只使用几个概念就讲完了同样的意旨，如"尽心""知性""知天""存心""养性""事天""持其志，无暴其气""志，气之帅也"等等。

"道"概念是中国哲学理论中最重要的概念范畴。"道"概念的意旨是老子首先创建使用的，庄子接续创作"道"论的内涵，其后儒家的《中庸》《易传》就大量使用它了。在儒家和道家之间，"道"概念的存有论定位是相同的，都是最高概念范畴，价值意识则是不同的。就是说，"道"概念的价值意识内涵在儒道的体系中是各不相同的，但"道"概念的角色功能定义则是儒道相同。当佛教进入中国，佛教对"道"概念的使用意思还是这个意思，只是它们的价值命题又不一样了。可以这样说，存有论进路的"道"概念三教都相同，宇宙论进路的"道"概念就有十分具体的经验意义的差别，本体论进路的"道"概念则必定是价值有别的。

"概念范畴"就是使哲学讨论能够以一统万、以简驭繁的抽象上升工具，而"价值意识"的概念则是中国哲学所追求的核心目标。中国哲学是人生哲学、实践哲学、生命哲学，一言以蔽之，就是价值追求的哲学，没有价值意识就没有儒释道哲学，没有价值意识就谈不上人生追求，没有价值意识就没有工夫论。儒释道三家都是有淑世理想的哲学，三家的哲学都起源于淑世的理想，也就是都起源于价值命题的确立。

中国哲学是先有价值后有理论的，理论在各家以不同的问题与进度各自进展。以佛教为例，原始佛教的"四圣谛"，有"苦谛"以说离苦得乐的价值追求，是为本体论；有"集谛"以说苦的发生历程及原因，以说生命现象亦即宇宙现象，是为宇宙论；有"灭谛"以说终极涅槃境界的追求，是为境界论；有"道谛"以说八种正确的生活态度，是为工夫论。由此可知，"四方架构"正是东方实践哲学的黄金理论模型。

道家老子的"道"论既有宇宙论意旨又有本体论意旨：本体论意旨是以"有无相生"及"反者道之动"的律则说出的"无为"价值，宇宙论意旨是以"道生万物"而说的。以道言之的"弱者道之用"的工夫论意旨亦十分清晰，又有讲圣人观的境界论。至于庄子，"道"论中的宇宙论意旨更为清晰，并以

"气"论实说之,至于"心斋""坐忘"的工夫论与"至人""神人""真人"的境界论亦明白朗然。

儒家的孔子讲格言,都是具体操作的工夫论为多,但有特别重要的圣人观的境界论则是作为教主的孔子明确定位的,他也同时定位了家国天下的社会体制维护的"仁""礼""孝"的价值,也就是本体论。可以说,孔子有境界论,有本体论,也有具体操作的工夫论。孟子则是人性论、本体论、工夫论、存有论都讲。人性论是具体在人存有者的本体论,人性论抽象上升之后就是本体论。孟子没有宇宙论的讨论,孔子也没有宇宙论的讨论,这是因为儒家的世界观就是家国天下,以经验现实世界为讨论的范围,不必涉及宇宙发生论来谈家国天下的价值观。

道教和佛教则不然,没有宇宙论就没有它们的宗教哲学体系。一切宗教都有宇宙论,甚至都有死后的生命世界的知识性命题,这都是宇宙论的问题。先秦儒家不必谈宇宙论,鬼神之事存而不论,"敬鬼神而远之","以为文则吉,以为神则凶",但当儒家受到道佛理论的挑战之后,在宋明时期就建构了宇宙论,最重要的还不是讲出一套宇宙发生论如周敦颐《太极图说》之所为,而是借由宇宙论否定鬼神存在以及他在世界的存在,如张载之所为。

对于这些辩论的反思、批判及辩证,是知识论的问题;对于这些知识立场的申述是形上学问题;借由这些宇宙论、本体论的知识及观念进行的实践活动是工夫论和境界论之所为。

在中国哲学史的进程中,有模拟于西方形上学的问题。佛教有超强的形上学,道家次之,儒家要到宋明以后才积极建立。整个儒释道三教的强项在工夫论与境界论,这是西方哲学较少触及的面向,当然也是有的,只是不如东方哲学之广大发挥。一个真正的基督徒都是要做工夫的,柏拉图的哲学皇帝也是要做工夫的,当代存在主义也充满了工夫论。然而,把工夫论作为主题,深入发挥,结合天道论、实相论、理气论等形上学理论的做法,就是中国哲学的特长了。

在中国哲学史的进程中,知识论的明确的问题意识较为缺乏,一些认识方法的理论和一些思维模型的理论，固然是属于知识论的问题，但都不是重要的哲学理论，不是足以证成儒释道的价值命题以及世界观知识的理论。二十世纪中国哲学家们的理论努力，就在补足这一块：一方面提出解释架构，让中国哲学可以被理论性地说清楚；另一方面指出中国哲学的特质以为证成之途，这一个工作，也正是笔者研究的核心问题。中国哲学是讲智慧的，智慧必须是真理，但中国哲学的学派众多，大家都是真理的情况下，孰真孰伪？作为真理的个别理论体系，又如何证成其真？这才是根本性重要的知识论问题。

理论体系的完成还是要回到中国哲学各学派理论的内里来寻找。笔者借由牟宗三、劳思光、冯友兰的理论架构，重新整理而形成了"宇宙论、本体论、工夫论、境界论"的"四方架构"以为体系建构的基本哲学问题。这是寻绎中国哲学各学派理论内部思维模式而清晰地整理出来的，是发现而不是发明，是发现了本来就存在，只是隐而未显的理论架构，这是知识论反思的理论工程之一。还有证成的问题，也就是说能够建立理论体系，只是言说系统的一致性的完成，至于真实地在经验现实世界的实践中证成则是另一回事。这一部分的知识论问题是西方哲学缺乏的，但这是中国哲学现代化所必须做到的。作为人生智慧的真理，作为实践哲学的真理，这一部分的理论努力是必需的。知识论的讨论在笔者的研究中有四大问题，"系统性"是其中第一部分，后面还有三个部分，即检证性、适用性和选择性。

以下展开这第一部分"系统性"的说明。

（一）宇宙论

宇宙论是知识性的概念，相对地，本体论是观念性的概念。知识性概念必须有具体的经验上的意义，道教、佛教、基督教的宇宙论都有他在世界，他在世界对人类而言是没有经验的，但作为知识的体系，它在功能上就是以真实的世界观知识以为理论的前提而出现并提出的。至于如何确证，这个问题等到讨论检证性时再说。从理论推演的关系上说，先有了宇宙论的具体知识，之后才会有本体论的价值观念。当然，这是推想，而推想必须是合逻辑的。然而，要从宇宙论的实然知识推出本体论的价值意识，这毕竟是有理论上的跳跃的，问题就发生在：实然能推出应然吗？事实上是，一个学派的价值意识是首先出现的，宇宙论的知识是后来建立起来要作为本体论的价值观念的推演前提的，这个推演说得过去就行了。根本上而言，就是在这个现象中去找出意义，亦即价值，而这是一种在智慧的觉悟中的选择。所以先有价值意识，后有宇宙论知识，然后把宇宙论知识作为价值意识的理由，进行理论的推演。推演只是要告诉你他为什么可以这样认定，事实上他自己已经认定了，只是要说服听众、读者，听众在接受了价值意识的同时，也等于接受了这套思考方式，也等于相信了这套宇宙论知识，所以，这又是知识论的问题了。更多的讨论，后文再说明，以下继续说明宇宙论。

  宇宙论的具体知识包括了宇宙发生论、世界观图式、根本元素、生死知识、存有者类别、命运知识，这些问题，根本性地决定了各家学派的理论形态的核心知识。

  宇宙发生论，讲这个经验现实世界的发生、发展、演变的历程。道家有之，《淮南子》中就有充分的文字证据。佛经更有之，《华严经》中说毗卢遮那佛放光而有了世界，这样的理论，就是宇宙发生论。儒家周敦颐的《太极图说》，是最简单版的宇宙发生论。西方基督教的天主造世界之说，也是宇宙发生论。宇宙发生论是基督教能够成立的根本基础，这在中国的道教也是理论建构的必要项目，只是道教更重视个人的修炼工夫，但宇宙发生论不能没有，否则就难以完整化所需要的理论体系。

  世界观图式也是宇宙论的核心课题，道教"三十三天"说是世界观图式，佛教《阿含经》中有"大千世界"以及"三界"的理论，也是世界观图式的问题。西方天主教的上帝之城与人间世界和恶魔世界的观念也是世界观图式的理论。世界观图式在基督教、佛教都是理论的重头戏，道教模仿佛教也做了许多的建构。

  根本元素谈整体存在界的物质建构，天地万物都是由那些细微的根本元素所构成的。就这一部分而言，有佛教的"地水火风"说，有中国儒、道两家的"阴阳五行"说，自然科学中的化学元素也是根本元素的理论。这方面的知识在儒学的理论中使用较少，但在中国自然科学中又成了必要的知识。道教的修炼知识充满了这些元素，佛教世界观的"成住坏空"说就在"地水火风"的集合和解离上说，佛教谈人类死亡过程就从个人身体的四大解离上说。根本元素在科学研究上是关键性的知识重心，在进行人生哲学的研究时，就是作为身体修炼工夫的知识背景了，例如道教的"炼精化气""炼气化神""炼神还虚"这样的命题。

生死的知识属于宇宙论。儒家对死亡有价值观立场，却没有知识，死就死了，留个清名在人间，重点是死有轻于鸿毛，有重于泰山。儒家追求活着的意义，有意义的一生，死了也永恒，无意义的一生，死了也没留下什么，等于白活了，所谓的意义，就在于为社会为人类的服务尽到了多少力量。道家庄子由气之聚散说生死，死亡就是回到造化者的大自然之中，因此对其妻死可以鼓盆而歌。道教有"魂魄"概念来说死亡，魂上于天，魄即尸体，魄入于土而变成泥土，魂上于天而留待子孙祭祀。佛教根本讲轮回，死不了，众生都是在六道中生死不断，只有成就果位之后才能不入轮回，这就是入灭、入涅槃之意，成了佛教早期生命追求的目标。

存有者类别是宇宙论问题。存有者指的是有生命感官知觉的存有者，除了人类动物以外，这世界是否存在着人类感官知觉感知不到的鬼神？鬼神是有感官知觉能力的，这个问题在不同的学派中有不同的认知。各个学派的世界观中是否有鬼神的存在？若有，鬼神与人类的关系又是如何？这就变成了重要的哲学问题。相信鬼神存在的宇宙论与不讨论鬼神问题的宇宙论，在价值意识上是会有重大的区别的，关键就是人死后的生命是否存在的问题。主张有死后生命的学派，对活着一生的理想与意义的追求是一种看法，不主张有死后生命的学派，对活着这件事情的看法也会不同。人死是否为鬼？是否有护法神、至上神的存在？什么精灵、夜叉、菩萨、神仙等等，都是存有者，这些在人类肉眼不得亲见的他在世界的存有者，是影响现实人生的重大角色。

命运是宇宙论问题，命运讲人的一生是否有固定不变的轨迹，以及这个轨迹是否有形成的原因，以及是否能有个人的自由意志来创造或改变它。儒家追求价值理想，并且接受命运，先秦时期对命运的发生没有深入的说明，一直到宋明理学，儒家才开始谈到"气禀"之说以解释命运的来源。儒家主张命运是没有原因的，亦即天道化生万物，人类各自依据所接收到的"气禀"而有命运的好坏结果。"气禀"与人们的努力无关，亦即人类是有命运的，但是并没有个人的原因来形成命运，命运只是天道的偶然巧施而已。但受命禀气之后，人是有使命的，所以必须努力，努力之后的成就，可以超越"气禀"的限制。

道家庄子讲个人的生死是"气"的聚散的结果，受"气"而生的作用中没有天道的目的性在，因此也谈不上有命运。只是当人类以社会世俗的价值眼光评价自己的人生以后，才有了命运之感受。所以命运之感受是一个多余而不必要的事情，解脱之道在去社会化，不以社会世俗的标准看自己，人就自由了。因此就命运而言，庄子和儒家一样，也是无因说，而且是自我束缚的错误认识。

佛教不然，佛教主张人有命运，而且是有因说。佛教讲轮回中的业报因果，所以是有宿命论的立场，而且形成于自我的造业。但既有形成的原因，那也就会有可以改变的方法，方法就是自我主宰。不受业力牵绊，也就是不受已经形成的习惯、性格的控制，人就能改变自己的命运，因为命运就是以业力的元素降落在性格中的，改变个性就能改变命运。说得精细一点，已经形成的业力是不能改变，一定是要去承受的，只是在习惯性中的力量可以经由自己做主而不再继续下去，不会再走上原来的轨道而制造更多必须受报的业力，所以说改变了命运。但是，业力的作用力是不减的，必须承受。有一句话叫作"重报轻受"，其实业力没有变轻，只是你很努力，体质变强，业力来时，相对受报的感受压力变小了而已，所以，任何时候，人都要积极努力成长。

宇宙论的知识如何形成？问这个问题就是知识论的问题了，只是对象是宇宙论的知识。宇宙论的知识当然是经验到了才言说得出，若无经验，就是科幻小说了，通通是假设的。但是，作为宗教哲学的宇宙论知识则不能是假想的，必须是真实的。只不过，一般人没有那些经验又如何能说有此种知识呢？解决这个问题就要回到学派理论的创造者身上。也就是说，我们必须认定学派教主的言说是有经验的，他所说的必须是他所经验到的，就算是涉及他在世界的知识仍是教主的经验感知中见识到的。至于他如何有此能力，这就是做工夫的结果。可以说，中国哲学的工夫论是中国哲学的宇宙论的知识支撑点，不像西方哲学的知识论是否定西方哲学的形上学的另外一套基本哲学问题。至于教主如何会知道有那样的他在世界可以去经验并且去言说，只能以创造这个概念来说明它了。作为教主，总是有异于常人的敏锐能力，能知常人所不知，能常人所不能，先有假想，而后操作，实感实知，进而言说。为什么不同的宗教教主会说出不一样的世界观呢？究竟哪一套说法才是宇宙的真相呢？笔者的回答是，宇宙奥秘，内涵广袤，探索不尽，随人设想，任人探查，谁都可以看到、感知到自己所设想的那一部分真相，所以大家都是说出了部分的真相，就这一部分的真相，也足够地球上几十亿人口持续探索并终生信仰了。对于信仰者而言，他们要做的是后继的工夫操作。他们是否同样能知见到与教主同样的宇宙论知识呢？当然是可以的，但是有真伪之别。如何检证？这是可以在检证问题上深入讨论的课题，而这就是中国哲学的"知识论"的全新议题了，可以贡献于普世的哲学学科。

（二）本体论

首先厘清一下，本体论这个词汇在中国哲学界的使用是有歧义的。它其实包含了两个问题，一个是关于意义的价值的理论，一个是关于概念的范畴的理论。前者以本体论说之，后者以存有论说之，但这只是笔者个人的使用，学界还没有这样的意识，笔者愿意积极推广这样的使用模式，它会有效地帮助中国哲学的讨论的。本体论讲价值意识，过去有学者提出"心本论""理本论""性本论"等说，来讨论儒学内部的分支，这是以形上学、存有论的问题意识为进路之说。如果主张主观唯心论，这可以说是"心本论"，也有以"理本论""性本论"是客观唯心论之说者。笔者以为，这些形上学、存有论的说法，对于中国哲学的研究还只是表面进路，因为中国哲学的存有论并不在理本、心本、气本上争执。理学中讲心性工夫，心学中接受理气论，实在没有对立冲突性在。研究中国哲学，重点还是要以"宇宙论、本体论、工夫论、境界论"的各种基本哲学问题为进路来讨论各学派的理论。各家理论的冲突，最终会因为问题的澄清而被解消，其实一些冲突仍是表面上的，并不是根本的差异。因此，儒学内部的这些理、心、气、性"本论"的划分，不能真正别异思想，只是进路重点的差异。总之，这些"本论"并不是笔者在此处言说的本体论问题，而是存有论问题，而且这种存有论进路的讨论上的差异，仍然可以放在"宇宙论、本体论、工夫论、境界论"的架构中被统一归纳，而不生冲突。

本体论讲价值意识，这是三教的核心重点，没有价值意识就没有儒释道三教。中国哲学就是要追求永恒的理想而建构的哲学，所以价值意识的本体论是中国哲学的形上学的核心问题。

价值意识必定来自选择，背后有世界观的知见。世界观的知见人各不同，可以说就是个人眼界不同、关心不同，所以价值汲取也有所不同，因而形成了不同的学派，就像儒与老、庄。价值一旦选择而成为教派的立场，就没有可以改变的空间了，改变了就不是这个教派的立场了，所以价值意识没有轻易合流的可能，但是宇宙论的知识是可以在教派成立之后，随着后人的继续实践而感知而开发创造而有新作的。这是两者的差异。道佛两教的宇宙论就有不断翻新且跟进的结果。佛教的本体论有更新，从原始佛教的"无常、苦、空、无我"，到大乘佛教的"常、乐、我、净"，但那是抽象的上升而有更高的境界，不是位移而接受了他人的教义立场，这是善解与否的问题。

本体论的价值意识是可以谈次德目的，儒家以"仁"为本，可以更具体展现为"仁义礼智"，也可以转化成"四维八德"，也可以以"善""诚"替代之，但意旨无变。

本体论的价值意识也可以有教派的交流沟通，但最高价值意识还是以自家的为中心。例如儒家"仁义"本体与老子的"无为"本体，后者预设了"仁义"思想，但更透彻人性而提出无私的最高价值，因此在表现上不会彰"仁"显"义",但有相辅相成之效。关键是世界观的立场一致,都是世间法的哲学,若有出世间法,则必然是差异甚大的,如庄子的"逍遥"与佛教的"般若"。沟通当然是可以的,互相读懂对方,善会意之而不冲撞时便可以沟通。《论语》中的孔子及其弟子都乐于和隐士沟通,《庄子》中就不断讽刺"仁义"。理论上说,儒、庄角色不同,价值立场不同,只能说是个人的不同选择,互相尊重,不须菲薄,这样就是沟通了。可惜理论上两家互相对立,因此儒、庄之智慧,就只有在现实生活上由个别的人的生活来同时呈现了,也就是在自己的人生中沟通儒、庄,转换角色立场,以肆应复杂的人生。

在价值意识上差异更大的是儒、佛之间,关键是世界观根本不同,佛教有人天善果、行善积德,与儒者同,但有死后受报之旨,已经有所不同,至于超三界、不受轮回的阿罗汉思想就和儒家差异太大了。儒者以为的"大丈夫"事业,是落实在人间的,这在阿罗汉修行者眼中,虽不非议,却绝非意向。至于大乘菩萨道救度众生的意旨,表面上看来与儒家的价值观一致,但儒者有"立德立功立言"的动机,而菩萨却要化掉一切的动机意想,行若无事,只是一体本然。当然,这是可以沟通的,所谓的沟通,是落在现实生活的实践事业上的沟通合作,例如一起办活动。若追问对生命终极取向的看法,儒、佛两家就大异其趣了,这正是宇宙论的根本差异造成的。佛教毕竟是出世间法,理想的终趣在彼岸,不在现实世界的此岸,这是佛教菩萨道救度众生的理论和儒家治理家国天下的理论的根本差异。佛教的度众旨在令众生开悟以知晓佛法,从而进行自己的解脱之道;儒家的价值观旨在让百姓生活安定、丰衣足食,从而知"仁"识"义",立志以为君子、圣贤。

有他在世界观的道教,却与儒家有共同的价值意识。可以说道教的他在世界只是此在世界的另一层结构,他在世界的高级存有者仍然为着此在世界的百姓求福助命,协助人间善理天下,这是中国本土宗教十分特殊的性格。鬼神只是协助人间的高级存有者,道教仍然是以现实世界为主要关怀的人类中心主义。道教与儒家不只观念上可以无缝沟通,现实事业上还可以互助成办。

（三）工夫论

工夫论是中国哲学核心议题中的特殊项，它在西方哲学中没有这么重要的地位，这是因为中国哲学根本上是实践哲学，所以对个人能力的提升便是哲学的核心议题。个人必须实践以提升自己并改善天下，这就是各学派思考的目标，只是意见各不相同而已。就实践而言，平时修养自己，并且在实现理想的过程中再度深化自己。就此而言，中国哲学以儒释道三家为核心学派的理论类型中都充满了工夫论的理论，工夫论就是主体的实践方法，但它必须有理论依据，没有理论依据就成了任意妄为。这个理论就在形上学中，宇宙论与本体论都扮演了绝对重要且根本关键的角色。至于存有论，则或为宇宙论所属的概念讨论，或为本体论所属的概念讨论，根本上还是宇宙论和本体论两路在谈的工夫论。

工夫论谈主体的实践，主体有身心两路，身心两路都是做工夫的主体，在儒释道的哲学中，正好也是有身心两路的工夫实践的理论在其中。儒家主要是心理修养的工夫，身体的部分只是心理修养下的仪态外显，并不是以身体健康甚至感官智能的提升为目标。心理修养的做法就是纯粹化主体意志到唯一的价值意识上，价值意识就是本体论在谈的，因此心理的修养就是本体工夫，以价值意识的本体为主体心性的意志内涵，这就是需要做工夫了。做工夫的方法就是纯粹专一，这就是"敬"，"敬"是本体工夫的操作型定义，就是谨畏、收敛、专一、涵养、主静等操作方法的同义词。所以，谈工夫论首先就有本体论进路的心理修养工夫。然而，价值意识三教不同，追求的理想当然不一样，但本体工夫都是专注于本体论的价值意识的形式，则是三教一致的。

身体修炼也是工夫论的主题，而身体的知识则是修炼身体的理论依据，这一部分在道教及佛教都有。关于身体的知识，道教以"精气""魂魄"说谈法术的修炼，佛教以"四大"说谈死亡，以"五蕴"说谈意识的形成与转化，以"六根互用"说谈禅定与神通。这些都是从身体的知识建立的修炼工夫，这就表示，宇宙论进路的身体修炼工夫必然是工夫论的另一主轴。

依儒释道三教的类型而言，儒家以心理修养的本体工夫为主。道家道教以身体修炼为主，但依然必须依据"本体论"的价值观，以为心理修养所需，这是因为，身体修炼也是有价值意识为据的。佛教同时具有身心两路的工夫，心理修养的本体工夫与身体修炼工夫并存，佛教工夫论通常以修行论说之。所以平常讲儒家修养论、道教修炼论、佛教修行论，就成为中国哲学工夫论的三种不同的类型。

以上从形上学说工夫论，以下说明工夫论的三个阶段。历来谈工夫理论，尤其儒佛两家，时常出现工夫论的争辩。有时候只是语义的问题，有时候就是尖锐的立场争辩，此处，笔者要谈的就是这些引起争辩的工夫论问题的解决。一般工夫理论，其实有几种不同的类型，前述是以知识的进路而划分的类型，以下是以工夫本身的进程而做的分类。此处简述之有三类：有谈工夫入手的，有谈工夫次第的，有谈境界工夫的。这其实是讨论工夫论问题的不同进程，亦即在工夫操作中所关注的问题，是主体实践在工夫进程中的不同阶段所进行的实践项目。

谈工夫就有入手的问题，入手问题就是一开始要怎么做，在本体工夫之中，就是纯粹化主体意志于终极价值意识，其实就是"主敬"。若是宇宙论进路的身体修炼工夫，由于次第明确，就是次第中的第一步工作，有时以心法修养为主，有时是具体的身体操作。

工夫次第指的是从开始做工夫到最高境界时所有的阶段性做法的序列，最明确的就是《大学》中的"格物、致知、诚意、正心、修身、齐家、治国、平天下"。《大学》中明确地讲："物有本末，事有终始，知所先后，则近道矣。"这八目中，前四目是工夫次第，后四目当然也是工夫次第，但因为还有"境界论"的基本问题，所以归于境界的四目更好。先说前四目，格、致、诚、正就是研究事务、了解知识、收敛欲念、坚定心志。《大学》这八目是为了内圣外王、治国平天下而有的儒者的修养工夫。从本体工夫的核心而言，是诚意正心，诚意正心由外而内说时，是意念的收敛与心志的坚定，最后结穴在正心。这样说来，这时的"意"是粗糙的念头的收敛，而"心"才是最高主宰的心志。结合格物、致知，这就是先知后诚，知识确定之后，再诚意正心于所做之事上。儒家就是要做事情的，但所做之事是否正确？因此一般意义上的知识正确必须先予确立，这就是格物致知，然后诚意正心地去做这件利益自己、利益大众的正确的事。这就是"先知后行"的次第。

哲学史上也有对于"先知后行"的挑战之见，王阳明就认为格物致知不是研究客观知识，在他的解释中变成了"格去物欲、致己良知"。这就变成先做客观认知，还是先做意志纯化的问题了；更深入一层，变成只有意志纯化才是真正的工夫，知识学习并不是根本关键的。此说，尚可继续深入讨论，谈哪一种工夫是根本，需要看目标，也需要看资质，还需要看环境。一般来说，世间法淑世理想的目的下，客观知识与主观价值都是必需的，只看语言系统的施设上如何恰当地安排之。王阳明也不能不要客观知识，只是说本末轻重而已，他认为根本还是在价值意识的确立，但这就看各人所重了。也就是说，《大学》讲的本末，在前四目中，本来是次第的意思，王阳明却从本末主从的进路去讨论了。

至于修身、齐家、治国、平天下，则是随着年龄增长的人生阶段，也是随着地位提升的生活事件，但也会是在同一时间中四种不同内外层次的人生事件层面：修身不全则齐家不足，齐家不足则治国不全，治国不全则平天下不圆满。这确实是境界阶段的层层上进，人在相当年龄以后，家事国事天下事同时面对。就整个天下而言，所有国家都健全了才是天下的真正健全，所有家庭都安康了才是一国的大治，个人身心都健全了才是家庭的真正圆满。但这四件事一方面同时发生，另一方面没有哪一件事可以说是真的完成、真的圆满了，重点是一直去做就对了。这并不表示这四目没有一个关系上的本末逻辑，修齐治平就是这个本末的逻辑。

次第的问题在本体工夫上一直有孰先孰后的问题，这是因为本体工夫毕竟是心法所为。次第可以谈，但也不必绝对化，因为次第中的所有阶段都还是同一个心法，只是所处置事务的繁简之别，以及个人当下境界的高下之异，所以本体工夫说的次第有很大一部分只是境界的不同，因而追求的重点不同。

朱熹认为，《大学》八目每一目的实际操作都是"求放心"之学，"求放心"就是意志纯化的本体工夫，"格致诚正修齐治平"变成它的项目而已，项目可以谈次第，操作的心法都是同一个的。

次第的问题在儒家有知行先后之辩，在佛教有禅宗顿渐之争。顿渐之争表面上是次第之争，其实又是本末之争。说次第，是项目的上一个达到了之后才有项目的后一个可以追求，所以次第和境界十分相关。说本末，就是说哪一个更根本，有逻辑上更先的意旨，而未必是时间上的意思。顿渐之争就是这种本末之争，是顿悟还是渐修，这个问题之所以成为问题，就是做工夫达到境界者都主张直达境界才是工夫的根本，然而针对初学者的学习进程的设计，都会强调要从那些基本工夫做起。就初学者而言，要去除妄念、去除习染；就达至最高境界者而言，他根本已无妄念、已无习染，于是就以无妄念、无习染为工夫的状态，所以讲顿悟时几乎等于不用做工夫了，其实那是做了工夫以后的境界跃升，一时领悟了，所以不必再下学上达了。然而，领悟了还是要去实践，又回到渐修了。因此，顿渐不宜争辩。境界可以论高下，可是，那是每一个人自己的修养问题，也不好论高下，否则易流于人身攻击。至于理论上宜顿悟还是宜渐修，这根本不应该成为问题，每个人必须领悟价值真理，也必须在自己的实践上一步步上进提升，这就是渐修，事实上每个人都是渐修顿悟一直向上的历程。就渐修而言，可以谈次第，也必须谈次第，只是，本体工夫也就是心理修养工夫的次第是可以谈，但也不必太固定僵化之。

次第的问题在宇宙论进路的身体修炼工夫上，必须强调与坚持。这是因为，身体的修炼涉及具体的感官知觉能力的高下问题。身体是一步步来炼养的，不能躐等，武侠小说里就说会"走火入魔"。上体育课时首先要慢跑，先暖身了，才能从事剧烈运动。道教所说的"炼精化气、炼气化神、炼神还虚"更不能躐等，因为能力上也躐等不了。所以，次第总是与境界相关，前面一个境界没达到，后面一个境界一定上不来，所以说次第时，常常既是工夫论的也是境界论的。

工夫论和境界论是分不开的，没有工夫就不会有境界。当然有些特殊的人才,他们天生就智慧过人,但对绝大多数人而言,还是必须谈做工夫的。即便是境界很高的人,就算武功高强,也必须持续涵养。程颢说"识得此理,以诚敬存之",得道悟道之后还是要存之,也就是涵养。程颐说"涵养须用敬,进学在致知",已经接受德性价值观者,还是需要以诚敬涵养之。至于准备成为社会国家的栋梁者,那就是要致知,这个"致知"也就是《大学》"格物致知"的原意了。

谈工夫还有最后一个阶段,就是境界工夫,这时候已经是功力深厚了,做工夫达到最高级的状态了,只是展现而已,无须再为艰深的修炼活动,没事保持,有事展现,展现时也不多费气力,行若无事而已。哲学史上有许多工夫论的争辩,就是境界工夫与工夫入手或工夫次第之间的争辩,如阳明的"四句教"有次第的意味在,"四无教"就是达到境界了,已无须多所作为,所以"四无教"和"四句教"之争,就是境界论和工夫论的争辩,这是不必要的。禅宗语录中有言,"心平何劳持戒",这也是境界工夫。境界工夫就是无须再做工夫,只要保持与展现,其实已经就是境界论的言说了。

(四)境界论

境界指的是人的实践活动之后的结果,目标在达到理想完美的人格。中国哲学儒释道三家都有自己的理想人格典范,都要努力追求,这就提供了工夫论,至于所达境界的描述,就是境界论。所达境界必须深究,一方面三教不同,就比较的意义上就是要言说其异,另一方面个人修为不同,是否已达最高境界亦须辨明,因此哲学上是一定要说明最高境界的状态为何的。

对于境界论的说明,有三个脉络,其实也就是"四方架构"中的其他三方——宇宙论、本体论与工夫论,这当然要依教派自己的系统而定。儒家哲学没有什么宇宙论进路的境界论,只有本体论进路的境界论的言说,例如:"大人者,与天地合其德,与日月合其明,与四时合其序,与鬼神合其吉凶。""天地、日月、四时、鬼神"虽然都是宇宙论的概念,"合德、合明、合序、合吉凶"都是价值的贞明,并没有改变"天地、日月、四时、鬼神"的什么,也没有达到不同的"天地、日月、四时、鬼神"的状态,所以都还是心理修养之后的境界。道教与佛教则不然，它们都有宇宙论进路的工夫，因此也就有宇宙论进路的境界言说。以佛教为例，原始佛教的"四禅八定"就是宇宙论进路的境界言说，讲述修行者在打坐中主体的状态和五蕴的结构与三界世界观中的色界、无色界的相应状态。大乘佛教的"十地说"，讲述菩萨修证境界的等级，一地一地有不同的心理境界，更有不同的相应国土，这就是非常标准的宇宙论进路的境界论，言说身体的状态以及所生活世界结构的升进变化。当然，境界论更要言说最高境界，在道佛两教中，最高境界的宇宙论进路言说是不可少的，例如原始佛教的阿罗汉果位："阿罗汉者，能飞行变化，旷劫寿命，住动天地。"例如大乘佛教十地菩萨与佛的境界，佛有三十二相、八十种好。当然，这是宇宙论进路，也有本体论进路的佛性言说，如《金刚经》言"若以色见我，以音声求我，是人行邪道，不能见如来"。

对于最高境界的描述是要有宇宙论与本体论进路同时进行的：本体论进路言说那个终极价值意识在主体的心行中已经能够完全守住，绝不滑失；宇宙论进路言说主体的身体状态以及外在客观世界的相应结构，尤其是在道佛两教，因有他在世界观，主体的身体智能不断在升进状态中，因此既需要有主体的身体描述，也需要有对于外在世界、天地架构、国土精粗的描述，以为境界改变的说明。

境界论从工夫论说时，就是前面讲工夫论时的境界工夫，不再多论。

（五）形上学与知识论进路的研究

"结语"一开始处理了在中国哲学问题意识的进路上，如何借由来自西方哲学的术语讨论之与了解之，从而建构了对准中国哲学特质的宇宙论、本体论、工夫论、境界论的"四方架构"，并同时界定了形上学、宇宙论、本体论、存有论甚至世界观等术语的使用意义。以上，是笔者意欲建立的以中国哲学问题意识为进路的研究。下文则将处理以西方哲学问题意识为进路的中国哲学研究，亦即尚未转化到对准中国哲学特质的问题意识上的研究，主要就是形上学和知识论这两个基本哲学问题的研究。

就形上学进路的研究而言，贯穿二十世纪的当代中国哲学家，几乎无一不是以这个问题意识为进路来诠释中国哲学并建构自己的理论体系的。熊十力的体用论、冯友兰的新理学、方东美的超本体论、牟宗三的道德的形上学、劳思光的心性论中心等等，都是以西方形上学的问题意识为进路去诠释中国哲学的经典文本，认为形上学是最哲学的哲学，中国哲学是能谈形上学的，而且谈得比西方更好。不只上述几位大家，更多的哲学界学者直接利用西方形上学的问题意识甚至是个别西方形上学的架构去解读与诠释中国哲学家各派的理论，这些研究的作品数量庞大，有其贡献，也有不足。不足之关键一方面在于见树不见林，单单抽象地拉出道体做讨论，这是一般学者的工作模式，冯友兰的新理学就是这样的形态；另一方面是过度地将其他中国哲学的问题塞入形上学的问题中去讨论，如牟宗三和方东美。牟宗三的道德的形上学几乎涵摄了工夫论、境界论、知识论的问题意识，而方东美的超本体论又将工夫论、境界论混合于形上学的问题中讲。劳思光又是另一形态，在形上学问题意识的研究进路下，舍弃形上学又拉出心性论，但是心性论又包括了形上学的问题，始终还是摆脱不了黏附其中。以上是当代大家对中国哲学的研究以形上学为议题的状况，这些都不是笔者要采取的方式。

至于知识论研究，一般而言，过去的中国哲学学者，或是直接将墨家名辩之学、佛教因明之学作为知识论议题而予以研究，此一进路有其明确的形态以及个别的特殊性，因此合法合理，毫无问题，它就是逻辑学的东方版。还有学者将中国哲学言于"知、名、见、识"等词汇的文本，当作知识论议题进行研究，例如荀子"解蔽"之说，《大学》"格物致知"之说，禅宗"明心见性"之说。笔者以为，这些文句的意思并非知识论问题，而是正确的认识方法的问题，甚至就是工夫论的问题。这种称为中国知识论研究的作品很多，对于哲学理论的创新并无增益之助，亦非笔者所取之途。

总之，形上学研究宜于结合中国哲学特质，而由宇宙论、本体论为天道观，结合工夫论、境界论的人道观，形成完整的理论体系的"四方架构"，再配合以西方哲学问题意识为进路的存有论研究，这才是研究中国哲学的形上学的恰当方法，且是会有理论创新之学术贡献的方法。至于知识论的研究，则应该是以反思中国哲学真理观的形态，以及论究其是否成立的思辨为讨论的主题，也就是笔者所提的系统性、检证性、适用性、选择性四大问题，以此为问题与进路来做探究，更能有理论创新的学术贡献。

二、检证性之四个角色进路

谈检证问题，就是要谈中国哲学的理论成立的证明问题，就是要提出检证理论以证明中国哲学的内涵为真的理论工作。就此而言，首须准确掌握中国哲学的理论特质。中国哲学以实践为主要形态，儒道佛三家都是提出人生的理想以为生命的追求的理论，包括先秦的墨家、法家、兵家也是这样，包括《周易》《人物志》《菜根谭》等珍贵的文化宝典也是如此。所以，谈中国哲学的证明，既要谈理论推演一致的证明，也要谈实践达成理想的证明。其实，理论推演的证明，就在上文"系统性"的问题中谈完了。任何一个学派，若能将系统中的基本哲学问题都建构完备，而且互为推演，形成体系，它的理论就建构完成了。但是，理论都必须依据一定的假说，在西方哲学而言，则是绝对预设，就此预设而言，任何体系自己未能再予言说，因此未能自我证成。这本来是知识论时代对过往形上学时代的普遍原理的批判，但即便是知识论时代以后的哲学，它再怎么反思思维的起点，再怎么追究无预设的前提，再怎么提出绝对自明的原理，都免不了在理性上会被质疑。以这种知识论问题意识的质疑精神来看中国哲学时，首先就会认为它缺乏论证性，以致不能算是哲学。这个问题，在笔者所提的系统性的"四方架构"中则可以解决。事实上二十世纪的中国哲学家们，都是以各种基本哲学问题所组成的解释架构，面对并解决了这个问题，只是各家系统不同，颇有别异与争执，而且还可以继续辩论较竞下去。因此，不是中国哲学的理论建立不起来因而不能算是哲学，而是所建立的中国哲学理论是否能符合检证的有效性要求，以至于能被承认是一套具备真理性的哲学体系。从中国哲学的实践特质方面来说，要解决这个问题，就是要讨论人的实践活动，从人的实践的完成上，来证明这一套套的理论是真实的，这就是本小节要处理的实践哲学的检证理论的问题。

对于追求人生理想的中国哲学的理论检证，笔者认为，一方面必须从人的实践活动去谈，另一方面必须依据各个学派分开来谈。

首先，从人的实践活动来谈的意思是说，中国哲学是由创教者提出了理想而建构的理论，作为指导后继者学习、仿效、实践而完成他们自己的生命的哲学。其中，就有几种实践的活动在进行。第一，就创教者而言，他是在如何的经验中提出理想，而建构了理论的？第二，创教者众，学派纷杂，学习者要如何进入某一学派的理论世界与生活世界？这里，还可以区分研究者和实践者。研究者指的是像笔者这样的学者，实践者指的是各学派的弟子，例如以儒者自居的知识分子，以老庄的智慧指导自己人生的道人，还有进入佛门出家修行的和尚等等。研究者要怎样研究才算是正确的研究？实践者要怎样实践才算是正确的实践？这样的课题，才是实践哲学的检证理论所具有的特殊性课题，与西方哲学从定义、推理来谈的检证完全不同，宜予发扬，使其成为现代中国哲学研究的前沿问题。第三，实践哲学的落实，是落实在老师带领弟子进行学习的实践活动中，老师的角色是绝对的关键。除了创教者自身天才横溢以外，之后的所有研究者、实践者，都是面对创教者的系统而为学习的活动者，研究者的成果还是建立在系统的理解与诠释上，至于实践者的成果，就有待老师的检证了。所谓的老师，首先是创教者，如孔子对弟子的评价与教导，如佛陀对弟子的训勉与教育。当创教者不在世了以后，弟子们接续师门传统，自己也成为师父，开始教育弟子，并且确认他们的学习成效，这时候，就进入了检证理论最真实的现场，那就是师父对弟子的检证。例如禅宗的公案，都是师父检证弟子学习成效的语录，例如胡五峰、陆象山、王阳明，也都有对子弟教育训练的话语，这当中就是谈师父对弟子印证的检证理论的具体材料。此外，具有优秀中华国学素养的知识分子，也有融会儒、道、法各家的修养体证的作品，如《人物志》《近思录》《菜根谭》等书，只要能准确地批注，就是讨论中国哲学如何检证实践者的最佳具体智慧。

依据以上所说，讨论中国哲学的检证理论，就从创教者、研究者、实践者、检证者这四个人物角色的实践活动来谈。对于创教者，要谈一个学派的理论是如何创造出来的，这是谈中国哲学的理论为真的检证的第一个挑战，就是中国哲学这种哲学是怎么发生的。对于研究者就要谈他的研究心态，要使自己成为可能的实践者，甚至实践成功后的检证者，研究的过程是不可少的。研究也是实践，不是单纯的思辨的解析，因此研究者需要有相应的心灵，也就是一个相信的心态。专业的技术是必要的，而且是关键的，指的就是当代中国哲学家们的解释架构，这些各自不同的架构，都有助于读者理解经典的文义，但是后人却时常硬分高下，于是需要予以拣择。笔者的"四方架构"就是拣择之后的重新创作，旨在提供一套最合理最实用的解释架构。第三就是实践者，作为教派的信徒，必须有一定的心理建设，缺乏正确的心理素养，他的实践是不可能达成的，因此对于实践者，要谈的就是他的自我要求的工夫了。最后，当一个人经历过好的研究者、实践者的过程，而成为学派的宗师之后，他才能够扮演真正的检证者的角色。检证与教学是一而二、二而一的，因为肯定实践者或否定实践者都是在教他，儒家的因材施教与佛教的授记、印心都是在谈检证者的检证理论。

其次，从学派的角度来说，不同学派的创造、研究、实践与检证的活动类型是绝不相同的，分辨其差异的工具也是多样的，如宇宙论的此世、他世的区别，如工夫论的出世、入世的差别，如境界论的社会阶层的不同。至于本体论的价值意识又绝对是不一样的，各家皆缘起于理想，各教派之别异就是因为理想的差异，没有理想就没有实践的目标，各家在实践方法上的不同，关键是理想有别。既然各个面向上各教派都有形态之不同，那么，各教派的检证活动一定会有形态的差异。当具体落实到各家的检证行动之后，就是要各家分开来谈，这就是检证者对实践者的检证。至于创教者和研究者的活动，整个中国哲学倒是可以谈一个共同类似的理论形态。实践者和检证者之间互动的检证行动，要落实到一家一谈，才能见真章，也才表示真正深入了。本节之作，就各家的检证理论，仍只谈基本原则。

以下，进入创教者的创造活动的检证理论的讨论，目标在说明中国哲学的理论创造，是一个什么样的形态，对它的检证的重点为何。对创教者创造的理论的讨论重点，应该在于他的知识获得的过程，并从中理解他的理论的成立意涵。重点就是，人格呈现时，理论就实现为真。创教者自身的境界说明了理论为真，弟子学习实践亦呈现同样的人格境界时，一方面说明弟子的实践为真，另一方面再度验证了理论为真。

（一）对创教者的创造活动的检证

决定中国哲学理论形态的基础，就是各学派创教者的心灵与理论，以及他的实践。检视孔子、孟子、老子、庄子、佛陀这些创教者的理论与实践，首先，他们都是有淑世的心灵，面对人生的问题，提出解决之道：针对问题，找出理念，进行实践，建构理论，创造教派。若就真伪而言，理念是无所谓真伪的，只有在实践这个理念时的自我心态的真伪问题而已。这不是对创教者要讨论的问题，而是针对实践者的问题，创教者当然是相信自己的理念，并且会认真地去实践的。要讨论创教者的知识获得，基于系统性的"四方架构"，以下即以此四项基本哲学问题的知识获得过程进行讨论。

1. 本体论的价值选择

儒释道各家都有价值理想，笔者以价值意识的本体论说之，儒释道各创教者以他们不同的淑世理想而展开人生的实践与追求。理想是自我设定的，自己选择的，理想无所谓真伪，只有对其内涵的理解的准确与否。然而，创教者仍会合理化之，理据就在宇宙论的现象分析中。至于价值，各家不同，就其意旨，笔者将申论之于"适用性"问题的讨论中。总之，本体论的价值，依据创教者个人的理想，自我选择，自我认定，努力追求，实践而实现，即为证成，附之以言说，形成教派。

2. 宇宙论的知识开发

价值理想的差异当然与所见的宇宙现象直接相关，特别是儒释道三教放在一起的时候道理更明。明确的现象知识得到明确的价值意识，这价值仍是自己的选择，但合理性直接存在，它就立基于现象实然。讨论宇宙论时，必须区分此在世界系统和他在世界系统的不同，道佛两教有他在世界系统，儒家以此在世界为主。既然宇宙现象清楚，价值意识就可依主观选择而有其合理性，此时宇宙论知识的得知便是检证其为真的重点，知其如何得知，比论证其是否为真更为重要。先说此在世界，此在世界的系统属于经验之知，大家都能知道，而且所知都一样。至于价值意识，则是各自选择，也毋庸争执，哲学史上争执不断，这不是我们这里讨论的重点。

宇宙论知识获得的难题是在有他在世界系统的知识里，这一部分既有其客观性，也有其主观性在。它不是世人共享的一般经验，因此只能从获知者的获得过程寻找知识确定性的理据。他在世界讯息的发掘，一靠主体的感官知觉能力，一靠人类的科学仪器。人类的科学仪器迄今未能证实他在世界的存在，至少尚未进入普及性知识阶段，这便不谈。人类的感官能力才是获取他在世界知识从而建构哲学理论的途径。古人便是如此，今人亦可重复，未来的人类也还可以继续进行。有问题的是，古来各宗教哲学的他在世界的宇宙论知识体系差异过大，莫衷一是，真要对立起来，不必经验现实知识系统来否定它们，他在世界知识系统之间就已经互相否定彼此了。因此，搞清楚这种知识获得的过程，才能处理这种知识的理论定位，亦即其真实性的意义所在。

道佛两教都有他在世界知识体系，各依教派中人的超感官实践而得，就像科学原理被知道的道理一样，它们是被发现的而不是被发明的。既然是被发现的，各人发现不一样的知识都是正常的。如果将他在世界的经验及其知识都视为假知识，那么人类文明中的所有宗教知识体系都是假的。笔者绝不采取这样极端的态度，而是将宗教世界观的知识视为宗教徒们经过实践感知而说出的真实知识，当然主要是教主以及后继大师们的经验之知，这对他们而言都是真经验下的真知识，这些知识，配合他们自己选择的价值意识，就形成了一套本体宇宙论的理论系统。这些知识在它从未开发到开发的过程，首先是创教者的想象或假设，或更古老的先民讯息传递下来的先在预设，再结合他们自己的淑世理想，便在自身的感官知觉能力上锻炼、培养、提升，从而得知。既然事先有预想，结果就如其所想地呈现，谓之发现。发现了，配合价值意识，就形成了一套理论，就是本体论和宇宙论的世界观，例如，佛教的三界、六道论,菩萨十地论。从这套世界观的系统中,交代了人生的最高境界,谓之境界论,以及告诉后人追求这个境界的方法,谓之工夫论。

不是假设他在世界是什么就能亲证到这样的经验,而是这些假设也是创教者之前更古老的先人的实践经验之讯息的传递、接受后,假设有之之后,而修炼修行后之所得。中国道教理论形成之前,早有远古的萨满经验的讯息传递;印度佛教形成之前,更有众多的古老宗教的世界观知识在释迦牟尼佛的心中,经他自己接续、经历、开发而后呈现,才形成他的他在世界的世界观宇宙论知识系统。也就是说,先有合理的他在世界的知识存在作为理论的假设,然后才有亲证的经验来见证之,然后形成系统性的本体宇宙论的理论,后人的检证只有照着实践才有得证的途径。即便是得证,依然是个别的人的私人经验,理论可以公之于世,但是其他的人若未及实践,就没有亲证之知。只是,虽然没有亲证之知,却不妨碍可以有信仰,亦即相信其为真知,然后接受他们的价值观,成为自己的行动指南,至于最终自己证成与否,都不妨碍相信的态度。

3. 工夫论的理论与实践

工夫论观念的提出,是创教者依据自己的实践而言说的这个实践方法,实践的方法自然是对准价值本体的理想,价值本体是在现象知识的基础上自我领悟、发觉、认定、选择的。个别的人可以没有这样的理想自觉,也就不可能去做工夫提升自己;创教者不只有这样的理想,还有自己必须去追求这个理想的积极意志。因此各教都对立志有关键性的强调,立志实是一切宗教哲学系统的实践动力之源,可以说是一切工夫论的源头。工夫论有种种类型及进程,笔者已申述之于《中国哲学方法论》一书中。对创教者的工夫论的检证,首先是研究它在知识系统上与其本体宇宙论是否一致,通常当然都是一致的,否则就是头脑错乱。问题是,工夫有不同类型及进程,不识者时常会因学力不及导致错认因而否定,这是研究者的问题,不是创教者的问题。此外,必须认定创教者对其所说的工夫都是经过实际亲为的真实经验,他去做了也都做到了,才可能言说为本体宇宙论以及工夫论。他的理论建构是因为有淑世的理想而建构的，既然是为了淑世，当然就是要说出来让世人学习。后人对其理论的检证，首先就是要认定创教者自己做到了，而且他的理论是与他的本体宇宙论上下一致推演的。要检证他有没有真正去做或做到位，这只能是针对弟子的实践而说的，而不是针对创教者说的。

4. 境界论的主体图像

做工夫做到了，且完成自己对淑世理想的坚持，这就是创教者达到了他的理论世界中的个人生命的最高境界了。针对这个最高境界，他会进行言说，言说内涵，即是圣者的境界。没有做到的话，便不可能准确说出这个境界，也不可能指导后学去做工夫以追求这个境界。他所言说的境界，理论上必须与他的本体宇宙论和工夫论系统一致。作为后学者、研究者，对创教者所说境界的检证，首先在了解其深刻意旨，其次在相信创教者已经达到。检证上真正有经验现实意义的，其实是对后继的实践者的实践境界的检证。

综上所述，创教者自身完成了理论与实践，就检证者的任务而言，重点在接受这是一套真实有效的实践哲学的系统。清楚认识是最重要的，认识若不清楚，谈何检证？认识是研究者的任务，在转入讨论研究者之前，创教者就是创造了一套真实有效，且经过自己亲证实践了的实践哲学系统，这是必须先设定的认识，否则，研究的路向就会有所偏差。所以，检证不针对创教者。笔者所指的是，孔孟、老庄、道教教主以及中国大乘八宗的创教者，而不是任何人自说自话，提了一套系统，就当之为真而不必检证他了。

（二）对研究者的研究活动的检证要点

在创教者和实践者之间，可以有一个研究者的角色，实际上也就是在讨论检证理论的学者族群，检证的目的是为了了解这套理论的意旨，而不是任意地批判及否定它，正确理解及准确诠释便是最高的目标。以下分几点论述。

1. 要有信仰才会有准确研究

对于研究者的研究，经过上述对创教者工作成果的认识，首须相信各教所说对各教中人而言是一套真实的且就是真理的知识。本体论的价值意识是信念的内涵，此在或他在世界的宇宙论知识是知识的内涵，在研究者首先相信理论体系是一套真实有效的系统之下再展开来的研究，才会有正确的路径，从而得到正确的理解与准确的诠释。相信的重点在于，认定儒释道各家是一套要去实践并且可以实现的理想哲学系统，相信了这一点，再展开研究。若是先采取不相信的态度，一切的研究多是枉然，既得不到对理论的了解，更得不到对自己的帮助。理想是信念的选择，如何否定？他在世界的知识是亲证的所得，如何否定？唯一可以批评的是，从逻辑上言，从宇宙论的客观知识如何得到本体论的主观价值，这是谈实践哲学的检证理论的最重要的必须回答的问题。笔者一再强调，宇宙论的客观知识是思考问题的环境背景，本体论的价值意识是主观的淑世理想，就像在画布上彩绘，宇宙论是画布，本体论是图案，有画布才可以绘图，但绘出什么图案，是画家心中自性流露的结果，没有必然，却有美丽。美丽就是这个理想，只要有世界就可以有理想，只要有画布就可以绘图，这里固然没有必然性，却有美丽的图画的呈现。相信那一幅画已然完成，现在的任务是了解画中意涵，然后让后继者学习如何绘出同样美丽的画，当然不是原画而是新画，但美丽是一样的。

从宇宙论的客观知识，如何得到本体论的主观价值？答案是，本体论的主观价值是先有的，宇宙论的客观知识只要能承载本体论的主观价值就可以了。从宇宙论推出本体论，能够说得过去就行了，因为根本上本体论价值意识是被认定的，或者说是经过智慧的觉悟抉择的。

2. 有专业技术才有研究的成果

创教者的理论是研究者要研究认识的对象，理论是多面向、丰富且复杂的。中国哲学现代化的任务就是研究者的职责所在，要使其现代化就是使其理论化，理论化就是将意见以系统性的言说予以揭露，这是梁漱溟说于百年前的知见。系统化的言说是要有专业技术的，概念定义的明确、问题的清晰、主张的确定、推理过程的合乎逻辑原理等等，这就是专业的技术。笔者前述的中国哲学的解释架构，就是这个专业技术中的使用工具，这个工具可以对儒释道的理论以系统性的架构将它清晰表述。这样的表述任务，必须有正确理解为前提，才会有准确诠释的成效。正确理解首在相信，准确诠释首在相应，专业技术要靠研究者的勤学，不是自己任意择用某个架构不假反思地使用就能做好的事。

3. 完成在体系的清楚认识

研究者的任务完成，在能够系统性地将儒释道哲学———言表，且能克服儒释道哲学的许多隐喻与遮诠的意旨内涵。隐喻与遮诠多半与工夫论和境界论有关，不了解实践哲学特质的研究者，对于实践的活动与成就的境界在隐喻和遮诠中的表述不能有效掌握的话，就不能了解理论的意旨，这就是专业技术的功能。只有愿意相信与能够相应的研究者，才能找到合适的架构，而予以清晰地解说。这个架构，对笔者而言，就是提出了一套基本哲学问题研究进路的"四方架构"。为什么中国哲学的解释架构系统必须是"宇宙论、本体论、工夫论、境界论"的"四方架构"，这是笔者前书《中国哲学方法论》的论述要点。这里要强调的是，有了"四方架构"的依靠，一方面能够将各学派之间的差异说清楚，另一方面可以将学派内部的差异予以解消。首先就三教之异而言，宇宙论的知识立场就不相同，其次价值意识也绝不相同，工夫论的实践当然不同，最后成就的理想人格也完全不相同。

许多想要说各教相同的说法，都是片面地只看到个别哲学问题的表述形式，就轻易地论说其同。例如"心性"论，当它仅仅是谈"心性"概念的定义及关系的时候，这是针对字词的使用，这是类似西方哲学传统的思辨的存有论问题。"心""性""情""才""天道""理""气"这些概念范畴，当然是各教通用的，但绝对不能因此就说各教有相同的"心性"论。这是因为，以"心性"概念说本体工夫时，儒佛的表述方式可以说是完全相同的，但儒佛的本体价值以及工夫内涵，依然是有根本差异的。就各教内部之同而言，同一教派内部的许多争执较劲，多是昧于基本哲学问题的不同所致：讲境界的批评讲工夫的，讲工夫的批评讲形上思想的。这样没完没了地讥笑嘲讽，只能显示出哲学家的自大与错误。如果研究者的专业技术不足，便深陷于古代哲学家争辩的泥淖之中。所以，借由良好的研究工具，将各家理论呈现清楚，解消争议与冲突，深入哲学问题的本身，引领当代中国哲学的创新研究，就是研究者的使命。目标在使中国哲学现代化，更在当今之世，让所有的实践者，包括当研究者自己也愿意作为实践者的时候，能有正确的知识引领，更能检证对错。

（三）对实践者的实践活动的检证目的

讨论实践哲学的检证时，既然哲学理论是依据教主的实践成效而为之言说，那么理论的本身也就是真的了，谈不上检证真伪之举。真能谈检证的，就是实践的真伪，也就是相信了理论的弟子、信徒的实践之是否达到标准的检证。以下论之。

1. 相信与选择

要实践一套宗教哲学的理论，首在相信。若是不相信，就不会去实践。所谓的相信，就是自身尚未经历之前已经相信其为有效的理论而愿意接受。相信之后就是选择，选择终身勤力奉行。这个选择是要伴随着意志的坚持的，没有意志的坚持，就算是相信了，也与自己无关：可以用这个理论去说别人的事情，可以评价别人实践之好坏，就是没有自己的亲证。虽然理论不因为自己没有亲证而为假，但理论确乎因为自己没有实践而与自己没有切身的关系，这样的相信变成只是外于自己的事情而已。孟子讲"仁义内在"，说告子"仁内义外"是错的，孟子的意思就是要去做工夫实践，"义"的价值才能真实呈现。就告子而言，对这样的批评当然还可以反驳，此暂不论。中国儒释道三家的哲学是追求理想的哲学，相信而没有去实践，跟不相信也没有什么距离了。价值信念的实践与身体修炼的实践都要亲为：价值信念相信了而没有实践，恐会带来自身的不安甚至痛苦；身体能力的相信而没有实践，就是浪费了知识而失去进步的机会。这样的相信谈不上是相信。真相信了必会实践，真实践了必是经过选择的结果，这时就要面对选择之后实践的艰难，那就是做工夫的过程。没有理想的人是不会做选择的，一切依据感性欲望而行为。没有理想的人也不需要相信宗教与哲学，反正有命一条，经验的所知也足够活命，这样的人生就逊色多了。总之，作为某个学派的信徒，就是有了选择，相信了理想所代表的真理，而要去实践的人。若是表面上是某个学派的子弟，却不去实践，那就是没有真正相信，也未曾做过生命的抉择。这样的信徒只是得到了教派外在的标签，在世俗的社会中，这样的标签没有真正的价值，就算自以为得利了，其实还是虚伪一生而已。

2. 理上清明与事上磨炼

相信选择而坚定地去追求时，就是做工夫的时节了，做工夫必须有理上的清明与事上的磨炼。理上的清明来自作为研究者的工夫，不做这个理上清明的工夫，他的实践是盲目的，甚至是任意妄为的。理上的清明可以不必有专业的技术，可以不必将理论以系统化的语言表述出来，但绝对是理解道理，知道应该怎么操作的人。他的理解首先是价值意识的清楚，其次是相应的世界观的相信，如此的实践，才有其准确性。

实践的时候必定是要经历艰难的，因为理想就是未完成的梦想，表示此时尚未达到理想的境界，也是自己尚未具足承担理想的智能，因此需要提升自己。这就需要做工夫，或是心理的修养，或是身体的修炼，或是身心一起的修行。就其价值意识的本体工夫而言，鲜少有不与他人互动接触而在事上磨炼的，儒家是如此，道佛两教亦然，都是需要在团体中与人互动、依事而行、坚忍自己的。就身体智能的锻炼而言，亦是鲜少有不与外在环境相接触感知而能进行的，感官智能的锻炼就是对外在环境的感知能力的提升，提升之后的处事自然不同。

3. 坚毅地突破种种困难且永不懈怠，直至成功

实践者就算相信了、选择了、实践了，也不一定就能达到最终的成就，半途而废者多矣。因此，必须突破一个又一个的难关，永不懈怠，直至成功才可以。这就再度说明了实践哲学体系中的工夫论是以立志为首要作为的。儒释道都讲立志，尤其是儒佛两家，因为他们与世俗社会的互动更多，那正是成就他们理想的直接途径。但是社会的反噬是必然的，实践哲学就是要改变社会现状以至令其变好，所以必须忍受社会的反噬。这就是它艰苦的地方，也是必须立志坚定的原因，因为有理想的人的实践是必然遭遇困难的，如果在困难面前退却了，那么实践必不成功。

就检证而言，就是对实践者的做工夫之检证。检证其信仰是否真诚，认识是否正确，意志是否坚定，实践是否坚持，工夫是否实在。检证不是要检证理论是否为真，而是要检证实践者是否真正在实践。不是说理论不必检证，而是说理论来自价值的自觉之选择，因此谈不上检证真伪的问题。实践哲学理论的检证有其特殊的要点，那就是对于实践者的检证，那么，谁人能够做这个检证的工作呢？下文论之。

4. 材料丰富、文本众多

当创教者的实践与理论都已完成而展开教学之后，对于弟子信徒的引导就有检证的课题了。创教者的言谈以及后继的大师们的言谈，例如公案、语录、格言等等，此类材料最丰富，可以引用为文本解读的经典众多，这就是实践的真实现场，检证的临在场合。正因此，许多导师对后人学习当否的评价的话语，将成为哲学解读的第一手资料，关键只在研究者自己是否入心，是否理解。若能理解，便能解读，一旦能够解读，就是落实中国儒释道哲学于具体生活中的学术成果。在这些材料中，记录着个别人物的实践历程，既有导师的检证，又有个别经验的场景，对于检证个人实践以及检证整套理论都是具体的文本材料，而非只是在谈理论的系统一致性的完成，等于是建立了实践的案例，而有了经验上的证实。

（四）对检证者的检证角色的扮演原则

就实践哲学的理论与实践而言，主要的角色就是创教者与实践者，创教者是第一位实践者，而实践者是后继的实践者。至于研究者与检证者的角色，是为了说明任务而衍生的功能性角色。创教者既是实践者也是研究者，更是检证者。实践者首先也必须是研究者，当其学而有成，成为导师、师父级的人物时，他就是检证者了。他同时也必须教学，教学中即有检证，检证其实就是教学的一个环节。以下论之。

1. 做工夫已经达到一定境界后可为检证教导者

检证的任务就是导师对弟子实践的检证，当弟子成才，又可继续教导及检证再传弟子。因此，检证者就是学派中的导师、师父级人物，从创教者开始，一代一代的有成就者转身为师父而教育及检证。实践哲学的学派必定是要教学的，因为他们有淑世的理想，所以会传播信念。教学中必涉及学习者状态的真伪，这就需要检证，若不是有成就的导师，是不可能进行正确的检证的。

2. 抱持教育的真诚好好带领后学

检证是哲学术语，发生在教学现场时，其实就是教导后学的教育任务。教学是人际活动，学习者有作伪的可能，教学者也有作伪的可能。但是，一个正确的检证活动中，教学者也就是检证者是不可以作伪的，检证者作伪则检证的成效就没了。实践者、学习者当然也必须真诚而不作伪，就算他作伪，在检证的活动中，是会被检证出来的，因为检证者有真实的能力，更有真诚的态度。从学派传承发展的教育任务而言，检证就是师父真诚地教导后学的活动内涵之一，师父真诚则检证的质量可获保证。本来这也是不需强调的，除非有人不顾教派的兴亡，只顾自己的近利，才会亵渎教学与检证的事业。在社会活动中，人们之间时常互相评价对方的行为，这看起来也是检证，但失误很多。一方面评价者并不具备特定领域的绝对专长，另一方面评价者多半站在特定利益的立场进行他们的评价。在检证活动中，这种情况必须排除，这就等于是说，社会上的评价活动跟教派内师父弟子之间的检证活动是完全不同的。

3. 检证即是教学

检证是对实践者学习成果的评价、修正，这其实就是教学，在师父带领弟子的活动中，检证就是教学的一个环节。教学中就要检证，因为实践者的学习，是身体力行的事业，是身心共构的活动，是活生生的人的活动，对准价值，进行身心能力的培养锻炼，在事上磨炼，在理上坚持，会有准确程度的高下、正偏之别。一方面师父教学，一方面弟子实践，一方面师父检证，一方面弟子修正。所以，检证就是师父对弟子的教学。

4. 有教无类，但也因材施教

论及教学，因为是个人身心能力提升的教学，必因弟子的个别状况差异而需要有方式的不同，这就是因材施教。有能力的师父必定能够看到弟子个性、能力的差异而找到适应对方的教学模式，否则既不对机，更无实效。又，师父的教学等于是教派理想的推广，理想是无边界的，教育的对象是没有限制的，这就是有教无类。当然，不同对象有不同的适合的方法。以上是对弟子而说。以下是对师父而说。

5. 作风不一、类型多元：孔门弟子、王门后学、禅宗流派

检证者的教学活动，也会因为教学者的特性不同而有风格的差异。孔子因材施教，经他培养成才的弟子显然会有自己的风格，当弟子成为老师继续教学时，必然作风不一、类型多元。阳明后学分为诸多流派，也可以说是弟子们以自己的领悟而开创了新的教学作风而谓之流派。禅宗六祖惠能门下人才辈出，弟子的弟子又个个是龙象，流派之中又有流派，各宗派又是作风不一，所以形成了多元的类型。多元的教学会不会影响检证的风格？会。多元的检证风格会不会有不适应的学生不能被准确地检证呢？也会。那这就只有诉诸各人的机缘了。

本书之作，是针对中国哲学研究的创新之作，笔者有意在中国哲学方法论和中国哲学真理观的研究方向上开创新路径，本书之作是其中的一个创新环节。谈检证，检证是纯粹的哲学问题，而中国哲学的检证，又是有其特别的性质，以此为方向，深入原典、消化义理之后，将可以有丰富且深刻的研究成果。至于各家各派的检证现场的讨论，必须另文为之。而各家各派的检证材料众多，这一个方向的研究，势必将有大开大阖的收获。

三、适用性之《周易》六爻阶层架构

谈中国哲学知识论的适用性问题，就是谈各家理论的使用效度之边界的问题。每一个学派都有它最初关切的问题，也有它理论建构完成后所宣布的涵摄范围，把这个范围厘清，站在更广袤的中国哲学的范围来看，各家适用性的范围与边界就出现了。很多时候，学派间的理论冲突，都是不自觉地跨出了自己理论的边界，侵入了别人理论的适用范围，看到意见上的不同，就发言批判，似乎双方之间冲突严重，事实上，领域不同，无须争辩。

为讨论适用性问题，本小节将从两个基础上展开。第一，以《周易》六

爻的架构，来配置中国哲学中的六套理论体系，以此作为各家适用领域的分层架构。第二，以儒家思想作为一切人生哲学的根基，把儒者做好了，面对各家适用领域的种种议题差异，以及相应的智能，整合而兼修，必然是儒学的最高境界之达至，也是各家哲学理想的圆满完成。核心观点就是，从《周易》六爻的架构谈儒家与各家的会通。

《周易》思想，以每卦六爻的方式，谈一个事件在时间发展上之六个阶段，或一个事件对体制内上下六个不同位阶者的影响，或他们对这个事件的不同处理态度。其中，以上下位阶的模式谈一个卦的事件主题的次数，多于从开始到结束的时间发展阶段的模式，而时间的阶段也可以转化为以上下阶层的模式来解释。本小节将建立一套上下六个层次的社会位阶理论，以此说人的命运与对策，更以此说中国哲学六个学派的理论依据与思维模式。最后，本小节还要以一个儒者的身份，讨论他们如何汲取这六大学派的观念与智慧，为我所用，成就自我，也成就社会国家。这是因为，只有具备儒家素养的知识分子，才有可能是真正优秀的高阶主管，以及体制中的最高领袖，同时，也才可能是真正有品格的天才艺术家。最后，一旦打开世界观视野，可以真正深刻领受解脱道与菩萨道的智慧。

基本的六爻理论如下。

（一）从《周易》六爻谈人生的阶段性角色

1. 初爻：初入，新进人员。
2. 二爻：受命，基层干部。
3. 三爻：边缘，资深基层人员、外放边疆主管。
4. 四爻：高位，中央高层主管。
5. 五爻：君王，最高领导人。
6. 上爻：闲置，卸任高阶主管，将要退休者。

（二）个人在六爻阶段中的基本命运

1. 初爻：事不相关，不论好坏。

2. 二爻：受命承担，喜得荣誉。

3. 三爻：凶险危难，江湖避世。

4. 四爻：身居高位，战战兢兢。

5. 五爻：最高领袖，天下安危。

6. 上爻：功成身退，荣华富贵。

（三）依据六爻角色逻辑的处世智能

1. 初爻：沉潜为学习，低调不张扬，实践求成长。

2. 二爻：承担炼意志，勇敢学能力，服务得荣誉（儒）。

3. 三爻：专心做自己，自在得解脱，逍遥又快活（庄）。
   忍耐再学习，一心为团体，坚忍以待变（儒、老）。

4. 四爻：谦虚且收敛，合作以成事，圆融得福报（老）。

5. 五爻：主宰却无我，政策与人事，保位安天下（法）。

6. 上爻：快乐获长寿，盘整人生事，智慧求永恒（佛）。

（四）以六爻架构谈社会阶级

1. 初爻：社会底层的劳动族群。专业门槛较低。

2. 二爻：社会基层的骨干。公务员、教师、军人、警察、各公司的基层干部。

3. 三爻：体制内基层资深人员或外放人才。体制外企业家、自由职业者、遗世独居者、艺术家、文学家、气功大师。专业门槛高，有自己的特殊技艺。

4. 四爻：政府高层官员、私人公司高层主管、各专业领域的高级工程师。

5. 五爻：国家领导人，私人公司董事长，各事业体的唯一领袖、老板。

6. 上爻：终身荣誉职、社会贤达、国策顾问。富三代、贵三代。宗教家、慈善家。

（五）《周易》六爻与国学智能的沟通整合：体制内与体制外

1. 初爻：墨家。百姓生活场景：体制外关怀基层百姓。

2. 二爻：儒家。官员从政原则：体制内关怀基层百姓。

3. 三爻：庄子。个人脱俗境界：体制外追求个人自由。
4. 四爻：老子。高阶团队领导：体制内管理天下事务。
5. 五爻：法家。君王保命护国：二柄御下与富国强兵。
6. 上爻：佛教。个人终极智慧：解脱烦恼与救度众生。

（六）高阶中国管理哲学的体系架构

1. 发出百姓的心声：墨家尚贤，人民向君王请求的意见。
2. 中层干部的修养：论语孟子，知识分子成就自己与国家。
3. 追求自我的天才：庄生逍遥，追求个人适性的最高境界。
4. 高阶领导的智慧：道家老子，高层管理治理天下的智慧。
5. 最高层峰的权势：法家思想，君王御下保位安国之道。
6. 永恒生命的追求：佛教哲学，因果业报轮回的生命智慧。

此外，还有三部重要的人生智慧宝典：
1. 阶层人生的逻辑：《周易》——六阶段六阶层的情境哲学。
2. 职场现实的演练：《菜根谭》——孔孟与老庄的智慧综合。
3. 人事管理的智慧：《人物志》——职场中人知人识己之道。

以下，就以初爻到上爻的各家角色，说明上述的架构意旨，以及如何以儒家思想为主，统整运用各家的智慧。

初爻墨家：

先说墨家，墨家追求的一切目标，都是站在底层百姓需求的立场上讲的，例如节用、节葬、非乐、兼爱、非攻、尚贤、尚同等等。这是从底层百姓的生活实际状况所讲出来的话，所以说节用、节葬。这是没有体制内角色的普通人物的心声，所以说非乐。这是没有社会历练的人单纯地看事情的眼光以及所提出的解决问题的方案，所以说兼爱、非攻。这是人民向政府呼吁时所讲的话，所以说尚贤、尚同。一旦政府不能满足人民的需求，导致百姓生活困苦，人民只能诉诸鬼神的制裁，所以说明鬼、天志。以上的立场，都说明了这是一套站在基层百姓立场者的观点，这些想法都是基于个人生活的实际需求所提出来的。这样来认识墨家的思想，定位就准确了。

百姓的需求是必须被满足的，这就是儒者的责任，官员的责任，尤其是地方官员，他们就站在第一线与人民接触，他们就是要让人民获得温饱，甚至丰衣足食，这样，百姓就未必还会提出节用、节葬、非乐等观点了，这些观点只是因为贫穷、物资匮乏才讲出来的。所以，儒家应该在现实世界上，透过自己的努力改善它们，一旦人民的生活改善了，就不会再有这些立场了。当然，过度的厚葬和浪费绝对是不对的，其实，这也不会是儒家的观点。一旦人民因为现实生活的困难而主张节用、节葬，很容易就会发展为对一切消耗物资的行为都持反对的态度了，如果这时候儒者进来与其辩论，会越说越不清楚了。面对这种主张，处理就好，不必辩论。

以上是墨家对日常生活需求的意见。至于处理社会事务的办法，如非乐、兼爱，只能说是考虑不周、视野有限。而处理战争的办法，如非攻，就是一厢情愿，单一面向地只站在人民、士兵的角色上的思考。在处理国家政治事务的办法与观点上头，如尚贤、尚同，这是儒家、法家都会同意的立场，本身没有问题。唯一的差别是，墨家讲尚贤的时候，是人民真正受到地方官员的欺负了。至于尚同，当然是有条件的，君王尚贤了，派遣了好的官员治理地方，百姓才会尚同，效忠君王。对于王朝的更迭，如明鬼、天志，这全然是人民百姓面对国家机器的观点，不是官员的做法，更不会是国君的想法，官员不能利用鬼神协助治理，国君更不愿意受到鬼神的威胁，这都是百姓才会讲出来的话。百姓自有百姓的心声，无伤大雅，基层官员、高阶官员、国君，对同一个问题的看法就不能相同了。

作为一位儒者，不需要与墨家辩论，而是要为百姓服务，当人民过上了幸福安康的生活，许多观点自然就消失了。问题是：这个儒家的理想、墨家的需求，在中国历史上何时被满足了？满足了多久？显然，史实是时常处于不能被满足的状态中，于是以人民自救团体形式而存在的民间宗教团体，就在历朝历代中延续了下来，有时候还成为推翻皇朝的底层力量。可见，百姓生活困难的问题，永远是政治上根本且重大的问题。这个问题，还是得靠儒家来解决，至少，是有爱百姓的胸怀的儒者来解决，只是，儒者在为人民、为百姓服务的时候，还将面对许多别的课题，以下论之。

二爻儒家：

从中国哲学史的角度说，各个学派之间一直是互相批判的。从笔者的研究成果来讲，各个学派彼此之间的互相攻击都是无法成立的，关键是在各家所真正面对的问题并不相同，并没有共同的讨论基础，因此彼此无须互相攻击。各个学派哲学命题的表面差异都不是根本立场的绝对对立，这就是本书提出适用性观点的目的：笔者企图从不同的立场、不同的位阶，明确定位各个学派的角色，明确说明他们所关切的生活问题，借此解消彼此的冲突对立，使得各个学派的智慧，都能呈现它们有用的价值，皆能为学者所用。如何使用？谁来使用？笔者以为，儒家是各个学派的最大公约数，宜以儒家为出发点，从一个儒者的基本素养开始，汲取各家的优点，皆为我用，从而雕塑自己成为一个全备的通才。这是因为，儒家的基本格局，就是一个身心健全的君子。儒家重视个人道德修养，以服务社会为己任，这样的人格，在面对社会国家的各个不同位阶的角色时，对于墨家、庄子、老子、韩非子、佛家的智慧，如果他都能够吸收并且运用，就是不可一遇的大通才了。

儒家思想里面是不是缺乏了在不同位阶的角色扮演的人生智慧呢？并不全然如此。不同位阶角色扮演的根本原则，各个不同学派的思想恰好击中要害地将之说清楚了。儒家学说定然也包括了各种不同社会地位角色的扮演原则的说明，但总不如其他学派更能说得清楚。儒家中人，主要是以知识分子的心态、在基层为官的角色，勇于任事，扮演角色。一般而言，儒者就是要承担责任的知识分子，他们来自民间，出身自百姓，受到良好的教育，或自我教育，以服务天下为己任，希冀天下人能过上幸福的生活。他们乐于被赋予责任，这就像是《周易》每卦的二爻，在地方基层担任主管，一人扛起照顾百姓的责任，以此追求自己的人生价值，并因此获得社会认同的荣誉感；对自己的所有行为，要求要符合道德标准，也就是必须有服务的精神，不可自私，勇于任事。

这样的人格质量，就是一个有理想的人会有的品格，儒、庄、老、韩、释都是有自我的尊严、自我的追求的人。他们或是追求自己的技艺、能力之登峰造极，或是追求天下百姓、有情众生的美好生活，或是追求国富兵强。这一切的希望，都必须立足于一个健全的人格之上才有可能，否则，所有的理想价值与处世智能都会变成骗人的工具，只是虚伪而已。因此，笔者要以儒家的人格为基底，发展出庄、老、韩、释的另外四家的新的人格面向以及能力形态，这样，既可更深刻地认识各家，又可更深入地发展儒家，还可更全面地美化世间。

具备各家的人生智慧，可以在各种不同的场合，准确地找到角色人格的定位，从而有效地与境遇接轨，无入而不自得，也就是说，具备种种不同的能力面向，随时为我所用。

三爻庄子：

《周易》每卦的三爻，命运往往是凶险的，它既是上下两阶层之间斗争的冲突点，也是个人人生事业的动荡期，简直就是社会的夹心饼干，动弹不得。《周易》主要讲阶层角色命运，而本小节则借由这个命运所属于的社会阶层，来讲一个生命的出路，这个出路就在庄子哲学中。

首先，三爻是上不上、下不下的位阶，有自己的专业，能力的门槛不低，但社会角色的重要性不足，对于一个勇于任事的儒家形态人物而言，这样的处境是很尴尬的。为摆脱这样的命运，儒者必须再度回到类似初爻的学习状态，充实自己，提升智能，等待时机，再度攀升到四爻。为了攀登四爻，儒者还必须学习老子的无为智慧，那就是，事情还是要做，功劳送给别人，这样上下人际关系做好了，机会来时，才会有人支持。以上是以儒、老两家的智慧来解决三爻的难题，这就是《周易》文字中通常的办法。

然而，做人一定要上升到四爻吗？儒者要上升是为了服务的理想，但是，四爻就是中央高层，古代宫廷政治是很黑暗肮脏的，如果没有明主，跻身高层只是意味着加入了一个贪鄙的集团而已，不能真正地为百姓做什么事情。不如算了，就留在基层，还能照顾到地方上的一些百姓，这就像是退回二爻儒家的角色与心态了。或是就留在民间做个书生文人，做自己喜欢做的事情，修炼技艺，让技艺达到绝顶高超的境界，追求自己喜欢做的事情，甚至成为某一项技艺的天才，至少是优秀的操作者，自由自在。至于天下的问题，就让别人去伤脑筋吧，不高看自己，更不高看政客，自我放任而已。这就是庄子哲学的形态。

这样的角色扮演与儒家的关系为何呢？一个有能力的儒家君子，之所以不能位居高层为天下服务，关键就是高层本身没有仁德的胸怀，不爱百姓，既然如此，就不必进入高阶集团了。这就是对于自我荣誉感的放下，要是没有庄子"逍遥"的胸襟，是做不到的。所以，每位真正的儒者的心中，都应该住着一位庄子，这样能够让他在仕途不顺时，找到出路，平衡自己。历史上孔子去鲁、孟子去齐，不就是儒家知识分子不认同高层的做法吗？这不是很有庄子逍遥而去的精神吗？当然，面对困境，儒者选择暂时引退，与庄子同其逍遥，一旦有机会，还是会出仕的。而真正的庄子，绝不相信真有机会，认为儒者只是"知其不可而为之"而已。

这样的人生哲学，解决了自己的生存处境问题，但是对于社会国家的政治现象，是不负责任的。天下还是需要有人来管理的，无论是谁成为管理者，如果没有理想的话，那就是跻身高层，抢夺资源，自私自利，忘了百姓。如果仍有理想，那就是儒家的承担精神与服务社会的理想，这还不够，必须再加上道家老子的谦虚智慧。下文论之。

四爻老子：

笔者定位老子的智慧就是属于高阶管理者的哲学，基层干部的资源有限，而高阶管理者都是资源丰富、权力很大的。如此一来，基于人性自然的现象，凡高阶者必互相争斗，争权夺利，他们所争的，都是私人利益，鲜少为了国家百姓。但是，一个真心为人民的儒家知识分子，是不会这样子的，他们愿意无私地为百姓服务，然而其他的高阶官员却不会配合他，所以他很难把事情做好。当一个儒者到了这个位阶之后，必须想到的是，真正把事情做好才是最重要的。别人的品德不好，不是自己能改变的，自己努力做事情之后，很可能得不到荣誉和利益，这也必须放得下。所以，完成任务，造福百姓，才是唯一重点。既不要求自己的荣誉利益，也不指责别人的自私自利。这样，等于有许多基本的处事态度就和儒家不相同了，这就是笔者所说的，此处就是一个儒者还必须去学习的新的智慧、能力的地方。

如果他能拥有道家庄子对社会现实的了解程度，就不再去要求高层人士真心爱民治国，只要不来阻拦自己努力做事就好。于是，他就不会去冲撞高层，让自己陷入危难，因而能保住做事情的职位。然后，在具体操作时，他意识到周围的人都是贪得无厌之徒，必须满足这些人的欲望，甚至把自己的利益让渡出去，这就是他必须具备的素养。当整个官僚体系的高层、中层、基层都能与其为友，给他做事的权力和资源，加上他自己的专业能力，事情就能办成。

其中的关键问题就是，把人的问题处理好，也就是要领导好众人。所以老子的哲学就是领导者的哲学。接下来产生的一个问题就是：高层如此不堪，究竟是谁造成的？有没有改善的办法？这个问题，儒家、道家、法家都有答案。儒家认为，必须透过教育，让所有的人成为君子，就不会有贪得无厌的官员了。庄子认为，这些人无可救药，就不管事了，飘然而去。老子认为，虽然改变不了他们，但百姓的事情还是要做的，自己能做多少就做多少。法家认为，归根结底，问题的症结就在君王，只要让君王明白治国用人之道，一切的问题都迎刃而解了。

五爻法家：

《周易》中的五爻通常就是君王之位，资源、权力与荣誉集中于一身，当然，天下安危也系于一人之身，所以国君的角色是最重要的。儒家通常做了基层干部，这正是适得其所；要是上升到了高层，必须加上老子、庄子的智慧，才能做好。但是君王这个角色应该如何扮演呢？其实各家都说不好，只有法家真正说好了。儒家只希望君王有仁德之心，却对于君王自身的安危问题所识不清。庄子只要君王行放任政治，这直接就是不可能的事情。老子种种谦虚退让的做法，不是君王应有的作风，只能是朝中大员的策略，就是因为自己不具备最高统治权，所以才需要这样的退让。一个优秀的君王，就像《周易·乾卦》九五的"飞龙在天、利见大人"。这就只能是法家心目中的君王，是权力集中一身，法令通行全国，又有御下之术的政治家。法家提出治理国家的"法术势"三大方案，其实都是针对君王角色而说的。至于法家自己，他们认为自己是法术之士，完全为君王服务，他们会协助君王从国家最高权力中枢来管理国家，自己只是秘书、部属的角色。不像儒家，自己是君子，承担天下重责大任的伟大人物。不像老子，遮蔽自己的形象，其实是建立了最大的功绩。法家就是一心关注君王如何发号施令、行使君权，最终落实国富兵强的理想的哲学体系。

从君王的角色来讲，他的职责就是决定人事与政策，而人事又比政策更重要，一旦人事不行，体制就受伤害。问题是：君王集大权于一身，享乐纵欲无人能挡，自私无能也无妨，何必要那么认真治理国家呢？于是，周围就充满了权臣与小人，小人是君王欲望的代言人，权臣是君王无能的发言人，徒有法家讲的"法术势"的技巧有何用？关键还是君王的人格本身。所以，给予君王儒家的教育是必要的，有儒者胸怀的人物坐上君王之位，就不至于放纵欲望，也不会懒惰懈怠。作为君王，不能只有爱民胸怀，朝中官员不易约束，外敌威胁不容轻视，所以"法术势"的技巧不能不用。这是儒者站上层峰之位之后，不能不使用的技巧、增加的能力。因为周边都是巨大的冲突要处理，分秒必争的局面要面对，不是孝悌忠信之道可以立即解决的，所以这是儒者要学习的新的能力。

先秦时期的诸侯国的君王要学习，秦汉以后，国家体制过于庞大，帝王多被架空，只是傀儡，这种"法术势"的技巧，成为朝中大臣的能力，谁懂得运用，谁就掌握大权，但是若缺乏儒者的爱民情坏，这样的大臣只会为整个时代带来灾难。总之，从权力的掌握言，法家所言者是，从政治的理想而言，儒家所言为是，所以，两者必须兼顾，这样才是终极的圆满。

能培养优秀的君王，建立强大的国家，法家心愿足矣。但是作为一个人，人生并不是唯有国家强大的问题而已，人还有自己的命运要面对，包括要面对死亡的问题，这些，儒、墨、法、道家都束手无策了，这时就需要宗教。在中国，就是道佛两教。道教系统混乱，以下讨论以佛教为代表。

上爻佛教：

《周易》的上爻是体制的最上层，就是因为到最高层了，反而失去了实权，只能变成被人家决定命运的角色了。所以，他通常的命运是被动的，或是悲惨的，或是无所事事的，或是置身事外的，甚至，也有无功受禄，大享尊荣的时候。当然，这是从整体社会国家体制的角度说。若从个人生命说，人生至此，该做的事情、该经历的阶段都做过、经历过了，接下来人生的岁月已经十分有限，该为自己的人生好好规划最后的收尾。这时候，修补人际关系，保持身心健康，最后在轻松没有痛苦的情况下安然而逝，这才是最重要的事情。

这时候，佛教哲学讲述的"因果业报轮回"观念是最实用的理论，最能面对问题、解答疑惑。这时候，人要回顾一生：为什么特别具备那些能力或缺乏那些能力？为什么跟某些个别的人会有特殊的关系，特别地要好、亲善，或特别地对立、仇恨？为什么有些事情容易做成功，又为什么有些事情就是有很多障碍？这些事情，在佛教哲学中都有讨论，用因果业报的思维方式，就能明了自己的命运是如何形成的，从而也知道，如何去创造自己新的命运，它的理论前提，是一套生命科学的知识。人的生命，由身心组成，生死之际，有一种自我意识产生，一生的活动，都记录在这里，它是细微的物质体，含藏万千生命信息，会再度进入另一个新生命体中出生，又度过一生。《阿含经》中记载佛陀所言，今生的智慧、能力、财富、相貌、地位、健康、寿命等等，是如何由于前世的作为所促成的，这就是命运形成的理由。因此，若要图好命，便要做好事，这是因为，任何人做了任何事情，都是作用到了自己，都是在自己的意识自我上，形成善恶诸业，从而影响了自己。

至于死亡，由于还有来生，因此并非生命的真正结束，而只是一个毕业典礼。于是，任何人的一生，就应该花力气在提升自己的智慧、能力、福报的事情上头，以期有一世又一世越来越好的生命，这是原始佛教的宗旨。大乘佛教则主张生命是用来帮助所有的有情众生获得更美好的生命，进而美化世界。可以说，佛教是一套极有社会理想的哲学体系，不应该只是到了上爻的人生阶段才来学习，而是可以作用在每一个阶段的人生事务上，给予智能的指导。一旦人们真正能够以佛教的人生智慧作为生活的最高指导原理，他的生命目标便不在于此一世界了，而是有着此起彼灭、成住坏空的佛教世界观了，他注重的是彼岸的永恒生命了。因而在此世的社会阶层中的身份，不是他的主要认同，只是他的方便法门，借着眼前任何一种暂时性的角色，去自度度人，自觉觉人，因此他所成就的以及所扮演的角色，便不是眼前的爻位了。笔者到了上爻才来谈佛教哲学，是因为上爻已经看尽繁华，对社会功名利禄，已经心无所系，抱持这样的心态，才与佛学的智慧直接相应。也就是说，一个有佛教信仰的人，当他真正在做佛教的修行工夫时，不论他在社会上的哪一个爻位，他其实都算是身处社会的上爻的爻位了，智慧通达，无条件奉献，给而不取。

这样的精神，又再度与儒家相通了，所以真正落实信仰的佛教徒，不会否定儒学，以及儒者的作为。但儒者自己修为不够时，便容易因为荣誉感的需求，而把事情弄僵，如果真有佛教的世界观，必定能够看得更开，至少当人生走到上爻的爻位的时候，能够懂得累积福报、不与世争的智慧。

以上，将儒者的形象，借由《周易》六爻的架构，与其他学派的智能知识立场结合起来，让一个真正的儒者，在人生的舞台上，能够在种种不同的平台历练，又有足够的智慧可以肆应，发挥儒家君子的品格，又吸收各家的所长，这岂不是儒者的大收获，也是我辈研习中华国学者的大收获？

四、选择性之世间出世间法抉择

选择性问题指的是个人在特定情境下应做的人生选择，也就是当下他该做什么的选择。这个选择性问题的讨论前提，是笔者在融会贯通中国哲学主要学派之后的选择性考虑，亦即当一个人具备各家的智慧素养之后，面对一个临在的情境，他应该运用哪一家的智慧去处理事情的问题。对于这个议题的讨论，当然是有前提的，前提就是，一个人不仅要理解各家各派的学说，而且其间所有理论上的冲突都可以消解，因而可以在日常生活中，在面对各种情境之时，妥当运用某一家的智慧，引导自己的人生，做出正确的选择，成功处置当前的事件。

讨论这个问题的初衷，是人们常常犯了所谓的法病，或者说是法执。一个人没有学派思想的归属则已，一旦有了学派的归属，反而因为执着于学派的价值立场，结果处理所有事情都只依据一种立场，导致所有的情况都处理不好。这是因为，每一个学派的理论只是在某一个特定的情境下有用。实践哲学的智慧都是当下的，价值是高度抽象的，具体情境是无限地变化不同的，不能掌握环境的实况，一味以一法应万变，结果只能是食古不化，办事不成。

总之，选择性问题是提供给具备中华国学经典素养、了解中国哲学各家学派的基本理论、企图让优良中华文化为我所用的知识分子，深入经典，古为今用。他并不是哪一家哪一派的弟子，并没有标榜自己是儒者还是道家人物还是佛教徒，他也没有企图在此生当中成为顶天立地的儒者，成神仙，成菩萨，成佛，而是对自己有着成为文化人的期许，他需要做的，就是"深入经典，古为今用"，就可以了。如何为今为我所用呢？就是要在学派融会贯通的前提下，同时对情境分析入微，只有情境的清楚，才有正确的选择。

在讨论情境之前，先把各家的基本立场再呈现一次。

墨家就是维护百姓权益的价值立场，基本上都是公众事务。墨家的公众事务中，涉及他在世界，但并不是出世的立场，而是借他在世界的鬼神，维护此在世界的百姓利益。

儒家追求百姓的权益，照顾天下人，这一部分是属于公众的事务，就一定是以最大多数人的利益为选择依据的原则。儒者还有个人修养部分，一切的个人修养仍是以扮演为社会服务的角色所需之修养为前提。因此，涉及个人与个人之间的利害关系时，儒家仍是以是非对错为处置依据的原则，标准仍是社会的那一套。对于儒者而言，任何角色，包括私人关系，都还是社会角色、社会关系。个人荣辱是要讲究的，是非对错是要讲究的，但是百姓的福祉才是最高的价值，为了这个价值，有时候个人的荣辱以及社会的是非势必要放下，这就需要道家和法家的素养了。

庄子只追求个人的兴趣爱好与自由自在，社会的是非对错、国家的安危兴衰非其所论，所以对于庄子而言，就没有公众事务的价值选择问题。至于人与人之间的私人关系，因为决不涉入公众事务的是非对错，也就相对变得简单容易，只守住不损人以利己的道德底线就行，其他个人荣辱决不上心，不会为了社会世俗的是非利害而委屈自己。庄子的生命世界只有个人的自由是重要的，所以私人关系上也不会出现责任、义务、承担、扶助等价值需求。

老子追求社会的建设、团队的协作，为了团体的利益，个人的利益都可以牺牲，可以说，是以公众事务的完成为最重要的选择依据。至于个人之间的利害关系，只要是关乎公众事务，都愿意牺牲不计较。老子哲学理论中讲究的是圣人的事功，圣人就没有私人的生活，所以他没有私人意义的关系，一切的关系都还是放在社会体制角色扮演的意义下的关系，所以没有个人与个人之间的利害关系必须有所抉择的情境会发生的事。

法家论究帝王，帝王无私我，一切以国家富强为行为选择的依据。法家论究法术之士，法术之士协助君王追求国家的强大，一样是不重视自我，一样缺乏私人关系的利害问题的选择讨论，私人关系依然是社会国家体制关系的一个环节，依据公众事务的体制逻辑选择就好。

佛教有他在世界观，不论所追求的是成佛还是成阿罗汉，追求的都是永恒的彼岸，也就是说，鲜少现实世界社会体制的思维。一切关系都是个人关系，一切事务都是个人事务，一切事务以对于个人的意义为选择的依据。原始佛教追求解脱道，是个人的生死解脱，大乘佛教万法唯识，一切是个我的造业。因果业报轮回、成佛做菩萨，都是个我自我的事，生命的活动直接以成果位为目标，成阿罗汉或是成佛，两者都是彼岸的目标，都无此在世界社会体制的成就感意义。并非不为公众服务，菩萨道就为他人服务，他人包括众人，包括社会、国家、一切有情众生，所以也是要做公众的事业的，只是，这些事业说到底，只是个人生命净化的意义。

以上墨、儒、庄、老、法、佛六大系统所面对的问题、所追求的目标、所扮演的角色、所选择的依据已如上述，放在情境中时，会在何时呈现，以及如何呈现呢？要讨论这个问题，当然要把情境说清楚。把情境更细致地考虑时，可以有好几种情境的差异要了解，以下申述之。

（一）所面对的事情是私人的事情？还是公众的事情？

是私人的事情，就以个人的道德价值处理；不涉及道德问题，就以个人的个性、兴趣、习惯处理。

涉及道德的，是个人与个人之间发生了利害关系时，自己是采取损人还是利他的做法。利他，或至少不损人，这都是守住了道德的底线。以上六大系统，都没有选择损人的。

但是，在对方以极为恶劣的手段对付我时，自保而不受损是必需的。如果愿意被伤害，只有佛教轮回报应观下才是有意义的，否则都是不对的，对自己也不负责任，也等于放弃了自己。以上六大系统，除了佛教以外的五大系统，都是要自保的。即便是佛教系统，若是这个对自我的伤害同时涉及对众人的伤害时，也是不可允许的，因为，维护众生，是菩萨道。接受他人对我的伤害，只发生在具有佛教价值观的人士身上，但是，情境上必须只是针对个我的事情才能接受，而不能同时涉及众人。

一件事只是两人之间的私事，还是在公众事务的环节中的两人之间，一定要分辨清楚。一旦涉及公众的事务，就要以公众事务的是非对错为选择的依据，个人的利害问题固然可以不顾，大众的权益在任何时刻任何学派都是要维护的。个人伤害大众权益是一回事，要究明的是，以上中国哲学的六大系统没有任何一个系统是同意可以伤害社会大众的。

确定了只是两人之间的私事之后，六大系统也没有哪一个系统允许甚至主张可以损人害人。不去利他无妨，这是庄子的系统。墨家兼爱，儒家仁爱，老子无为，法家富国强兵，大乘佛教度众，小乘佛教八正道，以上种种，都是利他的主张。

（二）所面对的事情中哪些部分是私人的部分？哪些部分是公众的部分？

一件事情是个人之间还是涉及大众，这确实不是容易分辨的，时常就是一件大众的事情中有纯属个人恩怨的，一件个人之间的事情中，背后会牵扯团体众人的事情。陌生人之间的偶遇，发生的事情属于个人之间；熟识的人与人之间，总是在家庭，在单位、学校，在公私机构，在政党国家之中，就算眼前一件事情只是个人恩怨，鲜少不牵扯到背后的团队的共识的，个人的选择不论是损人还是利他，背后公众的公论是必须顾及的。

这样看来，即便是陌生人之间的私人互动，一样有背后的公众团体。譬如说，同一个国家的国民，就有国家的法律、风俗以为公论，就算不同国家，也有人类文明的共同价值以为公论。涉及公众之事务，一定是利他的才是中国哲学各系统的选择，除了庄子哲学。

只是个人事务的时候，利他才是选择的方向，但要懂得自我防卫而不任意受到伤害。要讨论的重点是，当自己愿意接受被伤害，并且作为一种有价值的选择的时候，是什么样的情境。此在世界的系统，墨、儒、老、法，如果个人愿意被伤害，必然是背后牵扯众人的利益问题，所以谦虚、退让、让利，这就考验知识分子服务的理想究竟有多彻底。至于他在世界的系统，彼岸世界为理想的系统，当涉及公众利益，必须有人牺牲的时候，是可以接受伤害的；当涉及个人因果业力的报冤行的时候，也是可以接受伤害的，因为他只是在还债。如果对方就是恶人，加诸你身上的任何恶行只是为恶，你还接受这个伤害，只有一个道理，就是这个伤害可以有教化劝导的意义在，也就是你在利他，不是利益于他的这个恶行，而是利益于他为恶之后会有忏悔改过的可能。当恶人为恶，受害者没有任何业力的因素也没有教化的因素时，受害者也不可以接受伤害，而是必须自我防卫，使自己不受加害，最多不去报复，而不可以无意义地接受伤害。任何一个行为都必须是有所作为的行为，如果对自己的生命无所作为，任由他人伤害，这也不是佛学的境界，大小乘佛学唯一明确的立场是，不报复，而不是无意义地被伤害。

（三）所面对的事情是人间世的事情？还是涉及他在世界的事情？

人都是活在此世间的，但是宗教哲学中是有他在世界的，人的行为是依据背后的价值观、世界观的思维而从事的。一个事情的出现，它被认知的意义，决定于认知者的认识能力以及知识系统。此在世界与他在世界的区分，就是知识系统的问题。认识此在世界，依据认知系统即可，至于他在世界，还需要有特殊的认识能力。有他在世界的知识系统以及认识能力的人，处理事情的选择依据，自然不同于有此在世界的知识系统以及认识能力的人。一个事情的本身，很难说它是属于此在世界的事件，还是属于他在世界的事件，最终的关键还是面对此事件的人类本身。不同的人，对于同一事件，会有从世间法的角度处理还是从出世间法的角度处理的不同，于是不同的人，各自选择处理事情的角度，都是恰当的，不是事件本身决定如何选择，而是主事者自己的认识系统和认识能力决定了选择。

因此，有佛教信仰的人，从因果业报的角度看待人际问题；有道教信仰的人，从人鬼问题中处理人与人之间的问题；没有他在世界的知识及信仰的人，就从世间事务的不同阶层中去面对及处理。

（四）所面对的事情的哪部分是人间的？哪部分是他在世界的？

这个问题在知识上的系统是很明确的，个人、家庭、社会、国家、天下、他在世界，都是环绕个人的生活世界，不论他自己是否关注，环境都围绕着他，所以问题的要害不在事件的属性，而是认识者的关切角度，角度明确之后，许多非关角色的意义面向都直接被忽略了。因此选择性的问题决定于自我角色的认识，自我角色认识不清的人，可能会什么面向都要处理，也因此，什么事情都没处理好。自我角色清楚的人，跟他相关的角度才是事情的重点，非关重点的角度，不论事件如何发展，对他都不重要。

那么，六大系统都明了也相信的人，会怎样选择处理该事件的角度与角色呢？关键还是能力。没有他在世界认识能力的人，就算有他在世界的知识，也不可能从他在世界的进路和方法去处理此事件，他只能望彼岸兴叹，或许请别人帮忙，或许听天由命，不处理了。那么，人有必要去培养自己具备他在世界的认识能力吗？整个人类世界有必要有人具备他在世界的认识能力，但不是每一个人都必须具备他在世界的认识能力。这是因为，人生有穷，世界无边。人的一生，能准确地扮演一种角色已属不易，能专心安定地活在此世间而处理世间事已属不易，他在世界的知识与能力是个缘分的问题，可遇不可求，每一个有理想的人要认识清楚自己的使命与角色。在世间法与出世间法的问题上，笔者明确主张，这都是一辈子的理想与工夫，想要兼顾，不必要也不合理。针对世间法部分，笔者强烈主张通通要兼顾。当然，能者多劳，或许不是所有的人都能为之，但是，任何人都不要自暴自弃，尽量多学，不要画地自限，更要知道，儒、老、法的角色、功能都是世间必要的。如果不能在智慧上通透，在态度上圆熟，固执于一家的立场，恐怕将是知识分子自己阻碍了社会事业的进展了。

（五）在人间世界事务的面对上，所有个人与个人之间的互动，哪些部分是涉及家庭的？社会的？国家的？

人生的历程，每天的生活，都变换在各种不同场景中，当有选择性状况发生的时候，人们都是依据习惯直接做了选择。但是一个能力强大的人，他要负担的责任愈重大，他的选择就愈加地事关重大，他就愈要谨慎为之，而不是依据习惯就做选择的。

在世间法的状态下，情境也是多元的：纯属个人的情境，单纯两个人之间的情境，自己和家人互动的情境，在社会上与各种组织、社团、单位互动的情境，作为国民与国家互动的情境，作为人类在地球上与任何人互动的情境。每一种不同的情境，都有互动的基本价值在，尊重这些价值，灵活地处理，人生就会越来越美好。

纯属个人的生活，例如吃饭睡觉，怎么舒适怎么处理，在不妨碍他人的前提下，自由自在。

两人之间的情境，依礼节为之。但两人之间的社会关系，会决定任何一次的双人互动的选择性原则，如果不放在这个社会关系面去互动，而是视为单纯的个人行为，恐怕就会有许多不得体的做法。例如两个人一起去餐厅吃饭，这两个人的关系是家人、同事、同学、朋友等的不同，就决定了不论是用餐、乘车、娱乐等活动中的互动原则。互不相识的两人间的互动，遵守基本礼仪就可以了。熟识的两人之间的互动，就要放在两人关系的脉络下互动了。在关系中，自然也有纯属两人个人之间的日常事务的互动，但必然要有属于所属公众事务之下的互动，这时候选择的原则就不是单纯个人礼仪了。

家庭中人的互动，以关爱为原则，但家庭是个人成长以及人格养成的场所，因此也是一个教育的基地。父母子女之间的互动，兄弟姊妹之间的互动，在各个学派中，主要就是儒家讲的多，因为儒家是建立家庭、建设社会体制的学派。然而，儒家之所重，就是家庭的养育功能，供应生活以及教育子弟，家人之间的互动，依儒家为世间的互动原则的选择依据，如果有他在世界观，很多时候家人之间纠缠、复杂的关系，只能以佛教业力的原理来理解以及化解。家庭固然是一个小团体，顾及了家庭团体所需之后，还有很多个人之间的互动。个人之间的关系，剪不断理还乱，难以厘清，若非以他在世界业报因果的佛教观点看待，是很难平服的。在家人之间过于难堪的互动下，建议就以因果业报的观点来面对，这样冲突才能化解。一句话，在财务方面，就是容让；在互动方面，就是不反击，保护自己不受伤害就好。

这种佛教因果业力的对待原则，作为情境选择的依据，不只在家人关系中可以应用，在一切社会人际关系中都可以应用。但是，家人是无从选择的，在很长的一段时间内，是无从逃避的，这才是业力可以作用的关系结构。若是社会上的其他关系，一旦有人恶意地对待他人，他人很容易借由离开那个环境摆脱纠缠，因此在摆脱纠缠之前，也可以以业力的作用视之。以业力作用视之的意思就是，接受它而不处理、不反击，当关系结束后，业力自动终止，这就是用佛教业力作用来作为选择依据的做法。

国家中的人际关系，指的是人与人之间因为国人身份的关系而有的互动情境。国家是国人依共识而建立的体制，以保护人民、维护秩序为目的。所以，国人身份之间的互动，就是在人身安全与社会秩序原则下的互动，大家共同经营维护良好的环境，共同建设美好的社会国家。

（六）在他在世界的事物面对上，是在他在世界的哪个层面？

他在世界重重无尽，不具备特殊感知能力的人自然是无从分辨的，没有他在世界知识系统的人更是无从分辨，这一部分是极少数有特异能力的人才能进入的领域，这也是情境分辨的一个环节。

（七）眼前的每一个情境，是属于个人之间的，还是公众事务的？是此在世界的，还是他在世界的情境？

分析情境以运用国学智慧，就是本小节谈选择性问题的重点。总结而言，就是分析它是属于个人的事务，还是公众的事务，是属于世间法的范围，还是涉及出世间法的范围。在这四个交叉向度下，就是我们运用国学智慧肆应人生的视野。

以上这些情境的差异，就是选择性问题要面对的课题。为什么要选择？因为每个人都有自己的利害考虑，有理想的追求，还有价值的判断，以及世界观的知识，这四项因素，都会影响他在面对情境时候的处置方式，所以要讨论他应该如何选择。而选择性问题的讨论，并不是在选择终生要成为哪一个学派的最高级人物，而是在情境中，当下要使用哪一个学派的价值观及处事技巧。这就是笔者所说的，每一个学派的理论都是对的，学派之间的情境与问题不相同，因此不需要辩论，只需要分辨情境就好。情境清楚了，学派的智慧内涵清楚了，当下该如何处理就明白了。然而，个别的人物对自己的当下也许是清楚的，因为人生的轨道不会变化太快，反而是学术界的讨论，都是纸上谈兵，情境众多，需要通盘考虑，这就是本小节在面对的情境。

关于各学派的理论都是正确的这个立场，笔者已经申述于其他文章及专书著作中了，至少本书前一章就是在讨论这个问题，此处不再多论。在这个前提下，对于选择性问题，笔者要建立以下几个基本的选择原则。

1. 生命永远是一个向上追求的旅程，所以人的能力将会不断地提升。但是人将面对的困难，却有种种的不同，有时候超出了个人的能力，在这个情境下，人们可以依据眼前的能力情况，做出适合自己能力的选择，并不需要硬着头皮，做一些力不可及的事情，只要生命仍在成长就好。适合自己能力的选择，就是最佳的选择。

2. 个人的生命，在向上追求的历程中，要相信儒释道的理论都是对的，只是应用范畴各自不同。为了有效利用这些智慧，人们应该依赖自己的勤奋学习，掌握各家的理论精义，在情境适合时，就使用适合该情境的某学派的理论。

3. 任何时刻，生命以服务他人为选择的理想，为了服务他人，自己必须努力学习成长。为了努力学习成长，人们应该妥善地分配时间，利用身边一切的资源积极成长。这并不表示，人们可以完全不需要休闲娱乐的活动，可以只有工作、服务、学习而没有玩乐，而是在该做的事情告一段落之后，安排一些休闲娱乐的事情，放松自己，作为调剂，这样，服务与学习的人生道路，才可以走得更为长久。

4. 纯粹个人生活事务中的选择，依自己的个性、兴趣、爱好做选择即可。此处不必非涉及理想的追求与利他的目的不可。当然，也不可以影响到别人权益，就是这样的一句话，自由以不妨碍他人的自由为范围。一个人，有自己的爱好，有自我的认同，这样的人才会是健康的，人生的道路，才能稳定长久地走下去。

5. 个人之间私人关系的事务，涉及资源分配的问题时，在选择上，依据两人能力的高下、关系的上下，以高让低、上让下为原则。但是在一方恶意的情境下，另一方必须以自己不受伤害为原则。纯属私人恩怨时，受害的一方以不报复为原则，若是报复对方，事情将没完没了。继续努力，提升自己，改变了生活环境，就脱离了周围的人的恶意伤害了。

6. 一旦涉及公众事务的利害关系问题，就是以最大多数人的利益为选择的依据，放下个人的需求，以及个人与个别的他人的关系，一切以公众利益为原则。前提是，在个人的能力范围内。若是超过了个人的能力，可以选择放弃为多数人服务的理想。再一个前提是，任何人任何时刻都要追求成长，也就是持续不间断地学习与服务。

7. 这种追求理想的哲学，就是利他的哲学，儒家、老子、法家是同一脉络。这种世间法的利他哲学，必须依据事务涉及的层面大小，由小而大的不同社会领域，以及以儒家人格为基本的角色，拾级而上并且改变方案。越往上层，角色责任越大，要牺牲的个人利益、好恶的范围更大，个性也要更为坚毅，很多时候必须忍得下心来。约束他人，并非一味容让谦虚，因为这个世间，有弱势族群必须被保护，有广大群众必须被服务，但同时也有为恶之徒必须被惩戒，因此有理想、有责任感的人，他的个性跨度必须异于常人，否则无能承担角色。

8. 大乘佛教也是利他哲学，与儒、老、法不同的是，佛教是有他在世界观的利他哲学，而儒、老、法则是此一世间的哲学。当选择大乘佛法的时候，人生的理想已经是定在彼岸，今生的角色以及成就已非所论。境界越高，人间事务的角色就越加稀微，直至没有角色为止，最后唯一的角色，就是做导师以开启智慧而已。至于各种世间事务的角色扮演，世间中人皆能为之，佛教徒或出家僧人的作为，唯一的不同，就是更能无我，且随时可以换人为之，就是对角色的不执着，只有利他的付出不打折扣。

9. 庄子和原始佛教则是出世的价值观，两家都有他在世界，差别就在：原始佛教阿罗汉是永恒的，不死不生；庄子的神仙观，在缺乏明确宇宙论的支持下，难定短长。庄子哲学也有世间法的部分，但不以服务为目标，只照顾好个人的身心。原始佛教的世间法，尚有带领众人修行的旨趣。虽然对于此一世间没有建设的目标，却没有舍弃世间中人。人生在某些阶段可以选择庄子哲学形态的人生，也可以选择原始佛教形态的人生，但是对世间的维护，对国土的照顾，是任何人不能规避的责任。没有了世间，没有了国土，何来人类？有人可以不顾它，但不可能所有的人都不去顾它的。

10. 私人事务之间的恩怨选择，以利他而不损人为最高原则。别人对自己的恩惠，有能力者一定要报答，没能力者则不必硬要报答。但是要努力，提升自己的能力，如果不努力提升自己，始终无法报答，这就是懈怠的人生。如果因为能力有限，确实一直无力报答，那就放下，认真过日子就好。对于别人对自己的伤害，第一要避免受害，第二要以直报怨，若选择以德报怨，这就有了宗教情操的境界了。

11. 走原始佛教修行之路的知识分子，一定是要同时走大乘佛教菩萨道的，除非确实有特殊的福报可以万缘放下，否则就是两路并行才是适合一般知识分子的道路。追求出世间却又不离世间，在生活中的某些时间空间做自己的解脱道修行，在社会职场的角色扮演中，以大乘菩萨道为之。在今天的时代环境之下，每一个人都是生活在现实的世间，都有社会角色在扮演着，不可能过着单纯的解脱道形态的生活。同时，以大乘菩萨道修行的意思也勿高看，只要不是出家僧人，所谓行菩萨道，就跟世间善法是一样的，也就是儒、老、法的利他之学，因为本书所讲的选择性问题，就是针对在家的知识分子而谈的。那么出家人有什么不同的菩萨道行吗？出家人既有他在世界观，他的行为中就有与他在世界众生互动的事件在，或意义在，这就不是一般知识分子能有的行为模式了，除非他自己也有这样的知识与能力。既然一般人的菩萨道行就是世间法的善行，则涉及众人安危福祉的事务，必须依据世间法的儒、老、法的逻辑去处置，否则行无所据，又无办法，等于是逃避。

总结而言，在选择性问题的场景中，世间法是通通要学的，出世间法则是择一即可，但也不必否定他家，只是说出世间法难有验证，选择之时与信仰无异，既是信仰，一门深入，或有可成，众家兼顾，肯定虚妄。

以上，是为本书的完成。

杜保瑞著作一览

1. 《刘蕺山的功夫理论与形上思想》（台湾大学1989年硕士论文），（台湾）花木兰文化出版社，2009年。
2. 《论王船山易学与气论并重的形上学进路》（台湾大学1993年博士论文），（台湾）花木兰文化出版社，2010年。
3. 《庄周梦蝶——庄子新说》，（台湾）书泉出版社，1995年；华文出版社，1997年；（台湾）五南图书出版股份有限公司，2007年。
4. 《反者道之动》，（台湾）鸿泰出版社，1995年；华文出版社，1997年。
5. 《功夫理论与境界哲学》，华文出版社，1999年。
6. 《基本哲学问题》，华文出版社，2000年。
7. 《北宋儒学》，台湾商务印书馆，2005年。
8. 《哲学概论》（杜保瑞、陈荣华合著），（台湾）五南图书出版股份有限公司，2008年。
9. 《南宋儒学》，台湾商务印书馆，2010年。
10. 《中国哲学方法论》，台湾商务印书馆，2013年。
11. 《牟宗三儒学平议》，新星出版社，2017年；台湾商务印书馆，2017年。
12. 《话说周易》，齐鲁书社，2018年。
13. 《中国生命哲学真理观研究》，人民出版社，2019年。
14. 《中国哲学的会通与运用》，齐鲁书社，2020年。
15. 《阳明哲学与阳明文选》，浙江大学出版社，2020年。
16. 《不争——老子十八讲》，广西师范大学出版社，2021年。
17. 《般若智与菩提心——星云大师工夫心法研究》，（台湾）财团法人佛光山人间佛教研究院，2022年。
18. 《牟宗三道佛平议》，（台湾）华夏出版有限公司，2024年。

上海交大·全球人文学术前沿丛书
（第一辑）

《全球人文视野下的中外文论研究》
　　王　宁　著

《中国古代散文探奥》
　　杨庆存　著

《哲学、现代性与知识论》
　　陈嘉明　著

《中国现代文学的历史还原和视域拓展》
　　张中良　著

《中国美学的史论建构及思想史转向》
　　祁志祥　著

图书在版编目（CIP）数据

中国哲学前沿问题 / 杜保瑞著. —北京：商务印书馆，2024
（上海交大·全球人文学术前沿丛书）
ISBN 978-7-100-23410-8

Ⅰ.①中… Ⅱ.①杜… Ⅲ.①哲学—研究—中国 Ⅳ.①B2

中国国家版本馆CIP数据核字（2024）第042914号

权利保留，侵权必究。

中国哲学前沿问题
杜保瑞 著

商务印书馆出版
（北京王府井大街36号 邮政编码 100710）
商务印书馆发行
北京盛通印刷股份有限公司印刷
ISBN 978-7-100-23410-8

2024年9月第1版　开本 670×970　1/16
2024年9月第1次印刷　印张 26　插页 2

定价：128.00元